HINWEISE ZUM UMGANG MIT DI

Die Bände der Reihe »Geschichte und Geschehen exempla« umfassen jeweils drei Kursthemen. Neben einer übersichtlichen inhaltlichen Gliederung erleichtern Ihnen folgende Symbole die Orientierung:

Zeitleiste – Da die Kapitelthemen nicht die Chronologie der historischen Ereignisse in den Vordergrund stellen, zeigt eine an den Anfang gestellte Zeitleiste die Rahmendaten jedes Kapitels im Überblick.

1850 Deutschland
1900 Universitäten

Zwischenüberschriften – Einzelnen Abschnitten der Verfassertexte sind jeweils in der Randleiste fett gedruckte Zwischenüberschriften zugeordnet. Als Schlagworte vermitteln sie eine Übersicht über die Inhalte der Textabschnitte.

Der Adel

Grundbegriffe – Wichtige Begriffe sind in Form kurzer Lexikonartikel erläutert.

Autokratie: *(griech.*

Quellenmaterialien – Zu jedem Kapitel gibt es Materialien wie Text- und Bildquellen, Schaubilder und Karten. Sie sind innerhalb eines Kursthemas fortlaufend durchnummeriert. Bild- oder Kartenlegenden sowie bibliografische Hinweise zu den Zitaten finden Sie in der Randleiste bei den betreffenden Materialien.

1 »Zeit der Technik«

Textquellen – Dieses Symbol setzt den Textquellenteil eines Kapitels deutlich von den Verfassertexten ab.

Aufgaben – Der Stift kennzeichnet Arbeitsaufträge zu den einzelnen Materialien. Aufgabenstellungen, die sich auf Bildmaterialien beziehen, finden Sie darüber hinaus direkt unter den Abbildungen in der Marginalie.

Übergreifende Aufgaben – Das gekonterte Aufgabenzeichen weist auf solche Aufgabenstellungen hin, die sich nicht auf einzelne Materialien beziehen, sondern zur Reflexion übergreifender Fragestellungen der Unterkapitel anregen wollen.

Methodentraining – Im Rahmen jedes Kursthemas wird Ihnen eine grundlegende Methode historischen Arbeitens vorgestellt. Sie ist jeweils als allgemeine Einführung zu verstehen und thematisch nicht gebunden.

M

Referatvorschlag – An geeigneter Stelle geben wir Ihnen Anregungen für Referatsthemen zu vertiefenden Fragestellungen oder historischen Hintergründen.

Informationen aus dem Internet – Von der Homepage des Verlages aus können Sie sich zu einzelnen Kursthemen im Internet informieren (www.klett-verlag.de). Das Symbol gibt Hinweise auf Themen, zu denen Sie hier Links finden.

Anhang – Ein Schlagwortregister liefert Ihnen die zentralen Begriffe und Themenstichworte des Bandes mit den zugehörigen Seitenangaben. Zudem haben wir Ihnen ausgewählte weiterführende Literatur zu den Schwerpunktthemen der Kapitel zusammengestellt.

REGISTER

INHALT

DER CHRISTLICH-EUROPÄISCHE WESTEN UND DIE ISLAMISCHE WELT – EIN KAMPF DER KULTUREN?

ORIENT UND OKZIDENT

Die Welt am Anfang des 21. Jahrhunderts steht unter dem beherrschenden Einfluss der europäischen und nordamerikanischen Wirtschaft und Kultur. Spötter sprechen gar von der »McWorld«. Zu Beginn des zurückliegenden Jahrtausends deutete noch nichts auf eine solche Entwicklung hin. Von dem heutigen technologischen Vorsprung der westlichen Zivilisation konnte keine Rede sein. In der Welt um 1000 wies Westeuropa weite menschenleere Räume auf. Es befand sich in einer Randlage, sein wirtschaftliches und kulturelles Niveau war niedrig, zudem besaß es kaum Kontakte zu benachbarten Kulturkreisen. Einige Historiker bezeichnen diese Zeit als »dark ages«. Dagegen erlebten im Mittelmeerraum das Byzantinische Reich und die islamische Welt eine Blütezeit. Hier fand ein reger Handelsverkehr statt und entfaltete sich eine lebendige Stadtkultur. Doch jenseits der Alpen war das nur wenigen Menschen bekannt.

1 Gemeinsames Musizieren eines Muslims und eines christlichen Ritters. Abbildung aus einem Liederbuch. Es wurde aus dem Arabischen ins Lateinische übersetzt. Kloster El Escorial in Madrid, 13. Jahrhundert.

Wie kam es angesichts der untergeordneten Bedeutung Westeuropas um 1000 zu der heutigen Dominanz der westlichen Zivilisation? Ist dieser Zustand dauerhaft? Oder werden vielmehr die Kulturkreise, die vielen Europäern als rückständig erscheinen, in absehbarer Zeit wieder von entscheidender Bedeutung sein?
Dieser Auffassung ist der amerikanische Politologe S. P. Huntington. Er stellte die viel beachtete These auf, wonach es in den kommenden Jahrzehnten zu einem Zusammenprall der Zivilisationen (»clash of civilizations« – dt. Übersetzung häufig »Kampf der Kulturen«) komme. Zahlreiche Kriege und ethnische Konflikte wie auf dem Balkan und im Nahen Osten gehören für Huntington bereits zu dem von ihm vorhergesagten Kampf. Zwar habe der Zusammenbruch der kommunistischen Staaten und das Ende des Ost-West-Konflikts zu einer beherrschenden Stellung der westlichen Staaten und ihrer Zivilisation in der Welt geführt. Im weltweiten Wettbewerb mit anderen Kulturen werde der Westen seine augenblickliche Vorherrschaft jedoch einbüßen.

Huntington hat seine Thesen auch mit einem Blick in die Geschichte begründet. Die heutigen Kulturkreise reichen unterschiedlich weit in die Vergangenheit zurück. Der chinesische etwa ist über 3000 Jahre alt; viel jünger sind der christ-

lich-europäische und der muslimische. Beide bauen auf antiken Kulturen auf und erlangen im Mittelalter ihre weltgeschichtliche Bedeutung. Die Geschichte der christlich-islamischen Beziehungen ist durch zahlreiche Konflikte gekennzeichnet. Einen Höhepunkt bildeten die Kreuzzüge seit dem 11. Jahrhundert. Gab es neben Eroberungen, Verfolgungen und »heiligen Kriegen« aber nicht auch eine Geschichte des kulturellen Austauschs und religiöser Toleranz? Oder besteht zwischen Kulturen stets ein Spannungsverhältnis? Stehen sich Kulturen gar immer im Kampf und als Rivalen gegenüber?

Die Beschäftigung mit der mittelalterlichen Geschichte kann Antworten auf diese Fragen geben. Sie schärft aber auch den Blick für heutige Probleme: Inwieweit prägt gemeinsame Geschichte das Zusammenleben der Menschen aus beiden Kulturkreisen? Welche mittelalterlichen Wurzeln haben heutige Feindbilder? Wie sind unsere kollektiven Einstellungen gegenüber fremden Kulturen entstanden? Wie fremd sind diese überhaupt?

2 Zweikampf zwischen einem islamischen und einem christlichen Ritter
Ein Schild zeigt das englische Königswappen. Der Illustrator spielte auf den legendären Kampf zwischen König Richard Löwenherz und Sultan Saladin an. Randzeichnung aus dem Luttrell-Psalter, 14. Jahrhundert.

Vergleichen Sie die Darstellung der beiden Kämpfer.

3 21. Jahrhundert: Die westliche und islamische Welt im Kampf?

a) Samuel P. Huntington erläutert seine These vom »Kampf der Kulturen«:
In dieser neuen Welt wird oder könnte der »Kampf der Kulturen« zwei verschiedene Formen der Gewaltsamkeit annehmen. Die verbreitetsten Kriege sind Bruchlinienkriege zwischen lokalen Gruppen aus unterschiedlichen Kulturen. Die gefährlichste Form des Krieges wären Kernstaatenkriege zwischen den großen Staaten unterschiedlicher Kulturen. Die Hauptursachen für diese beiden Formen des Konflikts und damit für die politische Instabilität im nächsten Vierteljahrhundert werden die Resurgenz [das Wiedererstehen] des Islams und der Aufstieg Chinas sein. Die Beziehungen des Westens zu diesen Herausforderer-Kulturen – Islam und China – werden sich besonders schwierig gestalten.

Samuel P. Huntington, Kampf der Kulturen oder Weltkultur, Alfred Herrhausen Gesellschaft für internationalen Dialog, Frankfurt/M. 1997, S. 20.

b) Der Großscheich der Al-Azhar-Universität in Kairo zu Huntingtons Auffassung:
Ich sehe keinen Kampf zwischen Kulturen. Kulturen nehmen voneinander, sie lernen voneinander. Den wahren Ausdruck, den man anwenden sollte, ist Zusammenarbeit zwischen Kulturen. Im Osten nehmen wir, was gut und nützlich ist, vom Westen. Und der Westen nimmt seinerseits vom Osten. Das bedeutet Kooperation, nicht Kampf.

Mohammed Sajjid Tantawi, zit. nach: Süddeutsche Zeitung vom 8./9. März 1997.

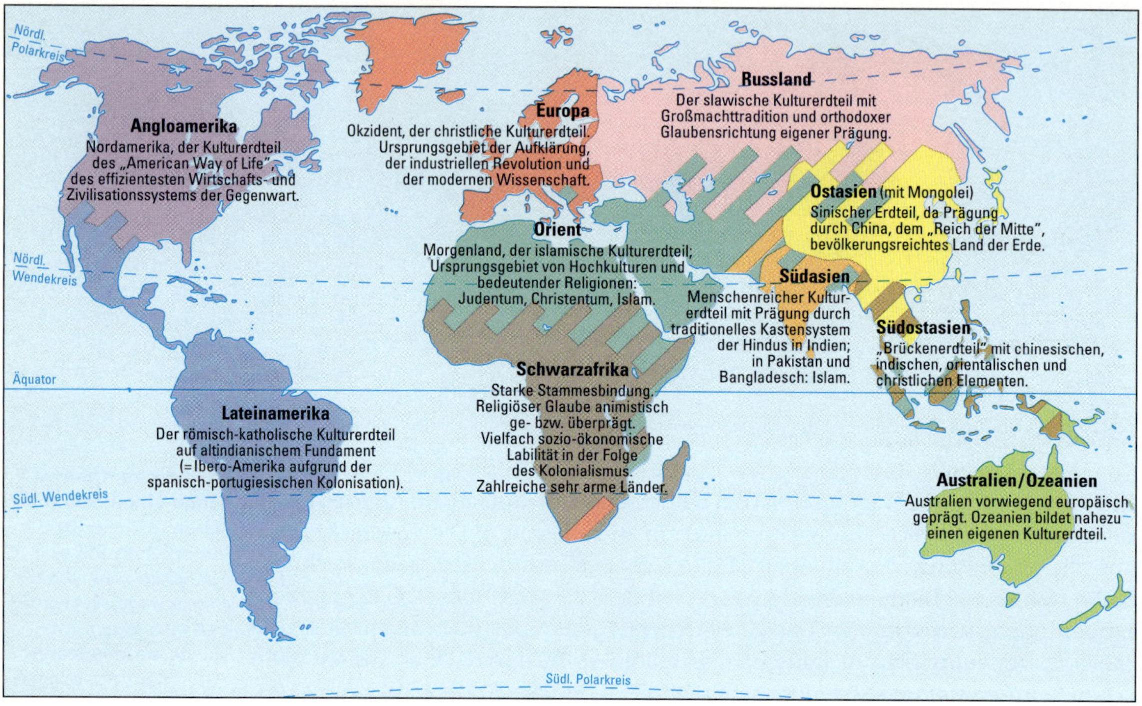

4 Kulturerdteile
Karte nach Kolb und Newig, 1997.

Überprüfen Sie mit aktuellem Kartenmaterial, inwieweit die Grenzen der Kulturerdteile den heutigen Staatsgrenzen entsprechen (4). Diskutieren Sie daraus erwachsende Probleme.

c) Werner Trutwin schreibt zum »Kampf der Kulturen«, 1998:

Für die These vom Zusammenprall der Zivilisationen sprechen zahlreiche Konflikte zwischen westlicher und islamischer Welt, die den gegenwärtigen Frieden empfindlich stören. Sie können als Vorstadium des zu erwartenden Zusammenpralls gedeutet werden. Auch gibt es auf beiden Seiten Kräfte, die diesen Konflikt suchen und bejahen.

Gegen die These spricht, dass die Zivilisationen heute nicht mehr so klar voneinander abgrenzbar sind, wie Huntington unterstellt. Selbst islamische Fundamentalisten übernehmen heute Technologien (Waffen, Kommunikationssysteme) und Ideologien (Nationalismus, Sozialismus) der westlichen Zivilisation. Im Übrigen geht seine [Huntingtons] These von Zerrbildern des Westens und des Islams aus. Sie baut fragwürdige Feindbilder auf und ruft unangemessene Reaktionen hervor. Heute ist von einer Solidarisierung der islamischen Länder gegen den Westen nichts zu spüren. Die islamischen Länder sind eher untereinander zerstritten. Erst recht gibt es keinen islamischen »Kernstaat«, von dem der Kampf ausgehen könnte. Überdies hat der Westen viele gute Beziehungen zu islamischen Ländern, die er keineswegs gefährden will. Vor allem darf der Islam nicht nur einseitig in seinen Tendenzen zu Gewalt und Krieg gesehen werden. Er hat auch eine lange Tradition des Friedens und der Toleranz.

Für die *Zukunft* wird es die Sache einer verantwortlichen Politik […] seine Feindbilder abzubauen, Vorurteile zu beseitigen, die berechtigten Interessen aller Beteiligten zu berücksichtigen, um den Frieden für die Zukunft sicher zu machen. Hier stellen sich auch für die Religionen neue Aufgaben. Wenn diese wichtige politische und religiöse Aufgabe gelingt, wird es nicht zu einem Zusammenstoß der Zivilisationen kommen.

Werner Trutwin, Islam. Die Weltreligionen, Düsseldorf 1998, S. 103.

d) Karl-Josef Kuschel antwortet als katholischer Theologe Huntington:

So lobenswert es ist, dass Herr Huntington den Religionen ihre Rolle in der Politiktheorie zurückgegeben hat, so bedauere ich doch, dass Sie die Religionen weitgehend antagonistisch bestimmen. Damit wird aber eine ganze Dimension aus der empirischen Analyse ausgeblendet. Es ist die Fähigkeit der Religion, Menschen positiv zu bewegen – hin zu Toleranz, Verständigung und Dialog. Das Bild des Islams, das Sie zeichnen, ist einseitig, negativ, Gewalt bestimmend. Es trifft im Westen auf eine Stimmung, die ohnehin von antiislamischen Klischees und Stereotypen bestimmt ist. Ihr Buch trägt nicht dazu bei, das Bild vom Islam zu differenzieren.

Karl-Josef Kuschel, in: Samuel P. Huntington, Kampf der Kulturen oder Weltkultur, Alfred Herrhausen Gesellschaft für internationalen Dialog, Frankfurt/M. 1997, S. 243 f.

Kultur/Zivilisation: *Das Wort Kultur (von lat. cultura: Landbau, Pflege, auch des Körpers und Geistes) bezeichnet im Deutschen: 1. die Pflege und Bebauung des Bodens, die Zucht von Bakterien – 2. die Gesamtheit der geistigen und künstlerischen Lebensäußerungen einer Gemeinschaft bzw. eines Volkes und – bezogen auf einen einzelnen Menschen – seine Bildung, Gesittung, verfeinerte Lebensweise. Kultur ist die Summe aller Bestrebungen, die Grundbedürfnisse der menschlichen Natur zu befriedigen; eingeschlossen sind die Hilfsmittel dazu sowie die Erträge dieser Leistungen (z. B. Arbeitsgeräte, Techniken, sittliche, religiöse und politische Ordnungen). – Der Begriff Zivilisation ist von dem im Deutschen seit dem 17. Jahrhundert belegten Adj. zivil (bürgerlich, von lat. civis) abgeleitet. Er bezeichnet die durch Fortschritt von Wissenschaft und Technik geschaffenen (verbesserten) Lebensbedingungen. Im 18. Jahrhundert benutzte man im Französischen die Idee der Zivilisation als Gegensatz zum Begriff »Barbarei«. So konnten nichteuropäische Gesellschaften als unzivilisiert charakterisiert werden. In den romanischen und angelsächsischen Sprachen werden die Begriffe Kultur und Zivilisation anders als im Deutschen gebraucht.Die Geschichtswissenschaft versteht unter Kulturen großräumige und langlebige Gebilde, die eine große Prägekraft entwickeln, obwohl sie häufig eine Vielzahl von Erscheinungsformen und Entwicklungsstufen aufweisen. Die innere Einheit einer Kultur kommt besonders in den religiösen Vorstellungen, den Denkweisen und Lebensformen zum Ausdruck. Häufig besitzen Kulturen ein räumliches Zentrum (z. B. Rom) und prägen benachbarte Räume und Gesellschaften. Diese Vorgänge der Ausdehnung und Durchdringung sind das wesentliche Thema einer Geschichte der Kulturen.*

1. Die westliche und die islamische Welt: Aufklärung gegen Fundamentalismus; Toleranz gegen Fanatismus (3a, b, c, d)? Schildern und diskutieren Sie Ihr Bild von den Kulturen. Welche historischen Ereignisse und Prozesse verbinden Sie mit deren Geschichte?
2. Charakterisieren Sie das heutige Verhältnis des Westens zu islamischen Staaten. Erkundigen Sie sich nach wirtschaftlichen, politischen und militärischen Konflikten.
3. Tragen Sie aus unterschiedlichen, auch fremdsprachigen Publikationen Definitionen der Begriffe Kultur und Zivilisation zusammen. Vergleichen Sie die deutschen Begriffe mit den englischen und den französischen. Diskutieren Sie den Begriffsinhalt.

1. DAS WERDEN DER MITTELALTERLICHEN WELT

Das Ende des Römischen Reiches bedeutete auch das Ende dieses Kulturkreises. Seine Nachfolge traten im Osten der griechisch-byzantinische, im Osten und Süden der islamische und mit langer Verzögerung der westlich-lateinische an. In vieler Hinsicht dauern diese Kulturkreise bis heute an. Viele Faktoren bestimmten den Übergang zum Mittelalter. Für Westeuropa bedeutete er einen Zusammenbruch. Neben den Folgen der Völkerwanderung sind viele Ursachen für diesen Um- und Zusammenbruch verantwortlich. Pestepidemien zwischen 542 und 700 führten zu demografischen Verlusten, die die Todesraten bei den Pestzügen von 1349–1500 weit übertrafen. Außerdem beeinträchtigte eine generelle Klimaverschlechterung die Agrarwirtschaft erheblich.

1.1 Byzantiner – Franken – Araber

christliche Zeitrechnung (muslimische Zeitrechnung)	
313	Konstantin, der erste christliche Kaiser, gewährt den Christen durch das Toleranzedikt von Mailand Religionsfreiheit und Gleichberechtigung. Das Christentum wird im Jahr 391 Staatsreligion.
ab 375	Der Hunneneinfall in Südrussland löst die Völkerwanderung aus. Der westliche Teil des Römischen Reichs bricht zusammen. Die germanischen Nachfolgestaaten sind zumeist von kurzer Dauer.
395	Teilung des Römischen Reichs in eine westliche und östliche Hälfte
476	Ende des Weströmischen Reiches durch Absetzung des Kaisers
482–511	Der Merowinger Chlodwig begründet das Fränkische Reich.
524 bis ca. 700	Pestepidemien führen zu einem starken Bevölkerungsrückgang.
622 (1)	Nach der Begründung des Islam in Mekka seit 610 schafft Mohammed in Medina das erste islamische Gemeinwesen.
632 (11)	Arabische Nachfolger von Mohammed errichten das Kalifat.
bis 750 (133)	Wandel der Mittelmeerwelt durch arabische Eroberungen im Mittelmeerraum, in Innerasien und Indien. Die fränkische Dynastie erklärt sich zum Schutzherrn der Päpste und der römischen Kirche.
800 (184)	Kaiserkrönung Karls des Großen
843 (228)	Vertrag von Verdun: Aus der Teilung des Fränkischen Reiches entwickeln sich das deutsche und das französische Königreich.
ab 9. (3.) Jh.	Innere Zwistigkeiten, religiöse Spaltungen und die Selbstständigkeit der Randgebiete führen zum Machtverfall des Kalifats.

Mittelalter und antikes Erbe

Der Mittelmeerraum bildete in der Antike einen Kultur- und Wirtschaftsraum, in dem die Sprachen der Griechen und Römer die üblichen Verkehrssprachen waren. Die römischen Befestigungen an Rhein, Donau und am Rande der Sahara markierten augenfällig die Grenzen gegenüber einem Bereich, den die Römer als »barbarisch« bezeichneten. Doch reichte dieser antike Kulturraum weiter: Bis Indien strahlte der Hellenismus, nilaufwärts bis Äthiopien die ägyptische Kultur. Der kulturelle Austausch verlief entlang der Handelsstraßen. Ihnen folgten die Missionare des Christentums bis nach Äthiopien, nach Indien und nach China.
Die Antike wirkte weiter nach. So sahen sich die Herrscher im Mittelalter als Nachfolger römischer Kaiser. Ungebrochen war diese Tradition im Byzantinischen Reich mit der Hauptstadt Konstantinopel, wo sich der Kaiser sogar als einzig legitimer Erbe des Römischen verstand. Wichtig war auch das Weiterleben der antiken Kultur in der islamischen Welt. Orientalische Christen und Muslime hatten die antiken Autoren ins Arabische übersetzt. Während im lateinischen Europa die antike Philosophie, Kunst und Wissenschaft nicht mehr bekannt waren, pflegten die arabischen Gelehrten und ihre Mäzene das antike Erbe.

Byzanz – das zweite Rom?

An der Nahtstelle zwischen Europa und Asien lag das Byzantinische Reich. Seine Hauptstadt Konstantinopel war damals nicht nur eine der größten Städte der Welt, sondern dort blühte das kulturelle Leben und die hochwertigen Produkte von Handwerk und Manufakturen exportierte man in alle Welt. Wirtschaftlich und technisch waren die Gesellschaften in Mitteleuropa der byzantinischen weit unterlegen.

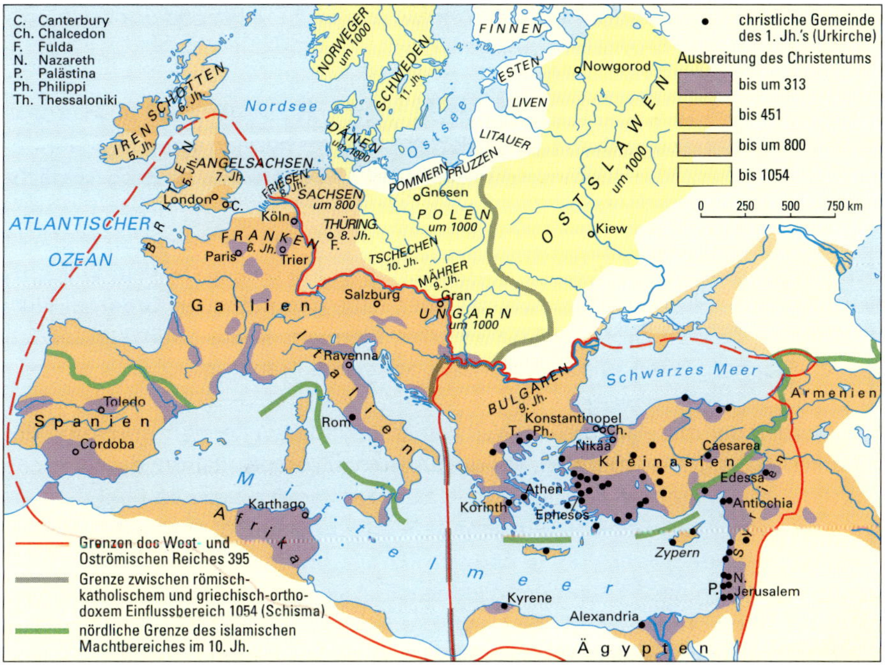

5 Ausbreitung des Christentums bis zum Schisma zwischen römischer und griechisch-orthodoxer Kirche 1054; daneben bestanden die »Nationalkirchen« der Armenier, Georgier, Kopten (Ägypten) und in Syrien die Jakobiten, die sich in Liturgie und Christologie (Lehre von Christus) von den beiden Orthodoxien unterschieden.

Schildern Sie die Ausbreitung des Christentums.

Informieren Sie Ihre Mitschüler über die Entstehungsgeschichte der christlichen Kirchen und charakterisieren Sie deren heutige Rolle in der Grabeskirche in Jerusalem.

Die Herrscher in Konstantinopel sahen sich in spätrömischer Tradition und bezeichneten ihren Staat als Oströmisches Reich. Ein effektiver zentralisierter Verwaltungsapparat und eine einheitliche Rechtsordnung standen den theokratischen Kaisern zur Verfügung.
Der Anspruch der byzantinischen Kaiser, das Gebiet des (Ost-) Römischen Reiches weiterhin zu beherrschen, wurde bedroht. Territorien gingen im Kampf mit den Arabern verloren. Außerdem musste sich Byzanz gegen die an der Nordgrenze eindringenden Slawen verteidigen und kämpfte in Italien um die verbliebenen Provinzen gegen die Langobarden. Dennoch: Unter Basileios II. (976–1025) stand Byzanz territorial, politisch und militärisch auf dem Gipfel der Macht.

Das Frankenreich

Im Norden war allerdings seit dem 6. Jahrhundert ein neuer Machtfaktor entstanden, der später zum Konkurrenten um die Führung der Christenheit erwachsen sollte: die Franken. Von den auf dem Boden des Weströmischen Reiches entstandenen germanischen Staaten überdauerte lediglich das Frankenreich in Mitteleuropa. Seinen Ursprung hatte es in den Eroberungen des Merowingers Chlodwig, der gemeinsam mit dem fränkischen Adel das Christentum in seiner katholischen, d. h. in der Form annahm, wie sie von den Päpsten in Rom vertreten wurde. Als der Karolinger Pippin die geschwächte Dynastie der Merowinger ablöste und König wurde (751), setzte er die Bindung an die römische Kirche fort, indem er sein Königtum ausdrücklich vom Papst bestätigen ließ. Das Reich seines Sohnes, Karls des Großen, bildete die Grundlage, aus der sich die heutige Staatenwelt Mitteleuropas entwickelte.
Auch den Norden Italiens beherrschten die Franken. Der Kirchenstaat in der Mitte stand in fränkischer Abhängigkeit. Ansonsten war Italien politisch, kulturell und sprachlich dreigeteilt: Neben den Franken waren auch die Byzantiner vertreten; im Süden stritten Byzantiner, Araber und langobardische Herzöge, bis Norman-

nen den Süden Italiens zu einem Reich einten und im 11. Jahrhundert nach Nordafrika wie in den Balkanraum ausgriffen.

Normannische Eroberungen

Die Normannen suchten ab dem 9. Jahrhundert von Skandinavien aus Europas Küsten heim. Ihre Züge kann man als letzte Ausläufer der germanischen Wanderungen verstehen. Sie bildeten in den eroberten Gebieten zwar militärisch mächtige Staaten, nahmen aber in Frankreich (Normandie) wie in Russland schnell Sprache und Kultur der einheimischen Bevölkerung an und integrierten sich in den jeweiligen neuen Kulturkreis. Ihr Expansionsdrang bedeutete weltgeschichtlich ein erstes Ausgreifen Westeuropas über seine geografischen Grenzen: Normannen entdeckten Grönland und Amerika, Normannen aus Süditalien setzten sich im Maghreb fest und beteiligten sich am ersten Kreuzzug.

Der Papst und die lateinische Christenheit

Das Werden der mittelalterlichen Welt war eng mit der weiteren Ausbreitung der christlichen Religion verbunden. Für die Christen in Europa erlangte der römische Papst dabei eine immer wichtigere Rolle. Gegenüber den anderen Bischöfen erlangte er schließlich eine herausgehobene Stellung durch den Anspruch auf päpstliche Autorität: der Primat. Die von Byzanz beeinflussten christlichen Gemeinden lehnten diese Entwicklung jedoch ab. Die Trennung der Christenheit in eine griechisch-orthodoxe Kirche im Osten und eine römische im Westen durch das Schisma von 1054 war die Folge. Ost- und Westrom hatten beide ihr geistliches Oberhaupt – den Papst in Rom und den Patriarchen in Konstantinopel. Wesentliche Unterschiede zwischen den christlichen Kirchen waren das Vorherrschen des Lateinischen im Westen bzw. des Griechischen im Osten, die unterschiedliche Liturgie und die zunehmende Selbstständigkeit der geistlichen Gewalt im römisch-katholisch beeinflussten Kulturraum. Die von der lateinischen Kirche maßgeblich geprägte Kulturgemeinschaft wurde auch durch das Fortleben germanischer Traditionen bestimmt. Später bezeichnete man diese Kultur als Abendland, das sich vom islamischen Morgenland und Byzanz unterschied.

Mohammed und der Islam

Von Mekka aus, einer Stadt auf der Arabischen Halbinsel, nahmen weltgeschichtliche Entwicklungen ihren Ausgang. Mohammed hatte dort eine neue Religion, den Islam, begründet und die arabischen Stämme, Beduinen, Bauern und Städter, geeint. Nach seinem Tod 632 wurden seine Stellvertreter/Nachfolger, die Kalifen, zunächst aus seinen engeren Gefolgsleuten gewählt; unter ihnen und der folgenden Dynastie der Omayaden entstand ein Großreich, das auch christliche Völker in Syrien, Ägypten und Tunesien umfasste. Diese Christen gehörten Glaubensrichtungen (Jakobiten, Kopten, Donatisten) an, die von der griechisch-orthodoxen Kirche und dem byzantinischen Staat unterdrückt worden waren.

Arabisierung – Islamisierung

Die von den arabischen Muslimen beherrschten Gebiete und Gesellschaften wurden durch drei Faktoren geprägt: Die Islamisierung der einheimischen Bevölkerung bezieht sich auf deren Übertritt zur neuen Religion, der Vorteile bot. Die Arabisierung meint die Verbreitung der arabischen Sprache durch den Koran und als Verwaltungssprache. Der dritte Faktor umfasst den zunehmenden und prägenden Einfluss der städtischen Zivilisation auf ihre Umwelt.

Sunniten und Schiiten

Die innerislamische Geschichte war – selbst in der Eroberungsphase – durch Bürgerkriege gekennzeichnet. Vordergründig ging es um die Frage, wer der Nachfolger/Stellvertreter Mohammeds und somit Kalif werden sollte: der Würdigste unter den Gefolgsleuten des Propheten oder die Nachkommen seines Schwiegersohns Ali und seiner Tochter Fatima. Diese Auseinandersetzung führte zur Spaltung in mehrere feindliche Gruppen, von denen die größten und wichtigsten die Sunniten und Schiiten waren. Die Schiiten selbst wiederum teilten sich im Verlauf der Geschichte in zahlreiche Richtungen, je nachdem, auf welchen Prätendenten oder welche Linie aus der Nachkommenschaft des Ali sie sich beriefen. Gemessen an den dogmatischen Unterschieden der christlichen Kirchen erscheinen die Differenzen zwischen den muslimischen Glaubensrichtungen geringfügig. Sie werden aber bis heute als unüberbrückbar erfahren; die Konflikte haben zu viele, vor allem schiitische Märtyrer hervorgebracht.

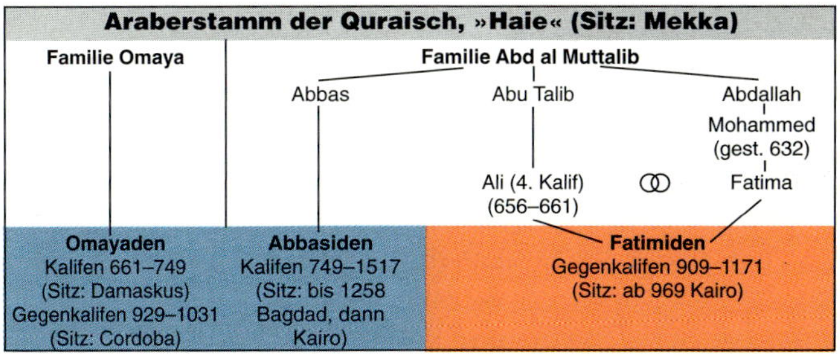

6 Die Abstammung der Kalifen 656–1517 (blau: sunnitische Kalifen; rot: schiitische Kalifen).

Schildern Sie anhand des Schaubildes (6) und des Verfassertextes die Entwicklung des Kalifats.

Unter der Dynastie der Abbasiden erreichte das arabische Reich unter dem Kalifen Harun al-Raschid (786–809) seinen kulturellen Höhepunkt, aber vorausgegangen waren blutige Kriege, in denen die Dynastie der Omayaden ausgerottet wurde. Einer der wenigen Überlebenden, Abd ar-Rahman, war nach Spanien entkommen. Er gründete dort das Emirat (756), aus dem später das Kalifat von Córdoba (929) hervorging. Nach 800 schwächten weitere Ablösungen in Nordafrika wie Asien die Zentralgewalt. Die selbstständigen Emirate und Sultanate erkannten den Kalifen nur noch nominell als Oberhoheit an, wenn sie der sunnitischen Glaubensrichtung angehörten.

Die Seldschuken – eine neue Kraft

Um die Jahrtausendwende befand sich die muslimische Welt, religiös in viele Glaubensrichtungen und Sekten gespalten und politisch zerfallen, in einer Krise. In Córdoba herrschte ein sunnitischer Kalif, in Kairo ein fatimidischer (schiitischer); der sunnitische Kalif in Bagdad war seit langem ohne politische Macht.
Es bedurfte einer neuen Kraft, die das sunnitische Kalifat erneuerte. Sunnitische Türken, schon lange in den Söldnerarmeen der verschiedenen Herrscher benutzt und zu Einfluss gekommen, waren als ganze Stammesverbände in den vorderorientalischen Kulturraum eingedrungen. Als Togrylberg, Sultan der türkischen Seldschuken, mit der Eroberung Bagdads 1055 das sunnitische Kalifat wieder kräftigte, bedeutete dies auch – zumindest für den asiatischen Teil der islamischen Welt – eine politische Einigung. Es waren dann vor allem Türken und Kurden, nicht Araber, die die Hauptgegner der Kreuzfahrer wurden, die 1096 zur Eroberung Jerusalems aufbrachen.

Sultan *(arab. Stärke) bezeichnet in der politischen Sprache die staatliche Autorität und später den islamischen Inhaber der Regierungsgewalt. Erstmals wurde Togrylberg 1055 der Titel »Sultan« von einem Kalifen verliehen. Von 1517 bis 1924 galten die türkischen Osmanensultane als Nachfolger der Abbasiden zugleich als Kalifen. Seitdem gibt es keine Kalifen mehr.*
Emir *(arab. Befehlshaber) ist ein anfänglich in militärischer Bedeutung, später für Fürsten, Generäle und Gouverneure üblicher Titel. Die Unterordnung unter einen Kalifen oder Sultan verschwand im Laufe der Geschichte des Islam, da zahlreiche Emire ihr Herrschaftsgebiet (Emirat) faktisch unabhängig regierten.*

Umgang mit Geschichtskarten

Karten leisten auf Reisen und im Alltag gute Dienste. Häufig vermitteln sie dem Betrachter eine Fülle von Informationen schneller und bequemer als ein langer Text. Natürlich muss man dafür mit dem Kartenlesen vertraut sein. Das gilt auch für Geschichtskarten: Sie sind grafische Darstellungen historischer Zustände oder Entwicklungen und ordnen diese in einen Zeitverlauf ein. Für Historiker sind sie wichtige Mittel um zu zeigen, dass die Geschichte von Menschen, Gesellschaften und Kulturen in geografischen Räumen verläuft.
Geschichtskarten bilden diese Geschichte nicht einfach ab, sondern visualisieren historische Themen mithilfe von abstrakten Zeichensystemen. Dabei vereinfachen sie zwangsläufig, da historische Verhältnisse natürlich viel komplexer sind.

Generell unterscheidet man zwischen topografischen und thematischen Karten: Der meist verbreitete Kartentyp ist die *topografische* Karte, die Angaben zu Siedlungs-, Geländeformen, Gewässern und Verkehrslinien bietet. Für den Historiker sind diese Informationen nicht nur zur Orientierung nützlich. Eine Karte zu den Grenzen Frankreichs zur Zeit der Französischen Revolution könnte etwa topografische Informationen enthalten, um die französische Forderung nach »natürlichen Grenzen« zu verdeutlichen. Die Meere, die Gebirge und der Rhein haben also in diesem Fall eine politische Bedeutung, da sich die Kriegsziele daran zeitweilig ausrichteten. Außerdem haben sich Küstenverläufe oder Flussläufe historisch gewandelt. Einige Siedlungen in der Nähe des Rheins lagen im Mittelalter direkt am Fluss, was u. a. große Auswirkungen auf Handel und Wirtschaft hatte.

Neben topografischen Informationen enthalten Karten bestimmte *Themen:*
- Staatsgrenzen, Herrschaftsräume, Wahlergebnisse (Politikgeschichte)
- Bevölkerungsdichte, -wanderungen, ethnische Verhältnisse (Sozialgeschichte)
- landwirtschaftliche Erzeugnisse, Herkunft und Austausch von industriellen Gütern und Rohstoffen (Wirtschaftsgeschichte)
- Waldbedeckung und Schadstoffverteilung (Umweltgeschichte)
- Religionsgruppen, Alphabetisierungsquoten und Bildungsinstitutionen, Sprachen (Kulturgeschichte)

Je nach Darstellungszweck verdichten Kartografen mehrere historische Themen in einer Karte. Die kartografische Darstellung von Konfessions- und Staatsgrenzen und von Verbreitungsräumen ethnischer Gruppen kann dann eine recht *komplexe* Abbildung ergeben. Solche Karten verlangen dem Kartenleser mehr ab als *einfache,* die sich auf eine Thematik beschränken.

Eine weitere Unterscheidung betrifft die Zeitebene. Karten, die einen räumlichen Zustand zu einem bestimmten Zeitpunkt abbilden (»Afrika um 1900«), bezeichnet man als *statisch.* Dagegen stellen *dynamische* Karten eine historische Entwicklung oder Bewegung in einem Raum dar (»Entwicklung des Frontverlaufs im Osten 1941–45«). Wenn dynamische Karten zu viele Informationen enthalten, zu komplex sind, ist es sinnvoller den Inhalt durch eine Kartenfolge zu zeigen.

Jede Karte enthält *Darstellungselemente:* Punkte, Zeichen, Schriftarten und -größen, Linien, Flächen, Farbgebungen, Rasterungen und Schraffuren. Jedes dieser

Elemente hat eine besondere Funktion. Punkte dienen meist als Ortsangabe, ein Zeichen kann z. B. als Symbol für eine Burg oder ein Ereignis stehen, Linien häufig für Grenzlinien, Pfeile für Richtungen und Farbflächen oder Schraffuren für Räume. Genaue Auskunft über die Darstellungselemente gibt eine Legende. Sie umfasst auch den Kartentitel und den -maßstab.
Beim Kartenlesen sollte man jedoch den begrenzten Aussagewert dieser Zeichen beachten. Ein Punkt bezeichnet eine Stadt häufig im Verlauf vieler Jahrhunderte. Dabei zeigt der Punkt in keiner Weise an, dass sich die Stadt hinsichtlich ihrer Verfassung, Größe oder Wirtschaftskraft verändert hat. Den kartografischen Darstellungs- und Informationsmöglichkeiten sind Grenzen gesetzt.

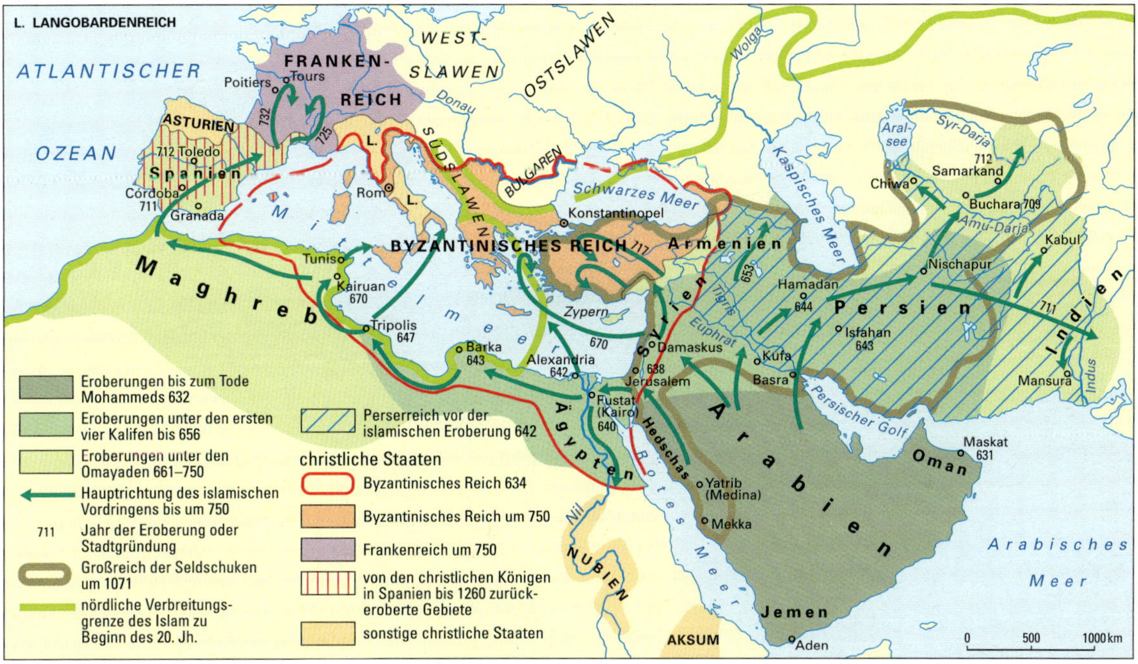

7 Die Ausbreitung des Islam Geschichtskarte.

Schildern Sie die Ausbreitung des Islam in räumlicher und zeitlicher Hinsicht.

Dies zeigt sich etwa bei der flächigen Darstellung von Territorien. Häufig sind große Räume einheitlich markiert und werden einem Herrschaftssystem zugeordnet. Die Karte suggeriert, dass das gesamte Territorium beherrscht wird. Gelegentlich ist das jedoch unzutreffend, da erst die Ausbildung des modernen Staates zur herrschaftlichen Durchdringung eines Staatsterritoriums führte. Die Karte berücksichtigt dann nicht, dass es herrschaftsfreie Räum gab oder sich Menschen in einzelnen Gebieten der Herrschaft widersetzten. Eine einheitliche Farbfläche ist also interpretationsbedürftig. Das Gleiche gilt für die Farbauswahl: Jedem Staatsgebiet wird eine Farbe zugeordnet, die sich häufig in allen Karten wiederfindet. So zeigen politische Geschichtskarten häufig mit Rot an, dass es sich bei der Fläche um das Territorium der Sowjetunion handelt. Da Rot die Farbe der Arbeiterbewegung und der kommunistischen UdSSR war, besteht sogar ein gewisser inhaltlicher Zusammenhang. Andererseits gilt Rot als aggressive Farbe, hat daher eine gewisse beeinflussende Wirkung auf den Kartenleser.
Auch wenn sich die Kartenautoren bemühen, den aktuellen Forschungsstand der Geschichtswissenschaft zu berücksichtigen, so bildet eine Geschichtskarte den-

noch nie rein sachlich oder neutral historische Inhalte ab. Die Kartenautoren entscheiden über die grafische Umsetzung. Dabei verfolgen sie eine Wirkungsabsicht, die es zu hinterfragen gilt. Natürlich sind ihre Entscheidungen auch interessegebunden.

Der Kartenleser muss daher die bildhafte Darstellung genauso kritisch betrachten wie einen Text. Wichtig ist auch, dass der Betrachter Zusatzinformationen besitzt, um den Inhalt der Karte beurteilen zu können. Dabei sind der Auftraggeber, die Mitteilungsabsicht des Kartografen und der Adressat zu berücksichtigen.

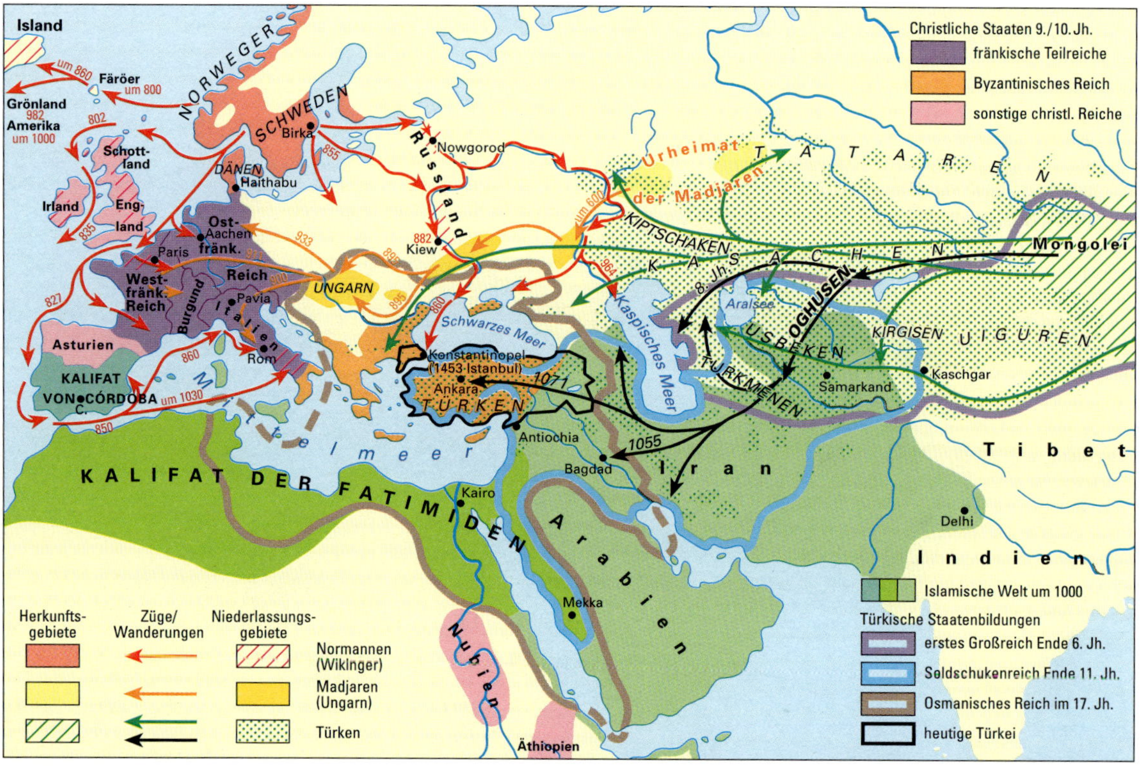

8 Expansionszüge und Wanderungen der Normannen, Madjaren und Turkvölker
Geschichtskarte

Erläutern Sie die historischen Entwicklungen in der islamischen Welt und Europa anhand der Geschichtskarte. Benennen Sie die benutzten kartografischen Mittel, Zeichen und Symbole.

Mögliche Arbeitsschritte zur Untersuchung von Geschichtskarten:

- Welches historische Thema wird für welche Zeit und welchen Raum dargestellt?
- Gliedern Sie die Informationsfülle: Benennen und erläutern Sie die verwendeten Darstellungselemente mithilfe der Legende.
- Welche Entwicklungen, Ursachen und Folgen historischer Inhalte sind der Karte zu entnehmen und inwieweit spielen dabei historische Räume und Entfernungen eine Rolle?
- Welche Fragen entstehen bei der immanenten Karteninterpretation, die nur mit Zusatzinformationen beantwortbar sind?
- Welche historischen Aspekte fehlen? Inwiefern hält die Aussage der Karte einer Überprüfung stand?
- Welche Hinweise gibt die Mitteilungsabsicht und die Perspektive der Kartenautoren? Gibt es Hinweise auf eine manipulative Darstellung?

9 Demografische Entwicklung in Europa

a) Bevölkerungsentwicklung Europas zwischen 500 und 1450 (in Mio., geschätzt)

Gebiet	500	650	1000	1340	1450
Griechenland und Balkan	5	3	5	6	4,5
Italien	4	2,5	5	10	7,5
Iberische Halbinsel	4	3,5	7	9	7
Süden insgesamt	13	9	17	25	19
Frankreich/Niederlande	5	3	6	19	12
Britische Inseln	0,5	0,5	2	5	3
Deutschland/Skandinavien	3,5	2	4	11,5	7,5
West- und Mitteleuropa insgesamt	9	5,5	12	35,5	22,5
Slawischer Raum	5	3			
Russland			6	8	6
Polen/Litauen			2	3	2
Ungarn	0,5	0,5	1,5	2	1,5
Osten insgesamt	5,5	3,5	9,5	13	9,5
Europa insgesamt	27,5	18	38,5	73,5	50

J. C. Russel, Die Bevölkerung Europas 500–1500, in: C. M. Cipolla/K. Borchardt (Hg.), Bevölkerungsgeschichte Europas – Mittelalter bis Neuzeit, München 1971, S. 21.

1. Erläutern Sie die Statistik zur Bevölkerungsentwicklung und übertragen Sie die Tabelle in ein Kurvendiagramm.
2. Benennen Sie mithilfe von Lexika und des Verfassertextes die Ursachen der Veränderungen. Formulieren Sie die sich daraus ergebenden Konsequenzen für Wirtschaft und Gesellschaft (9a).
3. Informieren Sie sich über folgende demografische Entwicklungen im 20. Jahrhundert: Bevölkerungszahl der Länder der großen Kulturkreise, Bevölkerungszahl der Weltreligionen.

10 Die Stellung des Papsttums in der lateinischen Christenheit

a) Cyprian, Bischof von Karthago, zum päpstlichen Primat, um 250 n. Chr.:

Der Herr spricht zu Petrus die Worte: »Ich sage dir: Du bist Petrus, und auf diesen Felsen werde ich meine Kirche bauen, und die Pforten der Unterwelt werden sie nicht überwältigen. Ich will dir die Schlüssel des Himmelreiches geben; und was du binden wirst auf Erden, wird auch im Himmel gebunden sein, und alles, was du lösen wirst auf Erden, wird auch im Himmel gelöst sein« [Matth. 16, 18 f.]. Auf einen baut er die Kirche, und obwohl er den Aposteln allen nach seiner Auferstehung gleiche Gewalt erteilt [...] , so hat er dennoch, um die Einheit deutlich hervorzuheben, es durch sein Machtwort so gefügt, dass der Ursprung eben dieser Einheit von einem sich herleitet.

Zit. nach: Geschichte in Quellen, Bd. 1, Hrsg. v. Wolfgang Lautemann und Manfred Schlenke, München 1978, S. 724.

b) Papst Leo I. (440–461) in einer Predigt:

Die erwünschte und ehrwürdige Gegenwart meiner Brüder und Mitbischöfe empfängt umso höhere fromme Weihe, wenn sie die Andacht dieses Gottesdienstes, dem sie beiwohnen dürfen, dem in erster Reihe darbringen, der, wie sie wissen, nicht nur dieses Stuhles Bischof, sondern aller Bischöfe Primas ist. Wenn wir also unsere Ermahnungen in Eurer Heiligkeiten Ohren senken, so glaubt, dass er selbst, als dessen Stellvertreter wir amtieren, spricht. Denn mit seiner Liebe mahnen wir euch und nichts anderes predigen wir euch, als was er gelehrt hat.

Zit. nach: Geschichte in Quellen, Bd. 1, Hrsg. v. Wolfgang Lautemann und Manfred Schlenke, München 1978, S. 818.

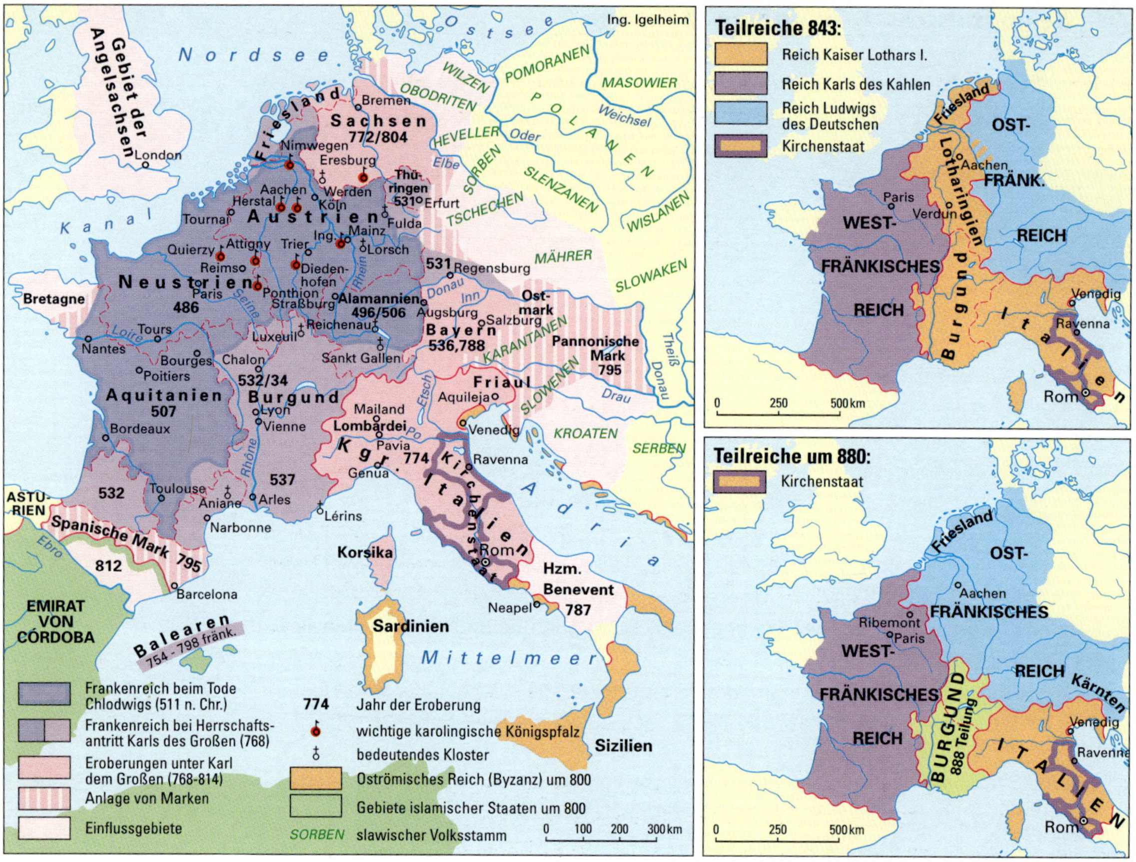

11 Territoriale Entwicklung Mitteleuropas, 511–880 n. Chr.
Geschichtskarte

Schildern Sie die territoriale Entwicklung des Fränkischen Reiches in zeitlicher und räumlicher Hinsicht.

c) Die Zweigewaltenlehre. Papst Gelasius I. an den oströmischen Kaiser, 497:
Zwei sind es nämlich, erhabener Kaiser, durch die an oberster Stelle diese Welt regiert wird: die geheiligte Autorität der Bischöfe und die kaiserliche Gewalt. Von diesen beiden ist die Last der Priester umso schwerer, als sie auch selbst für die Könige der Menschen vor Gottes Gericht Rechnung abzulegen haben. Denn ihr wisst es, allergnädigster Sohn: Wohl überragt ihr an Würde das ganze Menschengeschlecht; dennoch beugt ihr fromm den Nacken vor den Amtswaltern der göttlichen Dinge und erwartet von ihnen die Mittel zum Seelenheil […]. In diesen Dingen seid ihr demnach vom Urteil der Priester abhängig und dürft sie nicht eurem Willen unterjochen wollen. Wenn nämlich im Bereich der staatsrechtlichen Ordnung auch die Vorsteher der Religion willig anerkennen, dass euch die kaiserliche Herrschaft durch göttliche Anordnung übertragen ist und deshalb auch sie euren Gesetzen Gehorsam zu leisten haben, um nicht etwa in weltlichen Dingen eurer einzig maßgeblichen Befehlsgewalt entgegen zu sein, wie freudig, so frage ich euch, muss man dann denen gehorsam sein, die zur Ausspendung der schauervollen Mysterien gesetzt sind?

Zit. nach: Geschichte in Quellen, Bd. 1, Hrsg. v. Wolfgang Lautemann und Manfred Schlenke, München 1978, S. 820.

1. Analysieren Sie das Selbstverständnis des Papsttums und charakterisieren Sie seine Stellung innerhalb der Christenheit (10a und b).
2. Erörtern Sie die päpstliche Position zum Verhältnis von geistlicher und weltlicher Gewalt am Beginn des Mittelalters (10c).
3. Informieren Sie sich über die Teilreiche in Karte 11 und deren historische Bedeutung.

12 Zusammenprall und Koexistenz

a) Der Patriarch von Konstantinopel, Nikolaos Mystikos, schrieb 913/14 im Auftrag des unmündigen Kaisers Konstantin VII. an den Kalifen von Bagdad al-Muktadir (908–932):

Alle irdische Gewalt und alle Herrschaft hängt, o Freund, von der übergeordneten Herrschaft und Gewalt ab. Es gäbe keine Gewalt über Menschen und auch kein Herrscher erlangte aus eigener Leistung Herrschaft auf Erden, wenn nicht der in den Himmeln allein mächtige Herr sie ihm zuerkannt hätte. Deshalb sollen nach Möglichkeit alle, wieviel Herrschaft über Menschen ihnen auch zugebilligt wurde, zumindest untereinander Verbindung halten, indem sie Botschaften austauschen; wir aber, die wir von dem Einzigen das Geschenk unserer Herrschaft erhalten haben, sollten keinen Tag vergehen lassen, an dem wir nicht durch Briefe und erfahrene Unterhändler in Verbindung treten. Dies gilt umso mehr für diejenigen, die die größte Herrschaft und Gewalt, die größten Ehren besitzen und gleichsam als Brüder sich über alle Übrigen erheben. [...] Denn zwei Reiche haben nun die Herrschaft über die Erde, dasjenige der Sarazenen und dasjenige der Römer. Sie ragen hervor als zwei ungeheure Lichter am Himmel. Deswegen ist es nötig, gemeinschaftliche und brüderliche Beziehungen zu unterhalten. Andererseits müssen wir vermeiden, da wir uns in Sitten, Lebensweisen und Religion unterscheiden, dass die einen den anderen gegenüber feindselig eingestellt sind und dass wir den Briefwechsel einstellen, wenn es keine Möglichkeit eines Treffens gibt. Das sollte stets unsere Gesinnung und unser Handeln bestimmen, auch wenn gerade keine Notwendigkeit zum Verhandeln besteht.

Nicolai archiepiscopi epistolae, in: J.-P. Migne, Patrologia Graeca, Bd. 111, Paris 1863, ep.1, Sp. 27ff.

b) Der Engländer E. Gibbon schrieb vor mehr als 200 Jahren zur Schlacht bei Tours und Poitiers (732), in der Karl Martell die Araber besiegte:

Der Sieg [der Moslems] war nun über mehr als tausend Meilen vom Felsen von Gibraltar bis zu den Ufern der Loire hinausgetragen worden. Die nochmalige Zurücklegung einer gleichen Strecke hätte sie bis an die Grenzen Polens oder in die schottischen Hochlande gebracht. Der Rhein ist nicht unbefahrbarer als der Nil oder der Euphrat, und die arabische Flotte hätte ohne Kampf in die Mündung der Themse einlaufen können. Es wäre möglich gewesen, dass in den Schulen [Westeuropas] der Koran gelehrt [...] worden wäre. Von diesem Schicksal wurde die Christenheit von einem einzigen genialen, vom Glück begünstigten Mann [Karl Martell] gerettet.

E. Gibbon, The decline and fall of the Roman Empire, zit. nach: Bernhard Lewis, Die Welt der Ungläubigen. Wie der Islam Europa entdeckte. Frankfurt/Berlin/Wien 1983, S. 16.

c) Der Historiker Bernhard Lewis zum selben Ereignis:

Die Araber besitzen eine reiche Literatur, die in liebevollen Einzelheiten die aufeinander folgenden Phasen des heiligen Kampfes für den Islam gegen die Ungläubigen feiert und mit äußerster Ehrlichkeit die Niederlagen wie die Siege der Eroberer verzeichnet [...]. Doch die arabischen Historiker des Mittelalters erwähnen weder den Namen von Tours noch den von Poitiers und wissen nichts von Karl Martell. Die Schlacht wird »Balat al Shuhada«, Straße der Märtyrer, genannt und als relativ kleine Auseinandersetzung dargestellt. Bemerkenswert ist, dass bedeutende arabische Historiker [...] die Schlacht überhaupt nicht erwähnen.

Bernhard Lewis, Die Welt der Ungläubigen. Wie der Islam Europa entdeckte, Frankfurt/Berlin/Wien 1983, S. 16f.

1. Fassen Sie die grundsätzlichen Bemerkungen des Patriachen (12a) zusammen und charakterisieren Sie seine Vorstellungen über das Verhältnis zum Kalifen von Bagdad.
2. Die Schlacht von Tours und Poitiers: Nebensächlichkeit oder Wendepunkt? Suchen Sie eine Erklärung für die unterschiedliche Einschätzung (12b und c) und Bewertung.

13 Bekehrung und religiöse Toleranz?

a) Vertrag der Araber mit Bewohnern Jerusalems nach der Eroberung, 636:
Dies ist ein Schutzbrief, den der Diener Gottes, Umar, der Herrscher der Gläubigen, den Bewohnern von Aelia [Jerusalem] ausstellte. Er gewährt ihnen Sicherheit für ihre Person, ihren Besitz, ihre Kirchen, ihre Kreuze, die Kranken und die Gesunden unter ihnen und ihre ganze Gemeinde. Ihre Kirchen sollen weder als Wohnungen benutzt, noch sollen sie zerstört werden. Weder sie noch der ihnen zugehörige Besitz sollen Schaden leiden. In religiöser Hinsicht soll kein Zwang auf sie ausgeübt und keinem soll etwas zuleide getan werden. [...] Sie müssen die Byzantiner und die Räuber aus der Stadt vertreiben. Diejenigen, die fortgehen, sollen freies Geleit für sich und ihren Besitz haben, bis sie in Sicherheit sind. Diejenigen, die bleiben, sollen Sicherheit erhalten und müssen die Dschizja [Kopfsteuer] entrichten wie die Bewohner von Aelia. Diejenigen Bewohner von Aelia, die sich mit ihrer Habe entfernen, mit den Byzantinern abreisen und ihre Kirchen und Kreuze aufgeben wollen, sollen freies Geleit haben für sich, ihre Kirchen und ihre Kreuze, bis sie in Sicherheit sind.

Zit. nach: Bernard Lewis, Der Islam von den Anfängen bis zur Eroberung von Konstantinopel, Bd. 1, Zürich/München 1981, S. 328 ff.

b) Asch-Schahrastani, ein musl. Gelehrter (1075–1153), zu Juden und Christen:
Jene, die außerhalb der wahren Gemeinschaft und des islamischen Gesetzes stehen, aber ein göttliches Gesetz und Vorschriften, göttliche Verordnungen und Zeichen anerkennen, sind die Leute der Schrift. Sie sind aufgeteilt in jene, die ein wirklich offenbartes Buch wie die Thora und das Evangelium besitzen, weshalb die Offenbarung sie als Leute der Schrift anspricht, und jene, die eine zweifelhafte Schrift besitzen, wie die Magier und die Manichäer. [...] Die Muslime haben verdeutlicht, dass die beiden Gemeinschaften [die Offenbarung] verändert und abgewandelt haben. Isa [Jesus] bestätigt nämlich nur das, was Musa [Moses] gebracht hatte. Beide sind Boten, die das Kommen unseres Propheten Mohammed ankündigten.

Zit. nach: Die Blütezeit der islamischen Welt. Ein Lesebuch. Hrsg. v. Gerhard Hoffmann, München 1994, S. 216f.

c) Koran, Sure (Kapitel) 9, Vers 5, zum Umgang mit besiegten »Heiden«:
Sind aber die heiligen Monate verflossen, so erschlaget die Götzendiener, wo ihr sie findet, und packet sie und belagert sie und lauert ihnen in jedem Hinterhalt auf. So sie jedoch bereuen und das Gebet verrichten und die Armensteuer zahlen, so lasst sie ihres Weges ziehen. Siehe, Allah ist verzeihend und barmherzig.

Zit. nach: Der Koran. Aus dem Arabischen übersetzt von Max Henning. Stuttgart 1991, S. 184.

1. Erarbeiten Sie aus dem Text von Asch-Schahrastani (13b), welche Verbindung der Islam zur christlichen und jüdischen Religion aufweist.
2. Folgern Sie aus diesen Ergebnissen, inwiefern dadurch das Verhältnis der Araber zu den christlichen Bewohnern in eroberten Städten anfänglich bestimmt wurde (13a). Vergleichen Sie die Behandlung von Christen mit der von »Heiden« (13c).

14 Moderne Historiker zur Expansion der Araber

a) Der belgische Historiker Henri Pirenne zu den Veränderungen im 7. Jahrhundert:
Das Abendland kam durch die Trennung von Byzanz in eine ganz veränderte Lage. Es schien durch diese Trennung von der Kultur ausgeschaltet zu werden; denn der alte Osten hatte ihm seit Urzeiten die Formen seines kulturellen Lebens und alle sozialen Fortschritte gebracht. Zwar rückte der Orient durch die islamische Bevölkerung in Spanien und an den nordafrikanischen Küsten nun Europa näher; aber der geistige Kontakt zwischen dem christlichen Europa und dem islamischen Osten wurde durch

die religiöse Verschiedenheit trotz aller materiellen Beziehungen verhindert. Seit der Entstehung des Römischen Reiches war Westeuropa zum ersten Male von dem Rest der Welt isoliert. Das Mittelmeer, das den Westen bisher mit der Kultur verbunden hatte, verschloss sich ihm jetzt. Das war vielleicht das bedeutendste weltgeschichtliche Ergebnis der arabischen Eroberung; denn das christliche Abendland, dessen traditionelle Wege gesperrt waren, wurde nun eine abgesonderte Welt: Es konnte nur auf sich selbst zählen und war daher genötigt, die eigenen Kräfte zu entwickeln. Zur Abwendung vom Mittelmeer gezwungen, richtete das christliche Abendland seine Aktivitäten auf die Länder der Barbaren jenseits des Rheins und im Nordseegebiet. Es war Westeuropa bestimmt, groß zu werden und schließlich sogar über die alten Grenzen des Römischen Reiches hinauszugelangen.

Ein neues Europa bildete sich mit dem Fränkischen Reiche. Dort kristallisierte sich die westliche Kultur heraus, die dazu berufen war, später die Welt zu beherrschen.

Referieren Sie über das Leben und Wirken Mohammeds, seine Funktion als Eroberer und seine Bedeutung als Religionsstifter und Prophet.

Henri Pirenne, Geschichte Europas. Von der Völkerwanderung bis zur Reformation. Frankfurt a. M. 1982, S. 43 f.

b) Mohammed zieht in eine eroberte Stadt ein und wird von Erzengel Gabriel, der ihm die Lehre des Islam verkündet hatte, begleitet. Miniatur in einer persischen Handschrift, 14. Jahrhundert.

Interpretieren Sie die Abbildung. Ziehen Sie dazu die Geschichtskarte 7 und die Quellen 13a, b und c heran.

c) Maurice Lombard zur Entstehung des arabischen Großreichs:

Wie soll man die Leichtigkeit und Schnelligkeit einer Eroberung erklären, die von einer so kleinen Zahl vollzogen wurde? Die Araber hatten in der Tat alle Chancen auf ihrer Seite, von den alten Bevölkerungen der semitischen Welt Syriens und Mesopotamiens und von den Ägyptern als Befreier begrüßt zu werden. Abgesehen von der ethnischen und sprachlichen Verwandtschaft, die einige dieser Völker mit den Arabern verband, waren sie seit langer Zeit von Rom, dann von Byzanz im Westen, vom Persischen, dann vom Sassanidischen Reich im Osten unterdrückt worden. Sie befanden sich in einem Zustand permanenter Revolte gegen die Verwaltungsapparate von Konstantinopel und Ktesiphon [...].

Nun kamen aber die demokratischen, egalitären und kosmopolitischen Tendenzen der islamischen Botschaft diesen Bewegungen sozialer und religiöser Revolte entgegen. Daher, zumindest zu einem Teil, die Leichtigkeit der arabischen Eroberung. Auch die Sorge um Ruhe und Ordnung trieb die Bevölkerungen in den Städten dazu, sich mit den Eroberern zu verbünden, von denen sie Schutz vor Anarchie und vor der Ausplünderung durch die Nomaden erwarteten. [...] Die Beziehungen zu den unterworfenen Völkern wurde auf jeden Fall durch die Toleranz der Invasoren erleichtert, die

Maurice Lombard, Blütezeit des Islam. Eine Wirtschafts- und Kulturgeschichte 8.–11. Jahrhundert, Frankfurt a. M. 1992, S. 21.

in religiöser Hinsicht ziemlich gleichgültig, wenn nicht skeptisch waren. Daher auch keine Verfolgung und Zwangsbekehrung. Die einzige Forderung, die die Sieger stellten, [war] fiskalischer Art.

d) Der Historiker Bernard Lewis zur arabischen Eroberung:

Es wird oft gesagt, die islamische Religion sei durch Eroberung ausgebreitet worden. Diese Behauptung ist irreführend, obwohl die Ausbreitung des Islam zu einem Großteil durch den parallelen Fortschritt von Eroberung und Kolonisation möglich wurde. Das erste Kriegsziel der Eroberer war nicht, den islamischen Glauben mit Gewalt durchzusetzen. Der Koran sagt zu diesem Punkt ausdrücklich: »Zwingt keinen zum Glauben« (2:256). Dies wurde üblicherweise so verstanden, dass denen, die sich zu monotheistischen Religionen bekannten und Schriften verehrten, die auch vom Islam als frühere Etappen der göttlichen Offenbarung anerkannt wurden, erlaubt sein soll, ihre Religion zu praktizieren unter den Bedingungen, die islamischer Staat und Gesetz auferlegten. Für die, die keine Monotheisten waren und keine anerkannten Schriften besaßen, waren die Alternativen härter, aber dies waren wenige, wenn es sie überhaupt in den Regionen gab, die von den frühen arabischen Eroberern regiert wurden. Den unterworfenen Völkern wurden unterschiedliche Beweggründe gegeben, wie geringere Steuern, den Islam zu übernehmen, aber sie wurden nicht gezwungen es zu tun. Noch geringer war der Versuch des arabischen Staates, die unterworfenen Völker zu assimilieren und sie zu Arabern zu machen. Im Gegenteil, die erste Generation der Eroberer hielt strikte soziale Barrieren zwischen Arabern und Nicht-Arabern aufrecht, selbst wenn die Letzteren den Islam annahmen und die arabische Sprache übernahmen. Sie verhinderten Heiraten – allerdings nicht den Umgang – zwischen arabischen Frauen und nichtarabischen Männern und gewährten den neuen Muslimen nicht die volle soziale, ökonomische und politische Gleichheit mit ihnen selbst, bis die revolutionären Veränderungen des zweiten islamischen Jahrhunderts den Privilegien der Araber ein Ende bereiteten und dadurch der Prozess der Arabisierung große Fortschritte machte.

Das eigentliche Wunder des arabischen Reiches ist die Arabisierung und Islamisierung der Völker in den eroberten Gebieten, nicht die aktuelle militärische Eroberung.

Bernard Lewis, The Middle East, London 1996, S. 57f. (aus dem Engl. übersetzt von Gisbert Gemein).

1. Stellen Sie die Thesen der Historiker (14a, c und d) zu Gründen und Folgen der arabischen Expansion zusammen und diskutieren Sie deren Erklärungsansätze.

1. Europa und der Mittelmeerraum um 600 und um 1000 n. Chr.: Benennen Sie die wesentlichen Veränderungen in politischer und religiöser Hinsicht.
2. Ein japanischer Historiker zur Unterscheidung Antike–Mittelalter:
   »Solch eine irreführende Auffassung entstammt dem Überlegenheitsgefühl von Westeuropäern, die dazu neigen, nur die Geschichte der westlichen Welt als Weltgeschichte gelten zu lassen. [...] Somit meint der Ausdruck [...] »Untergang der Antike« im strengen Sinn des Wortes lediglich den Untergang der klassischen Zeit im Westen. [...] Die Weltgeschichte drehte sich keineswegs um Europa als Angelpunkt.«
   Nehmen Sie Stellung zu dieser Auffassung und zum Problem des Epochenwechsels.

   Bun-ei Tsunoda, Das Problem des Endes der antiken Welt, in: Zur Frage der Periodisierung zwischen Altertum und Mittelalter, Hrsg. v. P. E. Hübinger. Darmstadt 1969, S. 240ff.
3. Erstellen Sie mithilfe der Darstellungen, Quellen und Geschichtskarten eine Zeitleiste zur Geschichte der islamischen Welt vom 7. bis ins 11. Jahrhundert. Geben Sie die Jahreszahlen nach muslimischer Zeitrechnung an: der Hidschra (Auszug Mohammeds von Mekka nach Medina als Beginn der Zeitrechnung nach Mondjahren). Die Umrechnung eines Datums vom Hidschra-Jahr (H) zum christlichen Jahr (C) oder umgekehrt ist kompliziert und geschieht mit Tabellen. Eine überschlägige Ermittlung erlauben Faustformeln:
   – Umrechnung in christliche Zeitrechnung: $C = H - 3 \times H : 100 + 622$
   – Umrechnung in muslimische Zeitrechnung: $H = (C - 622) \times (33 : 32)$.

2. LEBENSWELTEN AUF DEM LAND UND IN DER STADT

Die Umwelt, die religiösen Vorstellungen und die Mühen um das tägliche Brot prägten das Leben des mittelalterlichen Menschen viel stärker, als es sich »moderne« Menschen meist vorstellen können. Die Saat- und Erntezeiten bestimmten den Rhythmus des Lebens. Denn das christliche Europa und die islamische Welt waren vorwiegend agrarische Systeme. Davon waren auch die Städter und ihre differenziertere Wirtschafts- und Lebensform weitgehend abhängig; auch die Obrigkeit orientierte sich daran, wenn sie Steuern, Tribute und Abgaben erhob.

2.1 Umwelt – Wirtschaft – Gesellschaft

8.–12. Jh. (2.–6. Jh.)	Auf die Landwirtschaft Nord- und Mitteleuropas wirkt sich ein »Klimaoptimum« günstig aus.
1051 (443)	Invasion der Beni Hilal in Nordafrika
ab 11. (5.) Jh.	In Europa setzt eine große Kolonisationsbewegung ein, die durch Rodung und Entwässerung große Landgebiete kultiviert.

Klima und Landwirtschaft in Europa

Europa liegt mit Ausnahme seines hohen Nordens und der russischen Tiefebene in einer gemäßigten Klimazone mit in der Regel ausreichenden und – im Gegensatz zur Arabischen Halbinsel und Nordafrika – gleichmäßig verteilten Niederschlagsmengen. Die regelmäßigen Regenfälle begünstigten die Landwirtschaft, obwohl sie nur oberhalb der Flussauen möglich war. Die fruchtbaren Schwemmlandböden in den Flussmarschen wurden in Europa wegen der Überschwemmungsgefahr bis weit ins Hochmittelalter nicht genutzt.

Trotz der Vielfalt unterschiedlicher Landschaften wurde in Europa mit Ausnahme des hohen Nordens seit jungsteinzeitlicher Zeit durchgängig und überall Ackerbau betrieben, wo Menschen lebten. Die schweren, aber fruchtbaren Löß- und Schwarzerdeböden waren aber nur mühsam zu bearbeiten. Erst die verbesserte Entwicklung der Agrartechnik (vgl. Kap. 2.4) machte den Boden für die Menschen im Mittelalter besser nutzbar.

Klimaforschungen, die sich u. a. der Pollenanalyse bedienen, ergaben, dass zwischen dem 8. und 12. Jahrhundert eine Phase milden Klimas vorherrschte. Diese Klimaverbesserung mit ca. 1 Grad Celsius höherer Durchschnittstemperatur begünstigte den Getreideanbau und ermöglichte sogar Weinanbau in Südschottland, Ostpreußen und Pommern, wo er heute wegen der häufigen späten Fröste ausgeschlossen ist. Im Mittelmeerraum verlor sich die Wirkung des Klimaoptimums und führte eher zu verstärkter Trockenheit.

Regen und Energie

Die durch die regelmäßigen Regenfälle gespeisten Bäche und Flüsse West- und Mitteleuropas boten reichlich primäre Energiequellen, die in den klimatisch bedingten Dürregebieten fehlen. Die im Vergleich zu anderen Erdteilen gemäßigter auftretenden Winde bieten dem »vorindustriellen« Menschen zudem eine weitere Primärenergie, die er – ähnlich wie die Wassermühle – so intensiv zu nutzen weiß, dass die Windmühle schon im Mittelalter Kennzeichen niederdeutscher und niederländischer Landschaft wurde.

Waldbestand in Europa

Deutschland war bis ins Mittelalter dicht bewaldet und im Norddeutschen Tiefland gab es große Moore. Der massive Bevölkerungsrückgang im Laufe der Völkerwanderungszeit hatte auch den Waldbestand in Frankreich und Italien wieder anwachsen lassen. In den meisten Regionen konnten daher die Anbauflächen beliebig erweitert werden. Historiker schätzen, dass in Deutschland nur 15 % der landwirtschaftlich nutzbaren Flächen bearbeitet wurden. Erst die Rodung vieler Wälder vom 11. bis 13. Jahrhundert vergrößerte die Ackerfläche. Dieser Vorgang wird meist als große Kulturleistung des Menschen dargestellt, da der Landesausbau auch zu zahlreichen Gründungen von Städten und Siedlungen führte. Im Rahmen einer großen Siedlungsentwicklung, der deutschen Ostkolonisation, weitete sich der westliche Kulturkreis nach Ostmitteleuropa aus. Die Rodungen bewirkten auch eine Landschaftsveränderung. Denn das Ökosystem veränderte sich. So wurde der Storch erst mit der Rodungsgeschichte in Deutschland heimisch; seine symbolische Bedeutung für Kindersegen weist gleichzeitig auf die mit ihr verbundene Bevölkerungsvermehrung.

Flüsse als Verkehrswege

Europa mit seinen langen Küstenlinien und zahlreichen schiffbaren Flüssen hatte einerseits geografisch günstigere Voraussetzungen für einen Warenaustausch als etwa Nordafrika und der Vordere Orient mit seinen großen Trockengebieten. Andererseits konnten diese nicht voll genutzt werden. Das Wegenetz in Europa war durchweg schlechter als in Vorderasien und Nordafrika; selbst in Frankreich war das römische Straßennetz in der Völkerwanderungszeit verfallen.

Steppen, Wüsten und Oasen

Von einem einheitlichen Naturraum in der islamischen Welt kann man nicht sprechen. Dafür unterscheiden sich die Umweltbedingungen von Spanien über Nordafrika bis nach Zentralasien zu sehr. Doch sind zahlreiche islamische Regionen von riesigen trockenen Steppen-, Halbwüsten- und Wüstenzonen bedeckt. Dort gab es geringe natürliche Bewässerung und nur ca. ein Viertel der Gesamtfläche wurde bewohnt. Große natürliche Wasserreserven waren in den Tälern des Nil, Euphrat und Tigris vorhanden, wo sie bereits frühe Hochkulturen mit einer erstaunlichen Bevölkerungsdichte ermöglicht hatten. Die über das Jahr ungleichmäßig verteilten Niederschläge machten in den Stromkulturen eine arbeitsaufwändige Bewässerung durch Kanäle, Schleusen, Schöpfräder nötig, deren Infrastruktur ständig durch Naturkatastrophen gefährdet war und einer intakten staatlichen Organisation bedurfte. An den Gebirgshängen, im Vorderen Orient wie in Anatolien, in Arabien wie Nordafrika war Regenfeldbau möglich und regelmäßige Überschwemmungen in Ägypten ermöglichten Bewässerungsfeldbau.

Zusammenleben von Nomaden und sesshaften Bauern

Das Nebeneinander von fruchtbaren Ackerbaugebieten und menschenleeren Großräumen wie Wüsten, z. T. auch unüberwindlichen Gebirgen, prägte die Lebenswelten der Menschen. Eine Folge war für Nordafrika und weite Teile Asiens ein jahrtausendelanges Nebeneinander unterschiedlicher Kulturen von sesshaften Bauern und Vieh züchtenden Nomaden. Ihre Lebens- und Wirtschaftsweise passte sich den Bedingungen der ausgedehnten Trockensteppen und des geringen fruchtbaren Wüstenlandes an. Sie konkurrierten jedoch auch um die knappen Ressourcen. Das Zusammenleben von sesshaften Bauern und nomadischen Stämmen war daher häufig konfliktreich. Im 11. Jahrhundert erfolgte in einer Zeit großer politischer Instabilität der Einbruch der Nomaden vom Stamm der Beni Hilal. Lebten die Araber der ersten Invasion in Nordafrika vor allem in Städten, suchten diese neu eindringenden Wanderhirten Weideflächen für ihr Vieh. Fruchtbares Ackerland ging verloren, Bewässerungsanlagen verfielen und eine Versteppung oder Desertifikation großer Gebiete setzte ein. Dieser über Generationen laufende Vorgang hatte Parallelen in Inneranatolien bei der Landnahme nomadisierender Turkstämme.

Lange haben Archäologen, Geografen und Historiker über den Einfluss eines möglichen Klimawandels in der Blütezeit des Islam (7.–11. Jh.) gestritten. Heute geht man davon aus, dass sich das Klima in diesem Zeitraum kaum verändert hat. Daher führt man die Absenkung des Wasserspiegels der Quellen und Brunnen auf mangelnde Sorgfalt der Menschen und Erosion zurück. Die Ausdünnung der Pflanzendecke verursachte eine Ausschwemmung der Böden und die Verschlammung der Bewässerungsanlagen.
Wie sehr die Menschen noch vom Gedanken einer nachhaltigen Bewirtschaftung ihres Lebensraumes entfernt waren, zeigt die Abnahme des Waldbestandes in den islamischen Regionen, die jedoch bereits in der Antike begonnen hatte. Der riesige Bedarf an Bau-, Schiffs- und Brennholz bewirkte neben dem Fraß an Baumschösslingen durch die Viehzucht und Brandrodungen in den islamischen Regionen, dass die ohnehin geringen Waldgebiete ständig abnahmen. Holz, die Basisressource agrarischer Systeme, wurde schließlich zum begehrten Importgut.

15 Wasser und städtisches Leben
Die Illustration von al-Hariri zeigt einen Garten außerhalb von Bagdad.

Beschreiben Sie die Szene und die städtischen Aktvitäten auf Abbildung 15.

16 Naturräume und Menschen in Europa

a) Vertrag zur Erschließung des Gemeindesumpfes von Verona, 1194–1199:
Da der Stadt Verona zur Versorgung ihrer Bewohner große Mengen an Getreide fehlten, mühte sich der Podestà [Bürgermeister] der Stadt gewissenhaft, den Mangel zu beseitigen. [...] Er beriet sich mit den Bürgern der Stadt und alle richteten ihren Blick auf einen Sumpf, der schon seit geraumer Zeit am Überfluss an Wasser, Schlamm, Matsch, Gras und Binsen erstickt war. [...] Sie überließen den größeren Teil den benachbarten Dörfern. [...] Auf der Restfläche siedelten sie 400 Stadtbewohner an. Jeder von ihnen erhielt 10 Campi. Dafür hatten sie an die Gemeinde für jedes Campo jährlich 5 ½ Sous und den Zehnten zu zahlen. Diese hatte zum Ausgleich auf die Dauer die Kanäle zu unterhalten. [...] Zur raschen Gebietsverteilung des Sumpfgeländes wählte sich die Erschließungsgesellschaft zu Rektoren die Herren Antonio Maffeo und Conradino di Oliveiro und andere und auch mich, den Notar Enverardo. Wir [...] machten uns daran die Möglichkeiten, dieses sterile, unwirtliche, menschenfeindliche Sumpfgelände zu erschließen, genau abzuwägen und zu untersuchen. Wir wollten es meliorieren, denn wir hatten erkannt, dass es gute Ernten bringen würde.

Zit. nach: Jean Michel Lambin, Histoire Seconde, Paris 1995, S. 75. (übers. v. H. Redmer).

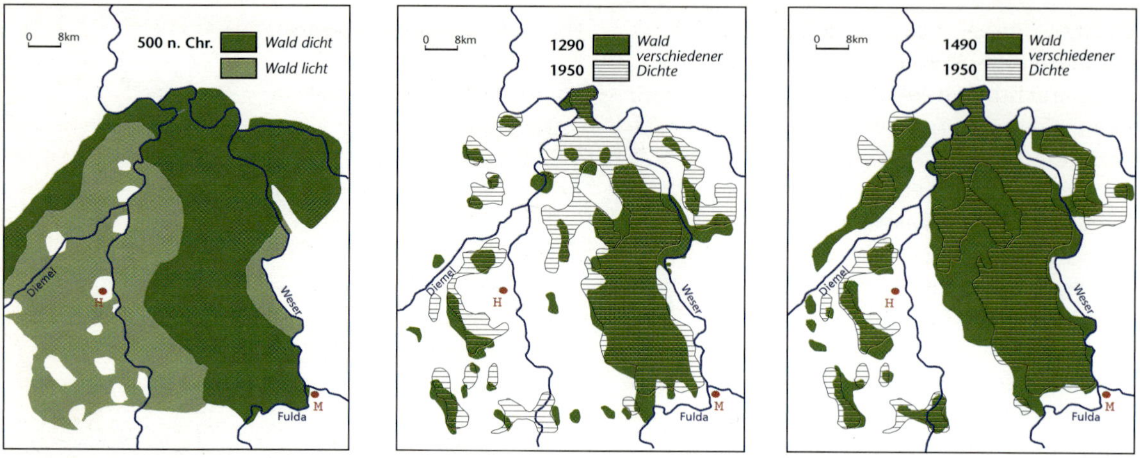

17 Waldgebiete um Hofgeismar im oberen Weser-Becken.
H = Hofgeismar
M = Münden

b) Lambert von Hersfeld über die Flucht von König Heinrich IV. (1056/84–1106) von der Harzburg, 1073:

Die Burg lag auf einem hohen Berge und war nur auf einem noch dazu sehr schwierigen Wege zugänglich. Die übrigen Seiten des Berges hüllte ein ungeheuer ausgedehnter Wald in Dunkel, der sich als zusammenhängender Urwald von dort viele Meilen weit bis an die Grenze von Thüringen hinzieht, und deshalb konnte keine Wachsamkeit der Belagerer den Eingeschlossenen Ausgang oder Eingang versperren. [...]

[Der König verlässt heimlich die Burg]. Drei Tage lang, so wird berichtet, zogen sie ohne Essen durch den Urwald auf einem schmalen, bis dahin wenigen nur bekannten Fußpfad, den ein Jäger, ihr Führer, entdeckt hatte, als er in seinem Jagdeifer abgelegene Teile des Waldes eingehend durchforschte; dabei spähten sie überall nach einem Schwert umher und erwarteten voll Furcht bei jedem Rauschen des Windes einen feindlichen Angriff und den auf ihre Kehle zielenden Tod. Am vierten Tag langten sie in Eschwege an, bis zum Äußersten erschöpft von Hunger, Nachtwachen und den Anstrengungen der langen Reise.

Adolf Schmidt/Wolfgang Dietrich Fritz (Hrsg.), Lampert von Hersfeld, Annalen. Neu übersetzt v. A. Schmidt. Erl. von W. d. Fritz. (FSGA, A, Bd. 13.) 4., aktual. Aufl. Darmstadt, Wissenschaftliche Buchgesellschaft 2000, S. 189.

1. Nennen Sie die Gründe für die Erschließung des Sumpfes. Schildern Sie den Ablauf dieser kommunalen Aktivität (16a) unter Berücksichtigung der Gemeindeorganisation.
2. Analysieren Sie die Geschichtskarten und geben Sie die Veränderungen in der Waldausbreitung in der Region an (17). Informieren Sie sich über die Besiedlung, die Bewaldung und die landwirtschaftlichen Verhältnisse im Mittelalter in Ihrer Heimat.
3. Erkundigen Sie sich über die Entfernung vom Harz bis Eschwege und beurteilen Sie dann die Durchquerung eines mittelalterlichen Waldes. Versuchen Sie die Einstellung der Menschen zum Wald zu formulieren (16b). Ziehen Sie auch Textstellen aus Märchen heran, die die Wahrnehmung des Waldes verdeutlichen.

18 Landschaftsveränderungen in Nordafrika

a) Tertullian (Kirchenschriftsteller, um 160 bis nach 220) über Nordafrika:

Liebliche Landgüter haben die berüchtigtsten Wüstengegenden hinweggewischt, bebaute Äcker die Wälder verdrängt, Herden die wilden Tiere in die Flucht geschlagen – unwiderlegbarer Beweis für das Wachstum des Menschengeschlechts! Wir fallen der Welt zur Last; überall erschallt die Klage: Die Natur wird uns zu klein.

Tertullian in De anima 30, zitiert nach: Gilbert Charles-Picard, Nordafrika und die Römer, Stuttgart 1962, S. 47.

b) Der arabische Chronist und Philosoph Ibn Chaldun (1332–1406), der selbst aus dem Maghreb stammte, zu Veränderungen im 11. Jahrhundert:

Seit dem Machtantritt der Abbasiden-Dynastie hatten die beiden großen Stämme der Hilal und Soleim ihr Nomadenleben weitergeführt und zogen mit ihren Herden durch die Wüsten. [... Später] wurden die Hilal von den Faltimiden angeworben, um [...] in Nordafrika zu Felde zu ziehen. In der Hoffnung auf reiche Beute überquerten die Hilal den Nil [...] und nahmen die Städte ein und plünderten sie. Ihren am Ostufer verbliebenen Stämmen malten sie in bunten Farben aus, welche Reichtümer durch Eroberungen zu gewinnen waren. [...] Die meisten Clans der Hilal stürzten sich nun wie ein Heuschreckenschwarm auf Ifrikia und zerstörten und plünderten auf ihrem Weg alles, was sie vorfanden [443]. [...] Die gesamte Provinz wurde bis 446 geplündert und verwüstet. Die Städte Obba und Laribus fielen in die Hände der arabischen Nomaden [...] Im Jahre 446 teilten die Araber die Städte Ifrikias unter sich auf: Der Stamm der Zoghba erhielt die Gegend um Tripolis. [...] Abed Ibn Abi l`Gaith eroberte Tunis und versklavte die Einwohner. Alle diese Ereignisse führten zur Verarmung der einst reichen Provinz Ifrikia. Alles war zerstört und überall lauerten Räuber den Reisenden auf.

Ibn Chaldun, Histoire des Berberes et des dynasties musulmanes de l'Afrique septentrionale, Paris 1925, Band 1, S. 28ff., Übersetzung von Joachim Cornelissen.

c) Ein französischer Forscher zu den Folgen der Invasion der Beni Hilal:

Die Invasion der Beni Hilal ist das wichtigste Ereignis im Maghreb während des gesamten Mittelalters und hat diesen tiefer greifend umgeformt als die islamischen Eroberungen. Vor den Beni Hilal war der Maghreb, abgesehen von der neuen Religion, ein Land, in dem Sprache und Sitten der Berber fortdauerten. Auch auf der politischen Ebene waren die Berber mächtig geblieben und hatten die Herrschaft des Kalifats erschüttert. [...] Die Beduinen brachten ihre Sprache mit, die man sofort von den Dialekten der Stadtbewohner aus der Zeit der islamischen Eroberung unterscheiden kann. Von diesem Arabisch der Beduinen stammen bis heute die meisten in Nordafrika gesprochenen ländlichen Dialekte des Arabischen ab. Auch die Sitten der Hirtennomaden wurden eingeführt. Es scheint so zu sein, dass die sesshaften Berber und die Nomaden in den Zeiten vor der Invasion der Beni Hilal einen Modus Vivendi gefunden hatten, das Land unter sich aufzuteilen. Dieses Nebeneinander von zwei Lebensweisen, die Oberflächenstruktur und Klima des Maghreb verlangen, wurde durch die Invasion infrage gestellt. Die Nomaden gingen zum Angriff auf die Sesshaften über, zerstörten Weizenfelder und Obstbaumkulturen und ruinierten damit die Lebensgrundlage der Städte. Es blieb nur ein schmaler landwirtschaftlich genutzter Streifen entlang der Küste und um die schwer zugänglichen Städte im Innern, die von der Eroberungsflut nicht überrollt wurden. Der Ackerbau der Provinz Ifrikia wurde auf die Gebiete des Sahel, des Kap Bon und Bizertas zurückgedrängt. Die Olivenbaumkulturen des Zentrums wurden zu Weidegründen. Kairouan wird nach Jahrhunderten des Glanzes als Hauptstadt auf den Rang einer Kleinstadt zurückgeworfen.

Geben Sie Ihren Mitschülern anhand aktueller geografischer Karten von Europa, Nordafrika und dem Vorderen Orient Informationen zu folgenden Aspekten: die Klimate, die Vegetationszonen, die Formen der Landnutzung, Jahresniederschläge und landwirtschaftlichen Betriebsformen.

Ch.-Andre Julien, Histoire de l'Afrique du Nord, Paris 1961, S. 74f. Aus dem Franz. übersetzt von Joachim Cornelissen.

d) Der tunesische Wissenschaftler Mohamed El Hadi Cherif zur Invasion:

Der wirtschaftliche Niedergang Ifrikias vom 11. Jahrhundert an ist unbestreitbar. Jedoch einzig und allein die Hilal dafür verantwortlich zu machen – wie man das lange Zeit getan hat –, wäre übertrieben, denn die Rückentwicklung vollzieht sich zeitlich und räumlich gesehen in einem sehr großen Rahmen, der vom 11. bis mindestens ins 14. Jahrhundert eigentlich die ganze arabisch-muslimische Welt umfasst. Die Hilal haben den Vorgang des Zerfalls ganz sicher beschleunigt, aber sie sind weder die Allein- noch die Hauptschuldigen. Außerdem wurde ihr positiver Beitrag allgemein übersehen: beschleunigte Arabisierung der ländlichen Gebiete, Übernahme des Binnenhandels und vielleicht eine gewisse Verbesserung des Lebensstandards der ländlichen Bevölkerung [oder eines Teils davon], deren Ausbeutung durch die Städte und ihre Notabeln ein Ende gefunden hatte. Vergessen wir nicht, dass alle schriftlichen Belege aus der Feder von Vertretern dieser letztgenannten sozialen Kategorie stammen. Es ist deshalb nicht verwunderlich, dass sie die Hilal aller möglichen Sünden bezichtigten und deren Triumph im Innern Ifrikias als den Beginn des Weltuntergangs darstellten.

El Hadi Cherif, Das arabische Tunesien, in: Konrad Schliphake (Hrsg), Tunesien, Stuttgart 1984, S. 115.

1. Datieren Sie die Ereignisse in Text 18b (s. S. 27) nach christlicher Zeitrechnung und schildern Sie die Veränderung (18a und b) in Nordafrika.
2. Vergleichen Sie die beiden Bewertungen des gleichen historischen Sachverhaltes (18c und d). Untersuchen Sie dabei die Texte nach ihrem Standort und ihren Beurteilungsmaßstäben.
3. Analysieren Sie die Raum veränderden Einflüsse des Menschen durch die jeweilige Nutzung. Hirte oder Bauer: Bewerten Sie diese beiden Lebensformen aus der Perspektive der Betroffenen und den Bedingungen der Umwelt.

2.2 Bäuerliches Leben und Grundherrschaft

Entstehung der Grundherrschaft

Im frühen Mittelalter prägten noch germanische Traditionen die Rechtsverhältnisse und die sozialen Unterschiede der Gesellschaft auf dem Land. Adlige und freie Bauern verfügten ursprünglich über eigenen Grundbesitz und leisteten Kriegsdienst. Von den Freien waren Halbfreie und Sklaven abhängig. In den Quellen erscheinen sie bis ins frühe Mittelalter als »liberi«, »liti« und »servi«, während im Hochmittelalter dann von »geburen«, »agricolae« und »rustici« gesprochen wird. Der neue Sprachgebrauch weist auf soziale Veränderungen hin. Denn unter dem Einfluss des Christentums wurden die Halbfreien und Sklaven – zuerst bei den Franken – zu »unfreien Hörigen«. Diese Veränderung brachte Vorteile mit sich, weil sie nicht mehr in die Fremde verkauft und die Familie des Hörigen nicht auseinander gerissen werden konnte. Über eine individuelle Freizügigkeit verfügte der unfreie Hörige weiterhin nicht, da er als Leibeigener an den Grund und Boden gebunden war und sogar mit dem Hof zusammen verkauft werden konnte. Gleichzeitig gerieten immer mehr freie Bauern ab dem 9. Jahrhundert in die Hörigkeit eines adligen oder kirchlichen Grundherrn, indem sie ihm ihr Gut übertrugen. Denn die Bauern konnten den häufigen Kriegsdienst nicht mehr leisten. Diesen übernahm der Grundherr. Er verlangte für den gewährten Schutz aber Abgaben und Frondienste (Herrendienste). Aus Freien wurden »freie Hörige«.
Die mittelalterliche Gesellschaftsordnung war durch eine Vielzahl von Rechtsstellungen gekennzeichnet, die zwischen frei und unfrei unterschied und regional sehr verschieden ausgeprägt war.

Herrschaft über Boden und Bauern

Der Historiker O. Brunner versteht die Grundherrschaft als »Herrschaft über Grund und Boden und über Bauern«, »d. h. über Menschen, die auf Grund und Boden sitzen und diesen Boden bebauen«. In deren Mittelpunkt stand ein agrarischer Großbetrieb, der Fronhof oder Herrenhof, um den sich die Stallungen und Scheunen sowie die Unterkünfte für Knechte und Mägde, das Gesinde, gruppierten. Der Grundherr lebte von den Erträgen der Äcker, die zum Fronhof gehörten (Salland), und den Abgaben so genannter Hufenbauern. An sie vergab der Grundherr das übrige Land (die Hufe), das sie selbstständig bewirtschafteten. Die Unfreien am Fronhof und die zu Frondiensten verpflichteten Hufenbauern stellten die Arbeitskraft. Frauen waren genauso wie Männer in die Grundherrschaft mit Frondiensten und Abgaben eingebunden. Jedoch waren die Aufgaben und Tätigkeitsfelder unterschiedlich. Die Arbeiten auf dem Herrenland wurden von beiden, Männern und Frauen, aber als besonders belastend empfunden, weil sie Vorrang besaßen und daher den eigenen Betriebsablauf behinderten. Da die Besitzungen der Grundherren oft weit verstreut lagen, führten die Verpflichtungen gegenüber dem Lehnsherren zu langer Abwesenheit.

Der Fronhof – Mittelpunkt der Grundherrschaft

Das Fronhofsystem – nach den Leitern der Höfe »villice« auch Villikationssystem genannt – entstand im fränkischen Kernland zwischen Rhein und Seine und erwies sich im Vergleich zu anderen landwirtschaftlichen Betriebsformen als überlegen. Denn auf den Herrenhöfen setzten sich die neuen Methoden der Agrarwirtschaft schneller durch, hier lohnte sich auch die Errichtung einzelner Handwerksbetriebe wie Schmiede, Mühle, Bäckerei. Die Fronhöfe wurden zu Sammelstellen für die Abgaben für den Grundherrn. Im Spätmittelalter ersetzte Geld teilweise die Naturalabgaben (z. B. Martinsgans). Die Bewirtschaftung dieser Sammelstellen übernahmen Verwalter des Grundherrn (Meier), die aus der bäuerlichen Schicht stammten, aber bald aus dieser herausragten. Als lokaler Gerichtsort erhält der Fronhof häufig eine weitere Funktion.

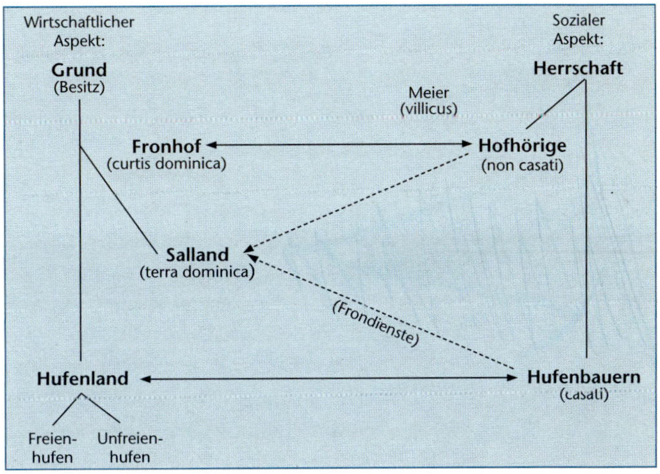

19 Zweigeteilte Grundherrschaft

Erläutern Sie das Schaubild zur Grundherrschaft mithilfe des darstellenden Textes.

Die Eigentums- und Besitzverhältnisse im Mittelalter waren viel komplizierter als heute. Oft besaß ein Dorf mehrere Grundherren, Adlige und die Kirche. Erbschaften und Verkauf, weiterhin das häufige Verleihen und Verpfänden von Eigentumsrechten oder Nutzungsanteilen schufen unübersichtliche Rechtsverhältnisse, die immer wieder Anlass zu Streitigkeiten und gewalttätigen Auseinandersetzungen boten. Die Dorfgemeinschaft spielte daher eine wichtige Rolle, wenn die gemeinsame Nutzung von Weide und Wald geregelt oder gegenüber dem Grundherrn die dörflichen Interessen vertreten werden mussten. Unter den Dorfbewohnern bildete sich auch eine Rangordnung mit einer Ober- und Unterschicht. An deren Spitze standen die Vollbauern; das geringste soziale Prestige hatten Tagelöhner und Dienstboten. Der Grundherr setzte Schultheißen oder Schulzen als lokale Obrigkeiten ein. Teils wählten Vollbauern jedoch auch einen Bauernmeister.

Ein hartes Leben auf dem Land

Die Lebensverhältnisse der Landbevölkerung waren häufig prekär. Eine hohe Arbeitsbelastung, mangelnde Hygiene und kaum medizinische Versorgung führten zu einem kurzen Leben. Archäologische Forschungen an Gräbern haben ein mittleres Sterbealter von 34 Jahren für Männer und von knapp 28 Jahren bei Frauen ergeben. Die Lebenserwartung schwankte stark im Mittelalter, da die steigende Produktivität der Landwirtschaft, Klimaverschlechterungen oder Pestzüge und Kriege lokal und zeitlich sehr verschieden wirkten.

20 Fronhofverband Friemersheim, um 900
Nach Schätzungen gehörten zu Friemersheim 180 Personen, zu Rumeln 120, Asterlagen 75, Östrum 55, Essenberg 50, Asberg 55, Atrop 45, Bergheim 50 Personen.

Erläutern Sie anhand des Schaubilds zu Friemersheim das Fronhofsystem der Grundherrschaft.

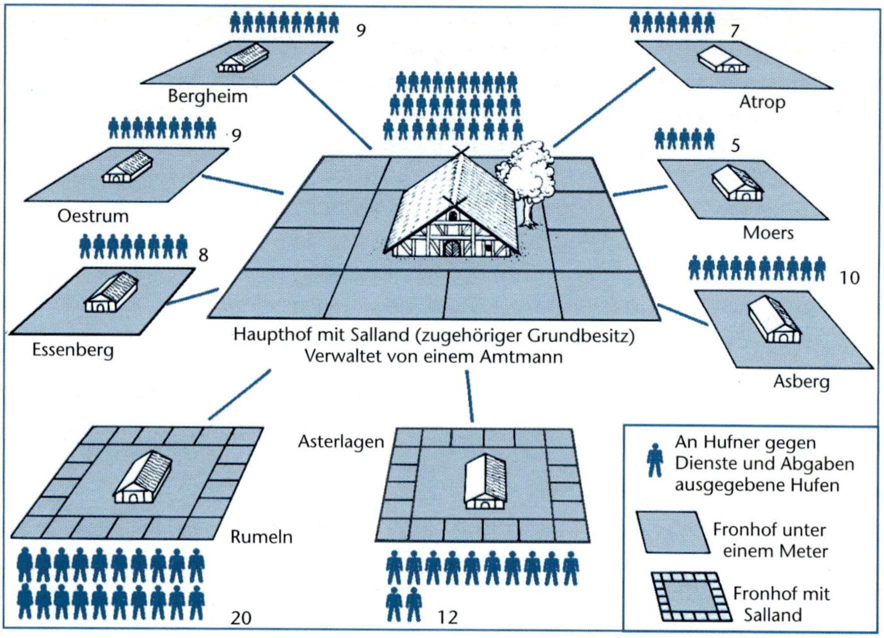

21 Die Grundherrschaft

a) Das Prümer Urbar listet die Besitzungen und Leistungen der gesamten Grundherrschaft des Eifelklosters auf, so auch den Fronhof Rommersheim, 893:
Hier beginnt das Verzeichnis von Rommersheim. Es gibt in Rommersheim 30 volle Knechtshufen und 7 Hufen Salland. Widrad hat eine Vollhufe; er gibt als Schweinezins einen Eber im Wert von 20 Denaren, 1 Pfund Garn, 3 Hühner, 18 Eier. Er leistet jährlich die Weinfuhre, im Mai und Oktober jeweils die Hälfte, fährt 5 Wagenladungen von seinem Mist; gibt 5 »Daurastufen«[1], fährt 1 Klafter Holz – 6 Fuß breit, 12 Fuß lang, zu 12 Wagenladungen –, backt Brot und braut Bier. Jede Hufe liefert dem Kloster 50 Latten und tut im Wald bei den Schweinen eine Woche Hirtendienst, wenn sie an der Reihe ist. Sie bestellt drei Morgen Landes, das ganze Jahr hindurch, jede Woche drei Tage; fährt von Holler[2] zum Kloster 5 Scheffel Getreide und leistet Wachdienst. Wenn sie 15 Nächte fronen, Heu ernten und Handdienste leisten, erhalten sie Brot, Bier und Fleisch in reichen Jahren, zu anderen Zeiten nichts. Jeder Hufner umhegt Ernte in einem Umfang von 6 Ruten, Weideland 3 Ruten, säubert eine Fläche im herrschaftlichen Garten; seine Frau muss Beinkleider nähen. Als Kriegssteuer muss Rommersheim 1 Wagen und 4 Ochsen stellen von Mitte Mai bis Ende August.

Reimbald hat 3 Tagwerk Ackerland und einen Bauernhof; dafür muss er wöchentlich 2 Tage Botendienst leisten, auf 15 Tage eine Woche fronen und ein Huhn zinsen. Die Frauen der Pfründner leisten je 2 Tage Dienst die Woche, einen mit und einen ohne Brot, sonst aber hechelt jede ½ Pfund Flachs und fertigt ½ Hemdenstoff. Aeduins Weib hat einen Bauernhof und Land; sie leistet Dienst und fertigt ½ Hemdenstoff. Nantcher hat einen Hof und eine Wiese, seine Frau hat vom Kloster einen Hof und zahlt 4 Denare.

[Aus dem Kommentar des Abtes Caesarius von 1222] Gesamtertrag: Es gibt in Rommersheim 30 Hufen; sie liefern 30 Eber oder ebenso viel Unzen[3], 30 Pfund Garn,

90 Hühner, 540 Eier, 30 Fronfuhren, 150 Karren Mist, ebenso 150 Bündel Kienfackeln, 30 Klafter Holz, 1 500 Latten, 3 000 Schindeln, bestellen 90 Tagewerk Ackerland; sie transportieren von Holler 150 Scheffel Korn; als Kriegssteuer geben sie 4 Ochsen und einen Wagen.

[1] Baumrinden, als Kienfackeln zur Beleuchtung verwendet
[2] Dorf ndl. Luxemburg, ca. 28 km vom Kloster entfernt
[3] 1/12 der jeweiligen Währungseinheit

Quellen zur Geschichte des deutschen Bauernstandes im Mittelalter, hrsg. von Günther Franz, Darmstadt 1967, S. 81–97.

b) In einer Verordnung Kaiser Ottos III. (983/996–1002) um 1000 heißt es:
Durchgreifende Abhilfe tut not, wenn die Großen unseres Reiches, weltlichen Amtes und geistlichen Standes, Reiche und Arme, Hohe und Niedere, sich in dauernden Klagen darüber beschweren, dass sie von ihren Untertanen und Eigenleuten die gebührenden und ihnen zustehenden Dienste nicht erhalten können. Die einen geben vor, deshalb frei zu sein, weil ihre Herren die Untertänigkeit, die sie listigerweise abzuschütteln versuchen, häufig nicht nachweisen können. Andere streben deshalb zur Freiheit aufzusteigen, weil ihre Herren [wie es manchmal geschieht] durch allerlei Geschäfte abgehalten, sich lange Zeit nicht um sie kümmern, sie nicht zur üblichen Dienstleistung heranziehen, ja nicht einmal mit einem Worte an die Dienstbarkeit erinnern. Aus diesem Anlass wollen sie sich frei machen. Sie erklären laut, sie hätten nach Recht und Herkommen als Freie gelebt, weil sie kurze Zeit von ihren Dienstpflichten entbunden waren.

Zit. nach: Herrschaft und Genossenschaft im Mittelalter, hrsg. von D. Starke, Stuttgart 1971, S. 62.

1. Geben Sie die Abgaben und Pflichten der Hufenbauern an und beurteilen Sie den Grad der Belastung für die Hufenbauern (21a).
2. Grundherrschaft ist nach O. Brunner Herrschaft über Land und Boden und über Bauern. Erläutern Sie diese Definition anhand der Verordnung Ottos III. (21b).

22 Lebenswelten von Frauen auf dem Land

a) Karl der Große in einer Verordnung, 789:
Knechtsarbeiten dürfen an Sonntagen nicht durchgeführt werden […], d. h.: Männer dürfen keine Landarbeiten machen, weder Weinberge pflegen noch auf den Feldern pflügen, nicht in den Wäldern roden oder Bäume fällen, auch nicht in den Steinbrüchen arbeiten, Häuser bauen oder in den Gärten arbeiten. Sie dürfen auch nicht zu Gerichtsverhandlungen gehen oder zur Jagd. […] Die Frauen dürfen keine Textilarbeiten machen, keine Kleidung zuschneiden noch nähen oder sticken; keine Wolle rupfen noch Flachs schlagen noch öffentlich Kleider waschen oder Schafe scheren, damit in jeder Beziehung die Würde und Ruhe des Sonntags gewährleistet sei.

Admonitio generalis, MGH Capit. 1, Nr. 22.

b) Frauen auf einem Fronhof – In den »Capitulare de villis«, einer Anweisung Karls des Großen für seine Hofdomänen, ist festgelegt:
43. Unseren Frauenarbeitshäusern soll man, wie verordnet, zu rechter Zeit Material liefern, also Flachs, Wolle, Waid, Scharlach, Krapp, Wollkämme, Kardendisteln, Seife, Fett, Gefäße und die übrigen kleinen Dinge, die dort benötigt werden.

49. Unsere Frauenarbeitshäuser sind in guter Ordnung zu halten: die Wohnhäuser, Werkstuben und gedeckten Schuppen oder Webkeller. Ringsum sollen sie mit starken Zäunen umgeben sein und feste Türen haben, damit die Frauen die Arbeiten für uns ungestört durchführen können.

Zit. nach: Rudolf Buchner (Hrsg.), Ausgewählte Quellen zur deutschen Geschichte (Freiherr-v.-Stein-Gedächtnisausgabe), Bd. 31, Darmstadt 1967, S. 51 und 53.

c) Aus einem Artusroman: Iwein, einer der Artusritter, reitet durch ein Burgtor:
Nun erblickte er innerhalb des Tors ein weiträumiges Arbeitshaus, das war offensichtlich dazu bestimmt arme Leute unterzubringen. Durch ein Fenster sah er darin gut dreihundert Frauen arbeiten. Deren Kleider und Gestalt sahen sehr armselig aus, doch alt war keine von ihnen. Die Armen waren an der Arbeit: Viele von ihnen webten alles, was man aus Seide und Gold weben konnte, viele wirkten am Stickrahmen, was wenigstens keine schmähliche Arbeit war. Welche aber nichts davon verstanden, die lasen zusammen, andere wickelten auf, diese schlug und jene schwang, die hechelte Flachs, diese spannen, jene nähten – und doch waren sie elend. Ihre Arbeit brachte ihnen nicht mehr ein, als dass sie jederzeit unter Hunger und Durst litten und dass sie kaum das Leben fristeten, das ihnen doch beinahe schwand. Sie waren mager und bleich, sie litten großen Mangel an Nahrung und Kleidung. An ihrem Herdfeuer waren unterdessen Fleisch und Fische rar. Sie mussten gute Küche und Ehrerbietung entbehren: Sie rangen mit großer Not.
[... Eines der Mädchen klagt Iwein:] Traurig verbringen wir unsere Jugend, denn sie, denen wir da untertan sind, kennen keine Rücksicht. [...] Man entlöhnt uns, ich will sagen, wie, und ihr seht selbst, wer von solcher Beute reich werden könnte: Man gibt uns statt eines Pfundes nur vier Pfennige. Der Lohn ist allzu gering für Nahrung und Kleider: In beidem sind wir darum rechte Bettlerinnen. Von unserem Verdienst sind sie reich geworden, und wir leben jämmerlich.

Hartmann von Aue, Iwein, Aus dem Mittelhochdeutschen übertragen von Max Wehrli, Zürich 1988, Verse 6186–6220 und 6378–6406.

1. Nennen Sie die in den Quellen geschilderten Tätigkeiten von Männern und Frauen und schließen sie auf geschlechtsspezifische Arbeitsteilung im Mittelalter (22a und b).
2. Schildern sie die obrigkeitlichen Ansprüche und die sozialen Auswirkungen für die Frauen in Arbeitshäusern (22b und c).

2.3 Bauern und Nomaden in der islamischen Welt

Städter, Nomaden und Bauern

Die Ursprungsorte der islamisch-arabischen Zivilisation waren zwei Städte: Mekka und Medina. Die städtische Wirtschaft und der Fernhandel standen in der ganzen islamischen Welt bis ins 13. Jahrhundert in voller Blüte. Ein weiterer Faktor war gleichermaßen wichtig: die Sesshaftigkeit der Bauern und die stadtnahe Landwirtschaft. Ihre Aufgabe bestand darin die Stadtbewohner mit ausreichenden Produkten zu versorgen. Allerdings besaß der Ackerbau ein geringes Prestige, der Handel dagegen galt als ehrenvoll. In den Oasen der Arabischen Halbinsel war die Ackerbestellung oft Sklavenarbeit. Ebenso wie in anderen mittelalterlichen Gesellschaften zeigte sich in der islamischen Welt Verachtung für die bäuerliche Arbeit: Die Ernte ist niemals Ergebnis menschlicher Tätigkeit, sondern Ausdruck göttlichen Willens. Beim Anblick einer Pflugschar soll der Prophet gesagt haben: »So etwas kommt nie in das Haus eines Frommen, ohne dass gleichzeitig Verrohung einträte.« Das Ideal des entstehenden Islam war seinem Wesen nach städtisch. Außerdem sahen die Herrscher und Städter die Nomaden trotz ihrer Bedeutung für die arabisch-islamische Geschichte tendenziell als Gefahr an, da man ihren Angriffen und Erpressungen oft schutzlos ausgeliefert war.

Staatsland und Bodensteuer

Mit der Errichtung der islamischen Herrschaft setzte sich eine neue Vorstellung über die Besitzrechte an Grund und Boden durch: Dem Staat stand das Obereigentum an Grund und Boden zu, da dies vorteilhaft für die muslimische Ge-

23 Ein Perser pflügt mit einem Büffel.
Persische Handschrift, frühes 16. Jahrhundert.

Beschreiben Sie die Funktionsweise des Ackergeräts und vergleichen Sie es mit den Abbildungen auf Seite 37.

meinschaft sei. Die Folge davon war, dass viele kleine Bauern abgabenpflichtig waren und Flächen pachten mussten. Sie waren einer Bodensteuer unterworfen, die sich oft nach den Erträgen richtete. Ein staatlicher Steuerbeauftragter trieb sie ein. In den islamischen Regionen konnten sich die Abgaben an den Staat und die Grundbesitzer auf 20 % belaufen, betrugen jedoch auch gelegentlich bis zu 80 %. Dabei schwankte das Verhältnis von Geldleistungen und Naturalabgaben, was nicht zuletzt von der Verderblichkeit der Produkte, der Entfernung zum städtischen Markt und den Transportgefahren abhängig war. Die Vorstellung von einem staatlichen Besitztitel am Boden wurde jedoch mit der Zeit ausgehöhlt. Kalifen, Aristokraten, reiche Städter sowie Landadlige verfügten schießlich auch über privates Land. Teils überließen die Kalifen und andere Herrscher Teile des Staatslandes verbündeten Stammesfürsten oder hohen zivilen und militärischen Beamten. Diese wiederum verpachteten den Boden an Bauern. Jedoch gab es nicht nur Pachtverträge über den Boden, sondern auch über Saatgut, Arbeitsvieh, Geräte und die Arbeitskraft. Brachten Bauern nur einen dieser fünf Vertragspunkte, häufig allein ihre Arbeitskraft, in den Vertrag ein, stand ihnen auch nur ein Fünftel der Ernte zu.
Die meisten Grundbesitzer wohnten nicht auf dem Land, sondern zogen die Vorteile der städtischen Zivilisation vor. Auf dem Land verblieben kleine Grundbesitzer, bäuerliche Pächter, Landarbeiter und Sklaven, für die die Abgabenlast teilweise drückend war. Mit den Städten gab es Handel mit agrarischen Produkten. Die sesshaften Völker des Orients und des Mittelmeerraums ernährten sich im Wesentlichen vegetarisch: von Getreide, Oliven, Gemüse, Früchten und Datteln, der Grundnahrung der Oasenbewohner. Die Getreidepflanzen, der Olivenbaum und der Weinstock waren die alten Kulturpflanzen des Mittelmeerraumes und gediehen auf trockenen Böden. Der Austausch in der islamischen Welt von Indien bis Spanien führte zur Ausbreitung neuer Nutzpflanzen: Reis, Zuckerrohr, Orangenbaum und Dattelpalme. Diese benötigten jedoch eine intensive Bewässerung. Das Problem löste man durch den Bau von Brunnen, Reservoiren, Wasserkanälen und ausgefeilten hydraulischen Techniken zur Hebung von Wasser.

Nomaden und Viehzucht

Die Viehzucht wurde zur Produktion von Nahrung und für den Transport hauptsächlich von Nomaden betrieben. Sie fand vor allem dort statt, wo sesshafter Ackerbau aus ökologischen und wirtschaftlichen Gründen unmöglich war. Die Nomaden der türkischen, iranischen, kurdischen, arabischen und berberischen Stämme zogen mit ihren Schaf- und Ziegenherden von Weide zu Weide und von Wasserstelle zu Wasserstelle. Die Beduinen der Arabischen Halbinsel, aus Syrien und dem Irak verfügten auch über das Dromedar, von dem sie fast vollständig leben konnten: Es lieferte Milch, Fleisch, Leder für Sättel und Mist als Brennstoff. Viele freie Nomaden waren reicher als die kleinen Bauern und Pächter. Nicht selten konnten Nomaden Steuer- und Abgabefreiheit erreichen.

24 Feldarbeit
Buch der Gegengifte, 1199.

Abbildungen zum Alltagsleben der Menschen in der islamischen Welt sind eine Seltenheit. Beschreiben Sie die abgebildete Szene und überlegen Sie, für welche historischen Aspekte die Abbildung als Quelle dienen kann.

25 Sesshafte Landbevölkerung und Nomaden

a) Islamisches Wirtschaftsleben nach al-Mawardi, 11. Jahrhundert:

Alsdann garantierte Er, der Erhabene, die Deckung der menschlichen Bedürfnisse und die Erlangung des ihnen Nützlichen auf zwei Arten: nämlich durch die Materie selbst und durch den Gewinn. Was nun die Materie anlangt, so resultiert diese aus der Kultivierung zweier sich selbst vermehrender Objekte, d. h. aus dem Pflanzenbau und der Tierzucht. [...] Was jedoch den Gewinn betrifft, so kommt dieser durch eine Tätigkeit, die zur Befriedigung der Bedürfnisse führt, zustande. Und dies kann auf zwei Arten geschehen, nämlich durch eine Bestätigung im Handel bzw. durch die Ausübung eines Gewerbes. Und diese beiden Betätigungen sind ein Anhängsel zu den [genannten] beiden Arten der Rohmaterialgewinnung. Auf diese Art kommen die gebräuchlichen Gewinnmöglichkeiten der Rohmaterialien und die verschiedenen Arten des Verdiensts auf viererlei Weise zustande, nämlich durch das natürliche Wachstum des Anbaus, die Viehzucht, den kaufmännischen Gewinn und durch die Ausübung eines Gewerbes sich ergebenden Verdienst. Und diesbezüglich erzählt al-Hasan Ibn Radscha folgenden Ausspruch des Kalifen Ma'mun, den er von diesem selbst gehört hatte: »Der Lebensunterhalt der Leute kann aus vier Quellen herrühren, nämlich der Landwirtschaft, dem Handwerk, dem Handel bzw. der Beamtenstellung. Wer aber außerhalb dieser Kategorien lebt, der ist den anderen nur eine Last.« [...]

1. Die Landwirtschaft. Diese ist das Betätigungsfeld für die Sesshaften und Bewohner von Ortschaften. Da der aus ihr zu ziehende Gewinn der allerausgedehnteste ist [...], so prägte auch Gott damit ein Gleichnis, indem Er sagte [Koran 2:263]: »Die da ihr Gut ausgeben in Allahs Weg, gleichen einem Korn, das in sieben Ähren schießt, wobei in jeder Ähre 100 Körner sind. Und Allah gibt doppelt, wem Er will.« [...]

Um auf die zweite Betätigung, nämlich die Tierzucht, zu kommen, so ist diese die Angelegenheit der Wüstenbewohner und der in Zelten wohnenden Nomaden. Denn da diese keinen festen Aufenthalt und Wohnsitz haben [...], so sind sie auf einen mit ihnen gleichzeitig den Ort wechselnden Besitz angewiesen, dessen Wachstum mit der Änderung des Domizils nicht zum Stillstand kommt. Und deshalb kamen sie dazu, sich die Tiere zu halten, die sich bei Wanderungen von selbst versetzen, deren Fütterung sich durch das Weiden erübrigt und die außerdem als Reit- bzw. als Milchtiere zu verwerten sind. [...] Und vom Propheten wird [diesbezüglich] folgender Ausspruch berichtet: »Der beste Besitz ist eine [Kamel-]Stute mit reichlicher Nachkommenschaft und eine befruchtete Reihe von Palmenbäumen.«

Zit. nach: Die Blütezeit der islamischen Welt. Ein Lesebuch. Hrsg. v. Gerhard Hoffmann, München 1994, S. 78f.

b) Nizam al-Mulk, Wesir seldschukischer Sultane (ermordet 1092), formulierte ideale Leitlinien für eine gerechte Staatsverwaltung:

Alle zur Leitung einer Verwaltungsbehörde Ausersehenen sind anzuweisen, mit den Geschöpfen des Erhabenen und mächtigen Gottes gütig zu verfahren, außer den gesetzmäßig zu beanspruchenden Vermögenswerten nichts wegzunehmen; sie sollen auch diese Abgaben nur mit Milde und Güte einfordern. Solange die Beamten zur Erhebung der Bodenertragssteuer nicht ermächtigt sind, sollen sie diese nicht von den Untertanen erheben. Denn wenn sie diese vor der [angemessenen Zeit] verlangen, so kommen die Untertanen in Bedrängnis und verkaufen, um ja der Abgabe zu genügen, notgedrungen um den halben Preis. Sie werden dadurch entwurzelt und landflüchtig. Wenn ein Untertan wirtschaftlich zurückgeblieben ist und Vieh und Saatgut braucht, soll man ihm Geld vorschießen und ihn unbelastet lassen, damit er auf seiner Scholle bleibe und nicht aus seiner Heimat weg in die Fremde wandere. [...]

Leute, die Lehen innehaben, sollen wissen, dass auf Grund des Lehenbriefes ihnen gegen die Untertanen nur der ihnen übertragene Vermögensanspruch zusteht; und diesen sollen sie auf gütliche Weise erheben. Nach erfolgter Erhebung sind die Untertanen mit Gut und Blut, mit Weib und Kindern sicher; desgleichen ihre fahrende und liegende Habe. Die Lehensträger können über ihre Leute nicht weiter verfügen. Wenn die Untertanen zwecks Darlegung ihrer Verhältnisse an den Hof kommen wollen, dürfen sie von den Lehensträgern nicht daran gehindert werden. Jeder Lehensträger, der dem zuwider handelt, ist durch Entziehung des Lehens und Bestrafung zu demütigen, auf dass andere es sich zur Warnung nehmen. Die Lehensträger sollen wissen, dass das Reich mitsamt den Untertanen dem Sultan gehört. Die Lehensträger und ganz ebenso die Statthalter sind nur die Schirmherren über die Untertanen, so wie auch der Herrscher die anderen beschirmt, damit die Untertanen zufrieden seien, der Herrscher aber vor Strafe und Qual im Jenseits sicher sei.

Zit. nach: Die Blütezeit der islamischen Welt. Ein Lesebuch. Hrsg. v. Gerhard Hoffmann, München 1994, S. 95.

c) Ibn Dschubair, ein spanischer Muslim (gest. 1217), über Erlebnisse im Gebiet zwischen Damaskus und Akkon während seiner Pilgerfahrt nach Mekka 1184:

Wir haben Tibnin [Toron] auf einer Straße verlassen, an der viele Bauernhöfe von Moslems lagen, die unter den Franken in großem Wohlstand leben – möge Allah uns vor einer ähnlichen Versuchung bewahren! Die Bedingungen, die man ihnen auferlegt hat, sind Abgabe der Hälfte der Ernte zur Zeit des Einbringens und Zahlung einer Kopfsteuer von einem Denar und sieben Kirats, ferner eine kleine Steuer auf Obstbäume; die Moslems sind Herren ihrer Behausungen und verwalten sie, wie sie können. Solches ist das Grundgesetz für die Bauernhöfe und Marktflecken, die sie auf fränkischem Gebiet bewohnen. Die Herzen zahlreicher Moslems sind erfüllt von der Versuchung, sich hier anzusiedeln, wenn sie die Lage ihrer Brüder in den von den Moslems verwalteten Distrikten sehen, denn der Zustand der Letzteren ist ganz das Gegenteil von angenehm. Das Unglück für die Moslems ist, dass sie in den von ihren Glaubensgenossen regierten Gegenden sich immer über die Ungerechtigkeiten ihrer

Zit. nach: Die Kreuzzüge in Augenzeugenberichten, hrsg. von Regine Pernoud, Frankfurt/M. 1971, S. 129.

Gebieter zu beklagen haben, während sie nicht anders als zufrieden sind mit dem Verhalten der Franken, auf deren Gerechtigkeit sie sich immer verlassen können.

1. Schildern Sie die Auffassung von al-Mawardi (25a) über Erwerb und Lebensunterhalt.
2. Erarbeiten Sie mithilfe der Quelle (25b) die ökonomische Situation und die rechtliche Stellung der sesshaften Bevölkerung in der islamischen Welt.

Beschreiben Sie die Lage muslimischer Bauern unter christlicher Herrschaft (25c). Vergleichen Sie Ibn Dschubairs Darstellung mit den Darstellungen und Quellen des Kapitels 2.2 und erklären Sie die unterschiedliche Behandlung der Bauern aus der jeweiligen Gesellschaftsordnung auf dem Land.

2.4 Eine agrarische Revolution im Mittelalter

Über 95 % der Bevölkerung West- und Mitteleuropas waren zu Beginn des Mittelalters in der Landwirtschaft beschäftigt. Erst die industrielle Revolution des 19. Jahrhunderts veränderte die Verteilung der erwerbstätigen Bevölkerungsanteile so, dass der bäuerliche Anteil zur Minderheit wurde. Bauern bildeten auch die ökonomische Grundlage der byzantinischen Wirtschaft. Insofern unterschieden sich die beiden christlichen Kulturkreise von dem muslimischen, für den je nach geografischer Beschaffenheit des ländlichen Raumes ein Nebeneinander von Bauern und nomadisierenden Wanderhirten charakteristisch war.

Entwicklung der Landwirtschaft

Seit der Karolingerzeit verbesserten sich die Anbaumethoden und die technische Ausrüstung der Bauern spürbar. Eine verstärkte Eisenproduktion kam nicht nur der Waffenproduktion zugute, sie ermöglichte auch die Herstellung von Spaten, Äxten, Pflugscharen und Hufeisen. Vor allem der im 7. Jahrhundert erfundene schwere Räderpflug hob mit seiner asymmetrischen Pflugschar den Boden tief aus und ließ die großen Schollen gewendet zurücksinken. Der ältere Hakenpflug konnte die Erde dagegen nur an der Oberfläche aufritzen. Die großen Schollen wurden durch die neu erfundene Egge für die Aussaat zerkleinert; früher mussten sie durch Knüppel in mühseliger Arbeit zerkleinert werden. Die neuen Ackergeräte verbreiteten sich zwischen dem 8. und 11. Jahrhundert und machten die Böden Innereuropas – gemessen am Arbeitsaufwand – zu den fruchtbarsten der Welt. In den an sich höher entwickelten byzantinischen und arabischen Gebieten mit ihren z T. besseren Böden verblieb man beim Gebrauch des alten Hakenpfluges. Der Einsatz des Räderpfluges hätte dort wegen der anderen Bodenstrukturen zu einer Erosion des fruchtbaren Mutterbodens geführt. Der Räderpflug benötigte einen viel höheren Kraftaufwand. Mit der Erfindung des Kummets, eines gepolsterten Bügels auf dem Hals des Zugtieres, ließen sich auch Pferde zum Ziehen schwerer Lasten verwenden. Das antike Zugpferd war mit Lederriemen, die ins Fleisch schnitten, um Hals und Brust angeschirrt; durch das Kummet wurde die Zugkraft um mehr als das Doppelte gesteigert. Indem man sie paarweise hintereinander und nicht mehr wie in der Antike nebeneinander (Quadriga) anschirrte, konnte man die Zugkraft noch besser ausnutzen. Auch der Ochse trug seit dieser Zeit nicht mehr ein Holzjoch auf dem Nacken, sondern bekam ein gepolstertes Holzbrett zwischen die Hörner geschnallt, in das er sich mit seiner Kraft stemmen konnte. Ochsen waren zwar langsamer als Pferde, aber ihre Zugleistung war viel größer.

Die bessere Ausnutzung tierischer Zugkraft kam einer anderen Neuerung zugute. Seit etwa 1100 wurde in Westeuropa im Fahrzeugbau der früher zweirädrige Karren länger und stärker gebaut, sodass er 2 bis 3 Tonnen tragen konnte, jetzt allerdings auf 4 Rädern und mit einer ausgeklügelten Drehvorrichtung an der Vorderachse. Ohne sie hätte man einen vierrädrigen Wagen nicht lenken können. Eine ganz eigenständige Erfindung des westeuropäischen Mittelalters war der Schubkarren. Er vereinigte die Möglichkeiten von Rad und Hebel, auf die noch die alten Bezeichnungen (radber = Radträger; engl. wheelbarrow) hinweisen. Im islamischen Raum blieben dagegen der Esel bzw. das Kamel die wichtigsten Transportmittel, nachdem schon in spätrömischer Zeit die Verwendung von Räderfuhrwerken selten geworden war. Kamelkarawanen ermöglichten vermutlich eine kostengünstigere Überlandbeförderung und Räderfuhrwerke hätten eine aufwändige Instandhaltung von Straßen erfordert. Eine relativ späte Erfindung ist die Sense (12. Jh.). Anfangs wurde sie nur für die Grasmahd benutzt, später auch für die Getreideernte, was viel mehr Können verlangt. Daher hielt sich die mühseligere Ernte der Getreidehalme mit der Sichel über das ganze Mittelalter in allen Kulturkreisen.

26 Kalenderblätter aus Christchurch in Canterbury, 11. Jahrhundert.

Identifizieren Sie die abgebildeten Arbeitsvorgänge und -geräte und erläutern Sie mithilfe der Darstellung deren Bedeutung für die agrartechnische Entwicklung in Europa.

Diese technischen Neuerungen blieben nicht nur auf die Landwirtschaft beschränkt. Im Gegensatz zu dem Bild des Mittelalters als einer »finsteren Zeit«, wie es von den nachfolgenden Epochen der Renaissance und Aufklärung entworfen wurde, weist das europäische Mittelalter Ingenieurleistungen auf, die auch im universalhistorischen Vergleich anderen Kulturen überlegen sind.
Der technische Vorsprung Westeuropas zeigte sich schon im frühen Mittelalter bei der Entwicklung der Mühlen, die die Primärenergien Wasser und Wind auf unterschiedliche Weise nutzen. Die grundlegende Erfindung geht zwar auf die Antike zurück, sie wurde daher auch im byzantinischen und islamischen Raum benutzt, aber Westeuropa unterscheidet sich von beiden durch die breite Ausdifferenzierung der Mühlentechnik. In Südengland und vereinzelt auch in Frankreich fanden sich Mühlen, die die Gezeiten des Meeres als Antriebskraft nutzten. Manche Erfindungen, etwa des Schießpulvers und des Papiers, stammen zwar aus China, doch deren Technisierung geschah in den islamischen Regionen und danach in Europa.
Nicht nur bei den Mühlen, auch in den Bereichen des Mineur- und Bergwerkswesens zeigte sich ein Qualitätssprung der Entwicklung im Vergleich zur Antike, wobei Deutschland in der Metallurgie und Eisenverarbeitung, selbst in der Herstellung von Steinen eine führende Rolle besitzt. Zu den originären europäischen Erfindungen gehört auch die mechanische Räderuhr mit großen Auswirkungen auf Alltag und Mentalität der Menschen.

27 Technikentwicklung im Mittelalter

a) Bernhard von Clairvaux zur Nutzung von Wasser in einem Zisterzienserkloster:

Der Teil des Flusses aber, der in die Abtei eindringt, soweit es die Mauer zulässt, stürzt sich als erstes mit Macht auf die Mühle, wo er sich geschäftig tummelt, sowohl um das Korn unter dem Druck der Mühlsteine zu mahlen als auch um das zarte Sieb zu bewegen, welches das Mehl von der Kleie trennt. Doch schon ist er im nächsten Haus, füllt den Kessel und übergibt sich dem Feuer, das ihn aufkochen lässt, um für die Mönche ein Getränk zu bereiten. Sollte nämlich die Rebe den Fleiß des Winzers undankbar und mit Unfruchtbarkeit lohnen und ihm das Blut der Traube verweigern, so springt sogleich die Tochter der Ähre ein. Doch noch kann sich der Fluss nicht für frei und ledig halten. Gleich neben der Kornmühle rufen ihn die Walker zu sich. Denn hat er den Brüdern beim Mahlen ihre Nahrung bereitet, so fordern sie ihn jetzt, an ihre Bekleidung zu denken. Er widerspricht auch nicht und weigert sich nicht, das zu tun, was man von ihm verlangt. Er hebt und senkt im Wechsel die schweren Stampfen oder Hämmer oder besser gesagt die Holzfüße – denn dieses Wort passt für das Hüpfen der Walkstöcke sehr viel besser – und erspart den Walkern große Mühen. Gnädiger Gott! Welchen Trost gewährst du deinen demütigen Dienern, damit nicht allzu großer Jammer sie niederdrückt! Wie sehr erleichterst du deinen Kindern, die bußfertig sind, die Mühsal und befreist sie vom Übermaß der Arbeit! Wie viele Pferde erschöpften ihre Kräfte, bei wie vielen Menschen ermatteten die Arme während jener Arbeiten, die dieser freundliche Fluss, dem wir Kleidung und Nahrung verdanken, ohne unser Zutun für uns verrichtet! Er ersetzt unsere Mühen durch die seinen und erhofft nach aller schweren Last des Tages für sich nur einen einzigen Lohn: die Erlaubnis frei fortzusprudeln, nachdem er alles Verlangte erfüllt hat. So dreht er immer eiliger die vielen schnellen Räder, so stürzt er schäumend hinaus. Fast möchte man sagen, er selbst wird gemahlen, wird weicher. Doch danach tritt er in die Lohgerberei ein, wo er für die Schuhe der Brüder ebenso viel Fleiß und Mühe aufwendet wie zuvor, darauf teilt er sich in viele kleine Arme und eilt dienstfertig zu vielen verschiedenen Pflichten, sucht überall diejenigen auf, die seiner Dienste bedürfen. [...] Zuletzt, um vollen Dank zu ernten und nichts ungetan zu lassen, trägt er den Abfall fort und lässt alles sauber zurück.

Zit. nach: Hans Werner Niemann, Vom Faustkeil zum Computer. Technikgeschichte – Kulturgeschichte – Wirtschaftsgeschichte. Stuttgart 1985, S. 74.

b) Erste Belege für die Verwendungsmöglichkeiten von Mühlen im Mittelalter:

1086	Walkmühle	1251	Senfmühle
1120/1125	Gezeitenmühle	1272	Seidenmühle
1138	Gerbmühle		(zum Zwirnen der Seide)
1180	Windmühle	1276	Papiermühle
1195	Schleifmühle	um 1320	Mörsermühle
1197	Eisenmühle	1348	Waidmühle

Aus der Forschungsliteratur zusammengestellt von Gisbert Gemein.

c) Ein Historiker über die Dreifelderwirtschaft als agrarwirtschaftlicher Fortschritt:

Einen wesentlichen Faktor für den agrarwirtschaftlichen Fortschritt des Hochmittelalters stellt die Ausbreitung der Dreifelderwirtschaft dar. Die Anfänge dieses Bodennutzungssystems gehen zwar auf die Karolingerzeit zurück, doch erstreckte sich seine damalige Anwendung im Wesentlichen auf wenige herrschaftliche Äcker. Die eigentliche Ausbreitung der Dreifelderwirtschaft in Gestalt der dörflichen Dreizelgenwirtschaft fand erst im Hochmittelalter statt. [...] Dreizelgenwirtschaft liegt [...] erst vor, wenn die Gewannflur des Dorfes in drei Zelgen [Großfelder] eingeteilt ist und eine für alle Bauern verbindliche Rotation von Wintergetreide, Sommergetreide und Brache erfolgt. [...] Der Prozess der Verzelgung, die Zusammenfassung der bebauten Flurstücke zu Großfeldern, lässt sich erst seit dem Hochmittelalter beobachten und ist eine höchst bedeutsame Form der Rationalisierung im mittelalterlichen Getreideanbau. [...] Die Vorteile der Dreifelderwirtschaft lassen sich am besten aufzeigen, wenn man sie primitiveren Bodennutzungsformen gegenüberstellt. Im Frühmittelalter wurden die Bauernäcker noch ganz überwiegend in der extensiven Form der Feldgraswirtschaft mit längeren Ruhezeiten zwischen den Getreidebaujahren bestellt. Die Feldgraswirtschaft stellt aber bereits einen Fortschritt gegenüber der Urwechselwirtschaft dar, bei der das Land nur einige Jahre als Ackerland genutzt und dann der Verwilderung überlassen wurde. War der Boden so nach einigen Jahren oder Jahrzehnten regeneriert, konnte er erneut gerodet und beackert werden. Bei der ungeregelten oder wilden Feldgraswirtschaft wurde Weideland für begrenzte Zeit umgebrochen und ackerbaulich genutzt. Meistens baute man nach Umbruch der Grasnarbe ohne Einbringen von Dünger über zwei bis drei Jahre Roggen, Dinkel oder Hafer an und überließ dann die Flächen wiederum der Grasbildung und dem Strauchwuchs, um dann in der Nach-

Werner Rösener, Bauern im Mittelalter, München 1993, S. 129 ff.

1. Untersuchen Sie Rolle, Funktion und Bedeutung des Flusses bei Bernhard von Clairvaux (27a) und erläutern Sie, welchen Zusammenhang von Natur und Technik, Schöpfung Gottes und Handeln des Menschen er sieht.
2. Listen Sie die Anwendungsgebiete auf, in denen Wasserkraft genutzt wurde. Ordnen Sie diese den jeweiligen Wirtschafts- und Handwerksbereichen zu (27b).
3. Erläutern Sie den Wandel der Anbaumethoden vom Altertum zum Mittelalter (27c).

2.5 Städte in Mitteleuropa

1120–1350	(513–750) Die Mehrzahl der deutschen Städte entsteht.
1150–1250 (544–647)	Die meisten Städte gewinnen durch Ratsverfassungen ein hohes Maß an Selbstständigkeit gegenüber dem Stadtherrn.
13.–15. Jh. (7.–9. Jh.)	Städte gewinnen an politischer Macht, weil der kaiserliche Einfluss geschwächt ist, und schließen sich zu Bünden zusammen (Rheinischer Städtebund 1254; deutsche Hanse »1358«).
14.–15. Jh. (8.–9. Jh.)	Zunftaufstände führen in vielen Städten zur Aufnahme der Zunfthandwerker in den Stadtrat.

Boom der Städtegründungen

Die meisten Städte Westeuropas, insbesondere Deutschlands, sind Gründungen des Mittelalters. Einige wenige gehen auf römische Vorläufer zurück. Im Vergleich mit der antiken Millionenstadt Rom waren mittelalterliche Städte nördlich der Alpen eher klein. Die größte Stadt Deutschlands, Köln, erreichte gerade 40 000 Einwohner, Paris und London immerhin 100 000. Durch die zahlreichen Stadtgründungen entwickelten sich in einigen Regionen Europas wie z. B. in Flandern, in der Champagne oder in der Poebene einige »Stadtlandschaften«. Dort standen die Städte nicht nur in enger Beziehung zum sie umgebenden Land, aus dem sie den Großteil ihrer Nahrungsmittel erhielten. Sie knüpften angesichts der Nähe anderer Städte auch zu diesen engere Beziehungen: Städtebünde wie die Hanse wurden zu mächtigen Faktoren in politischer und wirtschaftlicher Hinsicht.

Subsistenzwirtschaft und differenzierte Arbeitsteilung im Handwerk

Die intensiven Wirtschaftsbeziehungen führten zu weiteren Formen der Arbeitsteilung in der Stadt. Langsam wurde eine Subsistenzwirtschaft überwunden, die alle agrarisch strukturierten Kulturkreise kennzeichnete. Der Begriff meint ursprünglich eine Form der »Tauschwirtschaft«, in der eine Ware oder Dienstleistung eine andere ersetzt (substituiert). Sie war im frühen Mittelalter charakterisiert durch Naturalabgaben, wie sie der unfreie Bauer an seinen Grundherrn leistete. Wenige Fertigungsschritte vom Rohmaterial zum Endprodukt waren üblich, bis sich mehr und mehr arbeitsteilige und damit vielgliedrige Produktionsprozesse im Handwerk ausbildeten, die schließlich eine Geldwirtschaft erforderlich machten. Zuerst in den italienischen Städten und im Spätmittelalter auch in Deutschland entwickelten sich allmählich kapitalistische Wirtschafts- und Handelsformen.

Stadtherrschaft und Bürgerrechte

Eine Stadtgründung war mit der Verleihung des Marktrechts durch einen Stadtherrn verbunden. Dies bot ihm als Grundherrn Vorteile, da er neben den städtischen Einnahmen einen Absatzmarkt für die Produkte seiner Fronhöfe besaß. Im Gegensatz zur meist leibeigenen Bevölkerung des Landes waren Stadtbürger persönlich frei, konnten auch ihre persönlichen wie gemeinschaftlichen Angelegenheiten weitgehend selbst organisieren. Politisches Selbstbewusstsein war die Folge. Es zeigte sich darin, dass man sich vom Stadtherrn frei machte (wie in Worms und Köln, wo man die bischöfliche Stadtherrschaft beendete). Außerdem forderten immer mehr Bürger neben dem herrschenden Stadtpatriziat – der Oberschicht aus Großkaufleuten und Adligen – politische Mitwirkung ein. Bei diesem Kampf um Mitbestimmung errangen die in Zünften zusammengeschlossenen Handwerker oft das Recht, neben den Kaufleuten auch Ratsherren zu werden. Doch waren nur die Meister Nutznießer dieses »Demokratisierungsprozesses«, nicht die Mitglieder ihres Haushaltes (Ehefrau, Geselle, Lehrling), erst recht nicht die städtischen Unterschichten und die Außenseiter (z. B. Juden).

Frauen in der Stadt

Frauen besaßen keine politischen Mitbestimmungsrechte. Allerdings konnten sie, vor allem als Witwen, Meisterinnen in einzelnen Zünften sein. In Köln exisitierten sogar reine Frauenzünfte. Selbstständig erwerbstätige Frauen blieben jedoch die Minderheit. Neben ihrer Tätigkeit als Hausfrau war die Mitarbeit von Frauen im Handwerk unter dem gemeinsamen Dach von Wohnung und Arbeitsstätte selbstverständlich.

28 Städtegründungen in Mitteleuropa 1150–1950

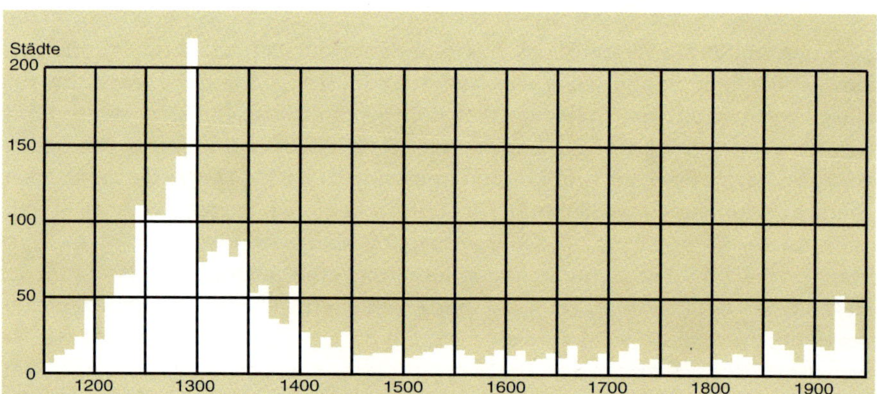

29 Stadtgründung und Stadtregierung

a) Gründung von Freiburg im Breisgau im Jahr 1120 durch Herzog Konrad von Zähringen. Die vorliegende Urkunde (Freiburger Stadtrodel, d.h. Aktenrolle) stammt aus dem Jahr 1218:

Es sei bekannt, dass ich, Konrad, mit meinem Bruder [Berthold III.], in meinem eigenen Besitz Freiburg einen Markt errichtet habe, im Jahre des Herrn 1120. Nachdem ich Kaufleute der Umgegend zusammengerufen habe, habe ich diesen Markt mit einer Eidgenossenschaft begründet und aufgerichtet. Jedem Kaufmann habe ich ein Hausgrundstück zum Bau eines eigenen Hauses zu eigen gegeben und bestimmt, dass von jedem dieser Hausgrundstücke jährlich am St. Martinstag mir und meinen Nachfolgern ein Schilling Zins gezahlt werden soll. [...] Es sei bekannt, dass auf Grund der Bitten dieser Kaufleute folgende Bestimmungen festgesetzt worden sind:

Allen denen, die zu meinem Markte kommen, gewähre ich Frieden und Schutz innerhalb meines Marktbereiches. Wenn einer in diesem Bereich beraubt worden ist und nennt den Räuber, so soll er Schadenersatz erhalten. [...] Wenn einer meiner Bürger stirbt, so sollen sein Weib und seine Kinder alles ohne jeden Einspruch besitzen, was der Verstorbene hinterlassen hat. Wenn er ohne Frau und Kinder und ohne gesetzliche Erben stirbt, sollen seine Hinterlassenschaft die 24 Kaufleute als Mitgründer der Stadt ein Jahr lang in Gebrauch haben. Meldet sich kein Erbberechtigter, soll ein Drittel der Hinterlassenschaft zugunsten des Seelenheils des Verstorbenen verwendet werden für die Armen, das zweite zur Befestigung der Stadt oder zum Schmuck des Rathauses; der dritte Teil gehört dem Herzog. Allen Kaufleuten der Stadt wird der Zoll erlassen. Den Bürgern will ich keinen anderen Vogt und Priester geben als den, welchen sie sich selbst erwählt haben. Wenn ein Streit unter den Bürgern entsteht, soll nicht von mir oder meinem Richter darüber gerichtet werden, sondern nach Gewohnheit und Recht aller Kaufleute, wie sie besonders in Köln geübt werden, entschieden werden. [...]

Jede Frau wird dem Mann gleichgesetzt und umgekehrt.

Jeder, der in diese Stadt kommt, darf hier frei und unbehelligt sich niederlassen, wenn er nicht der Leibeigene irgendeines Herrn ist und diesen auch anerkennt als seinen Herrn. Der Herr kann seinen Leibeigenen in der Stadt wohnen lassen oder ihn aus der Stadt wegholen lassen, ganz wie er will. Wenn ein Leibeigener seinen Herrn verleugnet, kann der Herr mit sieben Zeugen beweisen, dass der Leibeigene ihm gehört; dann soll der Leibeigene ihm gehorchen. – Wer aber über Jahr und Tag in der Stadt gewohnt hat, ohne dass irgendein Herr ihn als seinen Leibeigenen gefordert hat, der genießt von da an sicher und unangefochten die Freiheit. [...]

Keiner der Dienstmannen oder Leibeigenen eines Herrn darf in der Stadt wohnen und Bürgerrecht genießen, wenn er nicht die Erlaubnis aller Bürger besitzt; das geschieht zu dem Zweck, dass kein [freier] Bürger durch gerichtliche Zeugenschaft eines solchen [unfreien] Dienstmannes oder Leibeigenen beleidigt und herabgesetzt werden kann; ausgenommen ist der Fall, dass der genannte Herr den betreffenden Unfreien in die Freiheit entlässt.

Die Bürger sind nicht verpflichtet, bei einem Kriegszug oder sonstigen Unternehmungen den Herrn länger als eine Tagereise weit zu begleiten, sodass sie in der nächsten Nacht wieder in die Stadt zurückgelangen können. [...] Wenn aber der Kriegszug gemeinsam beschlossen wird, und wer von den Bürgern das gehört und nicht mitgezogen ist, dessen Haus wird, falls er nicht einen triftigen Grund vorweisen kann, niedergerissen. [...] Bürger dieser Stadt ist, wer ein freies Erbeigentum in der Höhe von

Zit. nach: Dieter Starke, Herrschaft und Genossenschaft im Mittelalter, Stuttgart 1971, S. 86f.

Informieren Sie Ihre Mitschüler über die Geschichte der Hanse. Berücksichtigen Sie dabei folgende Aspekte:

- die wirtschaftliche Bedeutung und geografische Ausbreitung
- die politische Rolle des Städtebundes
- die Ursachen für Entstehung und Niedergang der Hanse

b) Der deutsche Reichsbischof Otto von Freising (gest. 1158) über die Verhältnisse in italienischen Stadtgemeinden vor 1150:

Auch in der Verwaltung der Städte und in der Bewahrung der Staatsform ist ihr [der Langobarden] Vorbild noch heute die Klugheit der alten Römer. Schließlich lieben sie die Freiheit so stark, dass sie sich jedem Übergriff der Gewalt entziehen und lieber von Konsuln als von Herrschern regieren lassen. Da es bekanntlich drei Stände bei ihnen gibt, nämlich Kapitane, Valvassoren und Bürger, werden, um keinen Hochmut aufkommen zu lassen, diese Konsuln nicht aus einem, sondern aus allen Ständen gewählt, und damit sie sich nicht zur Herrschsucht verleiten lassen, werden sie fast jedes Jahr ausgetauscht. So kommt es, dass das Land fast vollständig unter Stadtstaaten aufgeteilt ist und dass jeder derselben die Bewohner seines Gebietes mit ihnen zusammenzuleben zwingt, dass man ferner kaum einen Edlen oder Großen von noch so großem Ehrgeiz findet, der sich nicht trotzdem der Herrschaft seines Staates beugte. [...] Damit sie nicht der Mittel entraten, auch die Nachbarn zu unterdrücken, halten sie es nicht für unter ihrer Würde, junge Leute der unteren Stände und auch Handwerker, die irgendein verachtetes mechanisches Gewerbe betreiben, zum Rittergürtel oder zu höheren Würden zuzulassen, während die übrigen Völker solche wie die Pest von den ehrenvolleren und freieren Beschäftigungen ausschließen. So kommt es, dass sie an Reichtum und Macht die übrigen Städte der Welt übertreffen. Förderlich war ihnen dabei nicht nur, wie gesagt, ihr tatkräftiger Charakter, sondern auch die Abwesenheit der Herrscher, die sich angewöhnt haben, im transalpinischen Gebiet zu bleiben.

Franz-Josef Schmale (Hrsg.), Bischof Otto von Freising und Rahewin. Die Taten Friedrichs oder richtiger: Cronica. Übers. von Adolf Schmidt. (FSGA, A, Bd. 17.) 4., aktual. Aufl. Darmstadt.

c) Die Annales Wormatienses zum Wormser Stadtrat im 13. Jahrhundert, um 1290:

Es gab nämlich in der Stadtgemeinde Worms 40 Ratsherren, die seit hundert Jahren allein und ohne Mitwirkung des Bischofs dem Rat vorstanden, Frieden geboten und die Gesetze und Verordnungen zum Nutzen der Stadt erließen, und dies gemäß den Privilegien, welche ihnen von Kaisern und Königen gewährt worden waren. Und die genannten Ratsherren haben auch, wenn einer von ihnen verstarb, einen anderen kooptiert. Die genannten Ratsherren haben auch ein großes und festes Steinhaus [...] käuflich erworben. [...] Und sie begannen alsbald, dieses Haus zu verschönern und besser herzurichten. Und es wurde das schönste Haus der ganzen Welt. [...] In diesem Hause hielten sie immer ihre Ratssitzungen ab und erachteten ihren Herrn Bischof gleichsam für nichts.

Annales Wormatienses, zit. nach: E. Engel, Die deutsche Stadt des Mittelalters, München 1993, S. 55.

1. Listen Sie die Rechte auf, die den Bürgern und Bürgerinnen von Freiburg zugesprochen wurden (29a). Schließen Sie daraus auf den Rechtszustand und die soziale Ungleichheit gegenüber den unfreien Dorfbewohnern und bewerten Sie die geschlechtsspezifischen Festlegungen.
2. Arbeiten Sie aus den Textquellen (29b und c) die Formen bürgerlicher Stadtherrschaft heraus und benennen Sie die Gründe für diese Entwicklung.
3. Beziehen Sie die Grafik (28) auf die Urkunde von Herzog Konrad (29a) und ordnen Sie die Stadtgründung historisch ein.

30 Bürger und Zünfte in Köln

a) Stiftsurkunde der Bruderschaft der Decklakenweber in Köln, 1149:

Kund und zu wissen sei, es haben Renzo, Wilderich und Everold und die übrigen Handwerksgenossen in frommer Hoffnung auf ein ewiges Leben im Jahre 1149 eine Bruderschaft der Decklakenweber gebildet. Danach sollen:

1. alle Decklakenweber innerhalb der Mauern, einheimische oder fremde, sich der Ordnung dieser Bruderschaft unterwerfen.
2. Wer sich dem widersetzen wollte, soll mit der Strenge des Gerichts unter Verlust seines Vermögens zur Unterwerfung und Gehorsam gezwungen werden.
3. Die Handwerksgenossen haben aus ihrem Bruderschaftsvermögen den Schleierwebern einen Betrag zur Verfügung gestellt und haben mit Steinen und Holz eine Markstätte mit trockenlegen helfen. Diese Verkaufsstelle soll beiden Teilen gemeinsam gehören.

M. Rumpf, Deutsches Handwerkerleben, Stuttgart 1955, S. 83f.

b) Eid der Neubürger für die Aufnahme in die Bürgerschaft von Köln, um 1355:
Zum ersten sollen sie schwören, dem Rat und der Stadt Köln treu und hold zu sein und ihren Nutzen zu fördern und von ihr Schaden abzuwenden; sodann der Sturmglocke zu folgen und eine volle Rüstung zu besitzen. Wenn sie diesen Eid geleistet haben, soll man ihnen das Bürgerrecht verleihen, mit der vollen Freiheit, die andere Bürger haben. Hat er drei Jahre in Köln gewohnt und ist ansässig gewesen, soll er sechs Gulden geben; hat er weniger als drei Jahre dort gesessen, soll er 12 Gulden geben. Sollten sie jemand zu eigen sein, der sie innerhalb eines Jahres nach Ausstellung ihres Bürgerbriefs für sich fordert, soll man sie ihrem Herrn folgen lassen, und der Bürgermeister soll sie nicht zurückhalten.

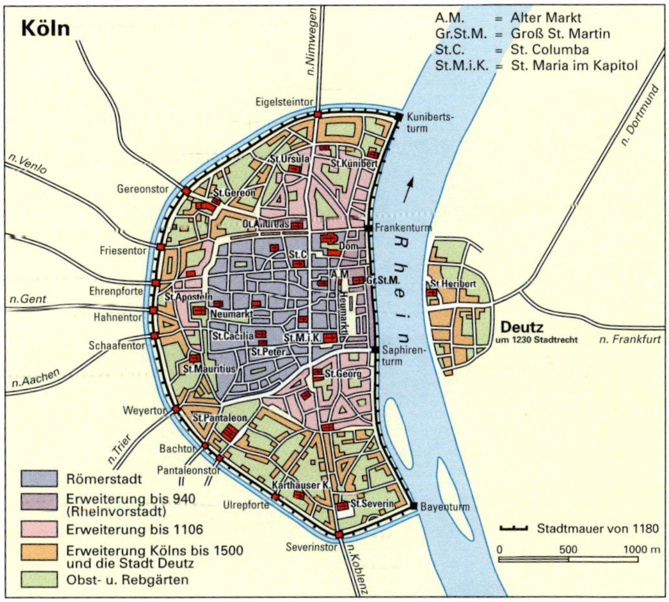

31 Köln
Stadtentwicklung von der Antike bis 1500

Schildern Sie die Entwicklung der Stadt.

c) Aus dem Amtsbrief der Kölner Garnmacherinnen, 1397:
§ 1. Zum ersten, welche Person oder Magd das Garnamt in Köln lernen will, die soll vier Jahre dienen und nicht weniger, damit sie lerne, Kaufmannsgut zu machen und zu bereiten. [...] Und sie soll sogleich dem Amt 6 Schilling geben.

§ 2. Weiterhin, eine Frau oder Tochter, die das Amt selber mit der Hand ausübt und eine Lehrmagd für weniger als 4 Jahre dingt, was wider das Amt ist, die soll 2 Gulden Strafe zahlen. [...]

§ 3. Weiterhin, wenn eine Person ihre vier Jahre gedient hat und sich [...] niederlassen will, um selbstständig zu arbeiten, so sollen die Frauen, die darauf vereidigt sind, ihre Arbeit prüfen, ob das Kaufmannsgut ist oder nicht.

§ 5. Und welchem Mann seine Frau stirbt, der Mann darf das Amt mit seinem Gesinde weiter ausüben.

b) Zit. nach: Dieter Starke, Herrschaft und Genossenschaft im Mittelalter, Stuttgart 1971, S. 88 f.

c) Zit. nach: P. Ketsch, Frauen im Mittelalter 1, Düsseldorf 1983, S. 173 f.

1. Versetzen Sie sich in die Lage eines neuen Bürgers und Decklakenwebers in Köln: Schildern sie seine Rechte und Pflichten (30a und b).
2. Befragen Sie die Quellen aus der Stadt Köln (30a und c) danach, welche Absichten hinter den einzelnen Bestimmungen der Zunftordnungen stehen.
3. Erkundigen Sie sich nach den Gründungsvorgängen Ihrer Stadt, ordnen Sie diese historisch ein und schildern Sie gegebenenfalls die wirtschaftliche und politische Ordnung der Stadt im Mittelalter.

2.6 Die islamische Stadt

8.–11. Jh. (2.–5. Jh.)	Die Städte in der islamischen Welt erleben eine wirtschaftliche und kulturelle Blütezeit.
7.–10. Jh. (1.–4. Jh.)	Stadtgründungsboom in der islamischen Welt und Errichtung bedeutender Moscheen: z B. in Jerusalem, Damaskus, Cordoba

32 **Reisende** konnten zur Zeit Harun al-Raschids eine 1500 km lange Karawanenroute von Bagdad nach Mekka nutzen. Es gab in der Wüste künstlich angelegte Wasserzisternen und Karawansereien ungefähr alle 25 km, etwa einen Tagesmarsch voneinander entfernt. Illustration aus dem Maqamat von al-Hariri, 1237.

Schildern Sie die alltäglichen Szenen einer kleinen Stadt im 13. Jahrhundert.

Im Gegensatz zum westlichen Abendland hatten die Städte der islamischen Welt die Erschütterungen der Völkerwanderungszeit gut überstanden. Verbunden durch ein verzweigtes Netz von Handelsstraßen, hielten sie als dynamische Antriebskräfte die islamische Welt wirtschaftlich, sozial und kulturell zusammen. Eine verbindende städtische Kultur von Cordoba bis Samarkand überlagerte das bäuerliche und nomadische Leben. Neue arabische Städte entstanden z. T. aus großen, festen Heerlagern wie Kufa und Kairuan. In den eroberten antiken Städten siedelten die Araber in neu errichteten Vierteln. Residenzen wie Bagdad – mit geschätzten 1 Million Einwohnern um 800 die größte Stadt der Welt – oder Cordoba waren im Vergleich zu den mittel- und nordeuropäischen Städten sehr groß. Samarkand, Knotenpunkt der Handelswege nach China und Indien, wurde von einem vierfachen Mauerring von 100 km Länge geschützt, der Vororte und Dörfer, aber auch Obst- und Feldkulturen vor den Nomaden im Hinterland sicherte.

Um die große Bevölkerung der Städte zu ernähren, bedurfte es intensiver Kontakte mit dem agrarisch geprägten Umland; sesshafte Bauern wie viehzüchtende Nomaden lieferten ihre Produkte, konnten aber gleichzeitig das breite Warenangebot der städtischen Märkte nutzen. Denn die zahlreichen großen Städte belebten untereinander die Nachfrage nach Waren und in zunehmendem Maße auch nach Luxusgütern. Die weit verzweigten Handelsverbindungen beruhten auf einer Geldwirtschaft, die durch das reichliche Vorhandensein an Münzmetallen gefördert wurde. Während der europäische Westen bereits im 7. Jahrhundert unter Goldmangel litt, die Reserven in Byzanz knapper wurden, häuften sich Gold und Silber im islamischen Großraum. Der Transsaharahandel mit dem westlichen Sudan, der schon das alte Ägypten mit Gold versorgte, war in arabischer Hand, ebenso die reichen Silberminen in Spanien und Zentralasien. Hinzu kam eine immense Beute aus den Eroberungen, aus Kirchen und Klöstern genauso wie aus den altägyptischen Gräbern entlang des Nils. Im islamischen Wirtschaftsraum entstand schon im 7. Jahrhundert ein einheitliches Münzsystem.

Die wirtschaftliche Blüte ermöglichte den Kalifen und Herrschern große Summen für Wissenschaft, Kultur und Bauwerke in Städten auszugeben. Dort bestimmte der Kalif oder seine Beauftragten: Gouverneure, Militärführer, Polizeichefs. Kadis (Richter) wurden zwar vom Staat bestellt, waren in zivilen Rechtsfragen aber weitgehend unabhängig. Gewöhnlich dominierte der Gouverneur die städtischen Angelegenheiten, wobei er sich des öfteren mit lokalen Notablen, Gelehrten und Großhändlern beriet. Nur selten, wenn die staatliche Gewalt in Krisen zusammengebrochen war, bildeten sich Ansätze städtischer Selbstregierung aus, von der die Unterschichten – kleine Handwerker, Tagelöhner, Sklaven – weitgehend ausgeschlossen waren. In den Wohnvierteln lebten ethnische und religiöse Gruppen getrennt in geschlossenen Einheiten entlang einer Straßenachse. Diese war durch Tore geschützt. Von der Hauptachse zweigten gewundene Sackgassen ab und führten in private Wohnbereiche. Auch in der Architektur der Privathäuser spiegelte sich der hohe Schutz der Privatsphäre wider. Vorne befand sich ein Wohnraum, in dem der Hausherr Gäste empfing. Dahinter lagen, oft um einen Innenhof gruppiert, die Räume für die Familie, die kein Fremder betrat.

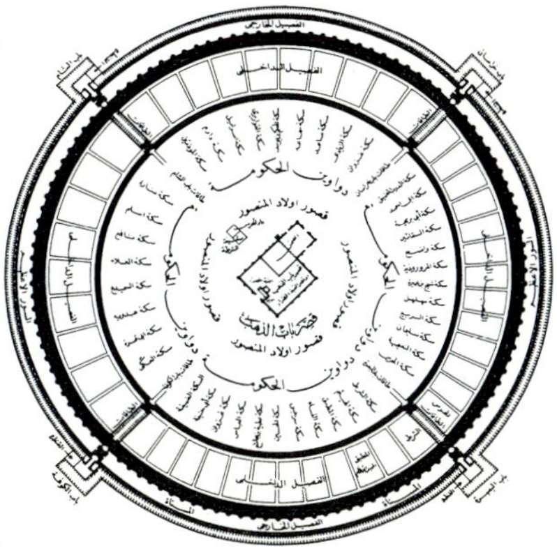

33 Plan von Bagdad ab 962 (Angaben nach klassischen Autoren). Im Zentrum stand der Palast des Kalifen. Im ersten Ring um den Palast lebten deren Söhne, im zweiten befanden sich die Regierungsgebäude. Das Volk blieb ausgeschlossen, wohnte in armseligen Vorstädten. In anderen Städten lag häufig die Hauptmoschee im Zentrum, Handelsviertel (Basar) und bedeutende Paläste benachbart. Um die öffentlichen Bauten gruppierten sich konzentrisch und hierarchisch gestuft die Handels-, Handwerks- und Wohnviertel. Dabei wurde ihre räumliche Nähe zur Moschee von ihrer Vornehmheit bestimmt.

Historiker haben den Stadtplan Bagdads als »Teil einer durch Mauern von der Welt abgeschirmten Ideologie« beschrieben. Erläutern Sie diese Behauptung.

34 Al-Fustat: Handelsplatz, Wohnort und Residenz

a) Al-Muqaddasi (Geograf und Landeskundler; ca. 945–1000) über die Metropole der fatimidischen Kalifen al-Fustat, später die Altstadt Kairos, nach 969:

Al-Fustat ist eine Metropole in jeder Hinsicht, denn in ihr befinden sich die Diwane [staatl. Verwaltung, Staatskanzlei], sie ist der Sitz des Fürsten der Gläubigen, sie liegt auf der Trennlinie zwischen dem Maghreb und den Wohnsitzen der Araber, ihr Gelände dehnt sich weit, sie hat viele Bewohner, ihr Gebiet ist blühend, ihr Name berühmt, ihr Ansehen gewaltig. So ist sie die Metropole Ägyptens, stellt Bagdad in den Schatten, ist der Stolz des Islams, der Handelsplatz der Menschen und prächtiger als die Stadt des Friedens [Bagdad]. Sie ist die Schatzkammer des Maghreb und das Lagerhaus des Ostens und zur Festzeit glänzend. Es gibt keine Metropole, die volkreicher ist; in ihr leben viele große und angesehene Männer. Sie hat staunenswerte Waren und Spezialitäten, schöne Märkte und Läden, ganz zu schweigen von ihren Bädern. Ihre Kaufmannsherbergen haben Vornehmheit und Pracht. In den Ländern des Islams gibt es keinen größeren Raum als ihre Freitagsmoschee. Niemand putzt sich mehr als ihre Bewohner, und nirgends gibt es mehr Schiffe als an ihrem Ufer. Sie ist volkreicher als Nischapur, prächtiger als Basra und größer als Damaskus. In ihr gibt es feine Speisen, reine Zutaten und wohlfeile Süßigkeiten, viele Bananen und frische Datteln, reichlich Gemüse und Brennholz, leichtes Wasser und gesunde Luft. [...] Viel Gutes wird getan und reichlich Almosen gegeben. Der Koranvortrag ist schön, das Verlangen nach dem Guten klar und die Trefflichkeit des Gottesdienstes überall bekannt. Die Menschen sind vom Schaden durch Regen befreit und sicher vor dem Tumult der Übeltäter.

Sie prüfen kritisch den Prediger und den Imam und geben nur einem guten den Vorzug, auch wenn sie viel Geld aufwenden müssen. Ihr Kadi ist stets ein angesehener Mann, der Marktaufseher ist wie der Emir und sie stehen immer unter der Aufsicht des Herrschers und des Wesirs.

Zit. nach: Die Blütezeit der islamischen Welt. Ein Lesebuch. Hrsg. v. Gerhard Hoffmann, München 1994, S. 38 f.

Geben Sie an, was die Stadt al-Fustat nach Meinung al-Muqaddasis auszeichnet und welche politische Situation in der islamischen Welt seine Beschreibung prägt (34a).

35 Handel in der islamischen Welt

a) Verträge Pisas [1] und Venedigs [2] mit Muslimen, 1186 bzw. 1231:

[1] Wenn ein Mann aus Pisa oder der Stadt unterworfenen Ländern auf das Meer hinausfährt um zu stehlen oder Muslime anzugreifen und zu schädigen, so sind die Pisaner verpflichtet, den Missetäter zu verfolgen und ebenso schwer zu strafen, als ob er seinen eigenen Mitbürgern gegenüber schuldig geworden wäre.

[2] Wenn ein Handelsschiff oder eine Galeere den Hafen von Venedig verlässt und ein Sarazenenschiff beschädigt, so braucht sich deshalb kein venezianischer Händler, der sich im Maghreb befindet, zu beunruhigen. Der Doge von Venedig wird den Schaden des Sarazenen aus dem Besitz des Schuldigen begleichen.

Zit. nach: J. Brignon, Histoire du Maroc, Paris 1967, S. 131 (Übersetzung von H. Redmer).

36 Der islamische Wirtschaftsraum im Hochmittelalter

Erläutern Sie Wirtschaft und Handel in der islamischen Welt.

b) Abu Hamid al-Gharnati (gest. 1169) zum Handel in der Sahara:

Die Händler transportieren die Salzbarren auf Kamelrücken. Es ist Steinsalz und wird in Sidschilmassa gewonnen, einer Stadt im Süden des Maghreb. Von hier aus durchqueren die Händler die Wüsten, so weit wie das Meer. Sie lassen sich durch Führer hindurchgeleiten, die sich nach dem Lauf der Sterne und Gebirge richten. Die Händler führen Lebensmittel für 6 Monate mit sich. Sobald die Händler in Ghana angekommen sind, tauschen sie ihr Salz gegen gleich schwere Mengen an Gold ein. Wenn die Händler in großer Zahl im Süden ankommen, verlangen sie aber oft auch die zweifache oder dreifache Gewichtsmenge an Gold.

Zit. nach: J. Brignon, Histoire du Maroc, Paris 1967, S. 131 (Übersetzung von H. Redmer).

Schildern Sie den Warenaustausch und die Güterproduktion im Islam (35a, b und 36).

Bereiten Sie kurze Vorträge über Geschichte, Architektur und religiöse Bedeutung von Bauwerken in der islamischen Welt vor. Berücksichtigen Sie dabei Bildmaterial und Grundrisse folgender Bauwerke:

- Alhambra in Granada
- Mezquita in Cordoba
- Al-Aksa-Moschee in Jerusalem
- Omajaden-Moschee in Damaksus.

37 Blütezeit und Niedergang der islamischen Städte

a) M. Lombard zur wirtschaftlichen Entwicklung in der islamischen Welt:

Die landwirtschaftliche und industrielle Produktion der islamischen Welt vom 8. bis 11. Jahrhundert zeigt uns demzufolge sowohl Zeichen der Stärke wie der Schwäche. Die Stärke ruht zunächst auf der ehemaligen historischen Situation: Die Grundlagen für die wirtschaftliche Hegemonie der islamischen Welt ergibt sich vor allem aus dem günstigen Erbe sehr alter Kulturen, deren Techniken sie übernimmt und verbessert. [...] Ein Fernhandel großen Ausmaßes versorgt sie mit bestimmten Produkten, und ein Netz aktiver Städte, in denen diese Produkte verarbeitet werden, erlaubt ihr, sich das zu beschaffen, was sie selber nicht oder nicht mehr besitzt, da die vorangehenden Kulturen durch intensive Ausbeutung alle Ressourcen verschleudert haben.

Die wirtschaftliche Anfälligkeit der islamischen Welt ergibt sich ganz einfach aus ihrem Mangel an eigenen Hilfsquellen, vor allen Dingen an Holz, Metall und auch Wasser, denn die Gebiete mit Bewässerungsanbau kann man nicht ins Unermessliche ausdehnen: Ihre Grenzen beschränken die Lieferung der vegetarischen Produkte, die für die Ernährung des Orients wichtig sind. Die wirtschaftliche Macht des Islam hängt also vom Bewässerungssystem, zum Mindesten von dessen Erhaltung ab, vom Netz der Straßen, von der Goldzufuhr und vom Aufschwung der Städte. Daher kann man verstehen, dass die Kraft, die man in einer bestimmten historischen Situation aus der geografischen Lage zieht, zur Schwäche wird, sobald die Bedingungen des großen Kreislaufs nicht mehr gegeben sind, d. h. im 11. Jahrhundert, unter dem Einfluss der Invasionen. [...] Die Krise der islamischenWelt [...] wird durch die siegreiche Konkurrenz der neuen Länder des Abendlandes noch verschlimmert, sobald sie selbst, in der Folge der anregenden Einflüsse, die von eben den Bewegungszentren der islamischen Welt ausgegangen waren, in der Lage sind, ihre enormen Ressourcen an Wasser, Holz und Metallen ausbeuten zu können, Hilfsquellen, die umso unermesslicher wirken, als die der alten Länder des islamischen Orients von nun an fast erschöpft sind.

Maurice Lombard, Blütezeit des Islams. Eine Wirtschafts- und Kulturgeschichte 8.–11. Jahrhundert, Frankfurt/M. 1991, S. 204f.

b) Die größten Städte Europas 1000–1700 (Bevölkerung in Tausend, geschätzt)

1000		1400		1700	
Stadt	Bevölkerung	Stadt	Bevölkerung	Stadt	Bevölkerung
Konstantinopel	450	Paris	275	Konstantinopel	700
Cordoba	450	Mailand	125	London	550
Sevilla	90	Brügge	125	Paris	530
Palermo	75	Venedig	110	Neapel	207
Kiew	45	Granada	100	Lissabon	188
Venedig	45	Genua	100	Amsterdam	172
Regensburg	40	Prag	95	Rom	149
Thessaloniki	40	Caffa Feodosiya	85	Venedig	144
Amalfi	35	Sevilla	70	Moskau	130
Rom	35	Gent	70	Mailand	124

nach: Paul M. Hohenberg/Lynn H. Lees, The Making of Urban Europe. Cambridge Mass./London 1985, S. 11.

Blütezeit und Bedeutungsverlust der islamischen Welt: Schildern Sie die Entwicklung (37a und b). Ziehen Sie dazu auch Kapitel 2.3 heran.

Eine Welle von Stadtgründungen gab es in der islamischen Welt und im christlichen Europa. Erstellen Sie eine Geschichtskarte, die die Urbanisierung möglichst differenziert räumlich und zeitlich darstellt. Recherchieren Sie dazu das Jahr der Gründung von Städten der beiden Kulturkreise (z. B.: Kufa, Basra, Tunis, Cordoba, Mallorca, Almeria, Leipzig, Oppeln).

2.7 Frauen im Christentum und im Islam

Frauen in patriarchalischen Gesellschaften

Kaum ein Thema ist heutzutage zwischen beiden Kulturkreisen so heftig umstritten wie die Rolle der Frau. Die eine Seite sieht die Frauen durch den islamischen Glauben unterdrückt. Die andere fordert das Recht auf eigene kulturelle und religiöse Prägung und Tradition – auf kulturelle Authentizität –, die sich von denen nichtmuslimischer Gesellschaften unterscheidet.
Historisch betrachtet, lebten Christinnen und Musliminnen in patriarchalischen Gesellschaften. Jedoch hat sich die patriarchalische Familie in muslimischen Gesellschaften als dauerhafter erwiesen als etwa in westlichen, die durch Aufklärung, Säkularisation und Frauenemanzipation geprägt sind. Wer die heutige Situation der Frau in beiden Kulturen betrachtet, vergleicht Ungleichzeitiges. Doch wie groß waren die Unterschiede im Mittelalter, als die Religion das gesellschaftliche Leben in beiden Kulturkreisen prägte?

Ehe und Polygamie

Traditionelle Muslime begründeten ihre Forderung, dass Frauen Schleier und Kopftuch tragen mussten, mit dem vom Koran ausgehenden Recht der Scharia. Doch diese regelte auch in detaillierten Vorschriften Sklaverei und Konkubinat. Vielen Muslimen schwebte das Ideal einer monogamen und auf Lebenszeit gültigen Ehe vor: Die eheliche Lebensform galt als gottesfürchtig und fromm. Sie sollte die Nachkommenschaft und ein häuslich-intimes Familienleben garantieren. Dennoch waren Scheidungen (auch für Frauen) und Polygamie (für wenige, begüterte Männer) möglich.
Das Leben von Frauen in den islamischen Gesellschaften war von Jahrhundert zu Jahrhundert, Gesellschaft zu Gesellschaft und von Schicht zu Schicht sehr unterschiedlich. Einerseits waren Frauen als Konkubinen oder Gesangssklavinnen von reichen Städtern käuflich zu erwerben. Andererseits traten streng gläubige Muslime aus Bagdad im 10. Jahrhundert dafür ein, dass Frauen niemals ohne Männer aus der Familie auf den Straßen gesehen werden sollten.

Konsensehe und Geschlechtsvormundschaft

Auch in den christlichen Gesellschaften war die Rolle der Frau stark von der Standeszugehörigkeit abhängig. Rechtliche und soziale Ungleichheit folgte u. a. aus der »Geschlechtsvormundschaft« des Mannes. So durften Frauen vor Gericht nicht selbstständig auftreten und in der Praxis, wie bei Erbangelegenheiten, wurden sie benachteiligt. Das gesellschaftliche Ansehen der Frau beruhte vor allem auf ihrer Funktion, Nachkommenschaft bzw. Erben zu gebären. Die Ehepartner wurden gewöhnlich von den Eltern ausgesucht. Durch den Einfluss der Kirche setzte sich jedoch die Auffassung durch, dass die Ehe der Zustimmung der Ehepartner – die Konsensehe – bedurfte. Förderte die Kirche hierdurch ansatzweise die Selbstbestimmung der Frauen, so beschränkte sie gleichzeitig den Drang vieler Frauen, sich einem religiösen Leben in den Orden zu widmen. Zahlreiche von ihnen wurden dadurch in die Ketzerbewegungen abgedrängt.

Scharia *(von arab. »deutlich gebahnter Weg«) umfasst die Vorschriften des Koran sowie die traditionellen Aussprüche und Handlungen Mohammeds im Sinne der Gesamtheit der göttlichen Gebote. Alle Bereiche des menschlichen Lebens und die rituell-religiösen Normen der Muslime versucht die Scharia zu regeln. Vor allem im Strafrecht widerspricht die strikte Anwendung der Scharia europäischen Rechtsvorstellungen. Heutzutage versuchen Islamisten die Scharia wieder zu der hauptsächlichen Rechtsquelle zu machen.*

38 Innenraum einer Moschee mit dem Herrscher und seinem Gefolge. Iranisches Manuskript, 16. Jahrhundert.

39 Frauen aus dem Gefolge Mohammeds waren für Musliminnen Vorbilder: Mohammeds Tochter Fatima, seine Lieblingsfrau Aischa und seine Frau Umm Salama.

40 Christinnen und Musliminnen

Vergleichen Sie die Darstellungen der muslimischen Frauen miteinander (38 und 39).

Schildern Sie auch die den Frauen zugewiesene Rolle in der Moschee.

a) Eine der wenigen fast vollständig erhaltenen Eheurkunde aus dem oberägyptischen al-Bahnasa, 1207:

Dies ist, was der Kaufmann Isa Ibn Abi'l-Fadl Ibn Machluf für die jungfräuliche, volljährige Chiba, Tochter des Chalifa Ibn Thabit Ibn Suraqa aus al-Bahnasa, als Ehegeschenk bestimmt und wofür er sie geheiratet hat:

Er hat ihr als Ehegeschenk bestimmt mit Gottes des Gepriesenen Segen, Hilfe und schönem Beistand von voll gewichtigem, gutem ägyptischen Goldgeld 35 Dinar. Davon hat er bar an sie vor dem Vollzug der Ehe mit ihr zehn Dinar bezahlt. Ihr Vater [...] hat dies beim Abschluss ihres Ehevertrages als ihr Eigentum von ihm empfangen, er ist verpflichtet, es ihr auszuhändigen und hat für sie diesbezüglich die Vindikationshaftung übernommen. Es stehen als von ihrem zu seinen Lasten festgesetzten Ehegeschenk noch 25 Dinar aus, deren [Begleichung] ihm die Gattin gestundet hat mit der Maßgabe, dass er sie ratenweise in den nächsten zwölf aufeinander folgenden vollen Jahren und sechs aufeinander folgenden Monaten abzahlen soll. [...]

Es obliegt ihm, Gott – mächtig und erhaben ist Er – demgemäß ihr gegenüber zu fürchten und den Umgang mit ihr schön zu gestalten, so wie es Gott der Gepriesene in seinem erlauchten Buche und die Handlungsweise unseres Herrn Mohammed [...] vorgeschrieben haben. Dasselbe ist sie ihm gegenüber schuldig, doch [steht er] noch eine Stufe höher, wie Gott der Gepriesene sagt [Koran 2, 228]: »Die Männer aber haben vor ihnen eine Rangstufe voraus, und Gott ist allmächtig, allweise!« Ihr Vater [...] ist demgemäß als Muntwalt bei ihrer Trauung mit ihm aufgetreten und hat den Vertrag über ihre Ehe mit ihm abgeschlossen, mit dem Recht seiner väterlichen und seiner Muntwalt über sie, nachdem er sie in dieser Sache um Erlaubnis zum Vertragsabschluss auf Grund des erwähnten Ehegeschenks erteilt und sich [damit] einverstanden [erklärt] hatte. Sein Erlaubnisgesuch an sie und ihre Erlaubniserteilung an ihn sowie ihre Einverständniserklärung fanden statt in Gegenwart von zwei freien, muslimischen, volljährigen Männern. [...] Sie beide kennen sie und bezeugen beide, dass sie jungfräulich, volljährig, frei [...] ist.

Zit. nach: Die Blütezeit der islamischen Welt. Ein Lesebuch. Hrsg. v. Gerhard Hoffmann, , München 1994, S. 273f.

b) Frauen im Koran

[Sure 2, 224:] Die Weiber sind euer Acker, geht auf eueren Acker, wie und wann ihr wollt, weiht aber Allah zuvor euere Seele (durch Gebet, Almosen und gutes Werk). Fürchtet Allah und wisst, dass ihr vor ihm erscheinen werdet.

[Sure 4, 4:] Überlegt gut und nehmt nur eine, zwei, drei oder höchstens vier Ehefrauen. Fürchtet ihr auch so noch ungerecht zu sein, nehmt nur eine Frau oder lebt mit Sklavinnen, die ihr erwarbt.

[Sure 33,36:] Für die Muslime und Musliminnen, für die gläubigen Männer und Frauen, für die wahrhaftigen, standhaften und demütigen Männer und Frauen, für die Almosen gebenden und für die fastenden und für die keuschen Männer und Frauen, die oft Allahs eingedenk sind, hat Allah Versöhnung und großen Lohn bereitet.

Der Koran, zit. nach der Übertragung von Ludwig Ullmann, neu bearbeitet von Leo Winter, München 1959, S. 44, 71, 341.

c) Hadith, angeblich vom Propheten überlieferter Ausspruch zur Rechtsfindung

Abu Huraira (aus der nächsten Umgebung Muhammads) berichtet, der Prophet – Gott segne ihn und schenke ihm Heil – habe gesagt: Wer an Gott und den Tag des Gerichtes glaubt, fügt seinem Nächsten keinen Schaden zu. Und behandelt die Frauen fürsorglich und liebevoll! Die Frauen wurden aus einer Rippe geschaffen und das am stärksten gebogene Teil einer Rippe ist das obere. Wenn du versuchst, sie gerade zu biegen, wirst du sie zerbrechen. Überlässt du sie aber sich selbst, dann bleibt sie gekrümmt. Behandelt die Frauen also fürsorglich und liebevoll!

Sahih al-Buhari, Nachrichten von Taten und Aussprüchen des Propheten Muhammad. Ausgewählt, aus dem Arabischen übersetzt und herausgegeben von Dieter Ferchl, Stuttgart 1991, S. 349.

d) Paulus schreibt an die Korinther:

Nun zu den Anfragen eures Briefes! »Es ist gut für den Mann, keine Frau zu berühren.« Wegen der Gefahr der Unzucht soll aber jeder seine Frau haben und jede soll ihren Mann haben. Der Mann soll seine Pflicht gegenüber der Frau erfüllen und ebenso die Frau gegenüber dem Mann. Nicht die Frau verfügt über ihren Leib, sondern der Mann. Ebenso verfügt nicht der Mann über seinen Leib, sondern die Frau. Entzieht euch einander nicht, außer im gegenseitigen Einverständnis und nur eine Zeitlang, um für das Gebet frei zu sein. Dann kommt wieder zusammen, damit euch der Satan nicht in Versuchung führt, wenn ihr euch nicht enthalten könnt. Das sage ich als Zugeständnis, nicht als Gebot. Ich wünschte, alle Menschen wären [unverheiratet] wie ich. Doch jeder hat seine Gnadengabe von Gott, der eine so, der andere so.

1. Kor., 7, 1–7; Zit. nach: Einheitsübersetzung der heiligen Schrift, Pattloch 1993.

e) Thomas von Aquin (1225?–1274) über die Erschaffung der Frau:

1. Es scheint, dass die Frau nicht bei der ersten Erschaffung der Dinge geschaffen wurde; denn der Philosoph [Aristoteles] [...] sagt: »Die Frau ist ein verfehlter Mann.« Und bei der ersten Schöpfung durfte nichts Verfehltes und Mangelhaftes sein [...] Dagegen aber steht in Genesis 2: »Es ist nicht gut, dass der Mensch allein sei, lasst uns ihm eine ähnliche Hilfe schaffen.« Antwort: Es war notwendig, die Frau als Hilfe für den Mann zu schaffen, wie die Schrift sagt; nicht zur Hilfe für irgendeine Arbeit, die [...] ein anderer Mann einem Manne besser leisten könnte, sondern als Hilfe für die Erzeugung von Nachwuchs. [...]

3. Ob die Frau aus der Rippe des Mannes gebildet werden musste. […] Antwort: Die Bildung der Frau aus der Rippe Adams war richtig. Erstens um anzudeuten, dass zwischen Mann und Frau eine Gemeinschaft bestehen muss. Denn weder soll die Frau den Mann beherrschen und darum wurde sie nicht aus dem Haupt gebildet, noch darf der Mann die Frau als ein ihm sklavisch untergeordnetes Wesen verachten, darum wurde sie nicht aus den Füßen gebildet.

Summa theologica I, Quaestio 92.

1. Befragen Sie den Text hinsichtlich der sozialen und rechtlichen Situation der Frau (40a).
2. Der Koran und die Hadithe sollen dem gläubigen Muslim auch als Handlungsanweisung dienen. Versetzen Sie sich in die Rolle eines Vaters, der seinem Sohn das Verhältnis von Mann und Frau erläutert (40b und c).
3. Schildern sie Paulus' Auffassung von der Rolle der Frauen (40d). Ziehen Sie bei der Beurteilung des Frauenbildes in der Bibel weitere Stellen zurate (z. B.: 1. Tim. 2, 9–15).
4. Erörtern Sie, welche gesellschaftlichen Folgen sich aus dem Bild der Frau ergeben, das Thomas von Aquin entwirft (40e).

Vergleichen Sie die religiös legitimierte Stellung und Rolle der Frauen im Christentum und im Islam.

3. GESELLSCHAFTS- UND HERRSCHAFTSORDNUNGEN

Die Menschen im Mittelalter – Muslime und Christen gleichermaßen – lebten in einer religiös geprägten Welt. Das betraf in besonderem Maße die gottgegebenen Herrschafts- und Gesellschaftsordnungen. Die moderne Vorstellung einer »weltlichen« Herrschaft war beiden Kulturkreisen fremd. In Europa und in der islamischen Welt bildeten sich die Grundmuster heraus, die bis weit in die Neuzeit wirksam waren.

3.1 Gottgegebene Herrschaft und Ständeordnung im Christentum

8. (2.) Jh.	Das Lehnswesen entsteht.
seit 933 (321)	Ausbreitung der kirchlichen Reformbewegung, die ein weltliches Eingreifen in kirchliche Angelegenheiten und die Amtseinsetzung eines Geistlichen durch einen Laien verurteilt (Laieninvestitur).
962 (351)	Otto wird in Rom zum Kaiser gekrönt, nachdem er in Deutschland seine Herrschaft durch ein Bündnis mit der Kirche und ihren Reichsbischöfen gefestigt hatte.
1073–1122 (465–515)	Der Investiturstreit endet nach äußerster Konfrontation zwischen Kaiser und Papst (1077 Canossa) mit dem Wormser Konkordat.
1215 (612)	Magna Charta Libertatum: Der englische König verpflichtet sich, auf den Rat der Barone zu hören, und sichert zu, alle Freien nicht willkürlich zu verhaften.
1232 (629)	In einem Privileg werden den geistlichen und weltlichen Fürsten weit reichende Rechte zugestanden und sie als Landesherrn bezeichnet. Sie betrachten ihre Ländereien immer weniger als Lehen vom König, die ihnen wieder entzogen werden können.
1356 (757)	»Goldene Bulle«: Nur noch die 7 Kurfürsten wählen den deutschen König. Die Kurfürsten erhalten fast königliche Rechte.

Die Ständegesellschaft

Der Dichter Freidank beschrieb um 1229 die Gesellschaft seiner Zeit: »So hat Gott die Welt geschaffen, Bauern, Ritter und Pfaffen.« Diese Aufzählung von Klerus, Adel und Bauernschaft umfasste die meisten Menschen der mittelalterlichen Ständegesellschaft. Aber es fehlten dabei die Bürger der Städte, die man erst im Laufe der Zeit mit zum dritten Stand zählte. Keinen Platz in dieser Gesellschaftsordnung hatten Außenseiter. Sie wurden nie in diese Ständegesellschaft integriert. Dazu gehörten das fahrende Volk oder Angehörige »unehrenhafter Berufe« in den Städten, wie Henker, Abdecker oder Latrinenräumer. Eine weitere Außenseitergruppe, die immer wieder Verfolgungen ausgesetzt war, bildeten die Juden. Sie lebten in abgesonderten Wohnvierteln.

Hoher und niederer Klerus

Den ersten Stand bildete der Klerus. Er war sozial sehr differenziert: Den oft in ärmlichen Verhältnissen lebenden Dorfpriestern standen Bischöfe gegenüber, die als Reichsfürsten über große Macht und Grundherrschaften verfügten. Die begehrten kirchlichen Ämter waren in der Regel den nachgeborenen, von der Erbfolge ausgeschlossenen Adelssöhnen vorbehalten. Der Hochadel stellte die Bischöfe, der niedere die Domkapitulare. Diese Strukturen fanden sich auch in den Klöstern, deren Mönche zwar nach dem Armutsgelöbnis ohne persönliches Eigentum, aber durchaus im Wohlstand lebten. Der Abt, wie bei den Benediktinern lebenslang gewählt, übte eine monarchische Stellung aus.

Die Gesellschaft war insgesamt durch große soziale Unterschiede und die wirtschaftliche und politische Macht einer adligen Oberschicht geprägt, die auf ausgedehnter Grundherrschaft und Gefolgschaften beruhte. Das Verhältnis unter den Adligen und das zwischen Adel und König war durch das Lehnswesen bestimmt. Junge Adlige, die als zweitgeborene von der Erbschaft ausgeschlossen waren, begaben sich freiwillig in die Gefolgschaft eines Adligen, für den sie dann gegen wirtschaftliche Sicherheit ihr Leben im Krieg risikierten. Dieses durch den persönlichen Eid geprägte Treueverhältnis des germanischen Gefolgschaftswesens wurde seit Karl dem Großen auf das Verhältnis von König und Adel übertragen. Aufgrund seines Eigenbesitzes (Allod) war dieser Adel wirtschaftlich und militärisch selbstständig und konnte zum Rivalen des Königs werden. Karl band daher den hohen Adel durch eine Treueverpflichtung an sich und wertete ihn durch den Dienst für den König sozial auf: Im Frieden verlangte er von ihm Rat, im Kriegsfall Hilfe. Gleichzeitig nahm er den einzelnen Adligen aber in Vassalität, eine auf die Person bezogene Abhängigkeit. Hinzu kam als ein »dingliches« Element die »Leihe« (beneficium), in der Regel Land, aber auch ein bestimmtes Amt oder Rechte, die der adlige Herr vom König erhielt. Adlige, die Lehen vom König erhielten, nennt man Kronvasallen. Sie durften aus ihrem Eigengut Lehen an Untervasallen vergeben. Aus ihnen entwickelte sich ein niederer Schwertadel, aus dessen Reihen die Kronvasallen Truppenkontingente bildeten, mit dem sie dem König Heeresfolge leisten konnten. Frauen konnten keine Lehnsträger sein.

41 Gesellschaft im Mittelalter
Abbildung aus einer französischen Handschrift, um 1120.

Erläutern Sie, inwiefern sich Vorstellungen der Gesellschaftsordnung in der Abbildung wieder finden.

Treueid im Konflikt

Das Lehen war in einer persönlichen, beiderseitigen Treuebeziehung begründet. Bei Treuebruch konnte es in einem Gerichtsverfahren eingezogen werden. Starb der Lehnsmann (Mannfall) oder der König (Herrenfall), wurde das Lehen eingezogen und neu vergeben. Jedoch versuchte der Adel die Erblichkeit der Lehen durchzusetzen. Dies führte zu einer Schwächung der Königsmacht. Konfliktträchtig waren auch die komplizierten Lehensverhältnisse. Häufig hatten selbst Kronvasallen mehrere Herren und nutzten so die materiellen Vorteile des Lehens. Im Konflikt zwischen ihren Herren blieben sie dann neutral und erfüllten ihren Treueid nicht. Das Lehnswesen war entscheidend für die adlige Lebensform und die Entwicklung einer höfischen Kultur, in der das Rittertum hohes gesellschaftliches Ansehen besaß.

Königsheil und Gottesgnadentum

Die Herrschaftslegitimation eines Königs wurde von christlichen und germanischen Traditionen beeinflusst. Zwar wählte die Versammlung der Freien ihre Herzöge bzw. Könige. Allerdings entstammten die Gewählten in der Regel der gleichen Sippe, weil man bei ihr das »Königsheil« vermutete. Man erwartete vom König aufgrund seines »Heils« den Sieg im Krieg und im Frieden reiche Ernten. Könige legitimierten ihre Herrschaft nach alttestamentlichem Vorbild, indem sie sich durch einen Bischof salben ließen. Die Salbung war Ausdruck für die Übertragung göttlicher Kraft für eine glückvolle Regierung und verchristlichte das ursprünglich heidnische Königsheil. Das Amt des Königs wurde dadurch von Gottes Gnaden verstanden, seine Krönung als ein Sakrament.

In der mittelalterlichen deutschen Reichsverfassung hielt sich auch die Vorstellung eines »Erbwahlkönigtums«: Die Fürsten des Reiches, später die Kurfürsten, wählten den deutschen König, wenn auch meist den erbberechtigten Sohn.

Der König und die Fürsten als Landesherren

Die Macht eines mittelalterlichen Königs war gegenüber dem Adel begrenzt. In Frankreich war er eine lange Zeit nur der Vornehmste unter Gleichen, bis er in der Neuzeit zum absoluten Herrscher aufstieg. In Deutschland war die Entwicklung eher gegenläufig: Der König gab immer mehr von seinen Rechten (Regalien wie z. B. das Münzrecht) an den Hochadel ab. Außerdem wurden die von ihm vergebenen Lehen häufig erblich, was auf Dauer die Entstehung vieler fürstlicher Territorialstaaten innerhalb eines Reichsgebietes begünstigte. Die reale Macht eines deutschen Königs hing von seinem Hausgut (Familienbesitz) und vom Umfang der Reichsgüter (Pfalzen, Domänen) ab. Das mittelalterliche »Reisekönigtum« sollte diese Macht sichern, indem der König stets durch sein Reich zog. Dieses Reisen von Pfalz zu Pfalz diente nicht nur der Herrschaftssicherung, sondern der ständige Ortswechsel war schon aus Gründen der Verköstigung für den Hof notwendig.

In England wurde die Macht des Königs durch die Magna Charta eingeschränkt, in der sich der Adel ein Mitbestimmungsrecht zugestehen ließ. Hieraus entwickelte sich der englische Parlamentarismus.

Referieren Sie über den Inhalt und die Geschichte der Magna Charta. Stellen Sie den Zusammenhang zwischen der englischen Entwicklung und der Ausbildung des abendländischen Parlamentarismus dar.

Frauen als Herrscherinnen

Das Mittelalter wirkt auf uns wie eine Männerwelt. Frauen waren kirchliche Ämter versagt. Lediglich in den zahlreichen Nonnenklöstern übte eine Äbtissin die gleiche Funktion aus wie der Abt. Wenn das Kloster reichsunmittelbar war – also nur den König als Lehnsherrn hatte –, gehörte die Äbtissin zu den herrschenden Reichsfürsten. Hochadlige Damen spielen in der Politik Europas immer wieder eine bedeutende Rolle, nicht nur weil sie als begehrte Erbinnen die Machtmittel des

Ehemannes vergrößerten, sondern weil unter ihnen auch eine stattliche Reihe hervorragender Politikerinnen zu finden sind.

Seit der Spätantike kannte der christliche Kulturkreis im Unterschied zum islamischen den Unterschied zwischen »imperium« und »sacerdotium« – zwischen priesterlicher Autorität und weltlicher Macht. Im Christentum – jahrhundertelang verfolgt – hatte sich eine hierarchisch gegliederte Organisation, die Kirche, entwickelt, an deren Spitze Bischöfe und Metropoliten wie in Alexandria, Antiochia, Jerusalem, Konstantinopel und Rom standen. Während und nach der Völkerwanderungszeit bildete die Kirche in Westeuropa oft die einzige intakte Institution, derer sich das organisatorisch schwache fränkische und später das deutsche Königtum bediente, z. B. in der Hofkapelle, die alle Funktionen einer »Staatskanzlei« übernahm.

Stellen Sie Ihren Mitschülern bedeutende Frauenpersönlichkeiten des Mittelalters vor und schildern Sie deren politisches und kulturelles Wirken:
- Kaiserin Theophano
- Hildegard von Bingen
- Eleonore von Aquitanien
- Hrotsvith von Gandersheim.

Der deutsche König Otto I. (936/962 bis 973) nutzte die Kirche als Stütze für sein Königtum, indem er Bischöfe und Äbte gleichzeitig zu weltlichen Fürsten machte. Innenpolitisch schuf er damit ein Gegengewicht zum Einfluss der Stammesherzöge, die dem König mehrfach die Macht streitig machten. Bedeutsamer aber waren andere Vorteile: Die Kirche verbreitete nicht nur den Glauben; in ihrer Hand lag auch das Bildungssystem. Nur sie konnte die notwendigen Verwaltungsfachleute schulen. Die Klöster waren nicht nur Bildungszentren, sie waren auch ertragreiche Wirtschaftsunternehmen. Zwar wurde ein Bischof von der Geistlichkeit gewählt, doch der König besaß das Recht sich an der Wahl zu beteiligen und die erste Stimme abzugeben. In der Praxis bedeutete dieser Vorschlag die Ernennung. Geistliche lebten im Zölibat, konnten also keine Erben haben. Da auch das kirchliche Amt nicht erblich werden konnte, vermochte der König die Schaltstellen der Macht immer wieder mit ihm ergebenen Männern zu besetzen.

42 Investitur Der König vergibt Lehen an weltliche und geistliche Fürsten. Der Zeichner versuchte das Lehnswesen im Spiegel von Rechtssymbolen darzustellen (vgl. auch 43). Die Illustrationen haben die Aufgabe abstrakte Rechtsbegriffe in einprägsame Bilder umzusetzen. Beim »Lesen« der Bilder ist Folgendes zu beachten: Ähre und Zweig symbolisieren das Besitzergreifen von Land, Fahne und Zepter die Übertragung von Amtsgewalt. Hände dienen der Verstärkung von Aussagen.
Aus der Heidelberger Handschrift des Sachsenspiegels, 13. Jh.

Dieses so genannte »ottonische Reichskirchensystem«, das in ähnlicher Form auch in Frankreich und England galt, war konfliktträchtig. Es gab dem König erheblichen Einfluss auf die Kirche und der hohen Geistlichkeit auf die Geschicke des Reiches. Damit verbunden war die Gefahr, dass die geistlichen Reichsfürsten über ihrer politischen Aufgabe ihre geistliche vergaßen. Eine breite Reformbewegung versuchte dem zu begegnen. Deutsche Kaiser wie Heinrich II. und Heinrich III. hatten diese Kirchenreform im 11. Jahrhundert unterstützt, sogar aktiv betrieben, aber weiterhin Bischöfe eingesetzt, obwohl eine wesentliche Forderung der Reformbewegung war, den Einfluss der Laien auf die Kirche zu beseitigen.
Das Papstwahldekret von 1059 gab den Kardinälen das alleinige Recht einen neuen Papst zu wählen. Das Dekret richtete sich eigentlich gegen den Einfluss der römischen Adelsfamilien, die in der Vergangenheit die Papstwahl oft genug bestimmt hatten. Aber es konnte auch zur Handhabe gegen die Eingriffe des Kaisers

43 oben: **Handgang zwischen Kronvasall und Untervasall**
unten: **Bitte um Lehnserneuerung**

werden, der wie Heinrich III. auf der Synode von Sutri 1046 drei rivalisierende Päpste, jeweils von römischen Adelshäusern unterstützt, absetzte und mit Bischof Suitger von Bamberg einen deutschen Papst einsetzte.

Im Investiturstreit zwischen Papst Gregor VII. und dem deutschen König Heinrich IV. brachen diese Gegensätze auf. Konkrete Streitfragen waren die Laieninvestitur, die Vergabe von geistlichen Ämtern gegen Zahlung eines Geldbetrages (Simonie) und der Kampf um die Durchsetzung des Zölibats. Da sich der Papst mit adligen Gegnern des Königs verband, war die Herrschaft des Königs ernsthaft bedroht. Schließlich unterwarf sich Heinrich IV. (Gang nach Canossa) »als sündiger Mensch unter die Kirchenhoheit des Papstes« (Fleckenstein). Damit gab er selbst die Gott-Unmittelbarkeit als Gesalbter des Herrn auf und ließ sich aus der geistlichen Sphäre, in die er durch die Salbung aufgestiegen war – als Gesalbter hatte er sich dem Priesterstand angenähert – in die Laienwelt zurückdrängen.
Für die geistliche Gewalt bewirkte dieses Ergebnis eine zunehmende Verselbstständigung. Mit dem Wormser Konkordat wurde der Konflikt gelöst, die Herrschaft der deutschen Könige über das Papsttum beendet. Auch das Reichskirchensystem war hinfällig geworden.

44 Das Lehnswesen

Beschreiben Sie die Szenen auf den Abbildungen und erläutern Sie mithilfe der Quellen aus dem Sachsenspiegel das Lehnswesen (44a und b).

a) Eike von Repgow (1180/90–1232) zeichnete Stammesrechte im Sachsenspiegel auf und schilderte die rechtlichen Vorgänge des Lehnswesens, um 1220:

Zuerst leisteten sie ihm auf folgende Weise Mannschaft: Der Graf fragte den zukünftigen Vasallen, ob er ohne Vorbehalt sein Mann werden wolle, und dieser antwortete: »Ich will es.« Alsdann umschloss der Graf die zusammengelegten Hände des anderen mit seinen Händen und sie besiegelten den Bund durch einen Kuss. Zweitens gab derjenige, der Mannschaft geleistet hatte, dem »Vorsprecher« des Grafen mit folgenden Worten sein Treueversprechen: »Ich verspreche bei meiner Treue, von nun an dem Grafen Wilhelm treu zu sein und ihm gegen alle anderen meine Mannschaft unwandelbar zu erhalten, aufrichtig und ohne Trug.« Drittens bekräftigte er sein Versprechen durch einen Eid, den er auf die Reliquien der Heiligen leistete.

Zit. nach: F. L. Ganshof, Was ist das Lehenswesen? Darmstadt 1961, S. 72f.

b) Der Sachsenspiegel zur Vererbung von Lehen:

1. Nach dem Tod des Vaters komme der Sohn binnen Jahr und Tag zu seinem Herrn und biete ihm mit gefalteten Händen den Lehneid an und er gehe, wenn der Herr steht, so nahe an ihn heran, dass er ihn erreichen kann. Sitzt aber der Herr, so soll er sich vor ihn hinknien. […] 2. So soll der Mann sprechen, wenn er mit gefalteten Händen sein Gut begehrt: »Herr, ich begehre solch ein Gut zu Lehen, wie ich es rechtmäßig vor euch gebracht habe, […] und setze dafür eure Mannen als Zeugen ein.«

Aus dem Sachsenspiegel, Lehnrecht XXII, §1 und 2.

Im Mittelalter kannte man den Staat als Institution noch nicht. Die Geschichtswissenschaft benutzt den Begriff »Personenverbandsstaat«. Erklären Sie, was dieser Begriff mit Bezug auf das Lehnswesen aussagen soll.

Klausurentraining

Jede Aufgabe erhält durch bestimmte Formulierungen einen klaren Arbeitsauftrag, bei dem ein Sachverhalt benannt, erläutert oder gar bewertet werden soll.

- *wiedergeben:* vorgegebene/bekannte Inhalte mit eigenen Worten wiederholen/zusammenfassen
- *beschreiben:* über einen Sachverhalt durch umfassende Angaben berichten
- *darstellen:* einen Sachverhalt in logischer Abfolge mit Text, Diagramm, Tabelle und/oder Zeichnung unter Verwendung der Fachsprache wiedergeben
- *kennzeichnen:* Typisches/Auffälliges herausstellen und ggf. veranschaulichen
- *untersuchen:* an einen Gegenstand gezielte Arbeitsfragen stellen und gewonnene Erkenntnisse begründet darlegen
- *vergleichen:* zu vorgegebenen oder selbst gewählten Gesichtspunkten Gemeinsamkeiten und Unterschiede feststellen
- *begründen:* den Grund für etwas abgeben; komplexe Grundgedanken schlüssig entwickeln und im Zusammenhang darstellen
- *erklären:* Zusammenhänge/Entwicklungen/Erscheinungen so verdeutlichen, dass der Leser/Zuhörer sie versteht
- *erläutern:* Sachverhalte beschreiben und deren Beziehungen verdeutlichen
- *erarbeiten:* ein neues Konzept in Ansätzen entwickeln
- *erörtern:* einen Sachverhalt im Hinblick auf positive und negative Erscheinungen/Wirkungen ausführlich untersuchen, die Ergebnisse darstellen und bewerten
- *Stellung nehmen:* zu einem Sachverhalt/einer Behauptung eine eigene, begründete und bewertende Meinung äußern
- *beurteilen/bewerten:* begründete Aussagen über Richtigkeit/Wahrscheinlichkeit/Anwendbarkeit eines Sachverhaltes/einer Behauptung machen

Bei einer Klausur wird erwartet, dass die Darstellungen klar und verständlich aufgebaut und inhaltlich richtig und in sich logisch sind, dass sie sprachlich einwandfrei formuliert und vollständig im Sinne der vorgegebenen Aufgabenstellung sind. Ein Bezug zu den Quellen und Darstellungen ist immer herzustellen.
Einzelne Arbeitsschritte helfen die Aufgabe zu bewältigen:

- Lesen Sie die Aufgabenstellungen genau durch und überlegen Sie: Was wird gefordert? Wie ausführlich soll geantwortet werden? Welches Material kann welchen Aufgaben zugeordnet werden?
- Erstellen Sie zunächst eine knappe, übersichtliche Gliederung.
- Legen Sie einen groben Zeitplan fest.
- Arbeiten Sie dann das Arbeitsmaterial aufgabenweise gründlich durch.
- Verknüpfen Sie Aussagen unterschiedlicher Materialien miteinander.
- Stützen Sie eigene Darstellungen durch aussagekräftige Beispiele und Materialbezug. Verzichten Sie dabei auf kleinschrittiges Aneinanderreihen von Daten.

Häufig behandelt die Klausur ein übergeordnetes Thema; die Arbeitsanweisungen sind in der Regel aufeinander folgende Arbeitsschritte. Es ist daher darauf zu achten, dass vom Anfang bis zum Ende der schriftlichen Darstellung ein »roter Faden« erkennbar bleibt und sich die Aussagen sinnvoll aufeinander beziehen.
Die Klausur ist nicht nur inhaltlich, sondern auch formal erkennbar zu gliedern. Übliche Gliederungshilfen sind: Absätze, Leerzeilen, Spiegelstriche. Jede Aufgabe sollte ein thematisches Stichwort als Überschrift erhalten. Die wörtliche Übernahme von Textpassagen ist als Zitat zu kennzeichnen.

45 Die Ständegesellschaft

a) Bischof Burchard I. von Worms (1000–1025) zur Ständeordnung, 1008–1022:
Wegen der Sünde des ersten Menschen ist dem Menschengeschlechte durch göttliche Fügung die Strafe der Knechtschaft auferlegt worden, sodass [Gott] denen, für die, wie er sieht, die Freiheit nicht passt, in großer Barmherzigkeit die Knechtschaft auferlegt. Und obgleich die Erbsünde durch die Gnade in der Taufe allen Gläubigen genommen ist, hat der gerechte Gott das Leben der Menschen so unterschieden, indem er die einen zu Knechten, die anderen zu Herren einsetzte, damit die Möglichkeit zu freveln für die Knechte durch die Macht der Herren eingeschränkt würde.

Zit. nach: Geschichte in Quellen. Hrsg. v. Wolfgang Lautemann und Manfred Schlenke, Bd. II, Mittelalter, S. 711f.

b) Brief der Äbtissin Hildegard von Bingen (1098–1179) an die Äbtissin von Andernach, die gefragt hatte, warum sie nur Adlige in ihr Kloster aufnehme:
Gott achtet bei jedem Menschen darauf, dass sich der niedere Stand nicht über den höheren erhebe, wie es einst Satan und der erste Mensch getan, die über ihren Stand hinausfliegen wollten. Und wer steckt all sein Viehzeug zusammen in einen Stall: Rinder, Esel, Schafe, Böcke? Da käme alles übel durcheinander! So ist auch darauf zu achten, dass nicht alles Volk in eine Herde zusammengeworfen werde. [...] Es würde sonst eine böse Sittenverwilderung einreißen, da man sich in gegenseitigem Hasse zerfleischen würde, wenn der höhere Stand zum niederen herabgewürdigt und dieser zum höheren aufsteigen würde. Gott teilt sein Volk auf Erden in verschiedene Stände, wie die Engel im Himmel in verschiedenen Gruppen geordnet sind, in die einfachen Engel und in die Erzengel [...] , die Cherubim und Seraphim. Und Gott liebt sie alle.

Zit. nach: J. Bühler, Die Kultur im Mittelalter, Stuttgart 1954, S. 123.

c) Der Geburtsstand der Bischöfe der Metropolitanbezirke Mainz und Köln

Jahrhundert	IX	X	XI	XII	XIII	XIV	XV	Summe
Freiherrn (Freie)	44	51	68	107	126	128	77	601
Vermutlich Freie	18	17	49	30	2	–	–	116
Ministerialen	–	–	2	2	31	47	44	126
Unfreie	2	–	3	–	–	–	–	5
Bürgerliche	–	–	–	–	2	17	3	22
Ausländer	–	–	1	–	–	3	1	5
Unbekannt	42	39	31	22	8	7	3	152
	106	107	154	161	169	202	128	1027

Aloys Schulte, Der Adel und die deutsche Kirche im Mittelalter. 1922. Reprogr. Nachdr. Darmstadt 1958, S. 278. Lizenz Enke, Stuttgart (1. Aufl.: 1910).

1. *Klausurentraining* (S. 57): Erläutern Sie die Vorstellungen über die Gesellschaftsordnung und deren Legitimation (45a und b). Nehmen Sie kritisch Stellung.
2. Interpretieren Sie die Statistik 45c und schildern Sie die Sozialstruktur des hohen Klerus.

46 Das Verhältnis der zwei Universalgewalten

a) Kaiser Karl der Große in einem Brief an Papst Leo III., 796:
Wie ich nämlich mit dem Heiligen Vater, Eurem Vorgänger, das Abkommen heiliger Vaterschaft eingegangen bin, möchte ich nun auch mit Eurer Heiligkeit das unverletzliche Glaubens- und Liebesbündnis vereinbaren. Dank der Fürbitte des apostolischen gnädigen Beistandes soll mich Euer apostolischer Segen begleiten, und der allerheiligste Sitz der römischen Kirche soll durch unsere Ergebenheit mit Gottes Hilfe verteidigt werden. Uns obliegt es nämlich, mit Gottes gnädiger Hilfe die Heilige Kir-

che gegen alle Angriffe der Heiden und Verwüstungen durch die Ungläubigen mit Waffen nach außen zu verteidigen, um im Innern den katholischen Glauben zu befestigen. Ihr, Heiliger Vater, habt andererseits wie Mose unseren Kampf mit zu Gott erhobenen Gebetshänden zu unterstützen, indem dank Euren Eintretens durch Gottes Führung und Gabe das Christenvolk in seinem heiligen Namen über alle seine Feinde immer und überall den Sieg davon trage und der Name unseres Herrn Jesus Christus in aller Welt verherrlicht werde.

Monumenta Germaniae historica Esp. IV, 137; zit. nach: Jürgen Brand/Hans Hattenhauer (Hrsg.), Der Europäische Rechtsstaat, Heidelberg 1994, S. 14.

47 Heutige Rekonstruktionen von Mosaiken am Lateranpalast
Zwischen 796 und 800 ließ Papst Leo III. im Speisesaal des Lateranpalastes – die Taufkirche Kaiser Konstantins und der damalige Sitz des Papstes – die Mosaiken anbringen. Nach der Zerstörung des Palastes haben sich nur Zeichnungen erhalten, die zu diesen Rekonstruktionen an einer Kirche in Rom führten.

b) Papst Innozenz III. (1160/1198–1216), Die zwei Himmelslichter, 1198:
Wie Gott zwei Lichter an das Himmelszelt gesetzt hat, um den Tag und die Nacht zu beherrschen, so hat er zwei hohe Ämter geschaffen, ein größeres, um über die Seelen, ein kleineres, um über die Leiber zu herrschen. So ist es mit der päpstlichen und der königlichen Gewalt. Und wie der Mond sein Licht von der Sonne erhält, so empfängt der König seine Gewalt und seine Würde vom Papst.

Zit. nach: Mirbt/Aland, Quellen zur Geschichte des Papsttums und des Katholizismus, 6. Aufl., Tübingen 1976, Bd. 1, Nr. 599.

c) Eike von Repgow über die »Zweischwerterlehre« im Sachsenspiegel, um 1220:
Wer von Gott aus Beschützer des Rechts sein soll und welche Akten von Recht es gibt. Gott hinterließ auf Erden zwei Schwerter, die Christenheit zu beschützen: dem Papst

ist das geistliche Schwert bestimmt, dem Kaiser das weltliche. Dem Papst ist auch bestimmt, zu gewissen Zeiten auf einem weißen Pferd zu reiten, und der Kaiser soll ihm dann den Steigbügel halten, damit der Sattel beim Aufsitzen nicht verrutscht. Dies ist die Bedeutung des Vorgangs: Alles, was dem Papst Widerstand leistet und was er mit geistlichem Recht nicht zwingen kann, das soll der Kaiser mit weltlichem Recht zwingen, dem Papst gehorsam zu sein. Auf gleiche Weise soll die geistliche Gewalt dem weltlichen Gericht helfen, wenn es dies nötig hat.

MGH Esp. IV, 137, zit. nach: Jürgen Brand/Hans Hattenhauer (Hrsg.), Der Europäische Rechtsstaat, Heidelberg 1994, S. 20.

d) Die Zweischwerterlehre: In der Bulle »Unam sanctam« von Papst Bonifatius VIII. vom 13. Nov. 1302, die gegen die Ansprüche des französischen Königs Philipp des Schönen gerichtet war, heißt es:

Beide Schwerter hat die Kirche in ihrer Gewalt, das geistliche und das weltliche. Dieses aber ist für die Kirche zu führen, jenes von ihr. Jenes gehört dem Priester, dieses ist zu führen von der Hand der Könige und Ritter, aber nur wenn und solange der Priester es will. Ein Schwert aber muss dem anderen untergeordnet sein; die weltliche Macht muss sich der geistlichen fügen ... Dass aber die geistliche Macht an Würde und Adel jede weltliche überragt, müssen wir umso freier bekennen, als überhaupt das Geistliche mehr wert ist als das Weltliche. Das ersehen wir auch deutlich aus dem Regiment in der Welt. Denn in Wahrheit: Die geistliche Macht hat die weltliche einzusetzen und ist Richterin über sie, wenn sie nicht gut ist. So bewahrheitet sich über die Kirche und die kirchliche Gewalt die Voraussage des Propheten Jeremia: »Siehe, ich habe dich heute über Völker und Reiche gesetzt.« [Jer. 1,10]

Zit. nach: Geschichte in Quellen, Bd. 2, München 1970, S. 786.

1. Zwischen »sacerdotium« und »imperium« bestand ein Spannungsverhältnis. Bilden Sie Arbeitsgruppen und interpretieren Sie gemeinsam die Textquellen (46a, b, c und d) in Bezug auf die zwei Gewalten. Stellen Sie die Standpunkte dar und ordnen Sie die Quellen historisch ein. Ziehen Sie dazu auch die Quellen (10a, b und c) von Seite 17f. heran.
2. Nach der Überlieferung des Chronisten Einhard hätte Karl der Große die Peterskirche anlässlich seiner Krönung nicht betreten, wenn er von den kurz vor 800 geschaffenen Mosaiken gewusst hätte. Erforschen Sie unter diesem Gesichtspunkte die Mosaike und erläutern Sie, welches Verhältnis der beiden Gewalten darin zum Ausdruck kommt.

3.2 Das gottgefällige Leben eines Christen

Weltbild, Alltag und Mentalität

Stellen Sie das Pilgerziel Santiago de Compostela vor. Schildern Sie seine religiöse und politische Bedeutung. Berücksichtigen Sie dabei die alltagsgeschichtliche Perspektive eines frommen Pilgers bei der Durchführung der Reise.

Das Lebensgefühl des mittelalterlichen Menschen war von der Vorstellung geprägt, dass man in einem Zeitalter zwischen der Menschwerdung Christi und dem Jüngsten Tag, d.h. letzten Tag, lebte, an dem Gottes Sohn wiederkehren würde. Insofern sah man sich in einen göttlichen Welt- und Heilsplan eingebunden. Das alltägliche Leben bestimmte daher der Glaube an Gott und daran, dass er den guten Christen leitet. Regelmäßige Gebete während des Tages (Morgen-, Abend-, Tischgebet) verrichtete der mittelalterliche Mensch. Das Jahr war durch kirchliche Festtage und die Namenstage bedeutender Heiliger gegliedert, die in der Umgangssprache die Kalenderdaten ersetzen. Ängste – vor Missernten und Hunger, vor Krankheit, vor der Brutalität der Kriegführung, vor Fremden, vor der Verdammnis im Jenseits – waren zwar immer gegenwärtig, gleichzeitig aber durch die Hoffnung auf Erlösung erträglich. Im Laufe des Mittelalters entwickelte sich ein zunehmendes Sündenbewusstsein und die Bereitschaft, als Buße für

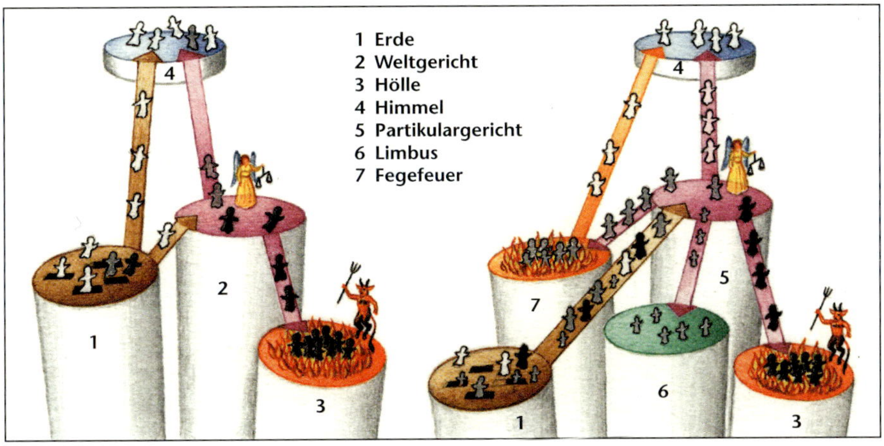

48 Jenseitsmodelle im Christentum
links: Weltgericht nach Johannes
rechts: Jenseitsvorstellung mit Fegefeuerlehre

Rekonstruieren Sie die Vorstellungen vom Jenseits und schließen Sie davon auf die Weltsicht des Individuums. Klären Sie dazu die Begriffe mithilfe von Lexika und erläutern Sie auch den Wandel der Vorstellungen in den Schaubildern. Greifen Sie dazu auf die Bibelstelle im Johannes-Evangelium zurück (49a). Vergleichen Sie den Text von Johannes mit dem von Matthäus (Mt. 25,31 ff.). Wie sieht ein Schaubild nach Matthäus aus?

Untaten monatelange Pilgerfahrten zu unternehmen. Viele Menschen sahen in Aggressionen wie Judenpogromen und in der Freude an oft tödlichen Kampfspielen wie den Ritterturnieren keinen Widerspruch.
Eine tief empfundene Religiosität betraf alle Schichten, Arme und Reiche, Männer und Frauen gleichermaßen. Seit dem 11. Jahrhundert suchten daher immer mehr Menschen nach religiösen Lebensformen, die zu zahlreichen Ordensgründungen und Ketzerbewegungen führten.

49 Sündenbewusstsein im Christentum

a) Das Weltgericht nach dem Johannes-Evangelium, 5,24–29:
Amen, ich versichere euch: Alle, die auf mein Wort hören und dem glauben, der mich gesandt hat, haben das ewige Leben. Sie kommen nicht mehr vor Gottes Gericht; sie haben den Tod schon hinter sich gelassen und das unvergängliche Leben erreicht. […] Wie der Vater der Geber des Lebens ist, so hat er auch dem Sohn Mach verliehen, Leben zu geben. Und er hat dem Sohn die Macht verliehen, Gericht zu halten, weil er der menschensohn ist. Wundert euch nicht darüber! Die Stunde kommt, da werden alle Toten in den Gräbern seine Stimme hören und ihre Gräber verlassen. Alle, die Gutes getan haben, werden auferstehen, um das leben empfangen, und die Böses getan haben, um verurteilt zu werden.

Zit. nach: Gute Nachricht Bibel, revidierte Fassung, durchgesehene Ausgabe in neuer Rechtschreibung , © 2000 Deutsche Bibelgesellschaft, Stuttgart

b) Das Menschenbild in einer Schrift von Papst Innozenz III. (1198–1216):
Wer gibt meinen Augen den Tränenquell, dass ich beweine den bejammernswerten Eintritt in das menschliche Dasein, beweine das schuldhafte Fortschreiten menschlichen Lebens, beweine das verdammenswerte Ende menschlicher Vernichtung? […] Aus Erde geschaffen, in Schuld empfangen, zur Strafe geboren tut der Mensch Böses, was er nicht soll, Verwerfliches, was sich nicht ziemt, Nutzloses, was sich nicht lohnt, wird er Nahrung für das Feuer, Köder für den Wurm, ein Haufen Dreck. […] Geschaffen ist der Mensch aus Staub, aus Lehm, aus Asche. […] Empfangen ist er […] im Sumpfe der Sünde. Geboren ist er für die Qual, für die Furcht, für den Schmerz und was noch elender ist: für den Tod.

Zit. nach: Arnold Bühler, Imago Mundi, in: Geschichte in Wissenschaft und Unterricht 41, 1990, S. 485.

Erläutern Sie das Menschenbild des Papstes (49b).

3.3 Islam – gottgegebene Herrschaft und Gesellschaft

656–661 (36–40)	Kalifat des Ali, Vetter und Schwiegersohn des Propheten; mit dem ersten Bürgerkrieg zwischen der Partei Alis (shia) und seinen Gegenspielern von den Quraisch wird die Spaltung der islamischen Gemeinschaft in rivalisierende Gruppierungen offenkundig.
seit 10. (4.) Jh.	Das Abbasidenkalifat gerät unter Kontrolle militärischer, vorwiegend turkstämmiger Ober-Emire.
1258 (656)	Mongolen erobern Bagdad und beenden das Kalifat in Bagdad.

Umma – die Gemeinschaft aller Muslime

Vor Mohammed war die Bevölkerung der Arabischen Halbinsel in Stämme der Nomaden und Familien in den Städten eingeteilt. Durch den Islam entstand die Vorstellung einer neuen Gemeinschaft: Die »Umma« sollte alle Muslime umfassen. Anführer der Umma musste ein Nachfolger/Stellvertreter des Propheten sein. Für Muslime verband sich mit dem Begriff der Umma das Bewusstsein, Mitglieder einer durch den wahren Gott gegründeten Gemeinschaft zu sein, die über alle vorhandenen politischen Grenzen hinausreichte. Alle nichtmuslimischen Länder oder Stämme (»Das Gebiet des Krieges«), die in den Machtbereich der islamischen Herrschaft (»Das Gebiet des Islam«) gelangten, sollten in dieser Gemeinschaft verschmelzen. Die Vorstellung von der Umma wurde jedoch rasch durch die Spannungen zwischen Sunniten und Schiiten und weiteren Religionsgruppen praktisch in Frage gestellt. In den Städten verschanzten sich die beiden Gruppen oft in ihren Vierteln hinter Mauern. Meinungsverschiedenheiten um Religion und Politik konnten schnell zu gewaltsamen Auseinandersetzungen führen.

Die Vielfalt der Meinungen und Strömungen

Sehr früh bereits entwickelten sich verschiedene islamische Gruppierungen, die sich durch ihre eigene Interpretation der Ereignisse der Zeit zwischen Mohammeds Tod und dem Ende des ersten Bürgerkrieges (661) in den religiös-politischen Vorstellungen unterschieden. Die Schiiten beriefen sich auf die Imame als Nachkommen des Propheten (s. S. 12f.). Diese gewannen den Rang von Vermittlern des Heils und konnten von ihren Anhängern absoluten Gehorsam in Glaubensfragen erwarten. Den Sunniten galt die Beachtung der vorbildlichen Reden und des Handelns des Propheten – die Sunna – als Richtschnur: Wer dem von Gott geleiteten Alltagshandeln Mohammeds folgte, folgte Gottes erklärtem Willen. Somit war das Handeln der Herrscher auf das überlieferte prophetische Vorbild verpflichtet und zugleich dadurch legitimiert.

Der Kalif – höchste Autorität

Der Kalif, später der Sultan, war weltliches und religiöses Oberhaupt der Umma. Eine Trennung von Politik und Religion galt im Islam als wesensfremd. Da der

Umma *(arab. Gemeinschaft, Nation) bezeichnet im Koran die Vorstellung, dass alle Muslime Mitglieder einer Gemeinschaft sind, die an den einzigen Gott und die Sendung seines Propheten Mohammed glaubt und sich an die Normen des Koran hält. Sie soll, vorausgesetzt, dass sie den wahren Glauben bewahrt, später einmal die gesamte Menschheit umfassen und damit den von Gott beabsichtigten religiös-politischen Zustand herbeiführen. Die Zugehörigkeit zur Umma beruhte also nicht auf gemeinsamen Interessen oder verwandtschaftlichen Bindungen. Sie fußt allein auf dem Glauben an Gott, dessen Gesetze der Prophet verkündet. Zur Umma gehören Muslime aus aller Welt, ganz gleich welcher Nation, Rasse oder Kultur sie entstammen. Theoretisch besitzen alle Muslime denselben Rang und dieselbe Würde.*

Herrscher nicht überall präsent sein konnte, delegierte er einen Teil der Macht. Der islamische Machtbereich wurde in Provinzen eingeteilt mit einem Gouverneur an der Spitze. Er war vor allem für die Steuereinziehung verantwortlich. Häufig stand ihm ein Truppenbefehlshaber zur Seite, ebenfalls von der Zentralgewalt eingesetzt. Diese Beauftragten nahmen ihren Sitz meist im städtischen Zentrum ihres Amtsbereiches ein, oft in der Zitadelle. In großen Städten setzte der Herrscher Kadis (Richter) zur Rechtsprechung ein. Die Überwachung und Regulierung der städtischen Wirtschaft, des Handwerks und des Kleinhandels kontrollierte ein staatlicher Kontrollbeamter, der Muhtasib. Der Mufti erteilte Rechtsauskünfte.

Die Entmachtung des Kalifats und lehnsähnliche Verhältnisse

Der Niedergang des Abbasidenkalifats seit dem 10. Jahrhundert und die Existenz rivalisierender Kalifen schwächte deren Autorität. Die in einzelnen Regionen autonom regierenden Militärgouverneure waren von den Kalifen zwar faktisch unabhängig. Zu ihrer eigenen Legitimation bedurften sie aber deren Zustimmung. Die Rolle der Kalifen beschränkte sich mehr und mehr auf die als religiöse Oberhäupter. Folgenschwer war auch die Übertragung des Rechts auf Bodensteuern an das Militär: Die Besoldung des Militärs erfolgte seit dem 11. Jahrhundert mehr und mehr durch Konzessionen über die Grundsteuer aus Staatsdomänen. Das war grundsätzlich nichts Neues, da auch vorher zivile und militärische Konzessionäre eine Staatsdomäne zur Steuerpacht erhielten. Den Kalifen fiel es jedoch angesichts des wachsenden Einflusses der Emire immer schwerer, die gesetzlichen Abgaben von diesen einzuziehen. Daher gingen sie dazu über die Bodenkonzessionen direkt gegen militärische Dienstleistungen zu vergeben. Die Militärs erhielten die Steuern der Güter theoretisch bis zum Ablauf der militärischen Dienstbarkeit. Diese Form der Verleihung von Staatsdomänen trug dazu bei, dass sich keine ortsverbundene, erbliche Militäraristokratie ausbildete. Da die Militärs zu langfristigen Investitionen nicht bereit waren, sondern nur eine zeitlich begrenzte Abschöpfung des Ertrags anstrebten, entstanden tief greifende Folgen für die Wirtschaft der islamischen Länder: Handel, Handwerk und Agrarwirtschaft gingen zurück. Die bäuerliche Bevölkerung war häufig unerfüllbaren Forderungen der Militärführer ausgesetzt.

50 Mohammed vor der Kaaba
Die Abbildung des Propheten sind eine Seltenheit, da der Islam ein Bilderverbot kennt. Dennoch haben es immer wieder Künstler gewagt ihn abzubilden. Miniatur, o. J.

Die Repräsentanten staatlicher Institutionen waren in ihrem Amtsbereich meist ortsfremd, stellten aber die herrschende Elite dar. Die übrigen Bewohner teilten sich auf in die breite Masse der Bevölkerung und die lokalen Notabeln, meist reiche Kaufleute und/oder religiöse Würdenträger bzw. Gelehrte, die als Koran-, Rechts- und Theologielehrer, Prediger oder Vorbeter im Leben der Öffentlichkeit wichtige Positionen bekleideten und denen fromme Stiftungen eine materielle Basis lieferten.
Frauen durften diese Positionen nicht einnehmen. Es gab lediglich einige weibliche Gelehrte. Im Gegensatz dazu waren einzelne Frauen, sogar einige Sklavinnen, am Hof des Herrschers sehr einflussreich und auch auf kulturellem und künstlerischem Gebiet aktiv.

51 Stadtbevölkerung
Abbildungen aus al-Hararis Maqamat, 1237.

Stellen Sie Vermutungen an, welche alltäglichen Szenen und welche Personen und Gruppen der Stadtbevölkerung abgebildet sind.

Die Vorstellung von der Einheit und Gleichheit aller Muslime, das Umma-Ideal, hatte bereits bei vom Staate ausgehenden Städtegründungen eine wichtige Rolle gespielt. Des Öfteren wurde jedem Stamm ein eigenes Stadtviertel zugewiesen. Später jedoch zerfiel diese recht undifferenzierte städtische Gesellschaft mehr und mehr in Gruppen, die sich im Hinblick auf die Verteilung der Macht, des Wohlstandes und Ansehens deutlich unterschieden. Es bildete sich eine Gesellschaft heraus, die auf lokaler Abstammung, Verwandtschaft, Beruf, Religionszugehörigkeit oder ethnischer Identität beruhte. Das Berufsleben bestimmten Zünfte, die oft in enger Bindung an religiöse Stiftungen oder Ordensgemeinschaften zwischen Staat und städtischen Untertanen vermittelten. Auch das Leben in den Wohnvierteln war staatlich geregelt. Jedes Viertel hatte einen Vorsteher, der dem Staat gegenüber verantwortlich war. Diese Besetzung städtischer Verwaltungsstellen durch den Staat schränkte den Raum für die Entwicklung einer städtischen Selbstverwaltung sehr ein.

Der Islam und Sklaverei

Die zahlreichen Sklaven in den Städten waren überwiegend rechtlos und arbeiteten im Haus- und Palastdienst. Ihre Freilassung galt religiös als verdienstvoll. Sklavensängerinnen und Sklavinnen als Konkubinen konnten zum Teil am Hof und bei Haremsintrigen ebenso wie einzelne Sklaven von Kaufleuten einen gewissen Einfluss ausüben. Freiheit erlangten Konkubinen, wenn sie einem freien Muslim einen Sohn gebaren. Im Allgemeinen blieb Sklaven jedoch der soziale Aufstieg verwehrt. Ausnahmen waren Sklaven-Söldner, von denen nicht wenige als Militärführer hohe militärische Ränge und politischen Einfluss gewannen.

52 Religion und Herrschaft

a) Koran, Sure 2,28:

Und als dein Herr zu den Engeln sprach: »Siehe, ich will auf der Erde einen einsetzen an meiner Statt«, da sprachen sie: »Willst du auf ihr einen einsetzen, der auf ihr Verderben anstiftet und Blut vergießt? Und wir verkünden dein Lob und heiligen dich.« Er sprach: »Siehe, ich weiß, was ihr nicht wisset.«

Zit. nach: Der Koran, Aus dem Arabischen übersetzt von Max Henning, Stuttgart 1991, S. 30.

b) Al-Mawardi – Jurist und Oberrichter in Bagdad, gest. 1058 – zu den Obliegenheiten eines Sultans:

Was die Geschäfte des Sultans in Hinsicht auf das Volk anlangt, so teilen sich diese in sieben Kategorien, nämlich: 1. Die Bewahrung der Religion, d.h. ihre Wahrung vor Neuerungen, und den Ansporn zu ihrer praktischen Ausübung ohne eine Vernachlässigung. 2. Die Bewachung des Landes und die Verteidigung der muslimischen Gemeinde gegen die Feinde und alle solche, die sich am Gut und Blut der Muslime Ungerechtigkeiten erlauben. 3. Die Kultivierung der [ihm unterstellten] Gebiete durch die Inangriffnahme der dazu förderlichen Obliegenheiten und die Ausbesserung bzw. Sicherstellung der Routen. 4. Die Verfügung über die im Schatz befindlichen Gelder im Sinn der Religion und [mit genauer Kontrolle] der Entnahme und Abgabe der Gelder unter Vermeidung jeder Ungesetzlichkeit. 5. Die Erledigung der eingehenden Beschwerden und zu fällenden Urteile und ihre Behandlung in unparteiischer Weise ohne Ansehen der Person. 6. Die Festsetzung der Strafen für die, welche das Gesetz übertreten, ohne eine Überschreitung der [dabei] zulässigen Grenzen noch auch eine Vernachlässigung. 7. Bei der Auswahl der von ihnen anzustellenden Beamten dafür Sorge zu tragen, dass diese die ihnen übertragene Arbeit auszuführen verstehen und sie auch in ehrlicher Weise erledigen.

Wenn der Sultan, dem die Herrschaft über das Volk zugefallen, diese oben erwähnten sieben Obliegenheiten ausführt, dann erfüllt er die von Gott in dieser Hinsicht gegebenen Bestimmungen und gewinnt sich so ein Anrecht auf den Gehorsam und die lautere Gesinnung sowie die Zuneigung und Liebe seiner Untertanen. Führt er jedoch die Pflichten nicht aus und kommt er seinen Obliegenheiten nicht richtig nach, so zieht er sich damit die [künftige] Strafe von Gott zu. Außerdem kommt noch dazu, dass seine Untertanen im Herzen ihm Gefühle des Aufruhrs und Hasses entgegenbringen und nur auf eine Gelegenheit warten, diesen Gefühlen offen Ausdruck zu verleihen. [...]

[Vom Propheten wird tradiert:] »Die besten eurer Imame [hier: Kalifen] sind die, die ihr liebt und die euch wiederum lieben. Die schlechtesten von ihnen aber sind die, welche ihr hasst und verflucht und die euch wiederum hassen und verfluchen.«

[...] Deshalb liegt in der Zuneigung der Untertanen [zu ihrem Sultan] ein Beweis von dessen Trefflichkeit und Gottesfurcht, in ihrer Abneigung gegen ihn jedoch ein Beweis seiner Schlechtigkeit und [moralischen] Gleichgültigkeit.

Das Kitab »adab ed-dunya wa'ddin« (über die richtige Lebensart in praktischen und moralischen Dingen) des Qadi abu'l-Hasan el-Bacri, genannt Mawardi, übers. v. O. Rescher, Teil II, Stuttgart 1933, S. 15–16;
zit. nach: Die Blütezeit der islamischen Welt. Ein Lesebuch. Hrsg. v. Gerhard Hoffmann, München 1994, S. 48 f.

c) Al-Mawardi in einer politischen Schrift über das Regieren, 11. Jahrhundert:

Das Amt des Imams [hier: Kalif] wurde als Nachfolgeeinrichtung für das Amt des Propheten gegründet zum Schutz des Glaubens und zur Herrschaft über die Welt. Laut allgemeinem Konsens [...] besteht die Pflicht, dasjenige Glied der Gemeinde als Imam anzuerkennen, welches die Funktionen des Imams ausübt. Doch herrscht Uneinigkeit, ob diese Verpflichtung von der Vernunft oder vom heiligen Gesetz abgeleitet ist. Einige sagen, sie sei von der Vernunft abgeleitet, da es in der Natur vernunftbegabter Menschen liege, sich einem Führer zu unterstellen, welcher sie daran hindert, sich gegenseitig Unrecht zuzufügen, und welcher Streit und Zank beilegt; denn ohne Herrscher lebten die Menschen in Anarchie und Liederlichkeit wie unwissende Tiere. So sagte der vorislamische Dichter al-Afwah al Audi: »Anarchie, Führerlosigkeit, ist nicht gut für die Menschen; und Führerlosigkeit herrscht, wo Unwissende herrschen.«

Andere sagen, die Verpflichtung sei vom heiligen Gesetz abgeleitet, nicht von der Vernunft, da sich der Imam mit Angelegenheiten des heiligen Gesetzes befasst, deren Behandlung die Vernunft nicht vorschreibt. Was die Vernunft fordert, ist lediglich, dass vernunftbegabte Menschen sich des gegenseitigen Unrechts und des Streits untereinander enthalten und in gegenseitiger Gerechtigkeit und Verbundenheit billig handeln und sich dabei in Übereinstimmung mit der eigenen Vernunft, nicht der eines anderen verhalten. Aber das heilige Gesetz vertraut diese Angelegenheit seinem religiösen Sachverwalter an. Gott der Allmächtige sagte: »Ihr Gläubigen! Gehorchet Gott und dem Gesandten und denen unter euch, die zu befehlen haben«. [Sure 4, 59] Damit schärfte er uns ausdrücklich ein, denen unter uns zu gehorchen, welche die Herrschaft innehaben; und das sind die über uns herrschenden Imame.

Zit. nach: Der Islam von den Anfängen bis zur Eroberung von Konstantinopel. Hrsg. v. Bernard Lewis, Bd.1, Zürich/München 1981, S. 250.

d) Ibn Chaldun (1332–1406) zur Herrschaft in islamischen Gesellschaften:
Wegen ihrer wilden Art lassen sich die Araber schwerer als irgendein anderes Volk dazu herbei sich einander unterzuordnen, sie sind roh, stolz, ehrgeizig, eifern um die Führerschaft und kommen nur selten in ihren Neigungen überein. Wenn aber die Religion durch einen Propheten oder Gottesmann ihr Wesen zähmt und wenn dann ihr Hochmut und ihre Eifersucht abnehmen, dann wird es ihnen leicht sich führen und einen zu lassen. [...]

Wenn in der Stadt ein Herrscher regiert, so muss Unterwerfung und Gehorsam der Beduinen Folge seiner Obmacht sein. Wenn in der Stadt kein Herrscher ist, so muss doch eine Form der Führung und Machtausübung einiger der Bewohner über die übrigen bestehen; wenn nicht, so geht ihre Zivilisation unter. Ein solcher Fürst bringt die Beduinen dazu ihm zu gehorchen und beizustehen, entweder freiwillig – indem er Geld unter sie austeilt und ihnen gewährt, was sie an lebensnotwendigen Dingen von den Produkten seiner Stadt für den Bestand ihrer Zivilisation benötigen – oder unter Zwang, wenn seine Macht dazu ausreicht, und sei es, indem er Zwietracht unter ihnen stiftet, bis dass er eine Partei von ihnen auf seine Seite bringt und mit deren Hilfe die Übrigen überwältigt und zwingt, ihm zu gehorchen, weil sie den Untergang ihrer Zivilisation fürchten müssen.

Zit. nach: Gerhard Endreß. Der Islam. Eine Einführung in seine Geschichte. 3. Aufl., München 1997, S. 96.

1. Listen Sie die Aufgaben eines Sultans auf (52b). Vergleichen Sie diese Machtbefugnisse mit Ihren Vorstellungen von den Aufgaben einer staatlichen Gewalt.
2. Erarbeiten Sie aus den Quellen die jeweilige Herrschaftslegitimation (52a, b,c und d). Diskutieren Sie diese, bilden Sie sich ein eigenes Urteil über das islamische Verständnis und entwickeln Sie eigene Vorstellungen für eine legitime Herrschaft.

53 Zum Problem der Kalifenautorität

a) Ibn Hazm (gest. 1063) über das Kalifat der Abbasiden:
Al-Mutasim [reg. 833–42] wurde nach seinem Bruder al-Mamun Kalif [reg. 813–833]. Er ging aus Bagdad fort und machte Samarra zu seiner Hauptstadt. Er schwächte den Staat der Chorasaner, die Heere seiner Väter und er suchte seine Stärke bei den Türken, die er kommen und in sein Heer eintreten ließ. Seit dieser Zeit war der islamische Staat im Verfall und das Ausmaß der Verderbtheit wurde größer.

Zit. nach: Die islamische Welt. Eine illustrierte Geschichte. Hrsg. v. Francis Robinson, Frankfurt/M.–New York 1997, S. 202.

b) Von dem Theologen al-Ghazali (1058–1111) sind zahlreiche Episoden überliefert. In einer wird ein selbst ernannter Muhtasib (Marktinspektor) vor al-Mamun (Abbasidenkalif, reg. 813–833) gebracht, der zu ihm spricht:
Man hat mir gesagt, du fühltest dich in der Lage, ohne unsere Zustimmung »zu fördern, was gut ist, und zu verhindern, was schlecht ist«, [Koran, Sure 3, 105], obgleich Gott uns das Recht dazu verliehen hat.

Der Mann gab zur Antwort: »Dir wurde Regierungsgewalt in der Welt verliehen, doch hier ist Gottes Buch und das Beispiel seines Propheten; wenn du dem folgtest, so zeigtest du Dankbarkeit denen, die dir deren Heiligkeit zu bewahren helfen.«

In einer politischen Rede äußerte er:

Vorausgesetzt, es sei rechtens den Imam [hier: Kalif] wegen Tyrannei zu tadeln, wie könnte es dann billig sein, um seine Erlaubnis zu bitten?

Zit. nach: Die islamische Welt. Eine illustrierte Geschichte. Hrsg. v. Francis Robinson, Frankfurt/M–New York 1997, S. 202.

c) Al-Mawardi zum Problem mehrerer Imame, 11. Jahrhundert:

Was nun die Aufstellung von zwei oder drei Imamen [hier: Kalifen] zur gleichen Zeit und im gleichen Land anlangt, so ist eine solche laut dem Idschma [Konsens der Rechtsgelehrten] nicht zulässig. Wenn eine solche jedoch in den verschiedenen Ländern und weit auseinander liegenden Städten vorgenommen wird, so ist diese – nach der Ansicht einer besonderen, von der Allgemeinheit abweichenden Gruppe – insofern zulässig, als es die Aufgabe des Imams ist sich um die Angelegenheiten der Muslime zu kümmern, und jeder Einzelne von ihnen eher in der Lage ist in seinem Verwaltungsbezirk nach dem Rechten zu sehen. [...] Die Hauptmasse der Muslime jedoch vertritt die Ansicht, dass die gleichzeitige Designierung zweier Imame in der gleichen Zeit nach der Scharia nicht zulässig sei. Das ergäbe sich aus der Tradition: »Wenn die Leute zwei Imamen die Huldigung leisten, dann tötet den einen der beiden!«

Das Kitab »adab ed-dunya wa'ddin« ... des Mawardi, übers. v. O. Rescher, Teil II, Stuttgart 1933, S. 14–15; zit. nach: Die Blütezeit der islamischen Welt. Ein Lesebuch. Hrsg. v. Gerhard Hoffmann. München 1994, S. 47f.

1. Fassen Sie die Schilderungen zur Kalifenautorität zusammen und benennen Sie die jeweilige Rechtsauffassung (53a, b und c).
2. Al-Mawardi reagierte auf zeitgenössische Entwicklungen (53c). Ordnen Sie den Text historisch ein.

54 Die islamische Rechtsfindung

Der Bagdader Gelehrte und Prediger Abu 'l-Faradj Ibn al-Djauzi (1116–1201) zur Ernennung eines Oberrichters:

Er befiehlt ihm Gottesfurcht, denn das ist der schützende Schild. Er soll Gottes Schrift in allem, was er tut, zu seiner Richtschnur machen und danach sein Urteilen und Richten ordnen als seinen Imam [hier: Kalif], bei dem er Zuflucht findet, und seine Stütze, auf die er sich verlässt. Er soll die Sunna [Tradition] des Gottgesandten Mohammed zum Gegenstand des Wunsches, den er anstrebt, und zum Vorbild, dem er folgt, machen. Er soll den Konsens beachten. Er soll sich an das Vorbild der rechtgeleiteten Imame halten. Er soll seine persönliche Entscheidung dort treffen, wo es weder Schrift noch Sunna oder Konsens gibt. Er soll zu seiner Gerichtsverhandlung den bringen, dessen Wissen und Meinung er zur Hilfe nehmen kann. Er soll mit Blicken und Worten zwischen den Parteien schlichten, wenn sie vor ihn treten, und jeden der beiden ihren Anteil an seiner Gerechtigkeit und Billigkeit zukommen lassen, damit der Schwache vor seiner Ungerechtigkeit sicher ist und der Starke an seiner Zuneigung verzweifelt.

Er befiehlt ihm, seine Gehilfen und Gefährten, seine Sekretäre und Mittel, auf die er sich stützt, so zu beaufsichtigen, dass er verhindert, dass sie sich verbotener Lebensweise zuwenden, und sie davon abhält sich verbotene Einnahmen zu verschaffen.

Ibn al-Gauzi, Kitab al-Muntazam, Beirut 1412/1992, Teil 14, S. 221–223, Übersetzung H. Preißler; zit. nach: Die Blütezeit der islamischen Welt. Ein Lesebuch. Hrsg. v. Gerhard Hoffmann. München 1994, S. 51f.

Arbeiten Sie aus der Ernennungsurkunde (54) die Grundlagen der islamischen Rechtsprechung und des Kadigerichts heraus.

55 Die Umma – Einheit oder Vielfalt?

a) Koran, Sure 3, 104–106, 111

Haltet am Seil Allahs [an seiner Leitung] fest und lasst nicht los davon und seid eingedenk der Wohltaten, die euch Allah schenkt. Ihr wart Feinde, er aber vereinigte eure Herzen, und ihr seid durch seine Gnade Brüder geworden. Ihr wart am Rande des Höllenfeuers und er bewahrte euch. Deshalb machte euch Allah seine Zeichen bekannt, dass ihr euch auf den rechten Weg leiten lasst. Damit ein Volk aus euch werde, was recht, und verbietet, was unrecht ist. [...] Seid nicht wie jene, die sich getrennt haben, und die, nachdem ihnen eine deutliche Lehre geworden ist, dennoch uneinig sind. Ihrer wartet große Strafe. [...]

Ihr seid das beste Volk [Gemeinschaft], das je unter Menschen entstand.

Der Koran. Nach der Übertragung von Ludwig Ullmann, neu bearb. v. Leo Winter, München 1959, S. 61 f.

b) Der sunnitische Theologe al-Baghdadi (gest. 1083) über die Umma:

Die, die zum Islam gehören, haben unterschiedliche Meinungen über jene, die generell zur Gemeinschaft des Islam gehören.

Abu 'l-Qasim al-Ka'bi [Gelehrter aus Bagdad, gest. 931] vertrat in seinen »Lehrmeinungen« die Auffassung, die Gemeinde des Islam umfasse jeden, der anerkennt, dass Mohammed Prophet sei und dass das, was er gebracht hat, wahr sei, wie auch sonst seine Äußerungen sein mögen.

Einige meinten, dass die Gemeinschaft des Islams jeden umfasse, der das Gebet in Richtung der Kaaba als Pflicht betrachte. Die Karramiten, die Anthropomorphisten von Chorasan, meinten, die Gemeinde des Islams umfasse jeden, der die beiden Zeugnisse des Islams im Wortlaut bekenne. Sie sagten dementsprechend, jeder, der sagt: »Es gibt keine Gottheit außer Gott, Mohammed ist der Gesandte Gottes« sei wahrhaft gläubig und gehöre zur Gemeinschaft des Islams, ob er nun dabei aufrichtig oder ein Heuchler sei, der insgeheim dem Unglauben und der Ketzerei zuneige. [...]

Was jene betrifft, die der Meinung sind, der Name Gemeinschaft des Islams treffe auf jeden zu, der das Gebet nach der Kaaba, die in Mekka steht, verrichtet, so haben einige Gelehrte im Hidschaz [Südwesten der Arab. Halbinsel] dem zugestimmt. Doch die Vertreter der eigenen Meinung [Bezeichnung für die Gruppe der Hanafiten] haben das abgelehnt, obwohl nach Abu Hanifa überliefert worden ist, er habe den Glauben dessen für richtig erklärt, der sich zur Pflicht des Gebets nach der Kaaba bekennt, auch wenn er an ihrem Platz zweifelt. Die Vertreter des Hadith [Traditionswissenschaftler] halten den Glauben dessen, der am Platz der Kaaba zweifelt, nicht für gesund, wie sie auch den Glauben dessen, der an der Pflicht des Gebets nach der Kaaba zweifelt, für nicht richtig halten.

Bei uns ist gesund, dass die Gemeinde des Islams all jene umfasst, die sich zur Erschaffenheit der Welt, zur Einheit ihres Schöpfers, seiner Anfangslosigkeit, seinen Attributen, seiner Gerechtigkeit und seiner Weisheit, zur Ablehnung des Anthropomorphen bei ihm, zum Prophetentum Mohammeds und seiner Sendung an alle Menschen, zur Bestätigung seines Gesetzes und zur Wahrheit all dessen, was er gebracht hat, und dazu, dass der Koran die Quelle der Vorschriften des Gesetzes und dass die Kaaba die Richtung ist, in der man das Gebet verrichten muss, bekennen. Jeder, der all das bekennt und es nicht durch Neuerungssucht verfälscht, die zum Unglauben führen kann, ist ein Sunnit und Monotheist.

Zit. nach: Die Blütezeit der islamischen Welt. Ein Lesebuch. Hrsg. v. Gerhard Hoffmann, München 1994, S. 183–185.

Erarbeiten Sie aus der Sure das Verständnis von der islamischen Gemeinschaft und vergleichen Sie dieses mit den Schilderungen von al-Baghdadi (55a und b).

3.4 Das gottgefällige Leben eines Muslims

Die fünf Pflichten für das Leben

Seit der Religionsstiftung durch Mohammed beruht der Islam auf fünf unerlässlichen Pflichten: dem Glaubensbekenntnis, dem Gebet, dem Fasten, der Pilgerfahrt nach Mekka und der Armensteuer. Die Lebensführung des Muslims soll sich daran ausrichten und der Koran gibt dafür konkrete rituelle Anweisungen. Diese haben die Aufgabe, den »Gehorsam gegenüber Gott« als lebensbestimmende Praxis zu erfüllen. Wegen ihrer Funktion nennt man diese Pflichten die »Fünf Säulen des Islam«.

Dem fünfmal am Tag zu verrichtenden Pflichtgebet, der »Salat«, geht die obligatorische Reinigung voraus. Ihr Ritus ist im Koran äußerst genau festgelegt. Sie kann im Notfall auch mit Sand geschehen.

Von besonderer Bedeutung ist das Freitagsgebet in der Mittagszeit. Seine geschichtliche Bedeutung liegt, ebenso wie die Richtungsänderung des Gebets nach Mekka (»Qibla«), in der absichtlichen Unterscheidung der neuen Gemeinschaft von den Juden. Für dieses feierliche Gebet wird die Anwesenheit aller männlichen Muslime erstrebt und es darf nicht wie die anderen Gebete zu Hause verrichtet werden. Jedoch blieben Frauen gewöhnlich zu Hause und beteten dort. In einigen Moscheen gab es auch gesonderte Räume, wo sie am Gebet teilnehmen konnten.

56 **»Galeere des Glaubens«** Kalligrafie. Solche Schriftkunstwerke bilden häufig religiöse Inhalte ab. Ruder und Rumpf stellen islamische Glaubensgrundsätze dar: »Ich glaube an Gott und an seine Engel, seine Bücher, seine Propheten, an den Jüngsten Tag, die Vorherbestimmung, das Gute und das Böse und an die Auferstehung nach dem Tode.« Auf dem Segel steht die »Schahada«, das islamische Glaubensbekenntnis: »Es gibt keine Gottheit außer Gott und Mohammed ist sein Prophet.«

Das Fasten (»Saum«) geschieht während des heiligen Monats Ramadan. Gefastet wird nur tagsüber, solange es hell ist. Das Fastengebot bezieht sich auf Essen, Trinken, Rauchen und Geschlechtsverkehr. Das Gebot ist eine öffentliche Angelegenheit und betrifft wegen der strengen Bedingungen unmittelbar das gesamte Leben der Muslime. Die Gemeinschaft überwacht das Fasten ihrer Mitglieder.

Die Wallfahrt zum »Heiligen Haus Allahs« in Mekka (»Hadsch«) ist durch den Koran für alle volljährigen Muslime, die dazu in der Lage sind, vorgeschrieben. Der Pilger durchlebt diese Periode in einer Atmosphäre großer Inbrunst, die sich beim Anblick der heiligen Stätte in dem Ruf »Dir gehöre ich, oh Herr!« äußert.

Die Armensteuer (»Zakat«) ist eine obligatorische Wohlfahrtsspende, eine soziale Pflicht gegenüber der Umma. Sie war im Mittelalter einmal im Jahr von allen erwachsenen Muslimen zu zahlen und belief sich auf mindestens 2,5 Prozent des Privatvermögens. Diese gesetzliche Armensteuer schloss das persönliche spontane Almosen natürlich nicht aus.

Individuelle Entscheidung oder Lenkung Gottes?

Der Islam bestimmt durch zahlreiche Vorschriften die Lebensführung der Muslime entscheidend. Hält er diese nicht ein, sündigt er. Es ist in die Freiheit des Einzelnen gestellt, die Gebote zu erfüllen oder zu missachten, denn ein Muslim ist für seine Handlungen selbst verantwortlich. Allerdings wird der freie Wille des Menschen stets vom göttlichen Willen begleitet. Gegen den Willen Gottes kann nichts geschehen, ihm bleibt nichts verborgen, alles ist vorherbestimmt (»Kadar«, lat. »Prädestination«). Der Koran betont also neben der menschlichen Freiheit die Allmacht Gottes als alleinigen Antrieb allen Geschehens.

Wie verträgt sich diese Lehre von der Lenkung Gottes, die «Kadar«, mit der menschlichen Freiheit? Diese Frage wird auch von muslimischen Gelehrten seit dem Mittelalter unterschiedlich beantwortet.

57 links: **Mohammed in Mekka**
Persische Miniatur, um 1585.
rechts: **Das Schicksal ehebrecherischer Frauen**
Miniatur aus der Handschrift des Miradschname, 15. Jahrhundert.

Deuten Sie die beiden Abbildungen mithilfe der Materialien 56 und 58a.

Stellen Sie Vergleiche zu christlichen Vorstellungen an.

58 Ein Muslim und seine Pflichten

a) Koran und seine Ethik:

[Sure 2, 40:] Die, welche nicht glauben und unsere Zeichen [den Koran] verleugnen, werden Bewohner des Höllenfeuers sein und darin vergehen.

[Sure 2, 82–83, 218:] Deshalb, wer Böses tut und in Sünde verstrickt ist, wird im Höllenfeuer wohnen; dort bleibt er. Wer aber glaubt und das Gute übt, der kommt ins Paradies und weilt dort ewiglich. [...] Aber wenn einer von euch, dem Glauben abtrünnig, also als Ungläubiger stirbt, bleiben auch seine guten Werke in dieser und jener Welt unbelohnt. Das Höllenfeuer ist sein Teil, ewig wird er darin bleiben.

[Sure 6, 40, 126:] Allah führt irre, wen er will, und leitet auf den rechten Weg, wen er will. [...] Wen Allah leiten will, dem öffnet er die Brust für den Islam; wen er aber im Irrtum belassen will, dessen Brust wird er so verengen, als wollte dieser zum Himmel hinaufsteigen. Solche Strafe legt Allah jenen auf, die nicht glauben.

[Sure 9,51:] Sprich: »Nichts befällt uns, als was Allah uns bestimmt hat«. [...]

[Sure 16,91:] Wahrlich, Allah befiehlt uns Gerechtigkeit und das Gute und Freigebigkeit gegen Verwandte, und er verbietet eine jede Schlechtigkeit und Ungerechtigkeit und allen offenbaren Zwang. Er ermahnt euch, damit ihr eingedenk sein mögt.

Der Koran, zit. nach der Übertragung von Ludwig Ullmann, neu bearbeitet von Leo Winter, München 1959, S. 24, 28, 43, 108, 117, 156, 221.

b) Der Theologe al-Ghazali (1058–1111) über religiöse Gebräuche:

Gott der Erhabene sprach: »Und gegenüber Gott sind die Menschen verpflichtet, die Pilgerfahrt zum Hause zu machen, soweit sie dazu eine Möglichkeit finden«. [Koran 3, 97] Der Prophet – Gottes Gebet und Heil ihm – sprach: »Wer stirbt, ohne Pilgerfahrt zu vollziehen, soll, wenn Gott will, als Jude oder Christ sterben!« Und er sprach: »Der Islam ist auf fünf aufgebaut: das Bezeugen, dass es keine Gottheit außer Gott gibt und dass Mohammed Gottes Gesandter ist, die Verrichtung des rituellen Gebets, die Entrichtung der Zakat-Abgabe, der Vollzug der Pilgerfahrt und das Fasten im Ramadan.« [...] Die Pilgerfahrt [ist] als Ersatz für das Mönchtum festgesetzt, das es in anderen Religionen gibt, wie es in der Überlieferung heißt. Gott der Gepriesene hat die Pilgerfahrt zum Mönchtum von Mohammeds Gemeinde [...] und es seinen Knechten zum Zielpunkt gemacht. [...]

Zit. nach: Die Blütezeit der islamischen Welt. Ein Lesebuch. Hrsg. v. Gerhard Hoffmann, München 1994, S. 152 f.

c) Der sunnitische Gelehrte Ibn Bata al-Ukbari (gest. 997) rät den Gläubigen:
Weiterhin soll man vom Bürgerkrieg Abstand nehmen und sich seiner enthalten und nicht mit dem Schwert gegen die Imame [hier: Kalifen] aufstehen, auch wenn sie ungerecht sind. [Der Kalif] Umar Ibn al-Chattab sprach nämlich: »Wenn man dich bedrückt, habe Geduld! Wenn man dich [eines Rechts] beraubt, habe Geduld!« Und der Prophet sagte zu Abu Dharr: »Habe Geduld, selbst wenn [der Führer] ein abessinischer Sklave ist!«

Alle Gelehrten – Spezialisten des Rechts wie der Tradition [...] – sind vom Beginn dieser Gemeinde bis in diese unsere Zeit der einheitlichen Meinung, dass das Gebet am Freitag und an den beiden Festen[1], in Mina und Arafat[2], bei Kriegszügen, bei der großen Pilgerfahrt und beim Opfern mit allen Fürsten, frommen wie frevelhaften, zu verrichten ist. Es ist erlaubt, diesen die Grundsteuer, die Almosen und Zehnten zu entrichten. Es ist erlaubt, in die großen Moscheen, die sie erbaut haben, und über die Dämme und Brücken, die sie errichtet haben, zu gehen. Kauf und Verkauf, Handel, Landwirtschaft und alle Handwerke sind jederzeit mit jedem Fürsten entsprechend der Schrift und der Sunna erlaubt. Wer seine Religion beachtet und an der Sunna seines Propheten festhält, darf nicht Schaden erleiden durch das Unrecht eines Ungerechten und die Unterdrückung eines Unterdrückers, wenn das, was er bringt, den Vorschriften der Schrift und der Sunna entspricht. Wenn man zur Zeit des gerechten Imams einen Handel in Kauf oder Verkauf tätigt, der der Schrift und der Sunna widerspricht, nützt die Gerechtigkeit dieses Imams nichts. Es ist erlaubt, sich wegen der Rechtsprechung an ihre Richter zu wenden, die Anwendung der Kapitalstrafen und der Vergeltung zu verlangen, von Unrechttuern Rechte durch ihre Emire und Polizei zu fordern und dem Gehorsam zu leisten, dem sie ein Amt geben, selbst wenn es ein abessinischer Sklave ist. Wenn es aber zum Ungehorsam gegenüber Gott dem Allmächtigen kommt, darf kein Geschöpf gehorsam sein.

Als religiösen Akt soll man den Imamen wie der ganzen Umma in der Religion wie in weltlichen Dingen guten Rat geben. Man soll für alle Muslime das Gute wollen, ihnen wünschen, was man sich selbst wünscht, und ihnen nicht wünschen, was man sich selbst nicht wünscht. Berate dich nicht mit einem, der Neuerungen in die Religion einführt! Mache diesen nicht zu deinem Reisebegleiter. Und wenn du es kannst, meide seine Nachbarschaft! Zur Sunna gehört es, jeden zu meiden, der etwas von dem glaubt, was wir [als falsch] erwähnt haben, ihn zu fliehen und zu verabscheuen, sich von dem, der ihm nahe steht, ihm Hilfe leistet und ihn oder seinen Gefährten verteidigt, fern zuhalten, auch wenn der, der das tut, nach außen sunnatreu ist.

[1] Das Fastenbrechen nach dem Ende des Ramadam und das Schlachtopfer während der großen Pilgerfahrt.
[2] Orte bei Mekka und Stationen der großen Pilgerfahrt.

Zit. nach: Die Blütezeit der islamischen Welt. Ein Lesebuch. Hrsg. v. Gerhard Hoffmann, München 1994, S. 93f.

1. Vergleichen Sie die Aussagen zum Koran (58a und b) mit christlichen Vorstellungen.
2. Erarbeiten Sie aus Text 58c die für einen Muslim gedachten Empfehlungen und Handlungsanleitungen. Diskutieren Sie die politischen Folgen, wenn sie beachtet würden.
3. Im Verlauf der Aufklärung hat sich im westlich-europäischen Kulturkreis die Auffassung von der »Autonomie des Menschen« verbreitet. Demnach gibt sich das Individuum selbst die ethischen Gesetze und gestaltet und erkennt die Welt durch das individuelle Wirken. Diskutieren Sie, inwiefern diese Auffassung mit der islamischen Vorstellung vereinbar ist (58a, Suren 6,40,126; 9,51; 16.91).

Vergleichen sie die Herrschafts- und Gesellschaftsordnungen sowie das Leben der Gläubigen der beiden Kulturkreise im Mittelalter. Führen Sie Ähnliches und Verschiedenes tabellarisch auf.

4. CHRISTEN UND MUSLIME BEGEGNEN SICH

Kriege zwischen Christen und Muslimen hat es seit der arabisch-islamischen Expansion gegeben. Das Verhältnis von Byzanz zum Kalifat und zu dessen Provinzstatthaltern war bis ins 10. Jahrhundert durch den ständigen Wechsel von Kriegs- und Friedenszeiten geprägt. In Süditalien und Sizilien richteten sich die Offensiven der Normannen gleichermaßen gegen Muslime und Byzantiner. Und auf der Iberischen Halbinsel hatten sich trotz der Eroberung durch die Muslime kleinere christliche Herrschaften im Nordwesten behaupten können, die seit dem 9. Jahrhundert die Rückeroberung der besetzten Gebiete, die Reconquista, betrieben. Mit dem Kreuzzugsaufruf von Papst Urban II. am 27. November 1095 in Clermont brach aber eine neue Epoche in den Beziehungen zwischen Christen und Muslimen an. Der oströmische Kaiser Alexios hatte Urban um Hilfe gegen die Seldschuken gebeten. Bereits in der Vergangenheit waren westliche Söldner zur Unterstützung nach Konstantinopel gekommen. Nun machten sich ganze Ritterheere unter der Führung hochadliger Fürsten auf nach Palästina.

4.1 Kreuzzüge – Gegenkreuzzüge – Expansionskriege

1071 (463)	Türkische Seldschuken erobern Jerusalem und greifen Byzanz an.
1095 (488)	Papst Urban II. ruft den Adel zum Kreuzzug auf.
1096–1099 (489–493)	Der 1. Kreuzzug führt zur Eroberung von Jerusalem und zur Bildung von Kreuzfahrerstaaten.
1187 (583)	Sultan Saladin erobert Jerusalem
1189 (585)	und löst den 3. »Kreuzzug der Könige« (Friedrich Barbarossa, Richard Löwenherz, Philipp August) aus.
1204 (600)	Der 4. Kreuzzug wird von Venedig aus handelspolitischen Gründen gegen Byzanz »umgeleitet«; die Eroberung Konstantinopels schwächt Byzanz im Konflikt mit den Osmanen.
1258 (656)	Der Mongoleneinfall in Vorderasien bedeutet für den Islam eine existenzielle Krise, die die Mameluckensultane Ägyptens abwehren.
1291 (690)	Mit dem Fall von Akkon verlieren die Christen ihren letzten Stützpunkt in Palästina.
1389 (791)	Die Osmanen besiegen auf dem Amselfeld die Serben.
1396 (798)	Der »Kreuzzug von Nikopolis« endet mit einer vernichtenden Niederlage der Christen.
1453 (857)	Die Osmanen erobern Konstantinopel.

Politische Ansprüche des Papsttums

Der Kreuzzugsaufruf stand in engem Zusammenhang mit politischen Zielen des Papstes, die er aus seinem Anspruch auf geistige Führung des Abendlandes ableitete. Von seiner Unterstützung des byzantinischen Kaisers versprach sich Urban II. die Überwindung des Schismas von 1054. Außerdem wollte er seine Stellung im Konflikt mit dem deutschen (Investiturstreit) und mit dem französischen König (Bann wegen Ehescheidung) festigen, aber auch die innereuropäischen Konflikte nach außen lenken. Dass er mit seinem Aufruf aber gleichzeitig eine Massenbewegung – einen »Kreuzzug der Armen«, angefacht von Wanderpredigern wie Peter von Amiens – auslöste, war nicht seine Absicht.

Die Motive der Kreuzfahrer

Die Ursachen und Zwecke der Kreuzzüge sind in der Geschichtswissenschaft umstritten. Kontroversen gibt es darüber, ob eher die enorm gesteigerte religiöse Erregung im 11. und 12. Jahrhundert, die durch wirtschaftlichen und sozialen Druck beförderte Abenteuer- und Eroberungslust des Adels oder die Absicht der beteiligten Fürsten, neue Herrschaften zu begründen, bedeutender waren.
Französische Historiker haben die Zusammensetzung der geordneten Ritterheere und der meist ungeordneten Haufen der »Armen« untersucht. Bei Letzteren sind Bauern aus den Gegenden überrepräsentiert, in denen die Auswirkung der Feudalisierung als besonders bedrückend empfunden wurde, sowie Bewohner der südfranzösischen Städte mit wirtschaftlichen Problemen. Auch die Auswirkungen von Missernten der Vorjahre spielten eine Rolle. Es war eine Bewegung, die die ganze Bevölkerung erfasste, Männer und Frauen, ganze Familien, Hörige wie Nonnen. Offenbar beeinflussten die gesellschaftlichen und wirtschaftlichen Probleme der Zeit, die sich durch die agrarische Revolution und den Bevölkerungsanstieg aufgestaut hatten, die Entwicklung stark. Unter den adligen Kreuzfahrern finden sich viele nachgeborene Söhne des niederen Adels, die – von der Erbfolge ausgeschlossen – sich in der Fremde Landerwerb versprachen. Während der deutsche Adel dem ersten Kreuzzug eher zurückhaltend gegenüberstand, erfasste der Kreuzzug der Armen das Rheinland und Teile Süddeutschlands und richtete sich zuerst gegen die Juden. Der 1. Kreuzzug begann und endete mit Massakern an Juden der rheinischen Städte und an der Bevölkerung Jerusalems.

59 Logistik der Kreuzzüge
Miniatur aus der Mitte des 13. Jahrhunderts.

Versuchen Sie mithilfe der Abbildung die Organisation und Durchführung eines Kreuzzugs unter mittelalterlichen Bedingungen abzuschätzen.

Die Motive dieser Kreuzfahrer und ihrer Nachfolger sind aber komplexer, als dass man sie auf Kriegslust und Hoffnung auf Beute reduzieren dürfte. Beides erklärt nicht die Bereitschaft, seinen gesamten Besitz zu verpfänden, um die Kreuzfahrt zu finanzieren, das Durchhaltevermögen bei den langen Durstmärschen durch Anatolien und gegenüber den immer erfolgreicheren türkischen Angriffen, alles in der vagen Hoffnung, einmal das Land zu betreten, in dem Christus gewirkt hatte. Kreuzfahrer waren immer auch Pilger zum Heiligen Grab, denen Kreuzzugsprediger eine bessere Welt und himmlischen Lohn versprachen. Allein auf Seiten der Europäer haben etwa 10 Millionen Menschen dafür ihr Leben gegeben. Darunter waren auch zahlreiche Frauen aus allen Schichten. Meist waren sie Opfer, doch finden wir sie auch in anderen Rollen. Frauen wurden allerdings von den zeitgenössischen männlichen Chronisten nur selten erwähnt.
Der Sündenerlass, den die Kirche mit jedem Kreuzzugsaufruf den bewaffneten und unbewaffneten Pilgern versprach, führte in der Westkirche zu einer Ausweitung des Ablasswesens. Die römisch-katholische Kirche gewährte den Sündern den Erlass der Kirchenstrafen, was populär als allgemeine Sündenvergebung ausgelegt wurde. Ab 1215 gewährte man dies auch den Christen, die einen Betrag an die Kirche zahlten oder für einen Kreuzfahrer die Kosten übernahmen. Die Kommerzialisierung des Ablasswesens gilt als beträchtlicher Faktor kirchlicher Fi-

nanzen, eine der Wurzeln kapitalistischer Wirtschaftsentwicklung in Westeuropa, und war eine Ursache der Reformation.

Wandel der Kreuzzugsidee

Macht- und wirtschaftspolitische Interessen hatten schon im Mittelalter die Kreuzzugsidee überlagert. Der 4. Kreuzzug sollte sich gegen Ägypten richten, wurde jedoch »umgeleitet« und gilt als Beispiel dafür, wie die Handelsmetropole Venedig ihre Wirtschaftsinteressen mithilfe der Kreuzfahrer auf Kosten des byzantinischen Kaiserreiches durchsetzte: Man eroberte und plünderte Konstantinopel. Anschließend errichteten diese Kreuzfahrer von 1204–1261 in Griechenland ein lateinisches Kaiserreich; Jerusalem als Ziel hatten diese Kreuzfahrer aufgegeben. Bei den Fürsten verschoben sich ebenfalls die Motive für ein Kreuzzugsgelübde. Neben die religiöse Motivation trat politisches Kalkül, um politische Interessen im Mittelmeerraum durchzusetzen.

60 Szenen aus einer Schlacht
Abbildung aus einer Handschrift für Alfons X., den Weisen von Kastilien (1252–1284).

Interpertieren Sie die einzelnen Szenen. Berücksichtigen Sie, welchen Charakter die Schlacht durch die Szenenfolge erhält.

Ein starker Impuls für die Kreuzzüge ging von den Ritterorden aus, deren Mitglieder eine neuartige religiöse Lebensform anstrebten. Diese Ritter unterschieden sich von den ersten bewaffneten Kreuzfahrern. Im 12. Jahrhundert waren die Johanniter, Templer und der Deutsche Orden teils zur Krankenpflege der Pilger, vor allem aber zum Schutz des Heiligen Landes und der Pilger aktiv geworden. Die Ritterorden, die die mönchischen Ideale (Armut, Gehorsam, Keuschheit) mit denen des Rittertums zu vereinbaren suchten, erlebten einen zahlenmäßigen Aufschwung und entwickelten sich zu mächtigen, dem Papst unterstellten Organisationen mit eigenen Ländereien und Herrschaftsrechten.

Die Kreuzzüge in den Nahen Osten und in Spanien waren nie eine existenzielle Bedrohung der islamischen Welt, da sie sich eher gegen Randgebiete und nicht gegen die Kernbereiche in Bagdad und Kairo wendeten. Zur Zeit des 1. Kreuzzugs trafen die Christen auf eine politisch zersplitterte Region, in der sich rivalisierende muslimische Herrscher bekämpften. Zwischen den verschiedenen türkischen Herrschaften in Syrien und dem fatimidischen Ägypten fügten sich die neuen Kreuzfahrerstaaten (Königreich Jerusalem, Fürstentum Antiochia, Grafschaft Edessa, Grafschaft Tripolis) ein. Diese fanden unter den muslimischen Regenten jedoch auch Bündnispartner, sodass sich ein labiles Gleichgewicht in der Region ausbildete.

Der Sieg der Muslime

Zahlreiche Muslime waren sich vermutlich der Tragweite der religiös motivierten Invasion christlicher Ritterheere kaum bewusst. Teils hielt man die fränkischen Ritter sogar für Truppen des Byzantinischen Reiches. Einzelne forderten jedoch den Krieg, den Dschihad, gegen die lateinischen Christen und verwiesen auf den besonderen Status, den Jerusalem für den Islam besaß.
Eine durchgreifende Änderung erfuhr die Situation durch Sultan Saladin, der Syrien und Ägypten einigen konnte. Jetzt konnte er den Christen 1187 eine schwere Niederlage zufügen und Jerusalem erobern. Eine gemeinsame Kraftanstrengung ganz Westeuropas im 3. Kreuzzug vermochte nur die Lage der verbliebenen christlichen Herrschaften an der Küste Palästinas zu stabilisieren. Die Nachfolger Saladins setzten seine konsequente Eroberungspolitik jedoch nicht fort.

Der Mongoleneinbruch

Die größere Gefahr erwuchs den islamischen Staaten aus der Invasion der Mongolen im 13. Jahrhundert. 1258 eroberten sie Bagdad, Sitz des Abbasidenkalifats, zerstörten es und drangen kurz darauf in Syrien ein. Diese existenzielle Bedrohung der islamischen Welt verschaffte den Christen eine Atempause. Erst die Mameluckensultane, ehemalige türkisch-tatarische Militärsklaven, die in Ägypten die Nachfolger Saladins abgesetzt und selbst die Macht übernommen hatten, stoppten den Vormarsch der Mongolen. Anschließend konnten die Mameluken an die Beseitigung der christlichen Staaten in Palästina gehen. Begleitet war die Auseinandersetzung von der Unterdrückung der christlichen Bevölkerung, die vor den Kreuzzügen in recht gesicherten Verhältnissen gelebt hatte. Die Kreuzzüge hatten die Situation der Christen im Osten also in dramatischer Weise verschlechtert und somit das Gegenteil ihres ursprünglichen Ziels bewirkt. Um den Westeuropäern keine Brückenköpfe an der syrischen Küste zu bieten, ließen die Muslime nach dem Fall Akkons sämtliche lateinischen Städte und Häfen an der syrischen Küste systematisch schleifen.

Fortsetzung in der Neuzeit?

Später diente die 200-jährige christliche Herrschaft in Palästina den Osmanen als Rechtfertigung für ihre Landnahme auf dem Balkan, die sie 1529 und 1683 bis vor die Tore Wiens führte. Die Rückeroberung Ungarns und Teile des Balkans durch die österreichischen Habsburger (1699) waren eine weitere Etappe einer jahrhundertelangen Auseinandersetzung, deren Ausläufer bis in die Kosovo-Krise im ausgehenden 20. Jahrhundert reichen.

61 Kreuzzüge: Gott will es?

a) Kreuzzugsaufruf von Papst Urban II. nach Robert dem Mönch, der selbst Teilnehmer des Konzils von Clermont 1095 war:

Volk der Franken, Volk auf dieser Seite der Berge, du Volk, wie in vielen eurer Werke deutlich wird, von Gott ausgewählt und geliebt, sowohl durch die geographische Lage als auch den katholischen Glauben wie auch durch die Ehre der heiligen Kirche herausgehoben von allen anderen Völkern: An euch richtet sich unsere Rede und euch meint unsere Ermahnung. Wir wollen, dass ihr wisst, welch trauriger Grund uns in euer Land geführt hat, welches Bedürfnis nach euch und allen Gläubigen uns hierher gezogen hat. Aus dem Land von Jerusalem und von der Stadt Konstantinopel kam ein schwer wiegender Bericht, und schon sehr oft kam uns zu Ohren, dass nämlich das Volk des Reichs der Perser, ein fremdes Volk, ein Gott gänzlich fern stehendes Volk, eine Art von Menschen also, die weder ein Herz haben noch an Gott glauben, die Länder jener Christen überfallen, mit Schwert, Raub und Feuer verwüstet, die Gefangenen teils in ihr Land verschleppt, teils auch elendiglich abgeschlachtet hat, die Kirchen Gottes entweder von Grund auf zerstört oder für den Ritus ihrer eigenen Heiligen in Beschlag genommen haben. Altäre besudeln sie mit ihrem Unrat; sie beschneiden Christen und das Blut der Beschneidung gießen sie auf den Altar oder in die Taufbecken. Bei manchen Leuten gefällt es ihnen, sie mit einem besonders schimpflichen Tod zu quälen; sie durchbohren den Nabel, reißen den noch Lebenden den Kopf ab, binden sie an einen Baumstamm und treiben sie so unter Schlägen herum, bis sie mit heraushängenden Eingeweiden zusammenbrechen und zu Boden fallen. Manche, die sie an einen Baum gebunden haben, erschießen sie mit Pfeilen; manchen strecken sie den Hals, gehen mit dem blanken Schwert auf sie los und probieren, ob sie mit einem Schlag den Kopf abschlagen können. Was soll ich über die schändliche Vergewaltigung der Frauen sagen, über die zu sprechen schlimmer ist als zu schweigen? Das Reich der Griechen ist von ihnen schon so weit niedergedrückt und besetzt, dass man es in noch nicht einmal zwei Monaten durchqueren kann. Wem also obliegt die Mühe, dies zu rächen, dies [den Feinden] zu entreißen, wenn nicht euch, denen vor allen anderen Völkern Gott den glänzenden Schmuck der Waffen, Geistesgröße, körperliche Behändigkeit und die Fähigkeit verliehen hat, die Scheitel derer zu ducken, die sich euch widersetzen?

Roberti Monachi, Historia Hierosolymitana, zit. nach: Recueil des Historiens des Croisades, Bd. 3, Paris 1866 (Neudruck 1967), S. 727 (aus dem Lateinischen übersetzt von Gisbert Gemein).

b) Urban II. zum Heidenkrieg in Asien und in Spanien, 1096 oder 1099:

Für Stadt und Kirche von Tarragona bitten wir euch dringend und befehlen euch zur Vergebung eurer Sünden, auf jede Weise ihre Wiederherstellung durchzusetzen. Denn ihr wisst, welch eine Verteidigung des Christenvolkes und Abwehr der Sarazenen es bedeutet, wenn diese berühmte Stadt mit Gottes Hilfe wieder emporkommt. Wenn also die Ritter der übrigen Länder einstimmig beschlossen haben, der Kirche Asiens zu Hilfe zu kommen und ihre Brüder von der Tyrannei der Sarazenen zu befreien, so stehet auch ihr – dazu mahnen wir euch – eurer Nachbarkirche in ausdauernden Mühen bei gegen den Ansturm der Sarazenen! Wer auf diesem Feldzug aus Liebe zu Gott und seinen Brüdern fällt, der zweifle nicht, dass er den Erlass seiner Sünden und das ewige Leben nach Gottes gnädigem Erbarmen finden wird. Wenn also einer von euch den Zug nach Asien beschlossen hat, der soll vielmehr hier seinen frommen Drang betätigen. Denn es ist kein Verdienst, die Christen an einem Orte von den Sarazenen zu befreien, sie am anderen der sarazenischen Tyrannei und Bedrückung auszuliefern. Der allmächtige Gott möge euer Herz zu brüderlicher Liebe anspornen und eurer Tapferkeit den Sieg geben über eure Feinde.

Zit. nach: Geschichte in Quellen, Band II, Hrsg. v. Wolfgang Lautemann und Manfred Schlenke, München 1970, S. 365.

c) Abt Guibert de Nogent (1053–1125) schrieb eine Geschichte des 1. Kreuzzuges. Er nutzte authentische Zeugnisse und zeitgenössische Berichte:

Ich spreche über den neuen und unvergleichlichen Zug nach Jerusalem. [...] Nicht der Wunsch nach leerem Ruhm, nach Geld, nach Ausdehnung der Grenzen hat unsere Leute dazu bewogen, ihn anzutreten. [...] Da [vorher] die Habsucht alle ergriffen hatte, setzte Gott für unsere Zeit die heiligen Kriege ein, damit der Ritterstand und das umherirrende Volk, die sich wie die alten Heiden gegenseitig bekämpften und umbrachten, eine neue Möglichkeit bekämen, das Heil zu verdienen. Sie werden nicht mehr gezwungen das weltliche Leben zu verlassen, indem sie Mönche werden oder Geistliche, sondern können in ihrer gewohnten Freiheit und Kleidung, in ihrem eigenen Beruf und Dienst Gottes Gnade erwerben.

Zit. nach: Jörg Gabbe und Ulrich Nonn, Lebensformen im Mittelalter, Stuttgart 1999, S. 94 f.

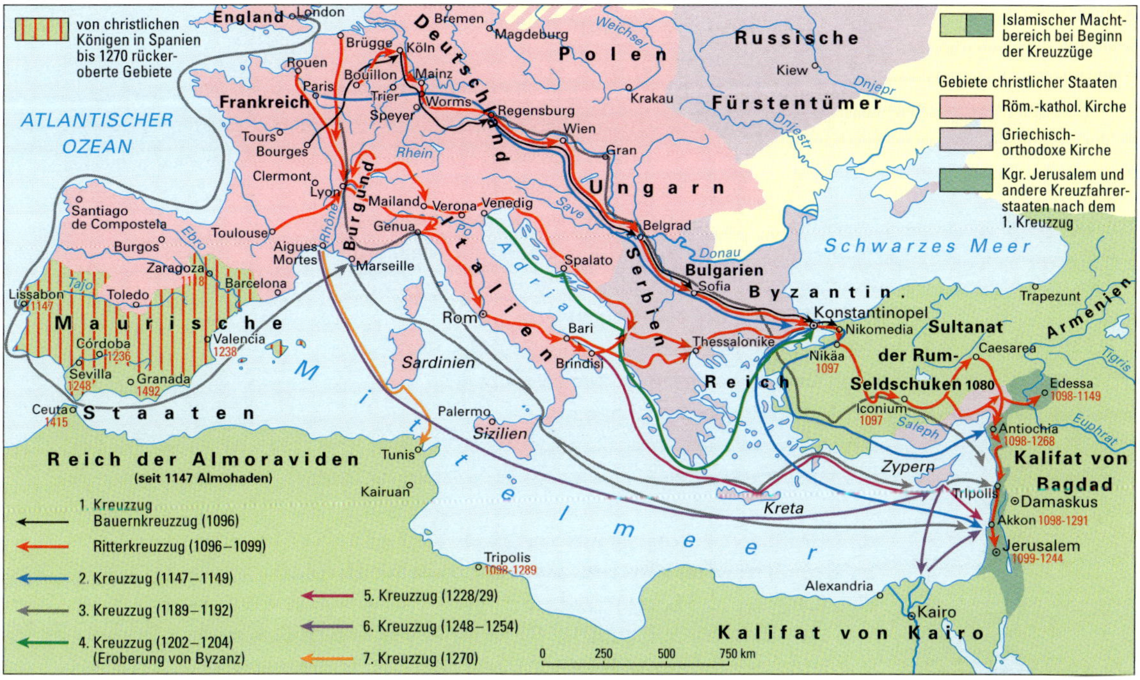

62 **Die Kreuzzüge**
Geschichtskarte

d) Anna Komnena war die Tochter des byzantinischen Kaisers Alexios. In der Biografie ihres Vaters hält sie auch ihre Erfahrungen beim 1. Kreuzzug fest, als die Kreuzfahrer in Konstantinopel eintrafen:

Er [Alexios] hatte keine Zeit sich auszuruhen, als er das Gerücht von der Annäherung zahlreicher fränkischer Heere hörte. Er fürchtete ihre Ankunft, denn er kannte ihre unwiderstehliche Begeisterung, ihren unstetigen und wankelmütigen Charakter, ebenso wie alles, was dem keltischen Temperament mit allen seinen Folgen eigen ist. Er wusste, dass sie Reichtum immer mit offenem Mund bestaunen und dass sie bei der ersten besten Gelegenheit ohne Gewissensbisse ihre Verträge brechen. Das hatte er immer sagen hören und es auch völlig wahr gefunden. Dennoch weit entfernt, entmutigt zu sein, traf er alle Anordnungen, um zum Kampf bereit zu sein, wenn die Gelegenheit es erfordern sollte. Die Wirklichkeit war viel ernster und schrecklicher als die Gerüchte, die umliefen, denn es war das ganze Abendland, alles, was es an barbarischen Nationen gibt, die das Land zwischen den Ufern des Adriatischen Meeres und den Säulen des Herakles bewohnen, es war das alles, was in Masse auswanderte, in ganzen Familien daherzog und auf Asien zumarschierte.

Anna Comnenae Porphyrogenitae Alexias, hrsg. von August Reifferscheidt, Leipzig 1894, S. 73 (Übersetzung von Gisbert Gemein).

1. Gliedern Sie den Kreuzzugsaufruf (61a) und benennen Sie Thesen und Argumente Urbans II. Erläutern Sie die Ziele und Beweggründe des Papstes und stellen Sie sein Wirken in den historischen Kontext des 11. Jahrhunderts. Analysieren Sie die Perspektive in den Aussagen von Papst Urban II. (61b).
2. Schildern Sie die Beurteilung der christlichen Ritter aus christlicher Sicht (61a, b, c) und vergleichen Sie sie mit der aus der byzantinischen Überlieferung (61d).

3 Interpretieren Sie die Geschichtskarte. Erläutern Sie die vom Kartografen verwendeten Elemente zur Kartengestaltung mithilfe der Angaben auf den Seiten 14–16.

4 Beschaffen Sie sich in Bibliotheken verschiedene Überlieferungen der Kreuzzugsaufrufe des Papstes. Vergleichen Sie den Inhalt und den Aufbau.

63 Feind oder Vorbild?

a) Saladin bei Walther von der Vogelweide, 1203:

König Philippus, aus genauer Beobachtung werfen dir manche vor,
du seist nicht von Natur aus freigebig. Darüber will mir scheinen,
wie du solchermaßen nur weit mehr verlierst.
Du sollst lieber aus freiem Willen tausend Pfund geben
als dreißigtausend widerwillig. Dir ist nicht bekannt,
wie man durch Geben Ruhm und Ansehen erlangt.
Denk doch an den freigebigen Saladin,
der da sagte, Königshände sollten durchlässig sein,
dann würden sie gefürchtet wie geliebt.
Denk doch an den von England,
um welchen Preis er freigekauft wurde von seiner großzügigen Hand.
Ein Verlust ist nützlich, wenn er zwei Vorteile einbringt.

Walther von der Vogelweide, Gedichte, hrsg. und übersetzt von Peter Wapnewski, Frankfurt/M. 1962, S. 39.

b) Nürnberger Fastnachtspiel von Hans Rosenplüt, 1454
Zu Beginn des Stückes verkündet ein türkischer Herold:

Nun schweigt und hoert fremde mer! / Der große Türk ist kumen her […]
Von Orient, da die sun aufget, / Da selbst es wol und fridlich stet,
Sein Land heißt die gros Türkei, / Darain da sitzt man zinsenfrei,
Dem sind vil großer clag für kommen / Von bösen Cristen und den fromen
Sich claget der Pauer, der Kaufman / Die muget keinen frid nit han
Bei nacht, bei tag, auf wasser, auf land / Das ist dem adel eine große schand
Das si ein solchs nit künnen wenden / Man solt die Straßenräuber pfenden
Und an die paum mit stricken pinden, / So ließens auf der straß ir schinden […]

A. v. Keller, Fastnachtspiele aus dem fünfzehnten Jahrhundert, Bd. 1 (Bibliothek des Literarischen Vereins in Stuttgart 28), Stuttgart 1853, S. 288 ff.

c) Der deutsche Botschafter in Ankara, Prof. Eickhoff, zu den Seldschuken, 1989:

Die politische Macht des Seldschukenstaats beruht auf dem Aufgebot schnell beweglicher, gepanzerter Kavallerie: Der Herrscher selbst ist Krieger, Reiter, Bogenschütze. Er steht an der Spitze einer kriegerischen Herrenschicht, die den Staat zusammenhält – wie im westlichen Lehnsstaat. Alle Glieder dieser Schicht, Fürsten und Ritter, werden von einem Kommandobezirk mit Land und Leuten ernährt oder gehören zum unmittelbaren und ständigen Gefolge des Herrschers oder eines seiner großen Vasallen. Jeder Angehörige dieser Gruppe leistet Waffendienst, ist zur Teilnahme am Aufgebot des Reiterheeres verpflichtet. […] Der Herrscher belohnt einen verdienten Gefolgsmann mit Ehrengeschenken und einer Zuweisung von Land und Kommando: »Als er aber abgestiegen war, ließ [der Sultan] den Kamaluddin Kamjar kommen und gab ihm ein besonderes Ehrengewand, tausend Golddinare, fünf Last-Maulesel, zehn Pferde mit Sattel und Zaumzeug und fünf Burschen zum Geschenk und befahl, dass die Emire sich um ihn bemühen sollten. Dann gewährte er ihm noch das Gebiet von Zara, das 100000 Dirhem einbrachte und sechzig Gefolgsmannen stellen konnte, als Lehen.« Ganz genauso wurde im zeitgenössischen Deutschland ein verdienter Ritter belohnt. […] Der ritterliche Zweikampf konnte im Krieg symbolischen Rang erhalten. Und er wurde im Frieden im Kampf-Spiel, im Turnier, gefeiert.

Ekkehard Eickhoff, Die Rum-Seldschuken in westlicher Sicht, unveröffentlichtes Manuskript eines Vortrages an der Anadolu Universität Eskisehir, 1989.

Beschreiben sie das Bild des Türken bei Walther und Rosenplüt (63a und b). Vergleichen Sie es mit dem Kreuzzugsaufruf und den Forschungsergebnissen von Eickhoff (61a, 63c).

64 Granada 1492
Ölgemälde von dem spanischen Historienmaler Pradilla y Ortiz (1848–1921).

Beschreiben Sie die dargestellte Szene. Informieren Sie sich mithilfe von Lexika über die spanische Geschichte im 15. Jh., analysieren und interpretieren Sie anschließend das Gemälde.

Nehmen Sie Stellung zur Auffassung zahlreicher spanischer Historiker, die das Jahr 1492 als Epochenwechsel ansehen.

65 Kreuzzüge: Epochenbegrenzung und Definition

a) Der Historiker E. Mayer zum Ausdruck »Kreuzzug«:

Obwohl die neuere Forschung das Ende der Kreuzzüge nicht mehr mit 1291 ansetzt, hat sie sich doch der Erkenntnis nicht verschlossen, dass das Jahr 1291 zumindest eine Zäsur darstellt. Man ist sich nur nicht ganz einig, als was man die nun folgenden Auseinandersetzungen bezeichnen solle. Der Ausdruck »Kreuzzüge« für die Kämpfe des 14. und frühen 15. Jahrhunderts entbehrt nicht einer gewissen Berechtigung, bietet aber gleichwohl auch Angriffsflächen, die dadurch nicht geringer werden, dass man auf diese Zeit eine Epoche der islamischen Gegenkreuzzüge folgen lässt. Denn wie soll man dann die allmähliche Auflösung des Osmanischen Reiches durch die europäischen Mächte von 1571 bis zum griechischen Unabhängigkeitskrieg von 1830 ... bezeichnen? Soll man darin eine Art »Antigegenkreuzzug« sehen? Verdient diese Zeit nur deshalb von dem Wechsel von Kreuzzug und Gegenkreuzzug ausgeschlossen zu werden, weil sie sich keiner Terminologie und Ideologie von Kreuzzug und Dschihad (hl. Krieg) bediente? Es ist doch nicht zu übersehen, dass schon im 14. Jh. die Kreuzzugsidee zum Teil nur noch als Deckmantel für Unternehmen diente, die im Grunde ganz anderen Zwecken gewidmet waren.

Eberhard Mayer, Geschichte der Kreuzzüge, 1. Aufl. Stuttgart 1965, S. 262.

b) Derselbe Forscher schreibt 1989 in der 7. Auflage seines Werkes:

[...] gab man sich in Europa lange der Hoffnung hin, das Hl. Land zurückzuerobern und die Kreuzfahrerstaaten neu errichten zu können. Begünstigt durch das erste Heilige Jahr 1300, kam es zu einer kurzlebigen Massenhysterie in Europa. [...] Aber im Grunde wurde das Problem in dieser Diskussion nur totgeredet. Soweit überhaupt gehandelt wurde, glitt die Kreuzzugsbewegung, ideologisch noch immer im alten Gewande, unmerklich in die Abwehr der osmanischen Türken über. Hier schufen sich die Johanniter von Rhodos (1310–1520) und Malta (ab 1530) eine neue Aufgabe, die sie als souveränes Gebilde eingliederte in eine Bewegung, die gesamteuropäisch hätte sein sollen, es aber oft nicht war. Insbesondere Frankreich verbündete sich seit Franz I. immer wieder mit dem Großtürken gegen Österreich-Ungarn und das Reich. Der Ausbau des Kreuzzugsablasses als eines Rekrutierungsmittels für innerkirchliche Auseinandersetzungen war stetig weitergegangen. Papst Gregor XII. bewilligte ungeniert einen Kreuzzugsablass für diejenigen, die den Konzilspapst Johannes XXIII. bekämpften (1412). Weiter westlich wurde die Kreuzzugsidee zur Vertreibung der Mauren aus Spanien benutzt. Als Granada 1492 gefallen war, verkaufte man den Kreuzzugsablass in Spanien zur Finanzierung liturgischer Zwecke ... weiter, die die römische Kurie den Königen von Spanien so lange ausstellte, bis [...] es 1940 [...] keinen spanischen König mehr gab. Aber mindestens in diesem Stadium kann von Kreuzzug nicht mehr gesprochen werden.

Eberhard Mayer, Geschichte der Kreuzzüge, 7. Aufl. Stuttgart 1989, S. 251 f.

c) Der britische Historiker J. Riley-Smith zum Begriff »Kreuzzug«:
Zweifellos ist der Kreuzzug nicht leicht zu definieren. Einigkeit herrschte unter den Historikern darüber, dass ein Kreuzzug ein Heiliger Krieg war, den der Papst um Christi willen ausrief und dessen Kämpfer, oder zumindestens ein großer Teil von ihnen, bestimmte Gelübde ablegten und bestimmte weltliche und geistliche Privilegien genossen, insbesondere den Sündenablass. Doch wie sah der Status eines Kreuzzuges aus, der nicht in das Heilige Land führte? Vom Papst initiierte Kreuzzüge, deren Kämpfer Gelübde ablegten und in den Genuss von Privilegien und Ablässen kamen, wurden nicht nur im Orient, sondern auch in Europa ausgefochten; sie richteten sich nicht nur gegen Anhänger des Islams, sondern auch gegen Heiden, Ketzer, Schismatiker, ja selbst gegen Katholiken, die sich der päpstlichen Herrschaft widersetzten. Doch handelte es sich dabei wirklich um Kreuzzüge? Oder waren alle diese Kreuzzüge, die nicht in den Orient führten, Perversionen – oder zumindest Verdrehungen – eines ursprünglichen Ideals, das eine besondere Bewertung erfahren muss?

Jonathan Riley-Smith, Die Kreuzzugsbewegung und die Historiker, in: Ders., Illustrierte Geschichte der Kreuzzüge, Frankfurt/M. 1999, S. 17 f.

Untersuchen Sie die verschiedenen Epochenbegrenzungen und ihre Begründungen, die Auswirkungen auf eine Begriffsdefinition und die Bewertung der Kreuzzüge (65a, b, c). Definieren Sie den Begriffsgehalt Ihrerseits, um ihn zukünftig exakt zu gebrauchen.

66 (Heiliger) Krieg – nur Männersache?

a) Ein namentlich unbekannter normannischer Ritter über eine Schlacht, um 1098:
Die Türken schossen aus erstaunlicher Entfernung mit Pfeilen auf uns. Wir hatten keine Aussichten, ihnen zu widerstehen oder der Wucht des Angriffs so vieler Feinde standhalten zu können. Die Frauen im Lager waren an diesem Tage eine große Hilfe für uns, denn sie brachten unseren Kämpfern Wasser zum Trinken und ermunterten die Streiter und Verteidiger.

Zit. nach: Peter Milger, Die Kreuzzüge. Krieg im Namen Gottes, München 1988, S. 77.

b) Der Kanoniker und Kreuzfahrer Fulcher von Chartres (gestorben 1127):
Was die Frauen in den Zelten des Feindes betrifft, so taten die Franken ihnen nicht Schlimmes an, sondern stießen Lanzen in ihre Bäuche.

Zit. nach: Peter Milger, Die Kreuzzüge. Krieg im Namen Gottes, München 1988, S. 94.

c) Albert von Aachen war nie in Palästina. Er stützte sich jedoch auf Augenzeugenberichte über einen christlichen Sieg 1098, verfasst 1119 bis ca. 1150:
Unzählige Bücher fanden sie im Lager der Heiden, in denen die gotteslästerlichen religiösen Vorschriften der Sarazenen und Türken und der anderen Völkerschaften aufgezeichnet waren und die gottlosen Lieder der Zauberer und Vogeldeuter mit fluch-

würdigen Schriftzeichen. [...] Auch Weiber und zarte, vielfach noch saugende Kinder fanden sie in großer Anzahl im Lager; viele davon machten sie nieder, andere wurden von Pferdehufen zerstampft, und ihre jämmerlich zerfetzten Leiber füllten die Felder, im Stich gelassen von den fliehenden Heiden.

Zit. nach: Peter Milger, Die Kreuzzüge. Krieg im Namen Gottes, München 1988, S. 4.

d) Der arabische Chronist Imad ad-Din al-Isfahani (1125–1201, Sekretär Saladins):
Es gibt wirklich weibliche Ritter unter den Franken, mit Rüstungen und Helmen, gekleidet wie Männer, die ins dichte Schlachtgetümmel ritten, wie verständige Männer handelten, obwohl sie gebrechliche Frauen waren; alles hielten sie für ein frommes Werk, glaubten sich so die Seligkeit zu sichern und machten es sich zur Gewohnheit. Lob dem, der sie zu diesem Urteil verleitete und sie vom Wege der Weisheit abirren ließ! Am Tage der Schlacht rückte mehr als eine Frau mit ihnen aus, die sich wie die Ritter benahm und [männliche] Härte zeigte trotz der Schwäche [ihres Geschlechts]. Sie trugen nur Panzerhemden und wurden erst erkannt, als sie der Waffen entkleidet und entblößt wurden. Einige von ihnen wurden entdeckt und verkauft.

Zit. nach Francesco Gabrieli, Geschichte der Araber, Stuttgart 1963, S. 259.

e) Nach der Rückeroberung Jerusalems 1187 lässt Saladin die christlichen Einwohner gegen die Zahlung eines Lösegeldes abziehen. Über das Schicksal derer, die es nicht aufbringen konnten, berichtet der Imad ad-Din al-Isfahani:
Frauen und Kinder zählten achttausend, wir teilten sie unter uns, und das Antlitz des Reiches lächelte über ihr Weinen. Wie viele gut behütete Frauen wurden entehrt, junge Mädchen geheiratet, Edle verschenkt, wie viele Geizende mussten sich hingeben, wie viele Verborgengehaltene verloren ihre Scham, wie viele Ernste wurden zum Gespött gemacht, Bewahrte hervorgezerrt, Freie in Besitz genommen, Begehrenswerte bis zur Erschöpfung gebraucht, anmutige Mädchen auf die Probe gestellt, Jungfrauen entjungfert, Anmaßende geschändet, Schöne mit roten Lippen ausgesaugt, Braune hingestreckt, Unbezähmbare gezähmt, Zufriedene zum Weinen gebracht. Wie viele Edle nahmen sie zu Beischläferinnen, Glühende gerieten an ihnen in Brand, Ledige befriedigten sich an ihnen, Hungernde sättigten sich, und wie viele Aufgeregte verbrauchten ihre Glut! Wie viele Schöne wurden Besitz eines einzigen Eigentümers, wie viele von hohem Wert wurden zu niedrigen Preisen verkauft, wie viele Nahe entfernt, Hohe erniedrigt, Wilde eingefangen, wie viele an den Thron Gewöhnte unterworfen!

Zit. nach: Francesco Gabrieli, Geschichte der Araber, Stuttgart 1963, S. 211 f.

1. Untersuchen Sie die Situation von Frauen und das Frauenbild der Autoren (66a–e). Berücksichtigen Sie Stil und Darstellungsweise der christlichen und muslimischen Chronisten im Vergleich.
2. Verzicht auf Vergewaltigung als gottgefälliges Werk (66b)? Diskutieren Sie die dahinter verborgene Wertehierarchie.

4.2 Heiliger Krieg und Dschihad

Religion und Krieg

Christentum und Islam verstehen sich als Friedensreligionen. Doch gibt es einen erheblichen Unterschied: Für Mohammed sind Kriege und bewaffnete Auseinandersetzungen eine Art Selbstverständlichkeit, für die es Regeln aufzustellen gilt. Die grundsätzliche Überwindung von Krieg, die in dem christlichen Gebot der Feindesliebe steckt, ist nicht das Ziel. Das christliche Gebot musste spätestens zu dem Zeitpunkt, als das Christentum unter Konstantin Staatsreligion wurde, christliche Soldaten vor unlösbare Gewissenskonflikte stellen. Einen Ausweg bot der Gedanke des »gerechten Krieges«, bellum iustum, den der Kirchenvater Augustinus maßgeblich entwickelte. Er räumte ein, dass unter ganz bestimmten Umständen auf Befehl Gottes Kriege geführt werden dürfen. Diese Auffassung ließ sich mit den kämpferischen Idealen des fränkisch-normannischen Kriegeradels verbinden. Bis ins 11. Jahrhundert hinein gab es selbst Kleriker, die persönlich an Schlachten und Fehden des Adels teilnahmen.

67 Kreuzfahrer
Miniatur aus dem 13. Jahrhundert.

Erläutern Sie den ideologischen Gehalt dieser Kreuzzugsdarstellung.

Dem Selbstverständnis nach ist der Islam eine gegenüber den anderen Buchreligionen (Judentum, Christentum) tolerante Religion. Das Christentum hat den Islam meist als aggressiv wahrgenommen, der seine Lehre »mit Feuer und Schwert« ausgebreitet habe. Christen fanden die Bestätigung ihrer Auffassung darin, dass im Koran mehrfach der Dschihad gefordert wird. Der Begriff wird in der westlichen Literatur fast durchgängig als »heiliger Krieg« übersetzt. Koranübersetzungen lassen oft nicht mehr die Unterschiede zu anderen arabischen Ausdrücken für Kampf und Krieg erkennen, die die profanen Auseinandersetzungen bezeichnen. Der Begriff Dchihad wird aber wörtlich mit Mühe und Anstrengung übersetzt und meint den Einsatz um der Sache Gottes willen. Dschihad kann auch die Anstrengung im Kampf für den rechten Glauben sein, wobei der Einsatz von Gut und Leben eingeschlossen ist. Bei Mohammed wird der Begriff Dschihad meist in einem Zusammenhang gebraucht, der eine Beziehung zu Krieg nicht nahe legt.

Allerdings wird die Lehre vom Dschihad seit der Kreuzzugszeit politisch instrumentalisiert, um Kriege mit dem Koran zu legitimieren. Heutzutage wird in der islamischen Welt eine Auseinandersetzung darüber geführt, ob sich die Terroraktionen fundamentalistischer Gruppen mit der Lehre vom Dschihad begründen lassen.

68 Christentum und Kriegsdienst

a) Der lateinische Kirchenschriftsteller Tertullian über Soldaten, um 210–220:
Wie kann man Kriege führen, ja selbst im Frieden Soldat sein, ohne das Schwert, das der Herr fortnahm? Denn wenn auch Soldaten zu Johannes kamen und von ihm die Regel ihrer Pflichten erhielten, und obwohl der Centurio gläubig wurde, so hat doch der Herr späterhin Petrus entwaffnet und damit jedem Soldaten das Schwert genommen. [...] Man kann sich nicht zugleich Gott und den Menschen verpflichten; es vertragen sich nicht das Zeichen Christi und das Zeichen des Teufels, das Lager des Lichtes und das Lager der Finsternis; man kann nicht beiden dienen, Gott und dem Kaiser.

Tertullian, Über den Götzendienst 19. Übers. von Hermann Doerries, in: Konstantin der Große, Stuttgart 1958, S. 82.

b) Der lateinische Kirchenlehrer Augustinus (354–430) zum Kriegsdienst:
Wenn ein Soldat im Gehorsam gegen die Obrigkeit, der er rechtmäßig untergeben ist, einen Menschen tötet, so ist er nach keinem Gesetze seines Staates des Mordes schuldig; im Gegenteil, wenn er anders handelt, macht er sich der Befehlsverweigerung und -missachtung schuldig. Handelte er aber ohne Befehl aus eigener Vollmacht, so läge das Verbrechen vor, Menschenblut vergossen zu haben.

Augustinus, Gottesstaat 1,26. Übers. von Heinrich Karpp, in Vom Umgang der Kirche mit der Heiligen Schrift, Köln/Wien 1983, S. 85.

c) Augustinus in einem Brief an General Bonifatius:
Glaube nicht, es könne niemand Gott gefallen, der Kriegsdienst leistet. [...] Wir dürfen nicht vor der Zeit nur mit Heiligen und Gerechten leben wollen; sonst verdienen wir nicht, diesen Zustand zu erleben, wenn die Zeit dazu gekommen ist. [...] Der Wille muss stets den Frieden wollen, den Krieg darf nur die Notwendigkeit ertragen. [...] Denn man sucht nicht den Frieden, damit Krieg entsteht, sondern man führt den Krieg, damit der Friede errungen wird. Sei deshalb auch im Kriege friedfertig. [...] Man soll den Feind nur aus Not töten, nicht weil man es will. [...] Dem Besiegten oder Gefangenen gebührt Barmherzigkeit. Wenn du dich doch noch mit Kriegsführung befassen musst, dann wahre den Glauben und suche den Frieden!

Augustinus, Gottesstaat, Brief 189 u. 220, Übers. von Heinrich Karpp, in: Vom Umgang der Kirche mit der Heiligen Schrift, Köln/Wien 1983, S. 87.

d) Kreuzzugsaufruf Urbans II. nach der Fassung von Fulcher von Chartres:
Es sollen [...] zum Kampf gegen die Ungläubigen [...] alle die antreten, die sonst leichtfertig lang andauernde Fehden sogar gegen Gläubige zu führen pflegten. Nun sollen Soldaten Christi werden, die gerade noch Räuber waren. Jetzt sollen rechtmäßig die gegen Barbaren kämpfen, die einst gegen Brüder und Blutsverwandte stritten. Jetzt sollen ewigen Lohn erhalten, die eben noch für ein paar Münzen Söldner waren. Für doppelte Ehre sollen sich anstrengen, die sich [bislang] zum Schaden für Leib und Seele abmühten. [...] Nichts aber soll die Reisewilligen abhalten, sondern nach Verpachtung ihrer Eigentümer und nach Beschaffung des nötigen Reisegeldes sollen sie [...] unter Führung des Herrn tatkräftig die Fahrt antreten.

Heinrich Hagenmeyer (Hrsg.), Fulcheri Carnotensis Historia Hierosolymitana (1095–1127), Heidelberg 1913, S. 134ff. (Übersetzung von Gisbert Gemein).

e) Bernhard von Clairvaux über die christlichen Ordensritter, um 1125:
Ich sage, es ist eine neue und bislang unbekannte Art des Rittertums, weil durch sie gleichsam ein doppelter Kampf gegen Fleisch und Blut und im Himmel gegen geistliche Übelstände ausgefochten wird. [...]

O wahrhaft heiliges und gesichertes Rittertum, befreie uns ganz und gar von jener doppelten Gefahr, in die das menschliche Geschlecht so häufig fällt, weil Christus nicht als einziger Grund des Waffendienstes genommen wird. Denn du, der du nur weltlichen Ritterdienst leistest, musst bei jedem Kampf fürchten, dass du einen Feind tötest und dadurch deine Seele verlierst oder aber selbst getötet wirst und dabei zum Körper auch noch die Seele verlierst. Für einen Christen entstehen Gefahr oder Sieg nicht aus dem Ergebnis des Krieges, sondern aus den Empfindungen des Herzens beim Kampf. [...] Wenn du im Willen, einen anderen zu töten, selbst getötet wirst, stirbst du als Mörder, und wenn du siegst und dabei aus dem Willen, die Oberhand zu behalten und zu bestrafen, tötest, dann lebst du als Mörder weiter. [...]

Was ist also das Ergebnis und die Frucht dieses weltlichen Rittertums, das man besser Bosheit nennen sollte*? [...] Ihr dient auf Rössern, die mit seidenen Decken behängt sind, und bekleidet euere Panzer mit kostbaren Stoffen; ihr bemalt euere Lanzen, Schilder und Sättel, schmückt euere Zügel und Steigbügel mit Gold, Silber und Edelsteinen und eilt mit solchem Pomp in schändlichem Zorn und unkluger Gefühllosigkeit dem Tod entgegen. [...] Dabei habt ihr doch festgestellt, dass der Kämpfer

* Lat. Wortspiel mit »militia« (Rittertum) und »malitia« (Bosheit).

vor allem dreierlei nötig hat: Ein tüchtiger und fleißiger Ritter wird umsichtig sein, um sich zu verteidigen, gewandt, um beweglich zu sein, und bereit zum Angriff. Ihr aber beleidigt das Auge, indem ihr nach Art der Frauen lange Haare tragt, euere Beine unter modischen langen Kleidern beherbergt und euere verwöhnten und weichen Hände mit langen Handschuhen bedeckt. […]

Die Ritter Christi aber schlagen gesichert die Schlachten ihres Herrn, fürchten nicht die Sünde des Tötens noch die Gefahr des Getötetwerdens; denn wer für Chistus den Tod bringt, begeht kein Verbrechen, verdient vielmehr Ruhm. […] Da er Übeltäter tötet, gilt er nicht als Mörder, sondern als Vergelter des Bösen, als Rächer Christi an denen, die Böses tun, und als Verteidiger der Christen. […] Heiden dürfen jedoch nur getötet werden, wenn nicht anders ihre Bedrohung und Unterdrückung der Gläubigen abgewendet werden kann.

Bernhard von Clairvaux, Ad milites templi de laude novae militiae (Opera III), hrsg. von J. Leclercq u. H.M. Rochais, Rom 1963, S. 214–217.

1. Arbeiten Sie anhand der Quellen die Problematik vom Kriegsdienst im Christentum heraus (68a–e). Vergleichen Sie die Antworten der antiken und mittelalterlichen Autoren.
2. Erläutern Sie, welche politischen Ziele und gesellschaftlichen Vorstellungen neben dem Kreuzzugsgedanken in den Texten von Urban II. und Bernhard von Clairvaux erkennbar werden (68d, e).
3. Diskutieren Sie, ob eine Rechtfertigung von Krieg mit dem christlichen Friedensgebot, die Vorstellung eines »Soldaten Christi« mit dem Gebot der Feindesliebe vereinbar sind.

69 Dschihad im Koran

a) Koran, Sure 4, 95 f., nach Ullmann:

O Gläubige! Wenn ihr zum Kampfe für die Religion Allahs auszieht, so seid behutsam und sagt nicht zu jedem, der euch mit Friede! begrüßt: »Du bist kein Gläubiger«, um ihn der Güter dieses Lebens zu berauben; bei Allah ist mehr Beute. So tatet ihr ehedem; aber Allah war gütig mit euch; darum unterscheidet gut, denn Allah weiß, was ihr tut. Die Gläubigen, welche nicht durch Krankheit verhindert zu Hause sitzen bleiben, haben nicht gleichen Wert mit denen, die Vermögen und Leben für die Religion Allahs verwenden. Die für ihn Gut und Blut wagen, werden vor den ruhig zu Hause Bleibenden mit einer weit höheren Stufe von Allah begnadet werden.

Der Koran, zit. nach der Übertragung von Ludwig Ullmann, neu bearbeitet von Leo Winter, München 1959, S. 81 f.

b) Der zweite Teil der Sure in der Übersetzung von Monika Tworuschka:

Es gleichen nicht den Daheimbleibenden unter den Gläubigen diejenigen, die sich mit ihrem Leben und ihrem Besitz für die Sache Gottes einsetzen. Gott hat diejenigen, die unter Einsatz ihres Lebens und ihres Besitzes kämpfen, vor jenen um eine Stufe erhöht. Jedem von beiden hat Gott zwar Güte versprochen, aber den Kämpfern schenkt Gott im Gegensatz zu den Daheimgebliebenen herrlichen Lohn.

Monika Tworuschka, Gihad im Islam – Bedeutung und Wandel eines Phänomens, in: Symbolon, Jahrbuch für Symbolforschung, Neue Folge, hrsg. von Ernst Th. Reimbold, Bd. 8, Köln, S. 62.

c) Die Sure 29,69 des Koran zum Problem Glaube – Unglaube, nach Ullmann:

Wahrlich, dieses irdische Leben ist ein Scherz, nur ein Spiel; nur die künftige Wohnung des Paradieses ist wahres Leben. Möchten sie das doch einsehen! Wenn sie ein Schiff besteigen, dann rufen sie Allah an und versprechen ihm Aufrichtigkeit in der Religion. Hat er sie aber wieder wohlbehalten ans Land gebracht, dann sind sie auch wieder Götzendiener. […] Wer aber ist ungerechter als der, welcher Lügen von Allah erdichtet oder die Wahrheit, die ihm zuteil geworden ist, verleugnet? Soll nicht die Hölle Wohnung der Ungläubigen sein? Die aber für uns treulich kämpfen, die wollen wir auf unseren Wegen leiten; denn Allah ist mit den Rechtschaffenen.

Der Koran, zit. nach der Übertragung von Ludwig Ullmann, neu bearbeitet von Leo Winter, München 1959, S. 326 f.

70 links: **Priester und Kreuzfahrer** Detail einer Tür aus der Kathedrale von Reims, 13. Jahrhundert. rechts: **»Das Schwert des Islam«**. Münze mit dem Bild des Omayaden-Kalifen Abd al-Malik (685–705).

Erläutern Sie die beiden Abbildungen und beziehen Sie einzelne Aussagen aus den Textquellen dieses Kapitels auf die Bildelemente.

d) Die Schlusspassage der Sure 29,69 wird von Monika Tworuschka so übersetzt:
Und wer ist gottloser als der, wer Gott eine Lüge zuschreibt oder die Wahrheit verleugnet, wenn sie ihm zuteil wurde? Ist denn nicht in der Hölle Wohnung für die Ungläubigen. Diejenigen aber, die in unserer Sache streben, werden wir gewiss auf unseren Weg leiten, denn Gott ist wahrlich mit den Wohltätern.

Monika Tworuschka, Gihad im Islam – Bedeutung und Wandel eines Phänomens, in: Symbolon, Jahrbuch für Symbolforschung, Neue Folge, hrsg. von Ernst Th. Reimbold, Bd. 8, Köln, S. 61.

1. Analysieren Sie die Sprache und die Wortwahl der Surenübersetzungen (69a–d). Erläutern Sie das jeweilige Verständnis von Dschihad im Koran.
2. Diskutieren Sie, welche Handlungsanweisungen die Suren für einen Muslim vermitteln.
3. Der Koran enthält Stellen, die in einem Spannungsverhältnis zu den zitierten Stellen stehen. Beschaffen Sie sich in einer Bibliothek eine Koranausgabe und schildern Sie das Spannungsverhältnis anhand der Suren 2:62, 2:256, 9:6, 10:99, 22,78, 29:46, 60:7.

71 Dschihad – ein Heiliger Krieg?

a) Der muslimische Gelehrte al-Biruni (gest. 1048) vergleicht Inder und Christen:
Bei den Indern herrschen ähnliche Verhältnisse wie im Christentum, denn es gründet sich auf das Tun des Guten und die Unterlassung des Bösen, indem man überhaupt nicht töten soll, und dem, der einem das Schultertuch raubt, auch noch das Hemd nachwirft, und dem, der einem auf die Backe schlägt, auch noch die andere hinhält, und indem man dem Feind Gutes wünscht und für ihn betet. Das wäre fürwahr ein vortrefflicher Lebenswandel. Jedoch sind die Bewohner dieser Welt nicht alle Philosophen, sondern in ihrer Mehrheit so unwissend und verblendet, dass sie nur durch das Schwert und die Peitsche zurechtgewiesen werden können. Seitdem sich Konstantin der Siegreiche zum Christentum bekehrte, sind die beiden [d.h. Schwert und Peitsche] auch nicht zur Ruhe gekommen, denn ohne sie gibt es keine vollkommene Regierung.

Al-Biruni, In den Gärten der Wissenschaft. Ausgewählte Texte aus den Werken des muslimischen Universalgelehrten. Übersetzt und erläutert von Gotthard Strohmaier, Leipzig 1991, S. 163.

b) Saladins Aufruf zum Dschihad nach Abu Schama (1203–1267), arab. Gelehrter:
Wir hoffen auf Gott, den Hochgelobten, Hocherhabenen, er möge die Herzen der Muslime antreiben. [...] Nicht ein einziger [christlicher] König ist in ihren Ländern und auf ihren Inseln zurückgeblieben. [...] Wenig haben sie dabei gefunden, Leben und

Seele hinzugeben, um ihre Religion zu verteidigen; sie haben ihre unreinen Leute mit allen Arten Waffen versehen, mit Vorkämpfern im Kriege. Alles, was sie getan und geopfert haben, taten sie aus reinem Eifer für den, den sie anbeten, aus dem Eifer, ihren Glauben zu verteidigen. [...] Dagegen sind die Muslime lau und schwächlich geworden, nachlässig und faul; sie liegen in ohnmächtiger Betäubung und haben jeglichen Eifer verloren. Falls – was Gott verhüte! – der Islam zurückweichen müsste, sein Glanz sich verdunkeln, sein Eisen sich stumpfen, fände sich in Ost und West, nah und fern niemand, der vor Eifer für die Religion Gottes glühte und der Wahrheit gegen den Irrtum zu Hilfe käme. Jetzt ist der Augenblick, jedes Zögern zu lassen, zur Sammlung zu rufen, wer nah und fern Blut in den Adern hat. Aber Dank sei Gott, wir vertrauen auf die Hilfe, die uns von ihm zuteil wird, auf ihn bauen wir aufrichtigen Sinnes und in tiefer Ergebenheit. So Gott will, gehen die Ungläubigen zugrunde, und die Gläubigen leben sicher und wohlbehalten.

Zit. nach: Francesco Gabrieli, Die Kreuzzüge aus arabischer Sicht, München 1975, S. 268 f.

c) Dschihad für islamische Grundschüler in NRW (didaktische Erläuterungen der Unterrichtseinheit 8 »Allah belohnt die Menschen, die arbeiten« für Klasse 2):

»Vergiss nicht deinen Anteil am Diesseits!« Dieser Satz aus dem Koran (Sure 28, Vers 77) zeigt die Richtung an, in welcher der Unterricht das Thema »Arbeiten« behandeln soll. Die Schüler sollen erkennen, dass für einen Muslim Arbeit für sich selbst und für die Gemeinschaft eine wesentliche Voraussetzung für Lohn im Jenseits ist. Die Schüler sollen erkennen, dass die Menschen Eingang ins Paradies nur durch Erfüllung der religiösen Pflichten und Arbeit erhalten, und dass wirklich gläubig nur der ist, der beides tut. Diese religiöse Ausgangsbestimmung ist zugleich die Grundlage für das Ziel, die Schüler bereit und fähig zu machen, ihr Leben aktiv selbst in die Hand zu nehmen, Missstände nicht als Schicksal zu nehmen, sondern an ihrer Beseitigung mitzuwirken. In diesem Sinn sollen die Schüler die koranische Verpflichtung zum Dschihad als Verpflichtung zur »Anstrengung«, zur »äußersten Anstrengung« begreifen, die eigene Welt und die eigenen Lebensbedingungen so zu verändern, dass alle Menschen gut in ihr leben können. Gerade unter den lebenseinengenden Bedingungen, unter denen die meisten Muslime heute in Deutschland leben müssen, ist es notwendig, dass frühzeitig Mut gemacht wird, sich aktiv der Gestaltung seiner Umwelt zuzuwenden.

Landesinstitut für Schule und Weiterbildung, Religiöse Unterweisung für Schüler islamischen Glaubens, 24 Unterrichtseinheiten für die Grundschule, Soest 1986, S. 103.

d) M. und U. Tworuschka zum Dschihad:

Der Islam kennt keine »heiligen« Kriege, vergleichbar den alttestamentlichen »Kriegen Jahwes«. Wohl aber propagiert er den religiös verdienstvollen Kampf des Einzelnen; den schon im Koran erwähnten Dschihad, der als tatkräftiger »Einsatz des Gläubigen für die Sache Gottes« sowohl mit der Waffe geführt werden als auch ein gewaltfreies Engagement für Gottes Sache sein kann. Das vom 8. Jahrhundert an ausformulierte islamische Völkerrecht zerteilt die Welt in ein »Gebiet des Islam« und ein »Gebiet des Krieges«. Bezeichnenderweise wird hier ein weltliches Wort für Krieg: »harb« verwendet. Von den Eroberungskriegen waren vor allem die weltlichen Interessen des islamischen Staates betroffen. Der persönliche Dschihad einzelner Glaubenskämpfer kann im Rahmen eines weltlichen Krieges stattfinden, ist jedoch nicht mit ihm identisch. Islamische Handbücher unterscheiden mehrere Dschihad-Formen, gegen: den äußeren Feind; das Böse; die egoistischen Triebe. Einige Autoren stellen an den Dschihad – im Gegensatz zum profanen Krieg – folgende Forderungen: Er darf nicht von persönlichen Interessen geleitet sein; er muss zum Schutz der Religion und der Allgemeinheit sowie der Verhinderung von Bürgerkrieg dienen. Vor allem seit der Kolonialzeit, die das islamische Selbstverständnis zutiefst erschütterte, ist der mit Lei-

72 Die Expansion der Osmanen

Geschichtskarte.

Schildern Sie die Expansion der Osmanen in territorialer und zeitlicher Hinsicht.

Monika und Udo Tworuschka (Hrsg.), Religionen der Welt, Bertelsmann Handbuch, Gütersloh 1992, S. 173.

denschaft aufgeladene Begriff Dschihad für verschiedene Arten von »gerechten« Kämpfen verwendet worden. Der Befreiungskampf gegen die Kolonialmächte in Algerien galt ebenso als Dschihad wie manche Kämpfe gegen Israel. Es gibt einen Dschihad gegen ungerechte eigene Herrscher, zur Bekämpfung sozialer Missstände und zur Bezeichnung wirtschaftlicher Aufbauprogramme. Vornehmlich dann wird zum Dschihad aufgerufen, wenn sich die islamische Welt durch nicht-islamische Einflüsse oder Kollaborateure in den eigenen Reihen gefährdet sieht oder wenn Fremdmächte islamisches Gebiet besetzen.

1. Erläutern Sie das jeweilige Verständnis von Dschihad (71a–d).
2. Analysieren Sie das spezifische Verständnis von Dschihad im staatlichen Lehrplan (71c). Welche Konsequenzen ergeben sich für muslimische Schüler? Diskutieren Sie, ob die Übernahme des Begriffs in staatliche Lehrpläne angebracht, sinnvoll und legitim ist.
3. Erkundigen Sie sich nach der aktuellen, weltweiten Verwendung des Begriffs Dschihad. Ziehen sie dazu Artikel der Tagespresse heran. Hilfreich kann dabei die Zeitungssuchmaschine »paperball« sein (http://www.paperball.de).

73 Bewertung der Kreuzzüge

a) Der Historiker S. Runciman zieht Bilanz:

Die Kreuzzüge wurden ins Leben gerufen, um die Christenheit des Ostens vor den Muselmanen zu retten. An ihrem Ende befand sich die gesamte östliche Christenheit unter muselmanischer Herrschaft. Als Papst Urban zu Clermont seine große Predigt hielt, schienen die Türken im Begriff, den Bosporus zu bedrohen. Als Papst Pius II. den letzten Kreuzzug predigte, überquerten die Türken die Donau. Rhodos fiel im Jahr 1523, und Zypern, durch seine Kriege mit Ägypten und Genua ruiniert und schließlich von

Venedig annektiert, ging 1570 in türkische Hände über. Damit waren auch die letzten Früchte der Kreuzzugsbewegung dahin; alles, was den Eroberern aus dem Westen blieb, war eine Hand voll griechischer Inseln, die Venedig weiterhin mit knapper Not in der Hand behielt. Dem türkischen Vordringen wurde nicht durch eine zusammengefasste Anstrengung der Christenheit Einhalt geboten, sondern durch die Maßnahmen jener Staaten, die am unmittelbarsten betroffen waren, nämlich Venedigs und des Habsburgerreiches, während Frankreich, der alte Bannerträger des heiligen Krieges, beharrlich die Ungläubigen unterstützte. Das Osmanenreich begann zu verfallen infolge seines eigenen Unvermögens, eine leistungsfähige Regierung in seinen großen Besitzungen aufrechtzuerhalten, bis es schließlich weder dem Ehrgeiz seiner Nachbarn mehr Widerstand leisten noch den Nationalismus seiner christlichen Untertanen unterdrücken konnte, der von eben jenen Kirchen am Leben erhalten worden war, deren Unabhängigkeit die Kreuzfahrer so eifrig zu vernichten getrachtet hatten. Im Gesamtbild der Geschichte gesehen, war die ganze Kreuzzugsbewegung ein einziger riesiger Fehlschlag.

Steven Runciman, Geschichte der Kreuzzüge, München 1983, S. 1249.

b) **J. Riley-Smith zur weltgeschichtlichen Bedeutung:**
Auf der weltgeschichtlichen Bühne spielten die Kreuzzüge eine wichtige Rolle, gaben sie doch der politischen und kulturellen Landkarte ein neues Gesicht – denn sie bildeten eine wichtige Voraussetzung für die fortschreitende Expansion der lateinischen

74 **Die europäische Expansion**
Geschichtskarte.

Vergleichen Sie die Geschichtskarte mit der über die Kreuzzüge auf Seite 77. Inwiefern stellen die Darstellungen eine unterschiedliche Beurteilung der Kreuzzüge dar?

Christenheit, für das Entstehen neuer, römisch geprägter Staaten in Nordosteuropa, auf der Iberischen Halbinsel und natürlich im Orient, wenn auch einigen dieser Staaten nur eine kurze Existenz beschieden war. [...] Durch die Ausrufung von Kreuzzügen suchte das Papsttum seinem Anspruch, die Christenheit zu lenken, Realität zu verleihen, wobei es der Verwirklichung dieses Traums unter Innozenz III. am nächsten kam. Die Kreuzzüge trugen ebenso dazu bei, das Selbstverständnis der Europäer zu verändern; sie förderten die Erkenntnis, dass alle Europäer eine gemeinsame Identität haben, die in einer gemeinsamen kulturellen Tradition – die freilich lokale Unterschiede aufweist – verwurzelt ist. Da die abendländische christliche Kultur das kennzeichnende gemeinsame Merkmal war, tat sich ein tiefer Spalt zwischen den christlichen Westeuropäern und der übrigen Menschheit auf, der seiner Konzeption nach im Wesentlichen religiös fundiert war. Betrachtet man die Kreuzzüge in diesem Sinne als einen umfassenden ideologischen Krieg, so lässt sich sagen, dass sie den fremdenfeindlichen Zug innerhalb der abendländischen Kultur, der bisher relativ latent geblieben war, dramatisch verstärkten und die exklusive Sicht der Welt zusätzlich nährten, wonach die Überlegenheit der christlich-abendländischen Kultur eine ausgemachte Sache war. Im Zusammenhang damit stand ein drastischer Wandel der christlich-jüdischen Beziehungen im Abendland: Die Pogrome von 1096 bezeugen eine neue feindselige Haltung, die sich bald fest im Herzen der abendländischen Kultur verankerte. Darüber hinaus bewirkte das Kreuzzugswesen, als Idee und als Praxis, die Durchsetzung ritterlicher Werte und trug damit stark zu einem neuen Selbstverständnis des Ritterstandes bei – ein Selbstverständnis, das die kulturelle Distanz dieses Standes von anderen sozialen Schichten scharf akzentuierte.

Jonathan Riley-Smith, Illustrierte Geschichte der Kreuzzüge, Frankfurt/M. 1999, S. 80 f.

c) Ein auch in Deutschland benutztes türkisches Schulbuch zu den Kreuzzügen:
Die Folgen der Kreuzzüge. Die Christen konnten bei diesen Kreuzzügen in ca. 200 Jahren ihr Ziel nicht erreichen. Die Kreuzzüge hatten aber andererseits wichtige Folgen: Die Kreuzritter konnten den Türken Anatolien nicht wegnehmen. Andererseits aber führten diese Kriegszüge und Schlachten dazu, dass Anatolien darniederlag und zerstört wurde. Der Papst und die Geistlichen versprachen den Christen, dass im Falle einer Kreuzzugsteilnahme Gott und Jesus ihnen helfen würden, sie unterwegs Erfolge verzeichnen und schließlich reich würden. Als die Kreuzzüge erfolglos blieben, hatten die Christen den Eindruck, dass alles, was der Papst und die anderen Geistlichen sagen, nicht wahr sei. Sie hatten kein Vertrauen mehr zu ihnen. Während der Kreuzzüge blühte der Handel im Mittelmeer. Venedig, Genua und Marseille wurden reiche und viel befahrene Hafenstädte. In Europa entwickelte sich der Lebensstandard positiv.

Durch die Beziehungen mit den Muslimen gewannen die Christen neue Erkenntnisse und Fähigkeiten; unter anderem lernten sie Pulver, Papier, Kompass, Windmühle, Zucker, Seidenwaren und Teppiche kennen. Durch die Kontaktaufnahme mit den Muslimen wurden außerdem in Europa große Fortschritte im geistigen, künstlerischen und wissenschaftlichen Bereich erstellt.

Sosyal Bilgiler, Bd. 2, Ankara, Türk Tarih Kurumu Basinevi 1981, S. 13. (aus dem Türkischen übersetzt von Metin Oeszinmaz und Gisbert Gemein).

Vergleichen Sie die Darstellungen (73a–c) hinsichtlich der Beurteilung der Kreuzzüge und der Perspektive der Autoren.

Vergleichen Sie die religiöse Begründung und die politisch-gesellschaftlichen Konsequenzen der Ideologien vom Dschihad bzw. Kreuzzug.
Verfassen Sie eine Probeklausur mithilfe des Klausurentrainings (S. 57).

4.3 Alltagsbegegnungen und Kultureinflüsse

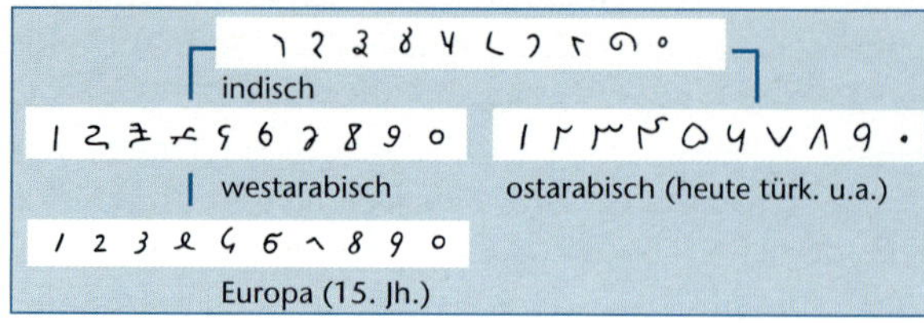

75 links: **»Spiel der Könige«** Illustration aus dem Schachlehrbuch des spanischen Königs Alfons des Weisen von Kastilien (1252–1284). Spanische Handschrift des 14. Jahrhunderts
rechts: **Historische Entwicklung der Ziffernschreibung**

Rund 200 Jahre haben Christen und Muslime in Palästina neben- und miteinander gelebt. Neben den Kriegen gab es auch Formen friedlicher Zusammenarbeit. In der Kultur des Vorderen Orients hat die christliche Episode kaum Spuren hinterlassen. Allerdings hat umgekehrt der Westen viel von der arabisch-islamischen Kultur gelernt und übernommen. Dabei spielte Palästina eine geringe Rolle. Die Kulturbeeinflussung des Westens geschah über Sizilien und Spanien, wo Menschen verschiedener Ethnien eng zusammenlebten. So bestanden dort große christliche und jüdische Gemeinden auf islamischen Territorien, aber auch in Bagdad, Kairo, Damaskus. Diese Christen hatten täglich Kontakte mit ihren muslimischen Nachbarn. Dadurch gelangte der christlich-lateinische Kulturkreis auch wieder zu Wissen, das die islamischen Gelehrten noch von antiken Schriftstellern besaßen, fortentwickelten und nun weitergaben. Denn während im nordalpinen Europa fast nur Angehörige der Kirche über Bildung verfügten, war die Situation in der islamischen Welt deutlich besser. Dort konnten Gelehrte auch auf Bibliotheken mit Hunderttausenden von Schriften zurückgreifen. Arabisch war auch eine führende Wissenschaftssprache, was noch heute Begriffe verdeutlichen: Algebra, Algorithmus.

Erkundigen Sie sich zur Geschichte des Schachspiels und interpretieren Sie dann die Abbildung.

Schildern Sie, wie sich die Schreibung der Ziffern (von arab. »as-sifr«) entwickelt hat. Die indische Erfindung der »Null« übernahm der islamische Kulturkreis und vermittelte sie Europa. Erkundigen Sie sich im Mathematikunterricht über den Vorteil, den die Null schafft.

76 Wahrnehmungen – Kontakte – Transfer

a) Der arabische Schriftsteller und Höfling Usama ibn Munqidh (1095–1188) erlebte die Kreuzzüge und berichtete in seiner Autobiografie:

Hier ist ein Beispiel für die Roheit der Franken – Gott strafe sie –: Als ich mich in Jerusalem aufhielt, ging ich gewöhnlich in die Moschee al-Aqṣā. An ihrer Seite liegt ein kleiner Betraum, den die Franken in eine Kirche umgewandelt haben. Wenn ich in die Moschee al-Aqṣā kam, wo sich die Templer, meine Freunde, eingerichtet hatten, stellten sie mir immer den kleinen Betraum zur Verfügung, damit ich dort meine Gebete verrichten konnte. Eines Tages trat ich dort ein, sagte *Allahu akbar* und stand, um mit dem Gebet zu beginnen. Da stürzte ein Franke herbei, ergriff mich, drehte mich mit demGesicht nach Osten und sagte: »So betet man!« Sofort schritten einige Templer ein, griffen und entfernten ihn, während ich mein Gebet wieder aufnahm. Er wartete aber einen Augenblick ab, in dem sie nicht achtgaben, stürzte sich wieder auf mich, drehte mich nach Osten und sagte: »So betet man!« Wieder griffen die Templer ein, entfernten ihn und entschuldigten sich mit den Worten bei mir: »Er ist ein Fremder, der erst in diesen Tagen aus dem Frankenland gekommen ist und noch nie jemanden gesehen hat, der sich beim Gebet nicht nach Osten gewandt hätte.«

Zit. nach: Europäische Geschichte. Quellen und Materialien. Hrsg. v. Hagen Schulze und Ina Ulrike Paul. München 1994, S. 984f.

b) Usama ibn Munqidh zur fränkischen Medizin:

Der Herr von Munaitira schrieb an meinen Onkel und bat ihn, einen Arzt zu senden, der seine kranken Gefährten heilen sollte. Mein Onkel schickte ihm einen christlichen Arzt mit Namen Tābit. Nach kaum zehn Tagen kam er wieder zurück, und wir sagten zu ihm: »Du hast die Kranken ja schnell geheilt«, worauf er erzählte: »Sie führten mir einen Ritter vor, der einen Abszess am Bein hatte, und eine Frau, die an Auszehrung litt. Dem Ritter machte ich ein erweichendes Pflaster, und der Abszess öffnete und besserte sich; der Frau verschrieb ich eine Diät und führte ihrer Säftemischung Feuchtigkeit zu. Da kam ein fränkischer Arzt daher und sagte: »Der weiß doch überhaupt nicht, wie sie zu behandeln sind!«, wandte sich an den Ritter und fragte ihn: »Was willst du lieber: mit einem Bein leben oder mit beiden Beinen tot sein?« Der antwortete: »Lieber mit einem Bein leben!« Da sagte er: »Holt mir einen kräftigen Ritter und ein scharfes Beil!« Ritter und Beil kamen, ich stand dabei. Er legte das Bein auf einen Holzblock und sagte zu dem Ritter: »Gib dem Bein einen tüchtigen Hieb, der es abtrennt.« Er schlug, unter meinen Augen, einmal zu, und da das Bein nicht abgetrennt war, ein zweites Mal: das Mark des Beines spritzte weg, und der Ritter starb sofort. Hierauf untersuchte er die Frau und sagte: »Die da hat einen Dämon im Kopf, der sich in sie verliebt hat. Schert ihr die Haare.« Sie schoren sie, und sie aß wieder von den gewohnten Speisen, Knoblauch und Senf, wodurch die Auszehrung sich verschlimmerte. »Der Teufel steckt in ihrem Kopf«, urteilte er, nahm ein Rasiermesser und schnitt ihr kreuzförmig über den Kopf, entfernte die Haut in der Mitte, bis der Schädelknochen frei lag, und rieb ihn mit Salz ein: die Frau starb augenblicklich. Da fragte ich: »Habt ihr mich noch nötig?« Sie verneinten, und ich ging weg, nachdem ich von ihrer Heilkunde gelernt hatte, was ich vorher nicht wusste.

Zit. nach: Europäische Geschichte. Quellen und Materialien. Hrsg. v. Hagen Schulze und Ina Ulrike Paul. München 1994, S. 985.

c) Das Laterankonzil – die höchste römisch-katholische Kirchenversammlung – zum Umgang mit nichtchristlichen Minderheiten, 1215:

In einigen Provinzen unterscheidet die Kleidung Juden und Sarazenen von den Christen. Aber in gewissen anderen ist eine solche Regellosigkeit entstanden, dass sie durch keine Unterscheidung kenntlich sind. Daher kommt es zuweilen vor, dass sich irrtümlicherweise Christen mit jüdischen oder sarazenischen und Juden und Sarazenen sich mit christlichen Frauen vermischen. Damit also den Ausschweifungen einer so abscheulichen Vermischung in Zukunft die Ausflucht des Irrtums abgeschnitten werde, bestimmen wir, dass Juden und Sarazenen beiderlei Geschlechts in jeder christlichen Provinz und zu jeder Zeit sich durch die Art ihres Gewandes öffentlich von der übrigen Bevölkerung unterscheiden sollen, zumal man auch bei Moses liest, dass ihm eben dies auferlegt ist. In den Kar-Tagen und am Passionssonntag sollen sie keinesfalls in die Öffentlichkeit ausgehen, weil einige von ihnen, wie wir erfahren haben, sich nicht schämten, geschmückt einherzugehen, und sich nicht scheuten, die Christen zu verspotten.

Zit. nach: Francesco Gabrieli, Die Kreuzzüge aus arabischer Sicht, München 1973, S. 118.

1. Schildern Sie den alltäglichen Kontakt von Christen und Muslimen in Palästina, wie ihn Usama überliefert (76a und b). Formulieren Sie Usamas Urteil über das zivilisatorische Niveau der für ihn fremden Kultur.
2. Das Eigene und das Fremde: Beurteilen Sie die Sichtweisen der jeweils anderen Kultur.

Christen und Muslime im Mittelalter – ein Kampf der Kulturen? Fassen Sie die Formen der Begegnung zusammen und beurteilen Sie die Kontakte für den mittelalterlichen Menschen und für unsere heutige Zeit.

Umgang mit historischen Karten

Alle Kulturen haben Vorstellungen und Kenntnisse von dem Raum und der Zeit, in denen sich ihre Geschichte und Gegenwart abspielt. Manchmal überliefern uns Karten davon Informationen. Diese Karten sind für Historiker bedeutsam als Quellen. Karten mit Quellencharakter nennt man »historische Karten«. Sie unterscheiden sich von Geschichtskarten dadurch, dass sie nicht die Ergebnisse der heutigen Geschichtsforschung enthalten.
Historische Karten geben Aufschluss über den geografischen Kenntnisstand vergangener Zeiten, erlauben aber noch weitere historische Erkenntnisse über:

- Wissen, Zustände und Besitzverhältnisse
- zeitgenössische technische Möglichkeiten der geografischen Vermessung und Kartendarstellung
- das Weltbild und die Denkhorizonte des Kartografen und seines Kulturkreises
- das Erkenntnisinteresse der Zeit und die Informationsabsichten der Auftraggeber und/oder der Kartenautoren.

77 **Radkarte** des Bischofs und Kirchenlehrers Isidor von Sevilla (um 560–636) aus seinen Etymologiae, die enzyklopädisch das gesamte Wissen seiner Zeit enthalten und im Mittelalter eine Hauptquelle des Wissens über die Antike und das christliche Altertum waren.

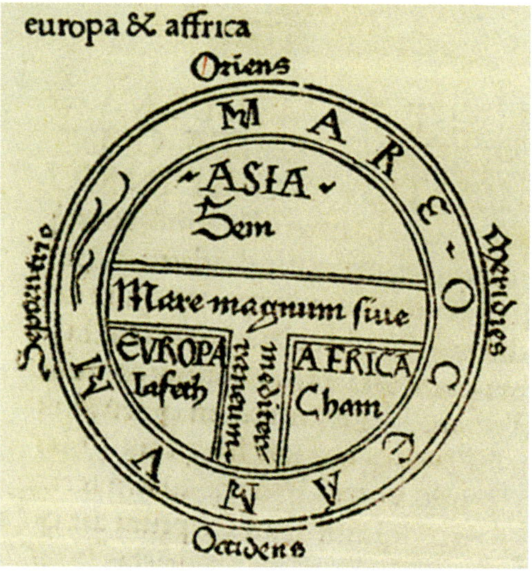

Übersetzen Sie die Schriftzeichen und klären Sie, inwieweit die Karte die geografischen Kenntnisse der Christen und deren Weltbild widerspiegelt.

Vor allem durch schriftliche Quellen wissen wir von Karten aus der Antike. Bereits die Griechen verfügten über Kenntnisse von der Kugelgestalt der Erde (aristotelisch-ptolemäisches Weltbild). Diese vermittelten sie den Römern, die Karten vornehmlich für praktische Zwecke nutzten, um Marschwege und Entfernungen zu verzeichnen. Die Auffassung von der Kugelgestalt der Erde ging auch im Mittelalter nicht verloren. Der Ausgangspunkt christlicher Raumvorstellung war das Wirken Christi und die durch die Bibel vermittelte Weltsicht. Dabei ging es den christlichen Kartografen häufig weniger um eine exakte Abbildung des Raumes als vielmehr um die Erklärung der Welt mit Symbolen. Erst die Renaissance und die Entdeckungsfahrten Ende des 15. Jahrhunderts ermöglichten die Überwindung dieses heilsgeschichtlichen Weltbildes. Forschungsergebnisse und die Erfahrungen der Entdecker widerlegten die Auffassungen der Heiligen Schrift und der Kirchenväter, sodass ein durch Religion und Tradition legitimiertes Weltbild überwunden wurde. Andere Kulturkreise waren den Christen in Bezug auf geografische Kenntnisse oft weit voraus. Die Chinesen hatten beispielsweise durch Handelsreisen zur See bereits im 13. Jahrhundert recht präzise Vorstellungen von Europa, Asien und Teilen Afrikas.

Seit dem 16. Jahrhundert spiegeln europäische Karten die Zunahme der geografischen Kenntnisse wider. Neu entdeckte Länder und Küstenverläufe wurden in Karten aufgenommen. Häufig entsprechen diese Abbildungen nicht unseren Seh- und Wahrnehmungsgewohnheiten. Allein unbekannte Namensgebungen und der Namenswandel von Orten, Flur- und Geländebezeichnungen belegen dies. Zur Entschlüsselung solcher Karten sind häufig auch Kenntnisse der Heraldik, Ikonografie und der Kunst nötig, da historische Karten z.T. Wappen, mythologische Darstellungen und Verzierungen enthalten.

Im Verlauf des 17. Jahrhunderts ließen Grundherren ihre Flächen (Eigenbesitz, Pachtland, Lehen) vermessen. Die dabei angefertigten Karten sind für uns heute wertvolle Quellen zur Agrar-, Sozial- und Rechtsgeschichte. Erst die modernen Nationalstaaten seit dem 19. Jahrhundert verfügten über eine gesicherte Datenbasis, um Straßennetze, Industriestandorte und Einwohnerzahlen mithilfe von Karten annähernd exakt abzubilden.

78 **Weltkarte** des arabischen Geografen Abu Abdallah Muhammad Idrisi (1100 bis 1164), 1154. Muslimische Kartografen richteten ihre Karten üblicherweise nach Süden aus.

Für Geschichtskarten aus dem 20. Jahrhundert – ob ursprünglich geografischen oder politischen Inhalts – gilt natürlich auch, dass sich jede Karte irgendwann in eine historische Karte verwandelt. Ein deutscher Geschichtsatlas aus der Zeit vor dem Zweiten Weltkrieg oder der nationalsozialistischen Herrschaft weist andere Akzente und Perspektiven auf als heutige Geschichtskarten. Häufig hatten solche Karten einen propagandistischen Zweck, der erst durch die sorgfältige Analyse der verwendeten Begriffe, Symbole und Farben erschlossen werden kann. Der Betrachter muss daher historische Karten ebenso sorgfältig untersuchen wie andere Quellen, um die Intention und den Standort des Kartenautors oder des Auftraggebers zu bestimmen.

Beschreiben Sie möglichst detailliert die geografischen Kenntnisse von Abu Abdallah Muhammad Idrisi und vergleichen Sie die Karte mit der christlichen (77). Interpretieren Sie die Vorstellungen und das Wissen der beiden Kulturen von der Welt.

Mögliche Arbeitsschritte zur Untersuchung von historischen Karten:

Die Interpretation von historischen Karten folgt in vielen Punkten der von Geschichtskarten (s. S. 14 f.). Jedoch gibt es auch spezifische Anforderungen:

- Enthält die Karte für die Kultur und den Zeitraum typische Rauminformationen und Raumbilder?
- Über welche Kenntnisse und Erfahrungen über den Raum verfügte die Kultur und /oder der Kartograf?
- Welche (religiösen, kulturellen, politischen) Vorstellungen prägten die zeitgenössische Kartografie?
- Inwiefern haben die abgebildeten Objekte symbolische Funktion?
- Unterscheiden sich die verwendeten Zeichen (z. B. Entfernungsangaben in Tagesmärschen) von der heute üblichen Darstellungsform?
- Gibt es inhaltliche Beziehungen zwischen der historischen Karte und zeitgenössischen Texten (z. B. Reiseliteratur oder Enzyklopädien)?

Erkundigen Sie sich in Bibliotheken und Stadtarchiven nach historischen Plänen und Ansichten Ihrer Stadt. Untersuchen Sie diese und verfassen Sie zu den Plänen eine kleine Geschichte der Stadtentwicklung.

79 Weltkarte aus einem englischen Gebetbuch, 13. Jahrhundert.

80 Historische Karten und das christlich-mittelalterliche Weltbild

a) In der Schöpfungsgeschichte heißt es über den Garten Eden:

In Eden entspringt ein Strom. Er bewässert den Garten und teilt sich dann in vier Arme. Der erste heißt Pison; er fließt rund um das Land Hawila. Dort gibt es reines Gold, kostbares Harz und den Edelstein Karneol. Der zweite heißt Gion; er fließt rund um das Land Kusch. Der dritte heißt Tigris, fließt östlich von Assyrien. Der vierte Strom ist der Euphrat.

Die Bibel, 1. Mose 2, 10–14.

b) Der Prophet Ezechiel verkündet:

So spricht Gott, der Herr: Das ist Jerusalem. Ich habe es mitten unter die Völker und die Länder gesetzt.

Die Bibel, Ezechiel, 5,5.

Interpretieren Sie die Karte (79) mithilfe der Bibelstellen (80a und b). Ziehen Sie auch die Hinweise zum Umgang mit historischen Karten heran.

5. EIN KAMPF DER KULTUREN BIS HEUTE?

Entwicklungen bis heute

Das Verhältnis des christlich-europäischen und des islamischen Kulturkreises ist im Mittelalter entscheidend geprägt worden. Doch erfuhren die Beziehungen tief greifende Veränderungen auch in der Neuzeit: Die weltweite europäische Expansion gipfelte im Kolonialismus, im Imperialismus, in Rassismus und in einer vom Westen beherrschten Weltwirtschaft im Zeitalter der Globalisierung. Die derzeitige Diskussion um einen Kampf der Kulturen ist nur vor diesem historischen Hintergrund zu verstehen. Spezifisch westliche Entwicklungen verstärkten die kulturelle Differenz: Heute beruft sich der Westen auf Demokratie und Menschenrechte, auf individuelle Freiheitsrechte ebenso wie auf die Tradition der Aufklärung und der Säkularisierung, die zur Trennung von Staat und Kirche führte (s. S. 227).

81 **»Verderber der Welt«** Ölgemälde von Hussain Chosrodscheri, um 1979.

Chosrodscheri ist Absolvent der Teheraner Kunstfakultät und Befürworter der iranischen Revolution von 1979. Erkundigen Sie sich zu diesem Ereignis und interpretieren Sie daraufhin das Gemälde.

Auf diese Herausforderungen westlicher Modernität reagieren Muslime sehr verschieden. Im Westen nimmt man oft lediglich die so genannten Fundamentalisten wahr. Wenn wir in den Medien von Ausschreitungen zwischen Hindus und Muslimen oder von Christenverfolgungen in muslimischen Ländern lesen, ist dies Beleg für einen Kampf der Kulturen? Der Begriff Fundamentalismus ist jedoch erstmals in den USA geprägt worden und bezog sich ursprünglich auf bestimmte Formen des dortigen Protestantismus. Fundamentalismus auf beiden Seiten?

Geschichte ist für Fundamentalisten Heilsgeschichte. Sie deuten historische Entwicklungen als einen Prozess, der auf ein von Gott bestimmtes Ziel hinläuft. Für religiös geprägte Menschen früherer Zeiten und heute ist Geschichte durch ihre Glaubenswelt bestimmt. So ist z. B. entscheidend, ob man die Bibel und den Koran ausschließlich als von Gott offenbarte Wahrheit ansieht oder sie als Schriften betrachtet, die unter historischen Umständen und von bestimmten Personen verfasst wurde. Die rationale Analyse historischer Fakten widerspricht dann häufig religiöser Empfindung. Daher sind sich die meisten Historiker darin einig, dass Geschichtsbetrachtung mit Standortbestimmung zu tun hat, diese wiederum mit der Identität des Menschen als Einzelperson, als Staatsbürger oder als Mitglied eines Kulturkreises zusammenhängt.

Kulturelle Identität durch Abgrenzung?

In der Abgrenzung zum Anderen, zum Fremden bestimmen Menschen oft ihre Identität: Ein türkisches Mädchen mit Kopftuch auf dem Schulhof ist für viele ein vertrautes Bild, aber ist es auch ein akzeptiertes? Zeigt sich in der Ablehnung des Kopftuchs bereits ein »Kampf der Kulturen«? Und wird die Identität eines Menschen nur durch Abgrenzung zu anderen Kulturen bestimmt? Gleicht diese Abgrenzung nicht der gegenüber dem kulturell gleichen, aber anderssprachigen Nachbarvolk, zur Nachbargemeinde, zur Nachbarschule?

82 Geschichte: Welt- oder Heilsgeschichte?

a) Zwei Wissenschaftler zum islamischen Geschichtsverständnis:

Der Muslim betrachtet Geschichte als notwendige Vorstufe zum Jenseits (Paradies). Jedes Ereignis hat für ihn einen doppelten Bezug: Im Diesseits sollen die Muslime gemeinschaftlich eine ideale Gesellschaft (Umma) aufbauen; und im Jenseits müssen sie sich für die geschichtlichen Aktivitäten verantworten. Für den Muslim ist Geschichte auch deshalb bedeutsam, weil Religion und Politik eine Einheit bilden und die staatliche Geschichtsschreibung nicht unabhängig von theologischen Einflüssen war.

Monika und Udo Tworuschka, Kleines Lexikon Islam, Konstanz 1992, S. 50.

b) Friedrich Engels (1820–1895) zu Marxismus und Geschichte:

Die materialistische Anschauung von der Geschichte geht von dem Satze aus, dass die Produktion, und nächst der Produktion der Austausch ihrer Produkte, die Grundlage aller Gesellschaftsordnung ist; dass in jeder geschichtlich auftretenden Gesellschaft die Verteilung der Produkte und mit ihr die soziale Gliederung in Klassen oder Stände sich danach richtet, was oder wie produziert und wie das Produzierte ausgetauscht wird. Hiernach sind die letzten Ursachen aller gesellschaftlichen Veränderungen und politischen Umwälzungen zu suchen nicht in den Köpfen der Menschen, in ihrer zunehmenden Einsicht in die ewige Wahrheit und Gerechtigkeit, sondern in den Veränderungen in der Produktions- und Austauschweise, sie sind zu suchen nicht in der Philosophie, sondern in der Ökonomie der Epoche.

Friedrich Engels, Die Entwicklung des Sozialismus von der Utopie zur Wissenschaft, in: Fischer Bücherei des Wissens, Marx-Engels I (Studienausgabe), Frankfurt 1966, S. 164.

c) Das Kommunistischen Manifest, 1848:

Die Geschichte aller bisherigen Gesellschaft ist die Geschichte von Klassenkämpfen. Freier und Sklave, Patrizier und Plebejer, Baron und Leibeigener, Zunftbürger und Gesell, kurz, Unterdrücker und Unterdrückte standen in stetem Gegensatz zueinander, führten einen ununterbrochenen, bald versteckten, bald offenen Kampf, ein Kampf, der jedesmal mit einer revolutionären Umgestaltung der ganzen Gesellschaft endete oder mit dem gemeinsamen Untergang der kämpfenden Klassen.

Marx-Engels, Manifest der kommunistischen Partei (1848), in: Fischer Bücherei des Wissens, Marx-Engels I (Studienausgabe), Frankfurt 1966, S. 59.

d) Der amerikanische Historiker F. Fukuyama zum Lauf der Geschichte, 1992:

Es ist aufschlussreich, die internationale Politik einmal unter dem Gesichtspunkt des Kampfes um Anerkennung zu betrachten. Das Streben um Anerkennung, das zunächst zwei einzelne Kombattanten zur ersten blutigen Schlacht um Prestige trieb, führt logischerweise zu Imperialismus und zur Gründung von Weltreichen. Das Verhältnis von Herr und Knecht im privaten Bereich wiederholt sich zwangsläufig auf der staatlichen Ebene, wo ganze Nationen um Anerkennung streben und blutige Schlachten um die Vorherrschaft schlagen. Der Nationalismus, eine moderne, aber noch nicht wirklich rationale Form des Strebens nach Anerkennung, ist in den letzten hundert Jahren die Ausdrucksform des Kampfes um Anerkennung gewesen, und er war die Quelle der schlimmsten Konflikte dieses Jahrhunderts. Nationalistisches Streben um Anerkennung hat zur Welt der »Machtpolitik« geführt, wie sie von außenpolitischen »Realisten« wie Henry Kissinger beschrieben wird.

Francis Fukuyama, Das Ende der Geschichte, München 1992, S. 22.

e) Geschichte und Kulturen nach S. P. Huntington:

Die menschliche Geschichte ist die Geschichte von Kulturen. Es ist unmöglich, die Entwicklung der Menschen in anderen Begriffen zu denken. Sie erstreckt sich über viele Generationen von Kulturen, angefangen bei der alten sumerischen und ägyptischen über die klassische und mesoamerikanische bis hin zur westlichen und islamischen, begleitet von einer Reihe unterschiedlicher sinischer und hinduistischer Kulturen.

Für alle Zeiten waren Kulturen für die Menschen Gegenstand ihrer umfassendsten Identifikation. Infolgedessen sind Voraussetzungen, Entstehung, Aufstieg, Wechselwirkungen, Errungenschaften, Niedergang und Verfall der Kulturen von den hervorragendsten Historikern, Soziologen und Anthropologen erforscht worden.

Samuel P. Huntington, Kampf der Kulturen, München 1996, S. 49.

1. Stellen Sie thesenartig das jeweilige Geschichtsverständis gegenüber (82a–d) und vergleichen sie die Ergebnisse mit christlichen Vorstellungen zur Heilsgeschichte (vgl. Kap.1.3.2.).
2. Diskutieren Sie, ob und wie überzeugungskräftig die Erklärungsmodelle für eine Geschichte der Menschheit sind.

83 Der Fundamentalismus heute

a) Bassam Tibi über Entwicklungen in der islamischen Welt im 20. Jahrhundert: Oberflächlich betrachtet trat der Islam nach 1924, als Kemal Atatürk das letzte Kalifat, das der Osmanen, abgeschafft hatte, politisch in den Hintergrund. Zwar wurde 1928 die erste fundamentalistische, eine islamische Ordnung predigende Bewegung, die Muslimbruderschaft von Hasan el-Banna, in Ägypten gegründet. Aber diese Bestrebung galt damals als Anachronismus.

Die nach Paris entsandten Emissäre des Kalifen von Istanbul, die herausfinden sollten, worin das Geheimnis der neuen Weltmacht Westen bestand, waren mit der einfachen Botschaft zurückgekommen: »Wissenschaft und moderne Technologie«.

Seitdem waren viele Muslime bemüht, sich diese neuen Errungenschaften anzueignen, wobei ihnen zu Beginn nicht bewusst war, dass sich die westliche Moderne nicht in einen instrumentell zu übernehmenden und einen kulturell abzulehnenden Teil halbieren lässt: Man kann nicht die moderne Wissenschaft und Technologie übernehmen – aber den ihnen zugrunde liegenden Geist der Säkularität ablehnen.

Nach rund hundert Jahren eines islamischen Reformismus und einem halben Jahrhundert eines säkularen, am Westen orientierten Nationalismus, war der Weg geebnet für einen erneuerten Islam, aber nicht eines aufgeklärt-liberalen, sondern eines politisch-religiösen, der Gottesordnungsvorstellung in der Welt verwirklichen möchte.

Informieren Sie Ihre Mitschüler über den europäischen Kolonialismus und Imperialismus in der islamischen Welt.

Angebote für ein Fächer verbindendes Projekt: Der christlich-europäische Westen und die islamische Welt

Erdkunde: Verbreitung der islamischen Religion heute – Die orientalische Stadt und ihre Wohnstruktur heute und in der Vergangenheit – Klima, Naturraum und Landwirtschaft in Nordafrika und im Vorderen Orient heute – Migration nach Europa aus der islamischen Welt

Ethik/Religion: Entstehung, Überlieferung und Lehre der christlichen, jüdischen und islamischen Religion – Das christliche und islamische Menschenbild – Besuch einer Moschee

Sozialwissenschaften: Wirtschaftliche und politische Rechte von Frauen in islamischen Staaten – Rohöl: Die Waffe der arabischen Welt? – Die Balkankriege: Ein Kampf zwischen Kulturen? – Muslime im heutigen Europa – Islamischer Extremismus in Deutschland – Probleme von Migrantenkindern

Deutsch: Literarische Zeugnisse zur christlich-islamischen Geschichte (z. B. »Tausend und eine Nacht«)

Geschichte: Kolonialisierung und Dekolonialisierung in der islamischen Welt – Die Geschichte der modernen Türkei – Islamisierung von Staat und Gesellschaft am Beispiel des Irans und Afghanistans

Verständigen Sie sich im Plenum über die Vorschläge und bilden Sie Gruppen zur arbeitsteiligen Realisierung der Projekte. Bereiten Sie am Ende Ihre Ergebnisse für die Präsentation in der Gruppe vor.

Für diese neue Strömung sind viele Begriffe geprägt worden, die von »Integrismus« bei den Franzosen, über »Fundamentalismus« bei den Amerikanern und Deutschen zu »Islamismus« bei den Muslimen reichen. Die Träger des Phänomens bevorzugen die Bezeichnung »el-Sahwa el islamija« (das islamische Erwachen). Es ist nicht ohne Belang, für welchen der angeführten Begriffe man sich entscheidet, doch unstrittig ist bei allen Betroffenen der Anspruch, der mit dieser Bewegung verbunden ist: Wiederherstellung des »Dar el-islam« (Haus des Islam) als Weltmacht. Das ist der Inhalt der erneuerten Bindung des Islams an die Politik.

Bassam Tibi, Der Islam. »Räumt unser heiliges Land«, in: Spiegel des 20. Jahrhunderts, hrsg.v. Dieter Wild, Hamburg 1999, S. 52–65, hier S. 53f.

b) Mohammed Arkoun, aus Algier stammender Professor für islamische Studien, zu Fundamentalismus und politischer Gewalt, 1987:

Schildern Sie Ihren Mitschülern den Fall des Schriftstellers Salman Rushdie und erläutern und problematisieren Sie daran den »Kampf der Kulturen«.

Wenn man im Westen vom islamischen Fundamentalismus spricht, versucht man zuweilen die Anwendung von Gewalt aus dem Islam heraus erklären zu wollen. Mir scheint das eine typisch westliche Fantasie zu sein. Man will sich offenbar des Islams als eine Art Sündenbock bedienen, um über die Gewalt in den eigenen europäischen Gesellschaften hinwegzugehen, um sagen zu können: In Europa, ja, da hat man sich von seinen mittelalterlichen Instinkten befreit, während anderswo die Gesellschaften unterentwickelt geblieben sind. [...]

Was heißt das denn wirklich: »Fundamentalismus«? Der Fundamentalismus ist die Haltung eines Gläubigen, für den ein Absolutum existiert. Im Christentum wie im Islam. Ein Absolutum, das von Gott selber in der Heiligen Schrift offenbart wurde.

In den heutigen islamischen Gesellschaften herrscht der Absolutheitsanspruch des Glaubens. Es gibt keine rationalistische, analytisch-kritische Kultur, die hier kompensiert oder ergänzt, eine Kultur, wie sie sich im Westen – gegen den erbitterten Widerstand des Klerus und fundamentalistischer Kreise – in Jahrtausenden herausgebildet hat. Eine moderne Kultur in diesem Sinne, das ist wahr, findet man in den islamischen Gesellschaften kaum. Und so sind viele junge Menschen – denn um die geht es hier – ohne jede intellektuelle Erfahrung, was eine »moderne Kultur« betrifft, und daher am Ende bereit, für ihre fundamentalistisch-nichtreflektierte Hingabe an das religiöse Absolutum notfalls auch zu sterben, denn sie wähnen sich im Besitz der absoluten, weil von Gott offenbarten Wahrheit.

Aus: Die Zeit, 10.7.1987.

c) Thomas Meyer zur Ähnlichkeit von fundamentalistischen Bestrebungen:

Fundamentalismus als Extremform der Politisierung kultureller Differenz ist eben weder auf die Kultur des Westens begrenzt, die einst den Begriff hervorgebracht hat, noch bestimmten Kulturen, wie etwa einer besonders verbreiteten Auffassung zufolge dem Islam, wesensverwandt oder gar vorbehalten. Es ist ebenso wenig ein bloß westliches Analyseinstrument, für das sich in anderen Kulturen wohl Beispiele finden lassen mögen, das aber den fremden Kulturen durch westliche Sichtweise bloß aufgenötigt wurde. Der kulturübergreifende Vergleich zeigt aber stattdessen, dass alle Kulturen unter beschreibbaren Bedingungen neben der modernisierenden und der traditionalistischen auch eine fundamentalistische Strömung der Selbstaktualisierung hervorbringen, die in ihren Strukturmerkmalen und ihren Funktionen trotz der großen Unterschiede der kulturellen Umwelten überall dieselben Eigenschaften zeigt und überall vergleichbare politische und psychologische Bedürfnisse bedient.

Dieser Befund schließt ein eigenes Szenario des globalen Wechselspiels von Politik und Kultur ein, in dem die Frontlinien des Kampfes der politisierten Kulturen nicht zwischen den großen Kulturen verlaufen, sondern in ihrem Innern selbst. Die modernisierenden Strömungen, die in unserer Zeit längst schon in allen Kulturen Fuß gefasst haben, ähneln einander in den Strukturen ihres Programms, das der Durchsetzung von Individualisierung, Rationalisierung, Universalismus, Pluralismus und Trennung von Religion und Staat gewidmet ist. [...]

Der Fundamentalismus sagt den beiden konkurrierenden Strömungen – Modernismus und Traditionalismus – in jeder der Kulturen den Kampf an und verficht kompromisslos das Ziel, durch seine eigene unbedingte Vorherrschaft mit der Übernahme der politischen Macht wieder die wahre Identität der überlieferten Kultur aus aller Verunreinigung neu auferstehen zu lassen und damit die Gesellschaft von den quälenden Problemen der Modernisierung ein für alle Mal zu heilen.

Thomas Meyer, Identitätswahn. Die Politisierung des kulturellen Unterschieds, Berlin 1997, S. 80ff.

84 **Karikatur** von Miriam Pim, o.J.

Interpretieren Sie die Karikatur mithilfe der Darstellungen (94a–e).

d) Barry Buzan zum »kalten Krieg« zwischen dem Westen und dem Islam, 1991:
Diese Entwicklung hat zum Teil mit säkularen contra religiösen Werten zu tun, zum Teil mit der historischen Rivalität zwischen Christenheit und Islam, zum Teil mit der Eifersucht der westlichen Macht, zum Teil mit Ressentiments gegenüber der Dominanz des Westens bei der postkolonialen politischen Strukturierung des Nahen Ostens und zum Teil mit der Verbitterung und Demütigung durch den unerfreulichen Vergleich der Leistungen der islamischen mit denen der westlichen Zivilisation in den letzten zweihundert Jahren.

Barry Buzan, New Patterns, S. 448f; zit. nach Samuel P. Huntington, Der Kampf der Kulturen, München/Wien 1996, S. 340.

e) Bernard Lewis, westlicher Islamwissenschaftler, zur »muslimischen Wut«, 1990:
Es sollte nun deutlich geworden sein, dass wir es mit einer Stimmung und mit einer Bewegung zu tun haben, die die Ebene der Streitfragen und Politiken und der sie verfolgenden Regierungen weit hinter sich lassen. Es handelt sich um nichts weniger als einen »Kampf der Kulturen« – jene vielleicht irrationale, aber gewiss historische Reaktion eines alten Rivalen auf unser jüdisch-christliches Erbe, unsere laizistische Gegenwart und die weltweite Expansion von beidem. Es ist von alles entscheidender Bedeutung, dass wir unsererseits uns nicht zu einer gleichermaßen historischen, aber gleichermaßen irrationalen Reaktion auf diesen Rivalen provozieren lassen.

Bernard Lewis, The Roots of Muslim Rage: Why so many Muslims deeply resent the West and why their Bitterness will not be easily mollified, Athlantic Monthly 1266 (Sept. 1990), S. 60; zit. nach: Samuel P. Huntington, Der Kampf der Kulturen, München/Wien, 1996, S. 341.

1. Definieren Sie mithilfe der Darstellungen (83a–e) den Begriff »Fundamentalismus«.
2. Diskutieren Sie, ob man von einem »Kampf der Kulturen« zwischen muslimischen Fundamentalisten und dem Westen sprechen kann.
3. Recherchieren Sie im Internet mithilfe von Suchmaschinen Informationen zu christlichem und islamischem Fundamentalismus. Stellen Sie Ihre Ergebnisse dem Kurs vor.

1880 BIS 1930 – DURCHBRUCH DER MODERNE?

1 Elektrische Fee
Plakat für die »Allgemeine Elektricitäts-Gesellschaft« von Louis Schmidt, Farblithografie (84,4 x 54 cm), 1888.

Zwei Mal »Moderne« im Bild. Nennen Sie die Einzelelemente der Bilder und erläutern Sie die verwendeten Symbole. Formulieren Sie zusammenfassend die »Botschaft« beider Bilder und erklären Sie die unterschiedliche Sichtweise aus der Entstehungszeit.

LICHT UND SCHATTEN

Nie zuvor in der Geschichte hat sich die Lebenswelt der Menschen in Europa und Nordamerika so rasch und tief greifend verändert wie zwischen etwa 1880 und 1930. Die Industrie wurde zum dominierenden Teil der Volkswirtschaft. Neue Branchen – Elektrotechnik und Chemie – entwickelten sich. Fließband und Schreibmaschine rationalisierten die Arbeit in Fabrik und Büro. Konzerne entstanden, die internationalen Handelsbeziehungen wurden immer enger – die ersten Ansätze der »Globalisierung«.

Die Gesellschaft kam in Bewegung: Neue soziale Schichten und Gruppen bildeten sich, alte wandelten sich. Massenorganisationen – Parteien, Gewerkschaften, Interessenverbände – wurden ins Leben gerufen. Ganze Stadtlandschaften breiteten sich aus und bildeten neue Arbeits- und Lebenszentren, in denen sich die Menschen zusammenballten.

Eisenbahn, elektrische Straßenbahn, das Fahrrad und langfristig Auto und Flugzeug revolutionierten den Verkehr, Telegrafie und Telefon die Nachrichtenvermittlung und die private Kommunikation. Fotografie und Film machten Bilder allgegenwärtig, sie vermittelten ein neues, »visuelles« Weltbild. Radio und später Fernsehen eröffneten völlig neue Formen von Massenunterhaltung und -beeinflussung. Neue Welten des Konsums und der Freizeitgestaltung taten sich auf: Warenhäuser, Kinos, Kabaretts, Zoos und Sportstätten. Kirche und Glauben verloren an Bedeutung. Ein naturwissenschaftliches Weltbild setzte sich durch: Rationale trat an die Stelle religiöser Welterklärung. Zu diesem Prozess der Verweltlichung und Verwissenschaftlichung trug entscheidend das Bildungswesen bei: Hochschulen, höhere und niedere Schulen gleichermaßen. Und auch die Künste trennten sich von hergebrachten Darstellungsweisen; auf die Veränderung der Wirklichkeit reagierten sie mit einer gewandelten Sicht auf die Wirklichkeit, Dichter ebenso wie Maler und Musiker.

Alles wurde massenhaft: Massenproduktion, Massengesellschaft, Massenverkehr, Massenkonsum, Massenunterhaltung, Massenbildung. In wesentlichen Grundzügen entstand unsere heutige Lebens- und Arbeitswelt.

Doch nicht nur Europa selbst veränderte sich. In den Achtzigerjahren des 19. Jahrhunderts teilten die europäischen Mächte die noch freien Gebiete der Erde untereinander auf. Alte Reiche wurden zerschlagen, Grenzen ohne Rücksicht auf Stammesgebiete neu gezogen. Die Bedürfnisse der Kolonialmächte bestimmten zudem die wirtschaftliche Entwicklung der unterworfenen Gebiete. Dadurch entstanden Abhängigkeiten, die bis heute fortwirken.
Die »Europäisierung« der Welt erhöhte zugleich die Spannungen zwischen den europäischen Mächten. Die bisherige relativ stabile internationale Ordnung geriet ins Wanken. Die Entfesselung nationaler Leidenschaften und Interessen eskalierte in der globalen Katastrophe des Ersten Weltkriegs. Auch der Krieg erreichte nun neue Dimensionen, von den Massenheeren bis zum Massensterben.

2 **»Blinde Macht«**
Ölgemälde (179 x 100 cm) von Rudolf Schlichter, 1937.

Schon um die Jahrhundertwende haben die Zeitgenossen diese Epoche voller Veränderungen mit dem Begriff »Moderne« bezeichnet. Wegen der Gegenwartsnähe und Gegenwartsbedeutung der um 1900 einsetzenden Entwicklungen spricht die Geschichtsschreibung vom »Durchbruch der Moderne«. Was bedeutete dieser »Durchbruch« für die Zeitgenossen? Wie veränderte sich ihre Arbeit, ihr Alltag? Wie konnten sie das Neue »mental« verarbeiten? Welche Unterschiede gab es zwischen Bürgern und Arbeitern, Frauen und Männern, Erwachsenen und Kindern? Schon damals haben die Betroffenen die Veränderungen ambivalent wahrgenommen und auch aus heutiger Sicht sind eindeutige Urteile schwierig, stellt sich die Vergangenheit ebenso vielfältig wie verwirrend dar.

1. DEUTSCHLAND WIRD INDUSTRIE- UND SOZIALSTAAT

In allen wirtschaftlich entwickelten Staaten Europas setzte in den Neunzigerjahren ein neuer, kräftiger Aufschwung ein. Historikerinnen und Historiker bezeichnen die quantitativen und qualitativen Veränderungen, die in der Endphase des 19. Jahrhunderts bis zum Ersten Weltkrieg vonstatten gingen, auch als »zweite« industrielle Revolution. Deutschland wurde in dieser Zeit endgültig zum Industriestaat und errang auch international eine Spitzenposition.

Um 1850	Fast 50 Jahre später als in England, ihrem »Mutterland«, setzt in Deutschland die industrielle Revolution ein. Eisenbahn, Schwerindustrie und Maschinenbau sind die »Führungssektoren«.
1871–1873	In den »Gründerjahren« (Gründung des Deutschen Reichs im Januar 1871) erreicht der industrielle Boom seinen Höhepunkt. Er führt zu Überproduktion und Spekulationsfieber.
1873–1878	Die »Gründerkrise« ist der massivste Wirtschaftseinbruch in Deutschland seit Beginn der Industrialisierung.
1878–1895	Der »Gründerkrise« folgt eine lange Phase wirtschaftlicher Stagnation und konjunktureller Schwankungen (»Große Depression«).
1884	Berlin beginnt mit der Einführung der elektrischen Straßenbeleuchtung. Die ersten Elektrizitätswerke entstehen.
1890–1895	Eine neue Hochkonjunktur setzt ein. Deutschland wird zu einem der führenden Industriestaaten.
1911	Frederick Winslow Taylor arbeitet sein System der Rationalisierung aus (Taylorismus).
1913	Henry Ford setzt in den USA das Fließband zur Massenproduktion von Autos ein.

1.1 Die Industrialisierung setzt sich durch

Chemie- und Elektroindustrie

Die Hochkonjunktur am Ende des 19. Jahrhunderts wurde in Deutschland besonders von der Elektro- und Chemieindustrie beflügelt. Aber auch die Eisen- und Stahlindustrie, der Kohlebergbau und der Maschinenbau expandierten weiter. Mit Elektrotechnik und Chemie entwickelten sich noch junge Industriezweige zu neuen industriellen »Führungssektoren«. Die deutschen Firmen profitierten davon, dass sie gegenüber England Nachzügler waren. Sie konnten ohne Rücksicht auf vorhandene Anlagen und Investitionen die neuesten Produktionsverfahren einführen. Zugute kam ihnen außerdem, dass in Deutschland Wirtschaft und Wissenschaft enger verknüpft waren als anderswo.

3 Labor der Firma Bayer Foto, um 1900.

Referieren Sie über die chemischen und medizinischen Fortschritte um 1900. Zeigen Sie an Beispielen, wie sich die enge Verknüpfung von Wirtschaft, Wissenschaft und Politik auswirkte.

Besonders schnell wuchs im letzten Drittel des 19. Jahrhunderts die Elektroindustrie. Siemens und die AEG (Allgemeine Elektrizitäts-Gesellschaft) waren die beherrschenden Firmen in Deutschland und auf dem Weltmarkt. Die Nachfrage nach elektrotechnischen Produkten stieg rapide an: Die Beleuchtung mit Strom verbreitete sich, der Elektromotor war die ideale Allzweck-Antriebsmaschine für Industrie, Handwerk und das neue städtische Massenverkehrsmittel, die Straßenbahn.
Gegen Ende des Jahrhunderts wurden die Betriebe immer größer und der Marktanteil der großen Betriebe nahm immer stärker zu. Der wachsende Wettbewerb führte zur Entstehung von Konzernen oder zur Bildung von Kartellen.

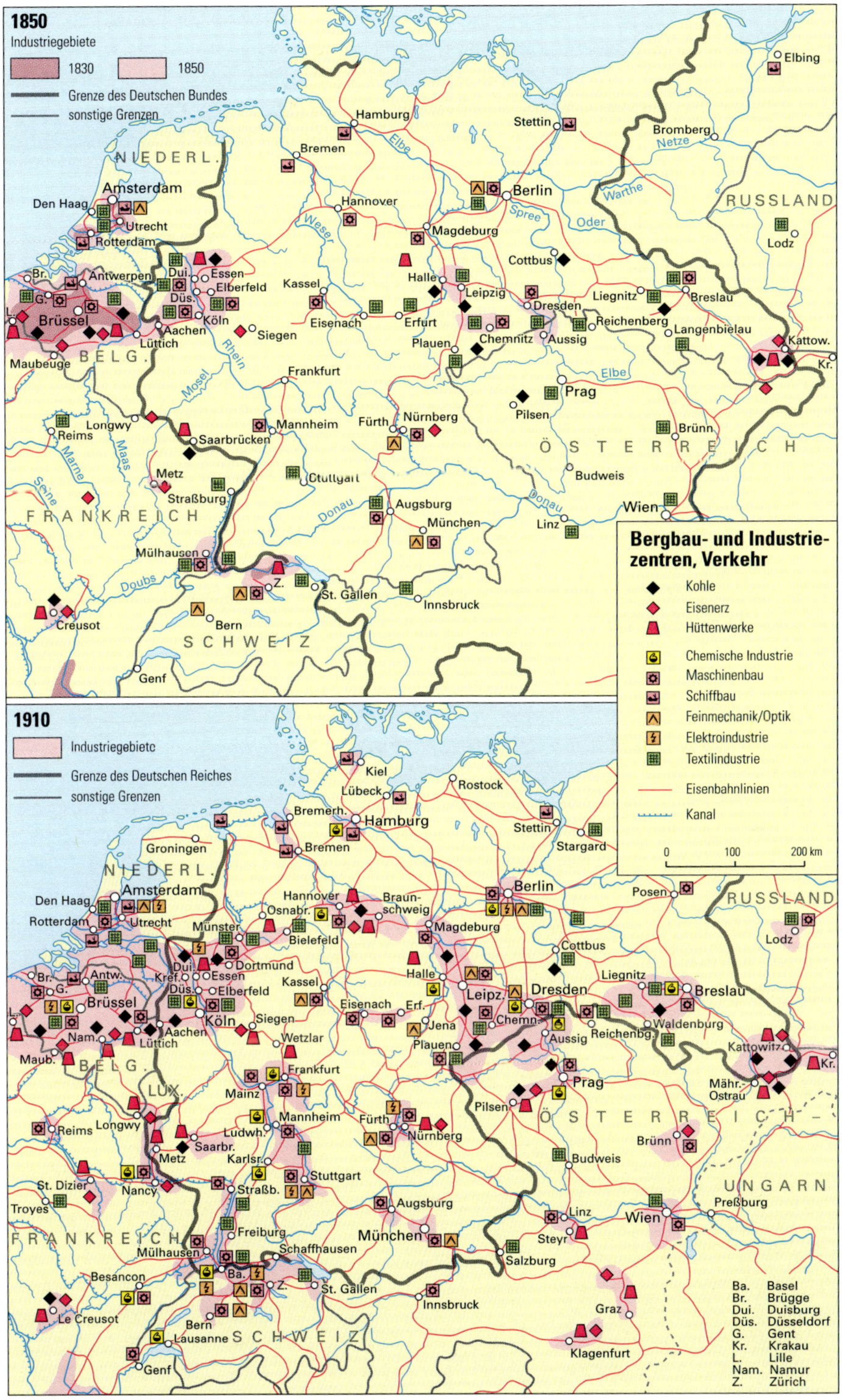

4 Industrialisierung in Deutschland und Mitteleuropa 1830–1910

Erarbeiten Sie anhand der Karten die industriellen Profile der verschiedenen Entwicklungszentren und -räume. Untersuchen Sie, welche Standortfaktoren dabei jeweils eine Rolle spielen. Berücksichtigen Sie dabei auch die Lage innerhalb Deutschlands und die Verbindung zu außerdeutschen Industriegebieten.

Folgen für Handwerk und Landwirtschaft

Auswirkungen hatte die Industrialisierung auch für Handwerk und Landwirtschaft. Manche Handwerke starben aus, weil die Industrie ihre Waren massenhaft und konkurrenzlos billig produzieren konnte (Glaser, Böttcher, Seiler, Drechsler, Weber). Andere Handwerke, vor allem im Baugewerbe, entstanden neu. Viele produzierten nicht mehr ganz selbstständig, sondern übernahmen die Weiterverarbeitung industrieller Halbfabrikate oder wurden – wie Schuster und Schneider – zu Reparaturhandwerkern. Die Landwirtschaft machte selber einen tief greifenden Industrialisierungsprozess durch. Neben der verstärkten Verwendung von Ernte- oder Dreschmaschinen begann die Chemisierung: Durch den Einsatz von Kunstdünger (Kali, Phosphate, Stickstoff) stiegen in Deutschland die Hektarerträge an Getreide und Kartoffeln zwischen 1880 und 1914 auf das Doppelte.

Massenproduktion

Ein weiterer großer Schritt in der Geschichte der Industrialisierung war die Entwicklung der Massenproduktion durch Fließfertigung, Rationalisierung der Arbeitsabläufe und Standardisierung der Bauteile. Hier waren die USA Europa voraus. Die »amerikanischen Methoden« wurden nach dem Ersten Weltkrieg auch in Deutschland aufgegriffen. Allerdings war der deutsche Markt für Massenproduktion in amerikanischen Dimensionen zu klein. Dennoch stieg auch hier die Produktivität durch Einführung modernerer Produktionsweisen spürbar an. Die Kehrseite der Medaille: Arbeitsintensität, Arbeitstempo und psychische Belastung nahmen gleichfalls zu.

Kartell/Syndikat/Monopol: *Die Hochindustrialisierung führte in allen sich industrialisierenden Staaten, besonders aber in den USA, zu einer Konzentration der Betriebe. Firmen schlossen sich zusammen (Konzern) oder stimmten sich untereinander ab, um eine möglichst günstige Marktposition zu gewinnen. Ein Betrieb oder Konzern konnte seine Tätigkeit auf eine gesamte Produktreihe von der Rohstoffförderung bis zum Vertrieb eines Fertigprodukts ausdehnen, also etwa vom Kohlebergbau über die Eisen-Stahl-Industrie bis zum Maschinenbau. Dies bezeichnet man als »vertikale Konzentration«. Es konnten aber auch selbstständige Firmen der gleichen Branche Absprachen über Preise und Produktionsmengen treffen. Diese Form der »horizontalen« Konzentration nennt man Kartell oder (gleichbedeutend) Syndikat. Eine besonders starke Konzentration kann zur Verdrängung aller anderen Anbieter und damit zur vollständigen Beherrschung des Marktes, zum Monopol, führen.*

5 Die industrielle Entwicklung im internationalen Vergleich

a) Die industrielle Produktion 1800–1896 (in Mio.)

	GB	F	B	D	R	USA	Welt
1800	230	190	–	60	15	25	650
1820	290	220	–	85	20	55	865
1840	387	264	60	150	40	96	1314
1860	577	380	90	310	155	392	2404
1888	820	485	102	583	363	1443	4618
1896	876	596	118	690	380	1980	5710

a) M. G. Mulhall, The Dictionary of Statistics, London 1899, S. 365, S. 765, nach: Jürgen Sandweg/Michael Stürmer, Industrialisierung und soziale Frage in Deutschland im 19. Jahrhundert. Arbeitsmaterialien für den Geschichtsunterricht in der Kollegstufe, München 1979, S. 99.

b) Streckenlänge der Eisenbahnen (in km)

	GB	F	D	R
1830	157	31	–	–
1840	2390	410	469	–
1850	9797	2915	5856	501
1860	14603	9167	11089	1626
1870	19837	15544	18876	10731
1880	25060	23089	33838	22865
1890	27827	33280	42869	30596
1900	30079	38109	51678	53234
1910	32184	40484	61209	66581

c) Die Stein- und Braunkohlenproduktion (Jahresdurchschnitt in Mio. t)

	GB	F	B	D	R
1850–54	50,2	5,3	6,8	9,2	–
1860–64	86,3	10,0	10,2	20,8	0,4
1870–74	132,2	15,4	14,7	41,4	1,0
1880–84	158,9	20,2	17,5	65,7	3,7
1890–94	183,2	26,3	19,9	94,0	7,1
1900 04	230,4	33,0	23,3	157,3	17,3
1910–13	275,4	39,9	24,8	247,5	30,2

d) Die Roheisenproduktion (Jahresdurchschnitt in tausend t)

	GB	F	B	D	R
1850–54	2716	561	201	245	231
1860–64	4219	1065	366	613	297
1870–74	6480	1211	594	1579	375
1880–84	8295	1918	699	2893	477
1890–94	7402	1998	758	4335	1096
1900–04	8778	2665	1070	7925	2773
1910–13	9792	4664	2171	14836	3870

e) Der Export 1870 1910 (in Mrd. DM)

	1870	1880	1890	1900	1910
GB	9,2	12,0	14,0	16,6	20,5
Brit. Kol.	4,8	7,2	6,5	10,7	15,2
F	4,5	7,4	6,6	7,1	10,7
D	4,2	6,0	7,5	10,4	16,4
USA	3,4	6,2	7,0	8,6	13,7

GB = Großbritannien, F = Frankreich, B = Belgien, D = Deutschland, R = Russland, Brit. Kol. = Britische Kolonien

b–d) B. R. Mitchell, Statistischer Anhang, in: Carlo M. Cipolla/Knut Borchardt, Die Entwicklung der industriellen Gesellschaften, Bd. 4, Stuttgart/New York 1985, S. 503/S. 504 f./S. 515–517.

e) Geschichte in Quellen, Bd. 5: Das Bürgerliche Zeitalter 1815–1914, bearb. v. Günter Schönbrunn, München 1980, S. 890.

1. Vergleichen und charakterisieren Sie arbeitsteilig die industrielle Entwicklung in den aufgeführten Ländern. Übertragen Sie dazu mithilfe des folgenden Methodentrainings »Umgang mit Statistiken« die Tabellen in Kurvendiagramme; wählen Sie einen geeigneten Maßstab.
   Erörtern und begründen Sie, welcher Staat zu welchem Zeitpunkt als Industrieland bezeichnet werden könnte.
2. Bewerten Sie Deutschlands wirtschaftliche Position in der Welt vor dem Ersten Weltkrieg.
3. Vergleichen Sie die industrielle Entwicklung von Großbritannien und Deutschland. Stellen Sie Zeiträume jeweils besonders beschleunigter oder verlangsamter Entwicklung fest und erläutern Sie diesen Befund.

Umgang mit Statistiken

Wirtschaftliche und soziale Verhältnisse und Entwicklungen – beispielsweise Produktion, Verbrauch, Beschäftigtenzahlen, Löhne und Preise – lassen sich besonders gut in Statistiken darstellen. Text- oder Bildquellen geben uns in der Regel nur Auskunft über einzelne Ereignisse, Fälle und Situationen. Statistiken dagegen fassen eine größere Zahl von Einzelangaben zusammen, sie können uns informieren über die Verhältnisse einer Gesamtheit oder großer Gruppen.
Voraussetzung dafür ist, dass das Zahlenmaterial korrekt erhoben worden ist und dargeboten wird. Das ist nicht immer einfach. Wer z. B. statistische Aussagen über die Entwicklung von Lebensmittelpreisen im Mittelalter machen will, muss viele einzelne Quellen auswerten und ist auf Schätzungen und Hochrechnungen angewiesen. Entsprechende zeitgenössische Zusammenstellungen gibt es nicht, die Historikerinnen und Historiker können sie erst mit großer Mühe im Nachhinein vornehmen. Besser wird die Situation erst ab dem 18. Jahrhundert. Die Landesherren selber begannen seit dieser Zeit statistische Daten erheben zu lassen, die für die wirtschaftliche und finanzielle Entwicklung ihres Landes wichtig waren. Im

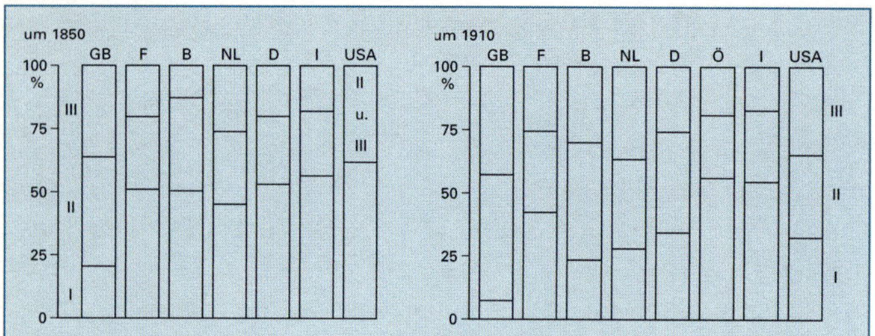

Sektor I = Landwirtschaft, Fischerei, Forstwirtschaft *Sektor II* = Industrie und Bergbau
Sektor III = Dienstleistungen

6 Beschäftigte in verschiedenen Wirtschaftsbereichen um 1850/1910 (Prozentanteile)

19. Jahrhundert kamen solche Zusammenstellungen immer mehr in Gebrauch und wurden immer genauer. Für diese Zeit können Historikerinnen und Historiker also auf vorhandene Datensammlungen zurückgreifen.
Wichtig ist auch, dass die Zahlenangaben innerhalb einer Statistik tatsächlich vergleichbar sind. Zahlen können sich z. B. auf unterschiedliche Erhebungsjahre oder auf unterschiedliche Räume beziehen: Wenn man die Bevölkerung des deutschen Kaiserreichs, der Weimarer Republik und der Bundesrepublik vergleicht, liegt jedesmal ein ganz anderes Territorium zugrunde. Solche Zahlen innerhalb einer Statistik zu präsentieren, kann irreführend sein. Wenigstens muss man dann die Zahlen mit entsprechenden Anmerkungen versehen.
Statistiken haben den Vorteil, dass sie in sehr komprimierter Form Aussagen von verhältnismäßig großer Allgemeinheit und Reichweite enthalten. Umgekehrt vereinfachen und verallgemeinern sie eine vielschichtige Wirklichkeit.

Absolute und relative Zahlenwerte

Bei den Zahlenangaben in einer Statistik muss man grundsätzlich unterscheiden zwischen absoluten und relativen Werten. Gibt eine Zahl die Industriearbeiter Deutschlands in einem bestimmten Jahr an, handelt es sich um einen absoluten Wert. Wird der Prozentanteil der Industriearbeiterschaft an der Zahl aller Erwerbstätigen ausgewiesen, ist das ein relativer Wert. Der relative Wert ist oft aussagekräftiger als der absolute, da er die gesellschaftliche Bedeutung der Veränderung besser wiedergibt.
Neben Prozentangaben – der Quote – sind Indexangaben eine wichtige Form relativer Zahlenwerte. Dabei setzt man den absoluten Zahlenwert eines Jahres gleich 100 und berechnet mithilfe des Dreisatzes den Index für andere Jahre. Am Beispiel der Statistik 5a: Der Wert der deutschen Industrieproduktion lag 1888 bei 583, 1896 bei 690 Mio. Pfund. Setzt man für 1888 den Index 100, dann ergibt sich für 1896 die Indexzahl 118 (gerundet). Indexzahlen setzen also – mit Bezug auf das Indexjahr – absolute Zahlen zueinander in ein Verhältnis; dadurch lassen sich Entwicklungen sehr viel einfacher einschätzen.
Eine Statistik kann als Tabelle, aber auch als Diagramm, d.h. in grafischer Form dargestellt werden. Es gibt verschiedene Arten von Diagrammen. Sie eignen sich jeweils besonders gut für die Darstellung bestimmter Sachverhalte:
Linien- oder Kurvendiagramme verdeutlichen besonders gut Entwicklungen oder Verläufe, z. B. die Entwicklung der Bevölkerungsdichte (s. 7). Um mit den verfügbaren Daten ein Diagramm zu erstellen, zeichnet man ein rechtwinkliges Koordinatensystem. Auf der waagerechten x-Achse werden die Jahreszahlen, auf der senkrechten y-Achse die dazugehörigen Zahlenwerte abgetragen. Die Punkte, die sich für die einzelnen Jahreswerte ergeben, werden zu einer Linie oder Kurve miteinander verbunden.
Kreisdiagramme geben besonders gut Verteilungen innerhalb einer Gesamtheit wieder, z.B. die prozentualen Stimmenanteile verschiedener Parteien bei Parlamentswahlen. Um aus einer Tabelle ein Kreisdiagramm zu erstellen, muss man die Prozentwerte mit 3,6 multiplizieren (100 Prozent = 360° Winkelsumme des Kreises) und das Ergebnis als Gradzahl im Kreis abtragen.

Das Säulen- oder Balkendiagramm eignet sich besonders gut für den punktuellen Vergleich von Häufigkeiten, etwa des Stimmenanteils zweier Parteien bei einer Wahl oder einer Partei in unterschiedlichen Wahljahren. Es lassen sich damit auch gut Anteile innerhalb von Gesamthäufigkeiten darstellen. Beispiel: Beim Vergleich der Parteienfinanzierung von CDU und SPD kann man mit einem Säulendiagramm nicht nur die jährliche Gesamtsumme vergleichen, sondern zugleich – als unterschiedlich große Abschnitte der Säulen – die Werte für Mitgliederbeiträge, Spenden und Wahlkampfkostenerstattung ausweisen.
Diagramme können viele Sachverhalte klarer zeigen als Tabellen. Sie können aber Sachverhalte nicht nur darstellen, sondern durch die Wahl der Maßstäbe zugleich auch schon deuten und damit den Betrachter beeinflussen oder in die Irre führen. Beispiel: Bei einem Liniendiagramm werden auf der x-Achse Jahreszahlen abgetragen. Die dazugehörenden Messwerte steigen an. Wählt man für die Jahreszahlen einen engen Abstand, ergibt sich eine steilere, wählt man einen weiten, ergibt sich eine flachere Kurve (vgl. 7). Obwohl dieselben Zahlenwerte zugrunde liegen, ist der optische Eindruck ganz anders – so lassen sich gewollte Deutungen von Zahlenreihen suggerieren. Es ist also angezeigt, Diagramme kritisch im Hinblick auf bestimmte Darstellungsabsichten zu betrachten.

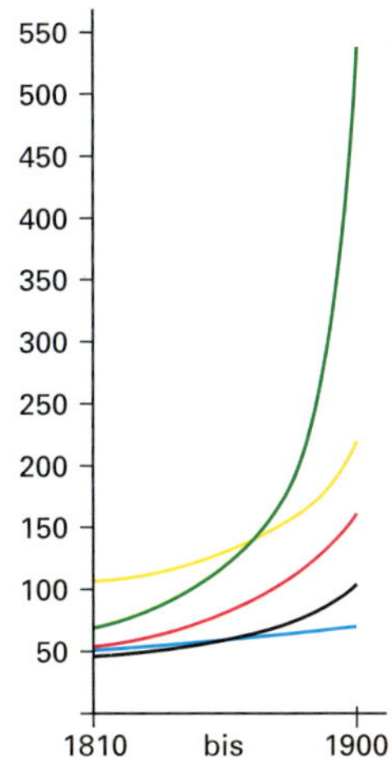

7 Bevölkerungsdichte (Einwohner/km²):
Ruhrgebiet (grün)
Deutsches Reich (grau)
Großbritannien (rot)
Belgien (gelb)
Frankreich (blau)

Mögliche Arbeitsschritte zur Untersuchung von Statistiken:

- ➨ *Thema/Fragestellung*: Welches Thema behandelt die Statistik, auf welchen Zeitraum und auf welchen geografischen Raum bezieht sie sich?
- ➨ *Zuverlässigkeit und Darstellungsinteresse*: Die Zuverlässigkeit statistischer Angaben lässt sich im Allgemeinen nur prüfen, wenn man selber auf die Rohdaten zurückgreifen kann, aus denen sie zusammengestellt sind. Das ist nur selten möglich und sehr aufwändig. Auf jeden Fall aber sollte man berücksichtigen, woher die Statistik stammt und in wessen Auftrag sie erstellt wurde.
- ➨ *Informationen*: Welche Sachverhalte werden im Einzelnen behandelt? Wie sind sie miteinander verknüpft? Welche Informationen lassen sich entnehmen?
- ➨ *Aussage/Deutung*: Wie lässt sich die Gesamtaussage der Statistik in Worte fassen? Lässt sich diese Aussage mit anderen verknüpfen? Inwiefern hilft sie uns bei der Erklärung und Einordnung eines historischen Phänomens?

8 Wirtschaftliche Konzentration

a) Aus einer Denkschrift zum 50-jährigen Bestehen der Essener Kreditanstalt, 1922:
Seit den Achtzigerjahren werden die ersten Ansätze einer Konzentrationsbewegung erkennbar, Konzentration in horizontaler Richtung, innerhalb der reinen Zechen und innerhalb der reinen Eisenwerke, und Konzentration in vertikaler Richtung, Zusammenschluss von Zechen, Erzgruben, Hüttenwerken, Stahlwerken, Walzwerken. [...] Eine straffe technische und ökonomische Zusammenfassung steigert die Leistungsfähigkeit dieser erweiterten Gebilde wesentlich über die Summe der bisherigen Einzelleistungen ihrer Teile. [...]

Jetzt [seit den Neunzigerjahren] entstanden in den Kartellen Instanzen, die den Markt von höherer Warte aus zu überblicken vermochten, die aus den Notwendigkeiten des ganzen Produktionszweigs heraus disponieren und die auf der Grundlage langfristiger Syndikatsverträge Produktions- und Absatzpolitik auf lange Sicht zu trei-

b) Anzeige der Gutehoffnungshütte, 1888

Gegründet 1808.

GUTEHOFFNUNGSHÜTTE

Gegründet 1808.

Actienverein für Bergbau und Hüttenbetrieb

in **OBERHAUSEN 2** (Rheinland)

liefert:

A. Bergbau-Erzeugnisse.

Förderkohlen von den eigenen Zechen Oberhausen, Osterfeld und Ludwig, vorzüglich geeignet für Locomotiv- und Kesselfeuerung, Ziegeleien und Kalkbrennereien, sowie für Hausbrand.
Gewaschene Nusskohlen der Zechen Oberhausen, Osterfeld und Ludwig. Erzeugungsfähigkeit pro Jahr: 800 000 t.

B. Hochofen-Erzeugnisse.

Puddel-, Giesserei-, Hämatite-, Bessemer- und Thomas-Roheisen.

Spiegeleisen und Ferro-Mangan. Jährliche Erzeugungsfähigkeit 200 000 t.

C. Erzeugnisse der Stahl- u. Eisenwerke aus Schweisseisen, Flusseisen u. Flussstahl.

Eisenbahnschienen und **Strassenbahnschienen.**
Laschen und **Unterlagsplatten.**
Lang- und **Quer-Schwellen** für ganz eisernen Bahn-Oberbau.
Stab- und **Fein-Eisen**, als: Rund-, Vierkant-, Flach- und Schneideisen.
Flacheisen für Bauzwecke.
Formeisen, als: L-, T-, I-, [-, Speichen-, Reifen-, Säulen-, Halbrund-, Fenster-, Roststabeisen u. s. w.
Gruben- und **Winkelschienen.**
Streckengestelle für Gruben.

Bleche, als: Kesselbleche in allen Beschaffenheiten, Fein-, Brücken-, gesteinte und gerippte Bleche.
Walzdraht.
Stahl- und **Feinkorn-Knüppel. — Platinen.**
Rohe und **vorgeschmiedete Stahlblöcke.**

Jährliche Erzeugungsfähigkeit:

Eisenbahnschienen u. Schwellen	70 000 t
Sonstige Stahlerzeugnisse	10 000 t
Bleche	10 000 t
Handelseisen einschl. Baueisen	40 000 t
Walzdraht	15 000 t

D. Erzeugnisse der übrigen Werke.

Dampfmaschinen, besonders für Zechen, als: Fördermaschinen, Wasserhaltungsmaschinen, Ventilatoren, Dampfkabel, Dampfpumpen u. s. w.
Schiffsmaschinen bis zu den grössten Abmessungen.
Druck- und **Hebepumpen** für Bergwerke.
Gestänge für Bergwerkspumpen von Formeisen.
Geschmiedete Rundgestänge mit Patentschlössern aus bestem Hammereisen.
Waggonkipper, vollständig selbstthätig, Patent Gutehoffnungshütte.
Maschinenguss jeder Art und Grösse.

Walzen. — Gussformen.
Schmiedestücke jeder Form und jeder Grösse.
Schiffsketten, Anker und **Steven.**
Krahnenketten, sowie Ketten jeder Art.
Dampfkessel, eiserne Behälter u. s. w.
Eiserne Brücken, Dächer u. s. w. jeder Grösse.
Drehscheiben, Schwimm- und **Trockendocks.**
Dampfschiffe, vollständig ausgerüstet für den Personen- und Güterverkehr.
Eiserne Kähne, Brückenschiffe.
Feuerfeste Birnen-Düsen, Stopfen, Ausgüsse u. s. w.

Ausgeführte grössere Eisenbauten.

Verschiedene Brücken über den Rhein, die Weichsel, Elbe, Weser, Mosel.
140 Brücken für die Gotthardbahn.
Ein grosses eisernes Schwimmdock für die Kaiserlich deutsche Marine, 100 Meter lang, 34 Meter breit und 14,75 Meter hoch.
Eine Halle für den Anhalter Bahnhof in Berlin von 62,50 Meter Spannweite und 168 Meter Länge = 10 000 Quadratmeter Grundfläche.
Die Hallen für den Hauptbahnhof in Frankfurt am Main (grösste Hallen in Europa), sowie die sonstigen Eisenbauten für diese Anlage im Gesammtgewicht von 7500 Tonnen.
Die drei Frankfurter Bahnhofshallen haben je eine Spannweite von 56 Meter und je eine Länge von 187 Meter = zusammen 31 416 Quadratmeter Grundfläche.

Der Verein besitzt folgende Werke:

I. Gutehoffnungshütte zu Sterkrade.
II. Hammer Neu-Essen in Oberhausen 2.
III. Walzwerk Oberhausen in Oberhausen 2.
IV. Walzw. Neu-Oberhausen in Oberhausen 2.
V. Eisenhütte Oberhausen in Oberhausen 2.
VI. Zeche Oberhausen in Oberhausen 2.
VII. Schiffswerft Ruhrort in Ruhrort.
VIII. Zeche Ludwig in Rellinghausen.
IX. Zeche Osterfeld in Osterfeld.
X. Eisensteingruben in Nassau, Siegen, Bayern, der Eifel u. s. w.

Gegenwärtig beschäftigte Arbeiterzahl: 8000.

Für Drahtnachrichten: „Hoffnungshütte Oberhausenruhr“.

ben in der Lage waren. Das ergab am regulierten Markt ganz andere Preiskurven als am offenen Markt, einen stetigeren Verlauf, geringere Schwankungen, weniger schroffe Gegensätze zwischen Hoch und Tief. So führte auch hier die Zusammenfassung der Kräfte, die Vereinigung in einer Hand zu höheren, leistungsfähigeren Wirtschaftsformen.

Zitiert nach: Gerhard A. Ritter/Jürgen Kocka (Hrsg.), Deutsche Sozialgeschichte. Dokumente und Skizzen, Bd. II, München 1974, S. 27–30.

c) Der Volkswirtschaftler Gustav Schmoller über die neuen Großbetriebe, 1892:

[...] an den Großbetrieben [hängt] die wirtschaftliche Existenz ganzer Gruppen verschiedener Familien. [...] Da sind die leitenden Persönlichkeiten, dann die Aktionäre, stillen Teilhaber, sonstigen Kapitalinteressenten und Gläubiger, endlich die Werkmeister und Arbeiter, aber nicht bloß sie kennen den Betrieb und haben ein Interesse an ihm; nein, da sind noch Hunderte und Tausende von Kunden, die von nah und fern das Geschäft verfolgen, dann zahlreiche Händler, Lieferanten, Konkurrenten, endlich die Nachbarn, die ganze Stadt, der Kreis, die Provinz, welche ein Interesse an dem Auf- und Niedergang des großen Betriebs haben. Die Lage, die baulichen Einrichtungen, die guten oder schlechten Verkehrsbedingungen jedes Großbetriebs werden ebenso zu einer Gemeinde- und Bezirksangelegenheit, wie die Rückwirkung desselben auf Schulwesen, Steuerkraft, Bevölkerungszu- oder -abnahme, Wohlstand und Verarmung der ganzen Gegend, Art der Siedlung und Grundeigentumsverteilung die weitesten Kreise berührt. So ist es wahr, dass die Großbetriebe die Volkswirtschaft immer mehr in einen gesellschaftlichen Prozess verwandeln, wobei private und allgemeine Interessen immer komplizierter verbunden und ineinander geschlungen werden.

Gustav Schmoller, Über die Entwicklung des Großbetriebes und die soziale Klassenbildung, in: Preußische Jahrbücher 69, 1892, S. 467f.

1. Vergleichen Sie die Produktionspalette in 8b mit dem Firmennamen. Beschreiben Sie die Art von Konzentration, die hier stattgefunden hat.
   Führen Sie Vorteile an, die eine Ausweitung der Produktion von der Rohstoffversorgung bis zum Endverkauf für ein Unternehmen hat.
   Die Eisenbahn als Führungssektor der Industrialisierung – begründen Sie diese Einschätzung am Beispiel der Produktion der Gutehoffnungshütte.
2. Erläutern Sie die Begriffe »horizontale» und »vertikale« Konzentration in 8a.
   Unterscheiden Sie in diesem Text Beschreibungen und Werturteile. Diskutieren Sie die zusammenfassende Wertung, die mit dem Begriff »höhere, leistungsfähigere Wirtschaftsformen« gegeben wird. Schreiben Sie eine »Gegendarstellung« aus der Perspektive von Konkurrenten, Zulieferern oder Verbrauchern.
3. Stellen Sie die von Schmoller (8c) beschriebenen Verflechtungen von Wirtschaft, Gesellschaft und Staat in einem Schaubild dar.
   Diskutieren Sie die positiven oder negativen Wirkungen, die solche Verflechtungen haben können. Suchen Sie dafür aktuelle Beispiele.

9 Elektroindustrie und Elektrifizierung

a) Der Historiker, Wirtschaftswissenschaftler und Soziologe Werner Sombart über die Entwicklung der Elektroindustrie, 1913:

Besondere Hervorhebung verdient an dieser Stelle eine Industrie, die sich in Deutschland während der letzten beiden Jahrzehnte des Jahrhunderts zu einem der mächtigsten Zweige unserer Volkswirtschaft ausgewachsen hat und die durch die Wucht ihres Vordringens und die Eigentümlichkeit ihrer Organisation ein neues Zeitalter des Kapitalismus einzuleiten scheint: die elektrische Industrie.

Wie Pilze nach einem warmen Sommerregen im Walde, so sind in den Achtzigerjahren Werke über Werke dieses Zweiges gewerblicher Tätigkeit in die Höhe geschossen, sodass heute schon Deutschland übersät ist mit dieser neuen Industrie, die

Werner Sombart, Die deutsche Volkswirtschaft im 19. Jahrhundert, 3., durchgesehene und bis auf die Gegenwart weitergeführte Aufl., Berlin 1913, zit. nach: Ruth Glatzer, Das Wilhelminische Berlin. Panorama einer Metropole 1890–1918, Berlin 1997, S. 92/94.

vor dreißig Jahren so gut wie unbekannt war. […] 129 Aktiengesellschaften, die sich mit Erzeugung oder Verwertung von Elektrizität befassen, gibt es heute in Deutschland, davon sind 71 in der Zeit von 1890 bis 1900 gegründet. Das Gesamtkapital beträgt (1909) 857,6 Millionen Mark, also soviel, wie mancher alten Industrie im Laufe des ganzen Jahrhunderts nicht in den Schoß geflossen ist.

b) Der Kulturhistoriker Wolfgang Schivelbusch über die Wirkung und Wahrnehmung der Elektrifizierung, 1999:

Zum Jahrhundertbeginn galten Elektrizität und Modernität als dasselbe, wurde der elektrische Strom als das Medium und die Energie der Moderne schlechthin gesehen, sahen viele die ihn produzierende und ins Leben einspeisende Industrie als etwas, das mit dem bis dahin üblichen Bild der Industrie des Kapitalismus nur noch wenig, dagegen mit dem Wunderbaren alles verband.

c) Werbung für den AEG-Stielstaubsauger »Vampyr«
Foto, um 1925.

Als »elektrische Fee« stellte sich das Fin de siècle die neue Energieform vor, welche die industrielle Welt von ihren düsteren Begleiterscheinungen befreien und eine mühelose und anmutige, gewissermaßen arbeits- und ausbeutungsfreie Genussgesellschaft schaffen würde. […]

Die schwere und düstere Monumentalität des ersten Industrialisierungszeitalters brachte sie [die Elektrizität] zum Verschwinden und setzte an ihre Stelle die von den Zeitgenossen als fast rokokohaft leicht und anmutig empfundene Miniaturisierung der so genannten Zweiten Industriellen Revolution. Aus ohrenbetäubenden, rauch- und dreckerfüllten Fabrikhallen wurden leise summende Produktionssäle. […]

So miniaturisierend und körperlos wie in der Industrie wirkte sich die Elektrizität auch im Alltagsleben aus. In jeder Kulturgeschichte des Haushalts kann man nachlesen, wie hier die wichtigsten Funktionen elektrifiziert wurden: das Kochen, das Heizen, die Beleuchtung, die Hausmusik und alle Formen der Reinigung vom Aufwischen bis zum Geschirrspülen.

Was geschah und wie es sich auf Wahrnehmung und Verhalten der Menchen auswirkte, lässt sich am Beispiel der Reinigung vielleicht am klarsten darstellen. Und hier war es ein elektrischer Apparat, der das Geschehen in geradezu symbolischer Verdichtung enthält: der Staubsauger. Er tritt an die Stelle der reinigenden Hand, die bis dahin mit Besen, Wischlappen und Putztuch in Aktion getreten war. Wer den Staubsauger führt, kommt in keine direkte Berührung mehr mit Dreck.

Wolfang Schivelbusch, Die Elektrifizierung: »Energie der Moderne«, im; Spiegel des 20. Jahrhunderts, hrgs. v. Dieter Wild, Hamburg 1999, S. 308f. u. 314f.

Ein neues Zeitalter – erläutern Sie, was Sombart und Schivelbusch jeweils darunter verstehen. Charakterisieren Sie – in Fortführung von Schivelbusch – die Bedeutung der Elektrizität heute.

10 Technischer Fortschritt und industrielle Entwicklung

Der Finanzpolitiker Karl Helfferich urteilt über die Entwicklung der letzten 25 Jahre, 1913:

Während die Hüttenprozesse bis weit in das 19. Jahrhundert hinein ausschließlich auf Empirie beruhten, sind die großen und entscheidenden Verbesserungen, die seither eingeführt worden sind, so gut wie ausschließlich der erweiterten wissenschaftlichen Einsicht zu verdanken, insbesondere der Erforschung der Verbindungen des Eisens mit Kohlenstoff. [...] Im Bessemerprozess wird bekanntlich die Entziehung des Kohlenstoffs dadurch bewirkt, dass Luft unter Druck durch die geschmolzene Eisenmasse gepresst wird, mit der Wirkung, dass auf diesem Wege für die Stahlbereitung, die im Wege des Herdfrischens $1\frac{1}{2}$ Wochen und im Puddelprozess noch $1\frac{1}{2}$ Tage erforderte, 20 Minuten genügen. [...] Da Eisen und Stahl die wichtigsten Stoffe für die Herstellung von Maschinen, Eisenbahnen und Fahrzeugen sind, stellen diese Fortschritte gleichzeitig eine der Voraussetzungen der gesamten Entwicklung unserer Produktion und unseres Verkehrs dar. [...]

So ist es der modernen Technik gelungen – und dies in den letzten 25 Jahren in stärkerem Maße als je zuvor –, neue Kräfte und neue Stoffe unseren wirtschaftlichen Zwecken dienstbar zu machen, die Nutzwirkung der Kräfte durch intensivere Auswirkung und gesteigerte Beschränkung der Kraftverluste außerordentlich zu steigern, die Herstellung und Verarbeitung der Stoffe durch vervollkommnetere Verfahren, die einen geringen Aufwand von Kraft, von Zeit, von Rohmaterial erfordern und früher wertlose Nebenprodukte und Abfälle noch zu neuer Brauchbarkeit führen, in einem ungeahnten Maße ökonomischer zu gestalten. Alle Gebiete des wirtschaftlichen Lebens, die landwirtschaftliche und bergbauliche Urproduktion, die Stoff verarbeitenden Gewerbe, der Nachrichten-, Personen- und Güterverkehr haben aus diesen Fortschritten einen gewaltigen Nutzen gezogen, der sich in seiner Endwirkung dahin zusammenfassen lässt, dass in fortschreitendem Maße mit einem geringeren Aufwand menschlicher Arbeit, namentlich körperlicher Arbeit, eine gewaltig gesteigerte wirtschaftliche Nutzwirkung erzielt wird.

Karl Helfferich, Deutschlands Volkswohlstand 1888–1913, 5. Aufl. 1915, zit. nach : Gerhard A. Ritter/Jürgen Kocka (Hrsg.), Deutsche Sozialgeschichte. Dokumente und Skizzen, Bd. II: 1870–1914, München 1974, S. 121–123.

1. Besprechen Sie an Beispielen, wie sich der hier beschriebene Prozess bis in die Gegenwart fortgesetzt hat.
2. Untersuchen Sie die allgemeine Einschätzung der modernen Technik, die in diesem Text zum Vorschein kommt, und begründen Sie, inwiefern sie zeittypisch ist. Vergleichen Sie damit unser heutiges Bild von Technik. Suchen und diskutieren Sie Beispiele für negative (Neben-)Wirkungen von Technikentwicklung.

1875	Allgemeiner Deutscher Arbeiterverein und Sozialdemokratische Arbeiterpartei schließen sich zur Sozialistischen Arbeiterpartei zusammen. Seit 1890 nennt sie sich Sozialdemokratische Partei Deutschlands (SPD).
1878–1890	Das Sozialistengesetz soll die Arbeiterpartei und die Gewerkschaften politisch ausschalten.
1883–1889	Die Sozialgesetze zur Kranken-, Unfall-, Alters- und Invaliditätsversicherung treten in Kraft.
1911	Mit der Reichsversicherungsordnung wird eine Sozialversicherung für Angestellte eingeführt.

1.2. Die Herausbildung des Interventions- und Sozialstaates

Die Industrialisierung schuf eine neue soziale Gruppe, die Industriearbeiterschaft. Bis zum Ersten Weltkrieg wurde sie zur größten überhaupt. Sie arbeitete und lebte häufig am Rande der Existenzmöglichkeit. Die Arbeit war lang, anstrengend und gefährlich. Unfälle galten als eigenes Verschulden. Arbeitskräfte waren meist leicht zu ersetzen, das hielt die Löhne niedrig. In den Fabriken galt strenge Disziplin, Verstöße wurden hart bestraft. Man konnte jederzeit entlassen werden, Kündigungsfristen und Kündigungsschutz gab es nicht.

Arbeits- und Lebensbedingungen

Im Laufe der Zeit stiegen die Industrielöhne an, stärker als die Lebenshaltungskosten. Aber große Rücklagen konnten die Arbeiter nicht bilden, besser standen sich allenfalls die Fach- und Vorarbeiter. In einer Arbeiterfamilie mussten oft die Frau oder auch die Kinder durch Nebentätigkeiten das Einkommen aufbessern. Gegen Krankheit war man nicht geschützt. Und auch Altersarmut war verbreitet. Denn die Löhne stiegen nicht mit dem Alter an, sondern richteten sich nach der körperlichen Leistungsfähigkeit. Zwischen 25 und 40 Jahren verdiente ein Arbeiter am meisten, danach wurde er zurückgestuft. Einen gesetzlich geregelten Ruhestand gab es nicht, auch keine Altersversorgung.
Kaum erträglich war auch die Wohnsituation vieler Arbeiter. Die Industrie hatte Menschenmassen in die Städte gezogen. Ob alter Wohnraum oder schnell errichtete Mietskasernen: Die Wohnungen waren eng, schlecht und teuer.

»Soziale Frage«

Diese oft katastrophalen Arbeits- und Lebensverhältnisse wurden von den Zeitgenossen als »Soziale Frage« diskutiert. Wie man sie lindern oder lösen könne, darüber gab es verschiedene Vorstellungen. Einzelne Unternehmer ließen Wohnhäuser für ihre Arbeiter bauen, richteten Kranken- und Pensionskassen ein. Ihr Motiv war allerdings nicht reine Menschenfreundlichkeit. Sie wollten gute Arbeiter an ihren Betrieb binden und verhindern, dass sie sich in der SPD oder in den Gewerkschaften organisierten. Die sozialen Massenprobleme ließen sich mit solchen Einzelinitiativen ohnehin nicht lösen.

Organisation der Arbeiter

Große Teile der Arbeiterschaft sahen einen Weg zur Verbesserung ihrer Situation darin, sich in einer Partei oder in Gewerkschaften zusammenzuschließen. Das Ziel der Sozialisten (seit 1890 SPD) war eine Umgestaltung des Staates. Die politische und soziale Ungleichheit sollte beseitigt, die Produktionsmittel sollten in Gemeingut überführt werden – auf legalem Weg. Daneben gab es seit den Sechziger- und Siebzigerjahren die Gewerkschaften. Denn es wurde schnell klar, dass man den Unternehmern besser Widerstand leisten könnte, wenn man sich in größerem Maßstab organisierte und über Streik- und Unterstützungskassen verfügte. So vereinheitlichten sich die Gewerkschaften immer stärker und orientierten sich zugleich immer enger an den politischen Zielen der Arbeiterpartei(en).

In den Siebzigerjahren war der Organisationsgrad der Arbeiterschaft noch ziemlich gering. Dennoch sah der Reichskanzler und preußische Ministerpräsident Otto von Bismarck in Sozialdemokratie und Gewerkschaften eine politische Bedrohung, aber auch ein Hemmnis für eine freie wirtschaftliche Entwicklung. Deshalb versuchte er sie mit dem Sozialistengesetz zu bekämpfen, das 1878 in Kraft trat.

Zwar durfte die Partei weiterhin an Wahlen teilnehmen. Aber die aktiven Mitglieder wurden verfolgt, Versammlungen verboten, Schriften und Gelder beschlagnahmt. Das traf auch die Gewerkschaften. Letztlich blieben diese Maßnahmen allerdings erfolglos. Verbot und Verfolgung festigten eher das Solidaritätsgefühl der Arbeiterschaft, führten zu stärkerer Politisierung und zur Ausbildung von Klassenbewusstsein. Das wirkte sich aus, als das Sozialistengesetz 1890 nicht verlängert wurde. Die SPD und die Gewerkschaften nahmen einen raschen Aufschwung, der mit der rasanten wirtschaftlichen Entwicklung und dem Aufstieg Deutschlands als Industriestaat zusammenfiel. Die Zahl der SPD-Mitglieder stieg von 100 000 (1890) auf knapp 1,5 Mio. (1914). Noch stärker entwickelten sich die mit der SPD verbundenen, so genannten Freien Gewerkschaften: 1890 hatten sie etwa 300 000, 1914 etwa 2,5 Mio. Mitglieder. Derartige Massenorganisationen waren eine neuartige Erscheinung – Parteien und Verbände unserer heutigen Demokratie stehen in dieser Tradition. Auch bei den Reichstagswahlen war die SPD erfolgreich: 1890 wurde sie mit 19,7 % der Stimmen zur meistgewählten Partei, 1912 errang sie mit 35 % der Stimmen auch die größte Zahl von Mandaten (110 von 397). Dabei wurde sie stets durch den Zuschnitt der Wahlkreise benachteiligt, denn dieser gewichtete ländliche Stimmen stärker als städtische. Direkten politischen Einfluss im Staat gewann die SPD im Kaiserreich allerdings nie.

11 Sozialdemokratische Arbeiter zertrümmern die alten Grundfesten Zeichnung der Maizeitung, 1895. Die Zeitung wurde unmittelbar nach Erscheinen von der Polizei beschlagnahmt.

Sozialgesetzgebung

Die soziale Frage war auch eine Herausforderung an den Staat. In den Ministerien und Behörden herrschte eine wirtschaftsliberale Grundüberzeugung vor: Nicht nur die wirtschaftliche Entwicklung, auch die sozialen Probleme würden sich über den Markt von selber regeln. Der Staat müsse dabei nicht aktiv werden. Die »Gründerkrise« hatte dieser Haltung einen empfindlichen Stoß versetzt. Die Gegenposition wurde vor allem vom 1872 gegründeten »Verein für Socialpolitik« formuliert: Der Staat müsse regelnd eingreifen, zwischen den verschiedenen Interessen vermitteln und sozial ausgleichen.
Bismarck gab dann schließlich den Ausschlag für eine aktive staatliche Sozialpolitik. Krankenversicherung (1883), Unfallversicherung (1884) sowie Alters- und Invaliditätsversicherung (1889) wurden per Gesetz eingeführt. Sie veränderten zwar nicht grundlegend die Situation der Arbeiterschaft, besserten sie aber spür-

Identifizieren Sie die dargestellten Personen bzw. -gruppen und analysieren Sie die verwendeten Symbole und Begriffe. Erläutern Sie vor diesem Hintergrund die politische Aussage der Zeichnung.

bar. Zum ersten Mal konnten es sich jetzt Arbeiter leisten, krank zu sein und ihre Krankheit tatsächlich auszukurieren, auch wenn das Krankengeld knapp war. Bei der Unfallversicherung waren die indirekten Wirkungen ebenso wichtig wie die direkten. Die Beiträge, die die Unternehmer dafür zahlen mussten, richteten sich nach dem betrieblichen Unfallrisiko. Deshalb waren sie nun selber daran interessiert, die Arbeitssicherheit in ihrem Betrieb zu verbessern. Sehr bescheiden waren die Leistungen der Altersversicherung. Von ihnen konnte man kaum leben. Und die Altersgrenze lag bei siebzig Jahren – sie erreichte um 1900 nur etwa ein Viertel der Arbeiter.

Völlig neu an dieser Sozialgesetzgebung war ihr verpflichtender Charakter. Die Versicherung war obligatorisch und sie garantierte Rechtsansprüche auf definierte Leistungen. Zahlen musste nicht nur der Versicherte, auch der Arbeitgeber wurde in die Pflicht genommen. Über Bismarcks Motive haben schon die Zeitgenossen gestritten: Wollte er in erster Linie die Lage der Arbeiter verbessern oder sie von der Sozialdemokratie entfremden und für den Staat gewinnen? Erreicht hat er dies jedenfalls nicht, dafür waren die Verbesserungen doch zu bescheiden.

»Vaterlandslose Gesellen«

Trotz der Sozialversicherung standen sich Arbeiter und Staat weiterhin vorwiegend feindselig gegenüber. Die Arbeiter galten als »vaterlandslose Gesellen«, als politische Gefahr. Umgekehrt empfanden die Arbeiter Kapital und »Klassenstaat« als gegnerische Einheitsfront. Bei Arbeitskämpfen standen Polizei und Justiz aufseiten der Unternehmer. Die Polizei löste Streikversammlungen auf, beschlagnahmte Streikkassen und brachte Streikende vor Gericht. Deshalb waren Arbeitskämpfe auch immer politische Konflikte, in denen es um die politische, soziale und rechtliche Benachteiligung der Arbeiterschaft ging.

Sozialstaat: *Der moderne Staat als Rechtsstaat setzt den rechtlichen Rahmen für das Zusammenleben seiner Bewohner und sorgt für dessen Einhaltung. Der Sozialstaat strebt darüber hinaus soziale Gerechtigkeit in den gesellschaftlichen Verhältnissen an. In der Bundesrepublik ist dieses Sozialstaatsprinzip im Grundgesetz verankert. Mit den Bismarck'schen Sozialgesetzen wurde im Kaiserreich ein erster Schritt hin zum Sozialstaat getan: Sie gaben Arbeitern Rechtsansprüche auf soziale Leistungen.*

12 Die Arbeitsbedingungen der Arbeiterschaft

a) Der österreichische Arbeiterjournalist Max Winter schildert seinen Besuch in einer Flachsspinnerei, 1899:

Als wir, aus der frischen Luft kommend, in den Saal traten, verschlug es mir den Atem und Hustenreiz stellte sich ein, so dick ist die Luft in diesem Saale mit den unendlich feinen Stäubchen erfüllt. Wenn man eintritt, ist es, als ob der Saal von dichtem Nebel erfüllt wäre.

[...] Was die 500 Menschen erdulden müssen, die dort roboten, davon hat nur der eine Ahnung, der die verkrüppelten, missgestalteten, flachsstaubfarbenen Geschöpfe gesehen hat; das kann nur der richtig ermessen, der durch die stauberfüllten, fast gar nicht ventilierten Säle gewandert ist, da und dort Halt gemacht und der mörderischen Arbeit zugesehen, die mörderische Luft auch nur eine halbe Stunde lang eingesogen hat. [...]

Ein Genosse, der an der Straße wohnt und alle Arbeiter kennt, sagte mir: »Wenn ein Dienstbote vom Land frisch und gesund in die Fabrik kommt, in vierzehn Tagen merkt man den Unterschied. Es geht rapid abwärts mit dem Menschen.«

Stefan Riesenfellner (Hrsg.), Arbeitswelt um 1900. Texte zur Alltagsgeschichte von Max Winter, Wien 1988, S. 1 f.

b) Kinder und Jugendliche im Bergwerk
Foto, 1911.

c) Kinderarbeit – aus einer Erhebung der Berliner Kinderschutzkommission, 1910:
»Die Familie, die ich zu kontrollieren hatte«, meldete eine Genossin, »besteht aus acht Personen, davon sechs Personen im Alter bis zu 11 Jahren, abgemagert und bleich aussehend, zwei Kinder im Alter von 9 bis 11 Jahren tragen mit der Mutter Frühstück aus und erhalten dafür monatlich zusammen 9 Mk. Beim Betreten der Wohnung dieser Familie grinst einem das nackte Elend ins Gesicht. Die Mutter erzählt unter Tränen: Zwei Kinder befinden sich im Krankenhaus, eins liegt krank zu Hause. Der Mann mit dem geringen Verdienst von 28 Mk. kann nicht alles erhalten. Die Mutter versichert, dass sie vom 1. Februar ab eine Kontorreinigungsstelle übernimmt und dann die Kinder kein Frühstück mehr austragen sollen.«

Zit. nach: Jens Flemming/Klaus Saul/Peter Christian Witt (Hrsg.). Quellen zur Alltagsgeschichte der Deutschen 1871–1914, Darmstadt 1997, S. 131–133.

1. Nennen Sie Gründe, warum sich die Menschen der in den Textquellen 12a und c beschriebenen gesundheitsschädlichen Arbeit nicht verweigern.
   Formulieren Sie die Argumente, mit denen die Fabrikleitung die Arbeitsverhältnisse vermutlich gerechtfertigt hätte.
2. Simulieren Sie ein Streitgespräch zwischen den Eltern und den Vertretern der Kinderschutzkommission (12c): Sollen die Kinder weiter ihre Nebenarbeit ausüben?

13 Einkommen und Ausgaben

a) Die Entwicklung des Einkommens (durchschnittliche Jahresverdienste von Arbeitnehmern in Industrie, Handel und Verkehr)

Jahr	Durchschnittl. Jahresverdienst (nominal) Mark	Index der Lebenshaltungskosten 1895 = 100	Jahr	Durchschnittl. Jahresverdienst (nominal) Mark	Index der Lebenshaltungskosten 1895 = 100
1871	493	105,8	1895	665	100,0
1875	651	112,7	1900	784	106,4
1880	545	104,0	1905	849	112,4
1885	581	98,6	1910	979	124,2
1890	650	102,2	1913	1083	129,8

Nach: Gerd Hohorst/Jürgen Kocka/Gerhard A. Ritter, Sozialgeschichtliches Arbeitsbuch, Bd. II: Materialien zur Statistik des Kaiserreichs 1870–1914, München 2. Aufl. 1978, S. 107.

b) Ausgaben eines Arbeitnehmerhaushalts in Königsberg, allein verdienender Mann, Frau, ein vierjähriges Kind, nach 1900

I. Wohnung	123,– M
II. Kleidung	
a) des Mannes	
1. Sonntagsanzug	25,00
2. Arbeitsanzüge 3 Hosen, 5 Arbeitsblusen	20,25
3. Wintermantel (nicht vorhanden)	–
4. Hemden, 4 Stck.	7,00
5. Unterhosen, 3 Stck.	7,50
6. Stiefel, 2 Paar	16,00
7. Sohlen, 7 Paar	18,00
8. Kleinigkeiten	4,00
b) bei der Frau	
1. Sonntagskleid (vom vergangenen Jahr)	–
2. 1 Arbeitskleid	12,00
3. Jacken und Hemden (Stoff)	6,00
4. Schuhe	8,00
5. Sohlen	6,00
6. Kleinigkeiten	5,00
c) des Kindes	
1. 2 Kleider	12,00
2. Schuhzeug	8,00
3. Kleinigkeiten	3,00
Summe Kleidung	157,95 M

III. Nahrungsmittel		
1. Fleisch	52 kg	67,60
2. Wurst	39	31,20
3. Schmalz	52	62,40
4. Butter	–	–
5. Speck	52	72,80
6. Milch	365 l	51,10
7. Zucker	13 kg	8,06
8. Heringe	468 Stck.	15,60
9. Brot	390 kg	78,–
10. Kartoffeln (von Verwandten auf dem Land verbilligt bezogen)	945	21,00
11. Kaffee	19,5	39,00
12. Sonstiges, Gewürze, Zutaten	–	26,00
Summe Nahrungsmittel		472,76
IV. Heizung		30,00
V. Beleuchtung (Petroleum)		15,80
VI. Kassenbeiträge (Invalidenversicherung und Krankenkassen)		26,52
VII. Steuern		8,00
VIII. Feuerversicherung		2,20
IX. Hausrat		–
X. Bier, Schnaps, Tabak		39,00
XI. Sonstige kleinere Ausgaben		26
Summe der Ausgaben		901,23
Einnahmen		910,00

O. Mulert, Vierundzwanzig ostpreußische Arbeiter und Arbeiterfamilien, Jena 1908, S. 192 ff., nach: Jens Flemming, »... von Jahr zu Jahr ein Sorgen und Bangen ohne Ende«. Einkommen, Lohn, Lebensstandard, in: Wolfgang Ruppert, Die Arbeiter. Lebensformen, Alltag und Kultur von der Frühindustrialisierung bis zum »Wirtschaftswunder«, München 1986, S. 140 f.

1. Die Statistik 13a bietet in Spalte 1 und 2 zwei unterschiedliche Zahlenreihen dar, eine absolute und eine indexierte. Die absolute Entwicklung der Einkommen in Spalte 1 ist für sich alleine wenig aussagekräftig, weil sie die Steigerung der Lebenshaltungskosten außer Acht lässt. Um die beiden Zahlenreihen aufeinander beziehen zu können, müssen Sie zunächst auch Spalte 1 indexieren (Indexjahr 1895). In einem weiteren Schritt können Sie dann anhand dieser beiden Indizes den Index des realen Jahreseinkommens berechnen (Index des nominalen Jahreseinkommens : Index der Lebenshaltungskosten x 100). Nehmen Sie diese Operation vor und stellen Sie anschließend die Indizes des realen Jahreseinkommens und der Lebenshaltungskosten als Liniendiagramm dar. Interpretieren Sie Ihre Darstellung.
   Ein Vertreter der Gewerkschaften will zeigen, dass sich die Reallöhne von 1871 bis 1913 nur wenig verbessert haben; der Vertreter eines Industriellenverbandes will das Gegenteil demonstrieren. Entwerfen Sie für jede Position eine passende grafische Darstellung, indem Sie die Maßstäbe entsprechend wählen. Erörtern Sie an diesem Fall die Vorteile und Gefahren grafischer Darstellungen. Suchen und besprechen Sie aktuelle Beispiele in den Medien (z. B. die Darstellung der Arbeitslosenzahlen in den Fernsehnachrichten).
2. Berechnen Sie in 13b den Prozentanteil der einzelnen Ausgabenbereiche und stellen Sie die Verteilung der Ausgaben in einem Kreisdiagramm dar.
   Versuchen Sie, für den Haushalt Ihrer Familie eine vergleichbare Berechnung und Darstellung vorzunehmen. Vergleichen Sie das Ergebnis mit den historischen Daten.

14 Wohnen – bürgerlich und proletarisch

a) Der Maler Otto Nagel erinnert sich an seine Kindheit um 1900:

Die Berliner Stube, in der ich zur Welt kam, hatte nur in der Nähe des Fensters ein wenig Helligkeit. Das Bett, in dem meine Mutter mich geboren hat, soll in der äußersten dunklen Ecke der Stube gestanden haben. Ich wurde der siebente Bewohner der Wohnung, die aus einer Küche ohne Korridor und der besagten Stube bestand. Allerdings gehörte noch ein weiterer kleinerer Raum dazu, der aber nicht zum Wohnen benutzt wurde, sondern dem Vater als Tischlerwerkstatt diente. Das Mobiliar der Berliner Stube war das übliche. Ringsherum standen die Betten, es gab ein Sofa mit einem ovalen Tisch davor, in einer Ecke befand sich ein Vertiko mit Aufsatz, auf dem verschiedene Nippesgegenstände standen. Der Hof, auf den das Fenster ging, war dunkel. An drei Seiten wurde er von grauen, trostlosen Fassaden begrenzt. Da und dort war auf einem Fensterbrett ein grünlicher Kasten angebracht, über dem eine unterernährte Geranie auf magerem Stengel schwebte, die etwas Farbe in die triste Dunkelheit brachte. Direkt meinem Fenster gegenüber zog sich ein schwarzer Giebel hoch, der die eine Hälfte der vierten Hofseite zudeckte. Die andere Hälfte wurde durch eine Steinmauer abgegrenzt, hinter der ein verfallenes, niedriges Gebäude stand, in dem eine Lumpenstampe [einfache Bierkneipe] untergebracht war. Ich erinnere mich, dass ich in meiner frühesten Kindheit immer wieder am Fenster saß und das Stückchen Himmel beobachtete, das über der Lumpenstampe zu sehen war.

Otto Nagel, Autobiographische Zeugnisse und ausgewählte Aufsätze, in: Erhard Frommhold, Otto Nagel. Zeit, Leben, Werk, Berlin 1974. Zit. nach: Ruth Glatzer, Das Wilhelminische Berlin. Panorama einer Epoche 1850–1918, Berlin 1997, S. 313.

b) »Des Hauses Sonnenschein« Bürgerlicher Familienkaffeetisch zur Zeit der Jahrhundertwende. Gouachemalerei von Hans Gabriel Jentzsch.

c) Kellerwohnung in Berlin für 8 Personen mit einem Zimmer von 15 m² und einer Küche. Foto, 1916.

1. Stellen Sie für das Gemälde (14b) und das Foto (14c) jeweils eine Liste der Einrichtungsgegenstände zusammen und erläutern Sie ihre Funktion.
   Beschreiben Sie die Kleidung und Haltung der Personen. Stellen Sie Vermutungen darüber an, weshalb der Maler die Familienszene (14b) im Bild festgehalten hat.
   Wie hätte die eine Seite die Wohnverhältnisse der anderen wahrgenommen? Verfassen Sie jeweils einen kurzen Text aus der entsprechenden Perspektive.
2. Sind Wohnverhältnisse, wie sie in 14a beschrieben werden, eine unvermeidliche Begleiterscheinung der Industrialisierung? Inszenieren Sie ein Streitgespräch zwischen einem Betroffenen, einem Sozialdemokraten, einem Bürgermeister und einem Hausbesitzer.

Mai-Feier
Freiheit, Gleichheit, Brüderlichkeit!
Jedem Ehre, Jedem Preis....
Wer den wucht'gen Hammer schwingt;
Wer im Felde mäht die Aehren;
Wer ins Mark der Erde dringt,
Weib und Kinder zu ernähren;
Wer stroman den Nachen zieht;
Wer bei Woll' und Werg und Flachse
Hinterm Webestuhl sich müht,
Daß sein blonder Junge wachse: –
Jedem Ehre, Jedem Preis!
Ehre jeder Hand voll Schwielen!
Ehre jedem Tropfen Schweiß,
Der in Hütten fällt und Mühlen!
Ehre jeder nassen Stirn
Hinterm Pfluge! Doch auch dessen,
Der mit Schädel und mit Hirn
Hungernd pflügt, sei nicht vergessen!
F. Freiligrath.
Archiv der sozialen Demokratie

15 Die Arbeiterbewegung

a) SPD-Maifestzeitung, um 1892
siehe ganzseitige Anzeige nebenstehend

Udo Achten, Illustrierte Geschichte des 1. Mai, Oberhausen 3. Aufl. 1985, S. 55.

b) Das Erfurter Programm der SPD, 1891:
Nur die Verwandlung des kapitalistischen Privateigentums an Produktionsmitteln – Grund und Boden, Gruben und Bergwerke, Rohstoffe, Werkzeuge, Maschinen, Verkehrsmittel – in gesellschaftliches Eigentum und die Umwandlung der Warenproduktion in sozialistische, für und durch die Gesellschaft betriebene Produktion kann es bewirken, dass der Großbetrieb und die stets wachsende Ertragsfähigkeit der gesellschaftlichen Arbeit für die bisher ausgebeuteten Klassen aus einer Quelle des Elends und der Unterdrückung zu einer Quelle der höchsten Wohlfahrt und allseitiger, harmonischer Vervollkommnung werde. [...]

Der Kampf der Arbeiterklasse gegen die kapitalistische Ausbeutung ist notwendigerweise ein politischer Kampf. Die Arbeiterklasse kann ihre ökonomischen Kämpfe nicht führen und ihre ökonomische Organisation nicht entwickeln ohne politische Rechte. Sie kann den Übergang der Produktionsmittel in den Besitz der Gesamtheit nicht bewirken, ohne in den Besitz der politischen Macht gekommen zu sein.

Diesen Kampf der Arbeiterklasse zu einem bewussten und einheitlichen zu gestalten und ihm sein naturnotwendiges Ziel zu weisen – das ist die Aufgabe der Sozialdemokratischen Partei.

Zit. nach: Hans Fenske (Hrsg.), Im Bismarck'schen Reich. Quellen zum politischen Denken der Deutschen im 19. und 20. Jahrhundert. Bd. VI, Darmstadt 1978, S. 32 f.

1. Charakterisieren Sie das Programm 15b mithilfe der Begriffe »revolutionär« und »reformerisch«.
2. Analysieren Sie die einzelnen Bestandteile des Bildes (15a): Bildszene, Allegorie, Text. Beschreiben Sie zusammenfassend die Bildaussage.

16 Unternehmer und Sozialreformer

a) Alfred Krupps Ansprache an seine Arbeiter wurde gedruckt und im Betrieb verteilt, 1877:
Sie [die Vertreter der Sozialdemokratie] wollen keinen Thron, keine Regierung, keine Religion, kein Eigentum und kein Erbe, auch ebensowenig Zucht, Scham und Sitte anerkennen und gelten lassen. Was Jahrhunderte an Gutem geschaffen, veredelt und geheiligt haben, soll vernichtet werden, und selbstverständlich geht das nicht ohne Feuer und Schwert. Was eine fleißige sparsame Familie, was eine Generation ehrlich erworben hat, soll der Faule, Liederliche sich aneignen dürfen, und wenn er einmal seinen Teil verzehrt hat, so teilt er nachher wiederholt mit denjenigen, welche inzwischen durch Fleiß und Sparsamkeit sich wieder etwas erworben haben. [...]

Der gewerbliche Arbeitgeber muss gerade wie der Landmann auf Wechselfälle vorbereitet sein. [...] Es treten Jahre ein, welche keinen Gewinn abwerfen, der Arbeiter aber erhält trotzdem seinen Lohn. Es muss in guten Jahren notwendige Kraft gewonnen werden, um die schlechten zu überstehen. Ohne Reserve im Gewinn müsste man in schlechten Jahren die Leute gehen lassen. Es hat dagegen die Fabrik in den schlechtesten Jahren, wenn alles darniederlag, dennoch die Arbeit fortgesetzt, auf Vorrat fabriziert oder zu Preisen mit Verlust geliefert, bloß zu dem Zwecke, die Leute zu ernähren und den Herd warm zu halten. [...]

Ich habe den Mut gehabt, für die Verbesserung der Lage der Arbeiter Wohnungen zu bauen, worin bereits 20 000 Seelen untergebracht sind, ihnen Schulen zu gründen und Einrichtungen zu treffen zur billigen Beschaffung von allem Bedarf. Ich habe mich dadurch in eine Schuldenlast gesetzt, die abgetragen werden muss. Damit dies geschehen kann, muss jeder seine Schuldigkeit tun in Friede und Eintracht und in Übereinstimmung mit unsern Vorschriften. [...]

Genießet, was euch beschieden ist. Nach getaner Arbeit verbleibt im Kreise der eurigen, bei den Eltern, bei der Frau und den Kindern und sinnt über Haushalt und Erziehung. Das sei eure Politik, dabei werdet ihr frohe Stunden erleben. Aber für die große Landespolitik erspart euch die Aufregung. Höhere Politik treiben erfordert mehr freie Zeit und Einblick in die Verhältnisse, als dem Arbeiter verliehen ist. [...]

Mit dem Laufe der Zeit von Jahrzehnt zu Jahrzehnt wird alles besser und wer zurückblickt in die Vergangenheit, kann sich der Überzeugung nicht verschließen, dass große Fortschritte gemacht worden sind zum Besten aller und so auch der arbeitenden Klassen. Vor fünfzig Jahren lebte kein Arbeiter so gut in Nahrung, Wohnung und Kleidung als heute. Keiner wird tauschen wollen mit dem Lose seiner Eltern und Vorfahren.

Alfred Krupp, Ein Wort an meine Angehörigen, in: Wilhelm Berdrow (Hrsg.), Alfred Krupps Briefe 1826–1887, Berlin 1928, S. 342–348. Zit. nach: Helga Grebing; Arbeiterbewegung. Sozialer Protest und Interessenvertretung bis 1914, München 1985, S. 147–149.

b) Der Volkswirtschaftler Gustav Schmoller auf der Gründungsversammlung des »Vereins für Socialpolitik«, 1872:

Aufrichtig dem konstitutionellen System ergeben, wollen sie [die Mitglieder des Vereins] doch nicht eine wechselnde Klassenherrschaft der verschiedenen einander bekämpfenden wirtschaftlichen Klassen; sie wollen eine starke Staatsgewalt, welche über den egoistischen Klasseninteressen stehend, die Gesetze gebe, mit gerechter Hand die Verwaltung leite, die Schwachen schütze, die untern Klassen hebe. [...] In Beurteilung unserer volkswirtschaftlichen Zustände leugnen sie entfernt nicht die glänzenden unerhörten Fortschritte unserer Zeit in Technik und Produktion, in Handel und Verkehr, aber sie erkennen auch offen die tiefen Missstände an, die steigende Ungleichheit des Einkommens und Vermögens, das unreelle Treiben, die mangelnde Solidität in einzelnen Kreisen des Handels, die Rohheit und Zügellosigkeit, die sich als Folge allgemeiner Ursachen in einem Teil der unteren Klassen in steigendem Maße zeigt. [...] Unzufrieden mit unseren bestehenden sozialen Verhältnissen, erfüllt von der Notwendigkeit der Reform predigen wir doch keine Umkehr der Wissenschaft, keinen Umsturz aller bestehenden Verhältnisse, wir protestieren gegen alle sozialistischen Experimente. [...]

Wir wollen keine Aufhebung der Gewerbefreiheit, keine Aufhebung des Lohnverhältnisses, aber wir wollen nicht einem doktrinären Prinzip zuliebe die grellsten Missstände dulden und wachsen lassen; wir treten für eine maßvolle, aber mit fester Hand durchgeführte Fabrikgesetzgebung auf, wir verlangen, dass nicht ein so genannter freier Arbeitsvertrag in Wahrheit zur Ausbeutung des Arbeiters führe, wir verlangen die vollste Freiheit für den Arbeiter, bei Feststellung des Arbeitsvertrags mitzureden. [...]

Wir verlangen vom Staate wie von der ganzen Gesellschaft und jedem Einzelnen, der an den Aufgaben der Zeit mitarbeiten will, dass sie von einem großen Ideale getragen seien. Und dieses Ideal darf und soll kein anderes sein, als das, einen immer größeren Teil unseres Volkes zur Teilnahme an allen höheren Gütern der Kultur, an Bildung und Wohlstand zu berufen, das soll und muss die große, im besten Sinn des Wortes demokratische Aufgabe unserer Entwicklung sein, wie sie das große Ziel der Weltgeschichte überhaupt zu sein scheint.

Zit. nach: Hans Fenske (Hrsg.), Im Bismarck'schen Reich (Quellen zum politischen Denken der Deutschen im 19. und 20. Jahrhundert, Bd. VI), Darmstadt 1978, S. 88–93.

1. Beschreiben Sie das Selbstverständnis des Unternehmers, das in dieser Ansprache (16a) zum Vorschein tritt.
   Schreiben Sie für eine Gewerkschaftszeitung einen kurzen Bericht über diese Ansprache.
2. Charakterisieren Sie Schmollers Haltung (16b) gegenüber wirtschaftsliberalen Positionen, der Sozialdemokratie und dem Staat. Bringen Sie sein Staatsverständnis auf einen modernen Begriff.

17 Die staatliche Sozialpolitik

a) Sozialversicherung im deutschen Kaiserreich

Versicherungsart	Beiträge	Leistungen
Krankenversicherung 1883 für gewerbliche Arbeiter und (freiwillig ab 1892) Angehörige	2–3% des Lohns; 2/3 vom Versicherten, 1/3 vom Arbeitgeber	ärztliche Behandlung und Medizin, Krankenhauskosten; nach zweitägiger Wartezeit Krankengeld (50% des Durchschnittslohns, max. 2 Mark/Tag)
Unfallversicherung 1884 für gewerbliche Arbeiter	als Haftpflicht vom Arbeitgeber zu zahlen	Heilungskosten; bei Erwerbsunfähigkeit 2/3 des Einkommens, 1/5 für Witwen
Invaliditäts- und Altersversicherung 1889 für gewerbliche und Landarbeiter (ab 1911 auch für Familienangehörige)	1% (ab 1900 1,5–3%) des Lohns, je zur Hälfte von Arbeitnehmern und Arbeitgeber	Invalidenrente bei Erwerbsunfähigkeit (1911): 1,1 Mill. Rentenbezieher von durchschnittlich 187 Mark/Jahr; Altersrente ab 70. Lebensjahr und nach 30 Beitragsjahren (ab 1900: 24)

Nach: Rainer Bölling/Johann Henseler (Hrsg.), Das deutsche Kaiserreich 1871–1918; Freiburg 1986, S. 47 f.

b) Die Entwicklung der Rentenfälle 1891–1914

Jahr	Versicherte	Zahl der Invalidenrenten überhaupt	Zahl der Invalidenrenten im Berichtsjahr bewilligt	Zahl der Altersrenten überhaupt	Zahl der Altersrenten im Berichtsjahr bewilligt
1891	11 490 220	–	31	–	132 926
1895	12 144 530	–	55 983	–	30 144
1900	13 015 100	450 056	125 717	214 985	19 852
1905	13 948 120	857 823	122 868	156 158	10 692
1910	15 659 700	1 008 246	114 661	113 974	11 612
1914	16 551 500	1 128 956	130 617	98 089	10 828

Karl Erich Born u.a., Quellensammlung zur Geschichte der deutschen Sozialpolitik 1867 bis 1914, Wiebaden 1966, S. 153.

c) Sozialversicherung in Westeuropa (Anteil der in Unfall-, Kranken-, Renten- und Arbeitslosenversicherung erfassten Arbeitnehmer, 1885–1930)

Land	1885	1890	1895	1900	1905	1910	1915	1920	1925	1930
Österreich		5,3	7,5	9,0	10,0	13,0	13,0	27,5	32,0	46,3
Belgien			0,8	3,8	14,8	17,5	17,5	25,0	26,8	33,3
Dänemark			3,8	10,5	13,8	25,8	30,8	44,0	66,0	67,8
Deutschland	9,8	24,5	41,0	40,8	40,3	44,5	42,8	45,5	48,8	61,3
Finnland				1,8	1,8	2,0	2,0	4,0	4,8	8,0
Frankreich				6,8	8,5	12,8	11,5	12,8	22,0	30,3
Irland									30,3	30,3
Italien		1,5	1,5	2,8	4,0	4,8	4,8	27,3	29,0	31,0
Niederlande					6,3	7,0	7,3	25,3	27,3	41,3
Norwegen			3,8	3,3	3,0	4,5	17,8	23,3	20,0	22,3
Schweden			1,0	3,3	9,5	11,8	37,0	46,0	45,0	47,5
Schweiz	2,8	3,3	3,5	4,0	4,3	4,8	10,8	18,8	22,8	31,3
Großbritannien				9,8	9,3	17,5	36,5	43,3	52,5	72,5

Jens Alber, Vom Armenhaus zum Wohlfahrtsstaat. Analysen zur Entwicklung der Sozialversicherung in Westeuropa, Frankfurt a. M. 1982, S. 152.

Diskutieren Sie anhand der Statistiken die Leistung und Bedeutung der deutschen Sozialgesetzgebung.

1900/01	Universitäten und Technische Hochschulen sowie die verschiedenen Formen der höheren Schule (Preußen) werden gleichgestellt.
1908	In Preußen werden Frauen zum Studium (einzelner Fächer) zugelassen. Die höheren Mädchenschulen werden den Knabenschulen (nahezu) gleichgestellt.

1.3 Bildung und Wissenschaft

Auch im Bereich des Bildungswesens stellte die Industrialisierung eine Herausforderung für den Staat dar. Welche Kenntnisse und Fertigkeiten waren nötig, um den Anforderungen der industriellen Welt zu genügen, und wie sollten sie vermittelt werden? Diese Frage stellte sich auf unterschiedlichen Ebenen, für den Arbeiter ebenso wie für den Ingenieur.

Technische Hochschulen – Schulen für die Industrie

Bei der Verknüpfung von Industrie und technischer, dann auch naturwissenschaftlicher Bildung wurde Deutschland zu einem Vorreiter. Seit 1860 entstanden die ersten Technischen Hochschulen. Wissenschaftliche Ausbildung trat an die Stelle von Erfahrungslernen.
Den deutschen Vorsprung bei der Ausbildung wissenschaftlich-technischer Fachkräfte, die speziell auf die Anforderungen der modernen Industrie eingestellt waren, zeigt der Vergleich mit England: Zur Jahrhundertwende gab es dort etwa 1500 wissenschaftlich ausgebildete Chemiker, in Deutschland 4000. Deutschlands Hochschulen bildeten pro Jahr 3000 Diplomingenieure aus, die englischen weniger als 400. Weitaus stärker als in anderen Ländern wurde Wissenschaft in Deutschland zum industriellen Produktivfaktor. Das galt nicht nur für die Ausbildung, sondern ebenso für die Forschung.

Eine ähnliche Entwicklung spielte sich auch bei den Höheren Schulen ab. Zunächst hatten die so genannten neuhumanistischen Gymnasien mit Latein und Griechisch das Monopol der höheren Bildung. Spätestens seit der Jahrhundertmitte äußerte sich immer stärker das Bedürfnis nach einer an den modernen Sprachen und den Naturwissenschaften orientierten Bildung, einerseits ausgerichtet an den Interessen der Wirtschaft und des Handels, andererseits als eine zeitgemäßere Form von allgemeiner Bildung. Als neue Schulformen entstanden das Realgymnasium (Schwerpunkt moderne Sprachen) und die Oberrealschule (Schwerpunkt Naturwissenschaften). Sie wurden 1900/01 mit dem humanistischen Gymnasium gleichgestellt.
Damit erweiterte und differenzierte sich das höhere Schulwesen. Der Anteil der Schülerinnen und Schüler, die eine höhere Schule besuchten, blieb aber immer noch gering. Vor dem Ersten Weltkrieg lag er bei etwa 5 % eines Jahrgangs, der Anteil der Abiturienten bei etwas über 2 %. Auch mit dem neuen, »realistischen« Bildungsangebot blieb die Höhere Schule eine Eliteanstalt, deren Besuch von Herkunft und finanziellen Möglichkeiten abhing. Das krasseste Abgrenzungsmerkmal allerdings war das Geschlecht: Mädchen durften diese höheren Schulen überhaupt nicht besuchen und lange Zeit auch nicht studieren.

Volksschulen

Ein schneller Modernisierungsprozess vollzog sich auch bei den Volksschulen. Zunächst ging es um die Durchsetzung der Schulpflicht. Sie wurde etwa 1880

erreicht. Zum ersten Mal in der Geschichte erhielten alle Kinder, egal welcher Herkunft, wenigstens ein Minimum an schulischer Bildung vermittelt, vor allem die Kulturtechniken Lesen, Schreiben und Rechnen. Deutschland lag damit im internationalen Vergleich an vorderster Stelle. Was genau gelernt werden sollte und wie die Lehrer ausgebildet werden sollte, wurde im letzten Drittel des Jahrhunderts immer genauer vom Staat vorgeschrieben. Erst dadurch entstand ein geregeltes öffentliches Schulwesen, wie wir es heute kennen.
Aber die Volksschüler sollten auch nicht zu viel lernen. Die Schule erzog sie zu »Untertanen«: Sie sollten ihrem Herrscherhaus treu ergeben sein, die politischen und gesellschaftlichen Verhälnisse nicht in Zweifel ziehen und ihre persönliche soziale Situation akzeptieren. Die Volksschule war im Kaiserreich nicht – wie später – die Schule des ganzen, sondern des »niederen« Volks. Die Kluft zum höheren Schulwesen war tief. Die zukünftigen höheren Schülerinnen und Schüler besuchten in den ersten Schuljahren private Vorschulen, kamen also mit den Volksschülern kaum in Berührung. Die Bildung für alle war neu, aber es war eine sehr unterschiedliche Bildung. Erst das Reichsgrundschulgesetz von 1920 bestimmte, dass in den ersten vier Schuljahren alle Kinder dieselbe Schulform, die Grundschule, besuchen sollten: Das war ein großer Schritt zu stärkerer Durchlässigkeit und größerer Chancengleichheit im Bildungswesen.

18 Darstellung von Ingenieurarbeit
Titelblatt zu einem Buch von Max Eyth, 1899.

19 Die Hochschulen

a) Vom Meister zum Ingenieur, 1916:
Die früheren Maschinenfabriken boten keine brauchbaren Vorbilder. Die Ausführung in den Werkstätten erfolgte in ihnen fast nur nach den Angaben und den besonderen Erfahrungen der Werkmeister, die oft auch als Konstrukteure auftraten. Die Fabrikleiter waren selten Ingenieure, manchmal Kaufleute oder Finanzleute, die eine Fabrik auf dem Halse behielten und mit dem geringsten Aufwand von Geld und geistigem Kapital weiterführten.

Die Werkstättenleiter entschieden auch über Konstruktionen, gelegentlich arbeiteten sie ohne Zeichnung nach eigenem Willen oder änderten die Konstruktionen nach ihren Erfahrungen und Gepflogenheiten. Betriebsingenieure gab es nicht, oder sie waren nur eine andere Form von Werkmeistern.

Wissenschaftliche Einsicht, mit Erfahrung vereint, hatte in der Leitung noch keinen Einfluss, die »Meisterwirtschaft« war bis in die Achtzigerjahre die Regel; Ingenieurleitung drang nur allmählich vor, zuerst in der elektrotechnischen Großindustrie.

[...] Trotz dieser unleidlichen Verhältnisse haben die Technischen Hochschulen Großes geleistet, und die von ihnen herangebildeten Ingenieure haben die große Umwälzung geschaffen. Maschinen bauen können viele, Erfahrung allein genügt dazu in vielen Fällen; Maschinen bauen und Betriebe durchführen mit geringsten Kosten und höchsten Betriebsvorteilen, das ist die Aufgabe und Leistung der wissenschaftlich denkenden Ingenieure.

Alois Riedler, Emil Rathenau und das Werden der Großwirtschaft, 1916, zit. nach: Gerhard A. Ritter/Jürgen Kocka (Hrsg.), Deutsche Sozialgeschichte. Dokumente und Skizzen, Bd. II: 1870–1914, München 1974, S. 162 f.

b) **Studierende an deutschen Hochschulen, 1869–1912**

Am Jahresschluss	zusammen	auf je 10 000 der männl. Bevölkerung	Am Jahresschluss	zusammen	auf je 10 000 der männl. Bevölkerung
1869	17 954	8,83	1899	46 520	16,78
1872	20 576	10,03	1902	52 538	18,50
1875	22 892	11,08	1905	57 375	19,20
1880	26 254	11,73	1908	62 599	20,08
1885	31 418	13,85	1909	65 966	20,87
1888	33 612	14,39	1910	68 202	21,29
1891	33 992	13,87	1911	70 280	21,65
1896	40 286	15,70	1912	17 710	21,77

Gerd Hohorst/Jürgen Kocka/Gerhard A. Ritter, Sozialgeschichtliches Arbeitsbuch, Bd. II: Materialien zur Statistik des Kaiserreichs 1870–1914, München 2. Aufl. 1978, S. 161.

1. Demokratisierung der Elitenbildung? Nehmen Sie dazu anhand der Statistik (19b) Stellung. Ziehen Sie auch heutige Studentenzahlen zum Vergleich heran.
2. Entwerfen Sie eine zeitgenössische Stellenausschreibung und skizzieren Sie darin das Berufsbild des Ingenieurs.
   Erläutern Sie anhand des Textes (19a) den Begriff »Bildung als Produktivfaktor«.

20 Die Volksschulen

a) **Schüler- und Lehrerzahlen (Preußen)**

Jahr	Schulkinder	Lehrer
1831	1 917 934	22 905
1852	2 583 565	28 862
1871	3 900 655	47 059
1891	4 916 476	71 731
1911	6 572 074	117 164

Statistisches Jahrbuch für den Preussischen Staat, hrsg. vom Königlichen Statistischen Landesamt, Berlin 1912, S. 379.

b) **Zahl der Klassen pro Schule (Preußen)**

Von allen Schülern besuchten die jeweilige Schulform in Prozent (gerundet):

Schulformen	1882 insgesamt	Stadt	Land	1911 insgesamt
einklassige	31	2	43	10
zweiklassige	11	2	15	7
dreiklassige	14	6	17	9
vier- und mehrklassige	36	89	14	67

Peter Lundgreen, Sozialgeschichte der deutschen Schule im Überblick, Teil I: 1770–1918, Göttingen 1980, S. 98.

c) »**Kaiser Wilhelm der Zweite, ein Freund der Armen**« **– ein Lesestück:**

Im Februar des Jahres 1889 fuhr der Kaiser spazieren. Neben ihm saß ein höherer Offizier. Es war ein kalter Wintertag. Vor einem Gasthause erblickte der Kaiser einen Leiermann, der vor Frost zitterte. Mitleidig sah er auf den Armen, gab seinem Kutscher ein Zeichen zum Halten und sagte zu seinem Begleiter: »Geben Sie doch dem Manne da ein Geldgeschenk!« Der Offizier zog seine Geldbörse hervor und sprach: »Majestät, ich habe leider kein kleines Geld.« Da entgegnete der Kaiser: »So geben Sie ihm großes; dann braucht der arme Mensch nicht zu frieren.« Das tat der Offizier. Darauf fuhr der Schlitten des Kaisers davon. Der arme Leiermann aber schaute dem Schlitten nach und weinte vor Freude.

Möge Gott unsern Kaiser Wilhelm segnen und ihm eine lange Regierung verleihen!

Ferdinand Hirt, Deutsches Lesebuch für mehrklassige Schulen beider Konfessionen, 2. Teil, Lesebuch für die Unterstufe, Breslau 1899, S. 125.

d) Soziale Unterweisung im Rechenunterricht:

Zwei Brüder, A und B, haben jeder 9000 M Vermögen. Der erste vermehrt sein Vermögen durch Fleiß und Sparsamkeit jährlich um 1500 M, B mag nicht arbeiten und vermindert sein Vermögen jährlich um 1200 M. a) Wie viel hat jeder nach 7 Jahren? b) Wenn alle Menschen der Erde gleich reich, aber nicht gleich fleißig, gleich sparsam und gleich gesund wären, was würde dann bald der Fall sein?

Merksatz: Die Menschen können nicht alle gleich reich sein, und wenn sie es einmal wären, so würde es nicht lange dauern, bis sie wieder vollständig ungleich wären. Prägt euch das Sätzchen ein!

Ein fleißiger, braver Arbeiter bittet seinen Arbeitgeber, ihm doch 2175 M vorzustrecken, damit er sich ein Häuschen kaufen könne. Dieser antwortet: Ich will das gern tun, wenn du auch ferner fleißig und sparsam sein willst und ich jede Woche 2,50 M von deinem Arbeitslohne zurückbehalten darf, bis die Summe von 2175 M abgetragen ist. a) Wie lange dauert es, bis der Arbeiter die Schuld abgetragen hat? b) Wenn der Arbeiter kein Häuschen hätte, so müsste er jährlich 90 M Miete zahlen. Wie viel gibt er jetzt nur mehr, als die Miete betragen würde?

Merksatz: Diene deinem Herrn mit Treu und Fleiß!
Er wird lohnen, Gott wird segnen deinen Schweiß!

Johannes Josef Sachse: Des Lehrers Rüstzeug im Kampfe der Schule gegen die Sozialdemokratie, Leipzig 1891, S. 178.

e) Erziehung zur Ordnung:

Außer dem Fleiß muss [...] die Schule die Kinder auch zur Ordnung erziehen. Wer als Kind, als Schüler nicht an Fleiß und Ordnung gewöhnt ist, wie sollte der später als Erwachsener, als Bürger des Staates auf einmal Fleiß und Ordnung lieben? Wird ihm nicht die Lust zum Nichtstun, zur Unordnung fortwährend nachhängen und ihn auf mancherlei Abwege führen? Sind nicht [...] die Leute, die nichts Ordentliches treiben wollen, die sich ihrer Neigung zur Trägheit und zum Müßiggange leiten lassen, am ersten geneigt Unruhe zu machen und sich gegen die bestehende Ordnung aufzulehnen? So kann denn die Schule ohne Zweifel, indem sie ihre Schüler zum Fleiß und zur Ordnung anhält, ganz wesentlich dazu beitragen, dass aus der Jugend ein Geschlecht von treuen, fleißigen und ordnungsliebenden Untertanen heranwachse.

Zit. nach: Gerhard Petrat. Schulerziehung. Ihre Sozialgeschichte in Deutschland bis 1945, München 1987, S. 143/146.

1. Charakterisieren Sie die Entwicklung, die sich aus diesen Zahlen (20a und b) ablesen lässt. Berechnen Sie dafür (20a) die durchschnittliche Zahl von Schülern pro Lehrer.
2. In Rahmenrichtlinien wird beschrieben, wozu Schülerinnen und Schüler gebildet und erzogen werden sollen. Formulieren Sie einen passenden Richtlinienabschnitt für die drei Texte 20c–e.
   Diskutieren Sie, welche Werte eine moderne Schulerziehung vermitteln sollte.

2. DIE MODERNE MASSENGESELLSCHAFT

Die Industrialisierung veränderte auch die Gesellschaft. Die alten ständischen Gruppen – Adel, Bürger, Bauern – gab es dem Namen nach zwar weiterhin. Aber vor allem das Bürgertum wandelte und differenzierte sich. Ganz neu entstand erst die Arbeiterschaft, dann der »neue Mittelstand« der Angestellten. Die Mobilität des Einzelnen wuchs, räumlich und sozial. Für die einen bedeutete das Verunsicherung und Abstieg, den anderen bot es die Chance zum Aufstieg. Auch die Lebensweisen wandelten sich – zuerst in den großen Städten. Die Bedeutung von Herkommen und Tradition nahm ab, die Individualität zu. Neue Möglichkeiten des Konsums und der Unterhaltung entstanden und mehr Menschen als je zuvor nahmen daran teil. Die Industrialisierung schuf nicht nur die Massenproduktion, sondern auch die Massengesellschaft. Alle diese Veränderungen wurden von den Zeitgenossen ganz unterschiedlich wahrgenommen: Erlebten sie das Ende aller Kultur oder entstand hier eine ganz neue Lebensqualität? Heute hat sich die neue Lebensweise praktisch weltweit durchgesetzt: Mit dem Weltmarkt ist eine nordamerikanisch-europäisch geprägte Weltzivilisation entstanden.

Nach 1870	Die massenhafte Bevölkerungswanderung in die Städte beginnt.
1883	In Berlin wird die erste Vermittlungsanlage für Telefongespräche eingerichtet.
Ab 1890	Die Straßenbahnen verbreiten sich in den deutschen Großstädten.
1890	Nach der Erfindung des Elektromotors beginnt die Nutzung der Elektrizität als Antriebskraft.
1900	In Berlin wird die erste deutsche U-Bahn gebaut.
1900	Die ersten deutschen Kaufhäuser entstehen.
1910	Fast die Hälfte aller Einwohner Deutschlands lebt in Städten mit mehr als 5000 Einwohnern.

2.1 Gesellschaftliche Gruppen im Wandel

Ein neues Bürgertum

In Mittelalter und Früher Neuzeit hatte der Begriff Bürgertum in Abgrenzung von der ländlichen Bevölkerung die Stadtbürger bezeichnet. Natürlich hatte es auch dort immer wirtschaftliche und soziale Unterschiede gegeben. Aber im 19. Jahrhundert, vor allem in dessen zweiter Hälfte, erweiterte und differenzierte sich das Bürgertum wie nie zuvor. Es gab das wirtschaftlich erfolgreiche Großbürgertum mit Unternehmern, Bankiers und wohlhabenden Kaufleuten, das Kleinbürgertum mit Gewerbetreibenden, Krämern, Gastwirten und den niederen Beamten, das Bildungsbürgertum mit den höheren Beamten und den freien akademischen Berufen der Ärzte, Rechtsanwälte und Architekten.

Mobilität: *Durch die Industrialisierung nahm die Mobilität (lat.: Beweglichkeit) der Menschen in doppelter Hinsicht zu: räumlich und sozial. Räumliche Mobilität meint die Wanderung von einem Wohn- und Arbeitsort zu einem anderen. Soziale Mobilität bedeutet den Auf- und Abstieg von einer sozialen Schicht in eine andere. Die neue Mobilität konnte gegen den Willen der Menschen durch die Umstände erzwungen sein. Aber es konnte sich auch um eine bislang unbekannte Freizügigkeit mit der Chance zur Verbesserung der Lebensverhältnisse handeln.*

»Bürgerliches Zeitalter«

So groß die Unterschiede zwischen den einzelnen Gruppen des Bürgertums waren, sie alle grenzten sich über Besitz, Bildung oder herkömmlichen Status von anderen Gruppen der Bevölkerung ab. Das Bürgertum umfasste nur einen relativ kleinen Teil der Bevölkerung: das höhere Bürgertum allein etwa 6 %, gemeinsam mit dem Kleinbürgertum (und dem neuen Mittelstand) etwa 15 % (1914). Dennoch spricht man vom »bürgerlichen Zeitalter« zwischen der Reichsgründung und dem Ersten Weltkrieg. Denn das Bürgertum prägte mit seinen Lebensformen, Denkweisen und Verhaltensnormen am stärksten die Mentalität der ganzen Gesellschaft. Dazu gehörten die Kultur, das Vereinswesen, ein wissenschaftlich-rationales Weltbild, die geplante Lebensführung, eine abgegrenzte Kleinfamilie, die bürgerlichen Sekundärtugenden (Fleiß, Disziplin, Sparsamkeit) und das Sexualverhalten. Die Vorstellungen des Bürgertums gewannen immer stärker Vorbild- und Modellcharakter auch für andere Gesellschaftsgruppen und wurden bestimmend für das 20. Jahrhundert und bis heute.

Eine völlig neue gesellschaftliche Gruppe waren die Angestellten, damals oft »Privatbeamte« genannt. Sie verdienten besser als die Arbeiter, ihr Gehalt stieg mit dem Lebensalter an, sie hatten Anspruch auf Urlaub. Vor allem aber leisteten sie keine körperliche Arbeit und legten sie Wert darauf sich von den Arbeitern abzugrenzen: Der »Stehkragen« im Dienst war das Symbol dafür. Die Angestellten fühlten sich eher dem Bürgertum zugehörig. Sie hatten auch eine gesonderte Interessenvertretung, die Angestelltenvereine. Da der Anteil des Dienstleistungssektors an der Volkswirtschaft wuchs, stieg auch die Zahl der Angestellten an.

21 Wer wird Angestellter? Ergebnisse aus einer Erhebung des Gewerkschaftsbundes der Angestellten, Berlin 1931.

Interpretieren Sie das Schaubild mithilfe des Grundbegriffs »Soziale Mobilität«.

Die Arbeiterklasse als eine weitgehend einheitliche Gruppe entstand ebenfalls erst im letzten Drittel des 19. Jahrhunderts. Sie war geprägt durch gleiche Arbeits- und Lebensbedingungen, ein gemeinsames soziales und politisches Bewusstsein und lebte in einem eigenen, nach außen abgeschlossenen Milieu. Dessen politischen Kern bildete die Sozialdemokratische Partei. Eine Fülle von Vereinen sorgte für Bildung, Geselligkeit, Unterstützung, Sport und Unterhaltung in allen Lebenslagen. Sie bildeten eine Gegenwelt zum bürgerlichen Vereinswesen. Dieses proletarische Milieu hatte bis zum Ende der Weimarer Republik Bestand, erst der Nationalsozialismus zerstörte es.

Der Adel

Weniger als die anderen Gruppen, aber doch auch vom gesellschaftlichen Wandel betroffen waren Adel und Bauern. Der Adel behielt im Kaiserreich seine politische Macht. Das Bürgertum eignete sich manches an adeligen Repräsentationsformen an: Bürgerliche erwarben Rittergüter, wurden Reserveoffiziere, duellierten sich, begehrten Orden und Titel oder wollten gar geadelt werden. Die Militärverherrlichung prägte geradezu die ganze Gesellschaft des Kaiserreichs.

22 »Evangelium der armen Leute« Ölgemälde (141 x 181 cm) von Jens Birkholm, 1900.

Benennen Sie die Personen (Gruppen) auf dem Gemälde (einschließlich Büste). Beschreiben Sie die Haltung des Redners und seiner Zuhörer. An welche Art von Darstellungen erinnert der Gestus des Redners? Versuchen Sie zu erklären, welche politische Lehre und Bewegung hinter dieser Bilddarstellung steht.

Dennoch war auch hier ein tief greifender Wandel nicht zu übersehen: Abgesehen vom Militär und von den Spitzen der Staatsverwaltung und der Diplomatie löste das höhere Bürgertum den Adel als moderne Funktionselite ab.

Die ländliche Gesellschaft

Die ländliche Gesellschaft veränderte sich vor allem durch die massenhafte Abwanderung in die Stadt. Manche Gebiete entvölkerten sich geradezu, hergebrachte Strukturen in den Dörfern und Familien zerbrachen. Hinzu kam die Veränderung der Agrartechnik und eine allmähliche Spezialisierung in der bäuerlichen Wirtschaft.

Je mehr sich die traditionellen Verhältnisse auf dem Lande änderten, desto stärker entwickelten sich ideologische Gegenbewegungen: Die neue Zeit führe zum Verfall von Sitte und Ordnung, das Land dagegen sei der Hort des Gesunden und Bewährten. Solche Denkmuster hatten noch lange Bestand. Die Blut-und-Boden-Ideologie der Nationalsozialisten konnte daran anknüpfen. Den gesellschaftlichen Wandel aufhalten konnten diese Ideen freilich nicht.

23 Der Mittelstand: Handwerker und Angestellte

a) Handwerksmeister und Fabrikarbeit, 1879:

Nicht unwichtig sind die im geistig-sittlichen Leben der Webermeister wurzelnden Hindernisse des Fabrikbetriebes. Sie […] wollen diese Stellung nicht nach der Richtung eines lediglich höheren Arbeitslohnes (welchen die mechanischen Webereien ja zahlen müssen, um überhaupt geübte Arbeiter anzulocken), sondern nach der Richtung des größeren Handwerksmeisters, des sich aufarbeitenden Unternehmers, der über immer mehr Webstühle und »Eigentum« verfügt, verbessern. Daher ihre tiefe

Verachtung aller Fabrikarbeiter, ihr Hass gegen die Fabriken, die Zwingburgen der Handwerksehre, -freiheit und -selbstständigkeit. Lieber stirbt der Meister auf dem Brette seines Handstuhls, als in jenen Fronhof zu wandern, und wenn er mittags den Fabrikarbeiter sein Mahl am Grabenrande einnehmen sieht [...] – so gibt es ihm Kraft auf Jahre hinaus, lieber bei kargem Lohne in eigenem Zimmer zu arbeiten als zu werden wie jener. [...] Allein solche Gefühle, so ehrenwert sie auch sein mögen, halten den Siegeslauf des Dampfes nicht auf, sie könnten vielleicht zu der traurigen Folge führen, dass der rauchende Schlot statt in Krefeld seinen Standort in der Schweiz oder in England findet. Andere Menschen haben dort andere Gefühle, Dampf und Eisen sind unerbittlich gegen Handwerksehre, -selbstständigkeit und -freiheit.

Alphons Thun, Die Industrie am Niederrhein und ihre Arbeiter, Teil 1: Die linksrheinische Textilindustrie, 1879, zit. nach: Gerhard A. Ritter/Jürgen Kocka (Hrsg.), Deutsche Sozialgeschichte. Dokumente und Skizzen, Bd. II: 1870–1914, München 1974, S. 295f.

b) Der »Deutsche Privat-Beamten-Verein« über Angestellte, 1889:
Wer bildet den natürlichen wertvollen Vermittler zwischen dem Arbeitgeber und den murrenden Arbeitermassen? Der Beamte [Angestellte]. [...] Solange diese kleinen Autoritäten den Agitatoren im Wege stehen direkt neben dem Arbeiter, solange hat es gute Wege mit der Furcht vor dem Umsturz.

Privat–Beamten–Zeitung, Bd. 5, 1889, S. 3, zit. nach: Jürgen Kocka, Die Angestellten in der deutschen Geschichte 1850–1980, Göttingen 1981, S. 130.

c) Die sozialistische Zeitschrift »Der Handels-Angestellte« über Angestellte, 1892:
Nein, die Handels-Angestellten haben andere Interessen wie die Chefs, aber dieselben Interessen wie Arbeiter anderer Berufe. Und deswegen müssen die Handels-Angestellten, besonders die Handlungsgehilfen, lernen sich als Arbeiter zu fühlen, als Arbeiter zu denken.

Der Handels-Angestellte, Bd. 1, 1892, zit. nach: Jürgen Kocka. Die Angestellten in der deutschen Geschichte 1850–1980, Göttingen 1981, S. 132.

1. Beschreiben und begründen Sie das Selbstverständnis der Handwerksmeister in 23a. Kommentieren Sie diese Haltung aus der Sicht eines Sozialdemokraten.
2. Vergleichen Sie die beiden Positionen in 23b und c. Ziehen Sie die Beschreibung der ökonomischen Situation der Angestellten aus dem Darstellungstext heran: Entscheiden und begründen Sie, welche Positionsbeschreibung Ihnen realistischer erscheint.

24 Das sozialdemokratische Milieu

Ein Sozialdemokrat über die Arbeit in einem Leipziger Arbeiterverein, nach 1890:
Zusammenkünfte im Verein mussten mindestens 24 Stunden vorher mit Angabe der Zeit, des Ortes und des Zweckes der Polizei gemeldet werden, die über die erfolgte Anmeldung eine Bescheinigung ausstellte. [...] Die Polizei war auch befugt in jede Versammlung einen oder mehrere Beauftragte zur Überwachung zu senden: [...] Gegebenenfalls konnte er auch die Versammlung auflösen. Versammlungen oder auch Redner, von denen anzunehmen war, dass sie wie gesagt handeln würden, konnten im Voraus verboten werden. [...] Nach den neu beratenen Statuten war der Zweck des Vereins: die Wohlfahrt seiner Mitglieder nach jeder Richtung zu fördern. Diesen Zweck suchte der Verein zu erreichen:

a) durch Abhaltung von Vorträgen, Unterrichtsstunden, Versammlungen zu gemeinschaftlichen Besprechungen, Pflege des Gesanges und des Turnens;
b) durch Einrichtung und Unterhaltung von Lesezimmern und Bibliotheken;
c) durch Einrichtung von Abteilungen zu besonderer Pflege menschlichen Wissens;
d) durch Einrichtung von Auskunftsstellen über alles für den Arbeiter Wissenswerte;
e) durch Pflege von volkstümlichen Festen und Unterhaltungen;

f) durch Gründung und Unterhaltung von Vereinslokalen, welche so weit als irgend möglich in allen Stadtteilen verbreitet sein sollen, und durch gemeinschaftliche Beschaffung von Speisen und Getränken, soweit solche in denselben verzehrt werden.

Im Geschäftsjahr 1891/1892 bestanden bereits neun Vereinslokale. [...] In diesen Lokalen, die zum Teil noch nicht ein volles Jahr bestanden, waren bereits 181 Vorträge gehalten und 161 Diskussionsabende veranstaltet worden. Unterricht wurde erteilt in Buchführung, Schreiben, Rechnen, deutscher Sprache, englischer Sprache, französischer Sprache, Zeichnen, Stenografie, Volkswirtschaft und Geschichte. Der Gesang wurde in neun Männerchören und sechs gemischten Chören gepflegt. Dramatische Abteilungen bestanden in acht Vereinslokalen. Turnerabteilungen übten in allen neun Lokalen. Die Bibliothek war auf 2084 Bände gebracht. [...] Die meisten Wirte sahen uns bei Vergnügungen recht gern. Aber beim Unterricht und an Vortragsabenden wurde nur wenig oder nichts verzehrt: Da kam der Wirt, wenn er das Lokal mit Heizung und Beleuchtung stellte, nicht auf seine Kosten; zudem blieben auch wohl einige Stammgäste fort, wenn es bekannt wurde, dass in dem Lokal die Arbeiter verkehrten. Nicht selten wurde auch unseren Lokalen das Militärverbot angedroht oder es wurde gar ausgesprochen.

Heinrich Lange, Aus einer alten Handwerksburschen-Mappe, 1925, zit. nach: Gerhard A. Richter/Jürgen Kocka (Hrsg.), Deutsche Sozialgeschichte. Dokumente und Skizzen, Bd. II, 1870–1914, München 1974, S. 403–405.

Ordnen Sie die Aktivitäten des Vereins bestimmten Bereichen zu (z. B. Bildung, Unterhaltung). Beschreiben Sie das inhaltliche Profil des Vereins.
Listen Sie die Behinderungen auf, mit denen der Arbeiterverein zu kämpfen hatte.
Stellen Sie Vermutungen darüber an, wie die Mitglieder diese Behinderungen empfunden haben. Diskutieren Sie: Konnte dieser Verein einen Beitrag zur Ausbildung von Klassenbewusstsein leisten?

2.2 Stadt und Industrie

Die Städte sprengen ihre Mauern

Mit der Industrialisierung wurden die Städte zu Zentren der Produktion. Die gesellschaftliche Mobilität verstärkte sich. Eine Bevölkerungsverschiebung von bislang unbekanntem Ausmaß setzte ein. 1871 lebte nur ein knappes Viertel der Bevölkerung Deutschlands in Städten (über 5 000 Einwohner), vor dem Ersten Weltkrieg war es über die Hälfte. Der Anteil der Großstädte (über 100 000 Einwohner) stieg von 5 % auf über 20 %. Die Zuwanderer waren meist junge Leute, die bald Kinder bekamen – das ließ die städtische Bevölkerung weiter anwachsen. Die Gestalt der Städte veränderte sich. Noch bis ins 19. Jahrhundert hatten sie ihr geschlossenes Stadtbild mit klarer Abgrenzung von Stadt und Umland bewahrt. Jetzt breiteten sie sich, oft in ungeregeltem Wachstum, aus. Industrieansiedlungen und Arbeitervorstädte entstanden neu. Dafür brauchte man Platz: Alte Bebauung, Wallanlagen und Stadtmauern mussten weichen.

Neue Herausforderungen – neue städtische Infrastruktur

Das Bevölkerungswachstum der Städte schuf ganz neue Probleme der Ver- und Entsorgung. Die Wasserversorgung durch Brunnen reichte nicht mehr aus. Abwässer hatte man früher gleich in den Boden fließen lassen oder in offenen Rinnen und Gräben abgeleitet. Dafür baute man jetzt Kanalisationssysteme. Das war vor allem eine Frage der Hygiene: Wenn sich Abwasser und Trinkwasser vermischten, führte das leicht zu Seuchen. Eine Fülle von Einrichtungen städtischer Infrastruktur, die uns heute selbstverständlich sind, entstand vornehmlich zwischen 1880 und 1914: Gas- und Elektrizitätswerke mit den entsprechenden Leitungssystemen, Schlachthöfe, Schulgebäude, Krankenhäuser und Friedhöfe, Stadtreinigung und Berufsfeuerwehr, Konzertsäle, Opernhäuser, Theater und Museen. Die städtische Infrastruktur entwickelte sich in großen Städten früher als in kleinen, in bürgerlichen früher als in Arbeitergegenden.

Das erste öffentliche Massenverkehrsmittel waren die Pferdebahnen. Ab 1890 verbreiteten sich in den deutschen Großstädten die elektrisch betriebenen Straßenbahnen. Obgleich der Benzinmotor schon Mitte der Achtzigerjahre entwickelt worden war, spielten Automobile noch keine große Rolle. Während in den USA die Massenmotorisierung schon in den 1920er-Jahren einsetzte, blieb in Deutschland auch während der Weimarer Republik das Auto ein Luxusartikel für Begüterte. Stattdessen wurde hier seit der Jahrhundertwende das Fahrrad zum wichtigsten Individualverkehrsmittel, erschwinglich nach und nach auch für Arbeiter. Erst nach dem Zweiten Weltkrieg konnten sich immer breitere Kreise ein Auto leisten.

25 Kahnfahrt des deutschen Kronprinzen durch die Hamburger Sielgewölbe, Holzschnitt, um 1880.

Der Kronprinz bei der Kahnfahrt durch Abwässerkanäle – begründen Sie, warum dieses ungewöhnliche Bildmotiv als Holzstich weite Verbreitung fand.

26 Das Wachstum der Städte

a) Das Bevölkerungswachstum in 13 deutschen Städten (in 1000, jew. Gebietsstand)

	um 1816/19	um 1850	1870/1871	1910
Berlin	198	412	826	2071
Hamburg	128	175	290	931
München	54	107	169	596
Leipzig	35	63	107	679
Dresden	65	97	177	548
Köln	50	97	129	517
Frankfurt a. M.	42	65	91	415
Düsseldorf	23	27	69	359
Charlottenburg (heute Berlin–Ch.)	4	9	20	306
Hannover	15	28	88	302
Essen	5	9	52	295
Duisburg	5	9	31	229
Dortmund	4	11	44	214

Nach: Jürgen Reulecke, Geschichte der Urbanisierung in Deutschland, Frankfurt1985, S. 203.

b) Der Wirtschaftshistoriker Georg Neuhaus über die Wanderungsbewegungen, 1907:

Infolge der sogen. Binnenwanderungen ist die deutsche Bevölkerung durcheinander gewirbelt worden. Früher streng abgeschlossene Gegenden haben einenTeil ihrer Bewohner in die Welt hinausgeschickt, andere, Ortsfremde, sind an ihre Stelle getreten. So haben sich die Volksstämme untereinander stark vermischt; auch eine konfessionelle Vermischung ist eingetreten. Am besten charakterisiert sich die Umwandlung auf diesem Gebiete vielleicht dadurch, dass in wachsendem Maße die Zahl derjenigen abnimmt, welche eine Heimat im engeren Sinne besitzen, in der ihre Eltern und Großeltern geboren, sie selbst aufgewachsen sind und nun ihre Kinder aufziehen. Sehr viele Menschen haben überhaupt das Gefühl für einen bestimmten Ort als Heimatstadt oder –dorf verloren; ihre Eltern und sie selbst haben häufig ihren Wohnsitz gewechselt, nichts fesselt sie an einen dieser Orte, die, sobald sie verlassen, auch wieder vergessen sind.

Georg Neuhaus, Deutsche Wirtschaftsgeschichte im 19. Jahrhundert, München 1907, S. 170 f.

1. Vergleichen Sie das Wachstum der Städte in 26a. Wählen Sie aus der Liste zwei Städte mit besonders schneller bzw. besonders langsamer Bevölkerungszunahme aus und versuchen Sie die Unterschiede anhand von Lage und Entwicklungsbedingungen zu begründen.
2. Untersuchen Sie den Text 26b: Inwieweit handelt es sich um Beschreibung, inwieweit um Wertung?

27 Fallbeispiel Bielefeld

Übersichtskarte der Gemeinde Bielefeld, 1827.

a) Entwicklung der städtischen Betriebe 1885–1914/15

Gas	Zahl der Abnehmer	Jahresproduktion (in cm^3)
1885	792	1425910
1900	2943	4559170
1910	–	7304480
1914	14031	7943010

Elektrizität	Zahl der Abnehmer	Jahresproduktion (in kWh)
1901/02	179	738649
1910/11	1495	3042993
1913/14	3015	8414073

Trinkwasser	Zahl der Hausanschlüsse	Versorgungsgrad (in % aller Wohnhäuser)
1890/91	972	32
1901/02	2334	66
1910/11	5048	93
1914/15	5686	97

b) Bevölkerungsentwicklung 1822–1910

	Stadt	Feldmark	zusammen
1822	5231	1129	6360
1852	–	–	10627
1871	8874	12740	21614
1890			47455
1900			63046
1910			78334
1914			82825

a) nach: Friedrich W. Bratvogel, Stadtentwicklung und Wohnverhältnisse in Bielefeld unter dem Einfluss der Industrialisierung im 19. Jahrhundert, Dortmund 1989, S. 273.

b) ebd. S. 52, 152, 283.

c) Entwicklung der Industriebetriebe und Beschäftigten 1887–1914

	1887		1914	
	Betriebe	Arbeiter	Betriebe	Arbeiter
Nahrungs- und Genussmittel	23	290	15	1287
Textil und Bekleidung	73	3350	111	8943
Steine und Erden	17	258	9	213
Bau	36	556	15	456
Holz	19	173	14	321
Metall	10	240	27	1453
Maschinen und Instrumente	18	1771	37	9926
Heiz- und Leuchtstoffe	3	45	1	223
Papier, Leder, Gummi	7	145	17	1953
Grafisches Gewerbe	6	164	13	489
Handwerk	1415	1528	1774	4254
Insgesamt	1627	8520	2033	29518

c) nach: Friedrich W. Bratvogel, Stadtentwicklung und Wohnverhältnisse in Bielefeld unter dem Einfluss der Industrialisierung im 19. Jahrhundert, Dortmund 1989, S. 249.

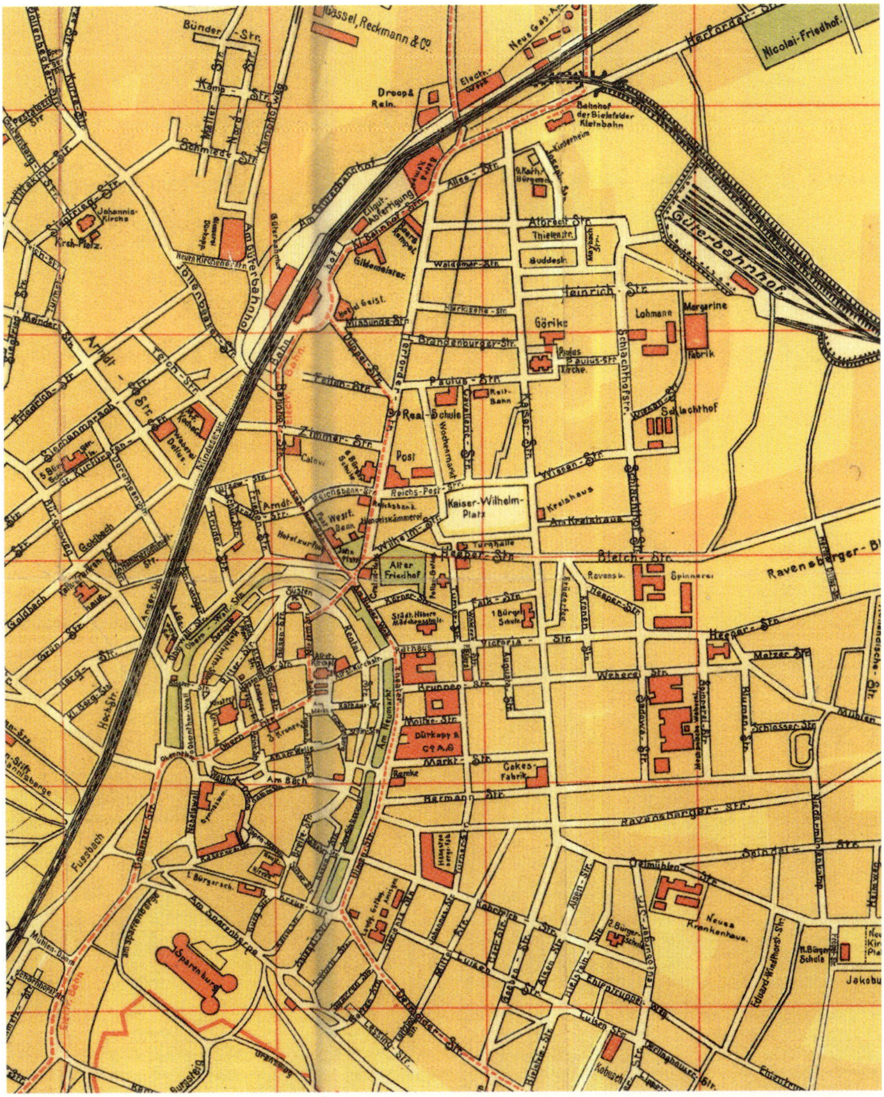

Übersichtsplan Bielefeld und Umgebung, 1902/03.

Rekonstruieren Sie auf dem Plan von 1902/03 die Grenzen der alten Stadt nach dem Plan von 1827. Stellen Sie fest, woran sich altes und neues Stadtgebiet unterscheiden lassen. Listen Sie auf, welche für die moderne Stadtentwicklung typischen Einrichtungen im Plan von 1902/03 eingezeichnet sind. Unterscheiden Sie nach unterschiedlichen Bereichen, z.B. Industrie und Gewerbe, Verkehr, Stadttechnik, Bildung und Kultur.

Vergleichen Sie die Bevölkerungsentwicklung Bielefelds mit der der Städte in 26a. Vergleichen Sie das Bevölkerungswachstum der alten Stadt und der Feldmark und erläutern Sie Ihren Befund anhand der Karte von 1902/03.
Erstellen Sie anhand der Tabelle zu den Industriebetrieben und Beschäftigtenzahlen (27c) ein »Industrialisierungsprofil« der Stadt: Wie entwickeln sich die einzelnen Bereiche von Industrie und Gewerbe, was sind die führenden »Wachstumsbranchen« ? (Sie können die jeweilige Zuwachsrate durch Indexierung für das Jahr 1887 berechnen.) Wie unterscheiden sich die Betriebsgrößen, wo sind Konzentrationsprozesse erkennbar?
Beschreiben Sie anhand der Angaben zu den städtischen Betrieben (27a) die Durchsetzung der modernen Stadttechnik. Berücksichtigen Sie dabei auch die jeweiligen Bevölkerungszahlen (ggf. näherungsweise).

28 Städtischer Straßenverkehr Berlin, Pariser Platz und Unter den Linden. Radierung, um 1820.

29 Städtischer Straßenverkehr Berlin, Potsdamer Platz. Foto, 1914.

Listen Sie die Individual- und Massenverkehrsmittel auf, die auf den beiden Bildern (28 und 29) zu sehen sind. Wie wird jeweils der Straßenraum genutzt und von wem wird er in Anspruch genommen? Beschreiben Sie anhand der beiden Bilder zusammenfassend, wie sich der städtische Verkehr im 19. Jahrhundert verändert hat.

2.3 Umweltverschmutzung und Umweltbewusstsein

Ökonomie und Ökologie

Die Industrialisierung führte zu einer Belastung der Umwelt, wie es sie bislang noch nicht gegeben hatte. Die Emissionen und Rückstände der Fabriken verschmutzten Wasser, Boden und Luft. Hinzu kamen die Abfälle und Abwässer der privaten Haushalte, die in den Städten ganz neue Dimensionen erreichten. Die Zeitgenossen nahmen die Verschmutzungen zwar wahr und beklagten sie in besonders krassen Fällen. Im Großen und Ganzen aber wurden sie als natürliche Begleiterscheinungen der Industrialisierung hingenommen. Die Natur galt als nahezu unbegrenzt belastbar. Mögliche gesundheitliche Gefahren ließen sich meist nur nach dem Augenschein beurteilen. Geeignete Methoden der chemischen Analyse wurden erst langsam entwickelt und eindeutige medizinische Erkenntnisse über den Zusammenhang von Verschmutzung und Krankheiten stellten sich erst am Ende des Jahrhunderts ein.
Umwelt und Natur an sich galten nicht als schützenswert. Streit gab es dort, wo unterschiedliche Nutzungsinteressen aufeinander stießen: Wenn die Abwässer einer Chemiefabrik die Fische sterben ließen, bedrohte das die Flussfischer in ihrer Existenz. Es gab aber kaum eine Möglichkeit die Unternehmer haftbar zu machen. Das Verursacherprinzip spielte keine Rolle, die Behörden nahmen meist eine industriefreundliche Haltung ein. Sie entschieden nach ökonomischen Gesichtspunkten: Die Chemiefabrik hatte danach einen höheren Stellenwert als die Flussfischerei. Auch die Sozialdemokraten vertraten vornehmlich eine industriefreundliche Politik. Arbeitsplätze, wirtschaftliches Wachstum und Lohnerhöhungen für die Arbeiter waren ihnen wichtiger als Umweltprobleme, obgleich die nahe den Fabriken gelegenen Arbeiterviertel oft besonders stark betroffen waren. Bedenken kamen vonseiten der Heimat- und Naturschutzvereine. Ihnen ging es freilich weniger um ausdrücklich ökologische Fragen. Leitende Idee war ein allgemeiner Kulturpessimismus. Bewahren wollte man die traditionellen Lebenswelten, von der Dorfgemeinschaft bis zum Naturdenkmal. Das richtete sich gegen Industrie und Moderne insgesamt, nicht nur gegen ihre ökologischen Begleiterscheinungen.

30 Die Umweltverschmutzung

a) Der Stadtplaner Prof. Baumeister über industrielle Gewässernutzung, 1877:

Die Flüsse und Seen sind die natürlichen Wege zur Beseitigung allen Unrates, aufgelöst oder mit fortgeschwemmt. Es liegt nichts näher, als sich dieser Gewässer zur Entfernung von Schmutzwasser zu bedienen, wie denn von diesem natürlichen Rechte überall Gebrauch gemacht worden ist, solange die Welt besteht. Ein solches Recht darf nicht auf einmal meines Erachtens in das vollständige Gegenteil verkehrt werden: denn eine Umkehr, eine vollständige Aufhebung der Gewohnheit der Bevölkerung sich des natürlichen Abflusses aller Schmutzwasser zu bedienen, würde, abgesehen von der Undurchführbarkeit, eine so große Menge von Verlegenheiten, Kosten und Übelständen erzeugen, dass unsere ganze Lebensweise auf den Kopf gestellt würde.

Prof. Baumeister auf der fünften Versammlung des Deutschen Vereins für öffentliche Gesundheitspflege, zit. nach: Franz-Josef Brüggemeier/Michael Toyka-Seid (Hrsg.), Industrie-Natur. Lesebuch zur Geschichte der Umwelt im 19. Jahrhundert, Frankfurt/New York 1995, S. 110 f.

b) Fischzucht gegen Leimfabrik – eine Zeitungsdebatte, 1905:

Ein widerlicher Anblick bot sich am Himmelfahrtstage den zahlreichen Spaziergängern dar, die ihre Schritte nach den jenseits der Nahe gelegenen Waldanlagen gelenkt hatten, um dort Ruhe und Erholung zu suchen. In kalkmilchartiger Färbung floss das

Wasser der Nahe langsam dahin – die lange Dürre hat das Nahebett an manchen Stellen nahezu trocken gelegt – und Tausende und Abertausende toter und sterbender Fische, darunter Hechte und Forellen bis zu 3 Pfund bzw. 1 Pfund Schwere, trieben in der Flut. […]

Diese Angelegenheit ist der Staatsanwaltschaft zur näheren Untersuchung übergeben. Hoffentlich gelingt es dieser, hier endlich einmal Wandel zu schaffen. Ist doch der Gedanke nicht abzuweisen, dass auch die nicht eingegangenen Fische infolge des Kalkwassers krank und der menschlichen Gesundheit leicht von Schaden sein können. Außerdem ist der Flusslauf durch die Kalk- usw. Rückstände in Form eines grauweißen stinkenden Niederschlags auf eine lange Strecke derart besudelt, dass ein Bad im Flusse nur unter Überwindung eines großen Ekelgefühls möglich ist.

•

Eingesandt. Der in Nr. 87 Ihres Blattes enthaltene Artikel, betreffend Massenabsterbens von Fischen in der Nahe bei Sobernheim, muss sowohl bei der Behörde als bei denjenigen Personen, welche die in Betracht kommenden Verhältnisse nicht näher kennen, den Eindruck hervorrufen, als ob durch die Abwässer der Leimfabrik die ganze Fischzucht ruiniert werde. […] 3. Die Abwässer der Leimfabrik sind durch einen Sachverständigen untersucht und es liegt darüber ein eingehendes, wissenschaftlich begründetes Gutachten vor. Das Gutachten lautet dahin: Der Eintritt des Abwassers der Firma Caesar & Ewald in die Nahe bietet bzw. kann keine Gefahr für die Fischzucht bieten, umso mehr als der in dem Abwasser vorhandene freie Kalk nicht als Ätzkalk, sondern in unlöslichen, absolut unschädlichem kohlensauren Kalk überführt wird. 4. Gegen die Firma Caesar & Ewald sind aus demjenigen Grund mehrfach Anzeigen bei der Königlichen Staatsanwaltschaft erfolgt. Das darauf eingeleitete Verfahren ist jedoch jedesmal eingestellt worden, da die angestellten Ermittlungen keinen genügenden Anhalt zur Erhebung der Anklage boten. […] Wollte man aber auch annehmen, dass durch die Zufuhr der Abwässer ein Teil der Fische einginge, steht die Stadt Sobernheim vor der Frage, ob sie unter allen Umständen die Fischzucht hochhalten und der Industrie die Wege verlegen will, oder ob es ratsamer ist, einen Teil der Fische zugrunde gehen zu lassen und der Industrie die Wege zu bahnen. Bei Beantwortung dieser Frage müssen folgende Tatsachen in Betracht gezogen werden: Die Fischereipacht bringt der Stadt jährlich zirka 200 Mark ein. Die Firma Caesar & Ewald zahlt jährlich, abgesehen von sonstigen Ausgaben, allein an Arbeiterlöhnen durchschnittlich 35 000 Mark. Die Firma muss den Betrieb einstellen, wenn sie ihre Abwässer nicht mehr los wird. Wollen wir also nur eine Bevölkerung haben, die Landwirtschaft treibt und möglichst dafür sorgen, dass die Spaziergänger an dem klaren Spiegel der Nahe sich erfreuen können, so müssen wir die Industrie lahm legen. Wollen wir aber, was tatsächlich der Fall ist, der ärmeren Bevölkerung Unterhalt verschaffen, dieselbe vor dem Auswandern schützen und damit den Verkehr und die Geschäfte heben, so ist es nicht zu umgehen, auf die Industrie Rücksicht und die Unannehmlichkeiten, welche sie mit sich bringt, mit in Kauf zu nehmen.

Sobernheimer Intelligenzblatt Nr. 87, 7. 6. 1905 u. Nr. 90, 10. 6. 1905, in: Georg Bonne, Die Klagen der deutschen Binnenfischer über die zunehmende Verunreinigung unserer Gewässer nebst den Mitteln und Wegen zur Abhilfe derselben (Verhandlungen des Internationalen Vereins zur Reinhaltung der Flüsse, des Bodens und der Luft, H. 30), Hamburg 1912, S. 134 f., zit. nach Jens Flemming/Klaus Saul/Peter Christian Witt (Hrsg.), Quellen zur Alltagsgeschichte der Deutschen 1871–1914, Darmstadt 1997, S. 58–60.

c) Ein Mitglied der preußischen Kommission zur Prüfung und Untersuchung von Rauchverbrennungs-Vorrichtungen, 1894:

Wenn z. B. in Gelsenkirchen, in Zabrze die Leute etwas Rauch schlucken müssen, so habe ich kein Mitleid damit, denn sie leben dort von diesen Industrien und müssen mit den Segnungen auch die Nachteile in Kauf nehmen. Wenn ich aber in dem schönsten Teil Berlins bin und sehe z. B. in der Behrendstraße und Unter den Linden einen Qualm, dass man meint, man könne kaum atmen, da meine ich müsste Abhilfe eintreten.

Zit. nach: Franz-Josef Brüggemeier/Michael Toyka-Seid (Hrsg.), Industrie–Natur. Lesetexte zur Geschichte der Umwelt im 19. Jahrhundert, Frankfurt/New York 1995, S. 81

1. Nehmen Sie Stellung zur Position und den Argumenten Baumeisters (30a). Entwerfen Sie eine Gegenrede für die Versammlung.
2. Simulieren Sie eine Gerichtsverhandlung über den Fall (30b). Die Teilnehmer: klagende Fischer, Vertreter der Firma, ein chemischer Gutachter, ein Vertreter der Stadt, ein Arbeiter. Wer eine Rolle übernimmt, bereitet schriftlich ein kurzes Statement vor und trägt es vor. Der Rest der Klasse fungiert als Gericht und muss sich auf ein Urteil verständigen: Einstellung der Produktion, bestimmte Auflagen oder Freispruch?
3. Nennen und bewerten Sie die Kriterien, nach denen hier (30c) Umweltverschmutzung beurteilt wird.

2.4 Massengesellschaft und Massenkultur

Individualisierung und Pluralisierung der Lebensstile

Zuerst in den Großstädten und im Bürgertum bildete sich ein neuer, »urbaner« Lebensstil heraus. Soziale Kontakte waren nicht mehr, wie in Dorf oder Kleinstadt, durch enge räumliche Bezüge vorgegeben. Der Lebenskreis wurde weiter, die Beziehungen wurden unverbindlicher und teilten sich auf verschiedene Bereiche auf: Arbeit, Familie, Politik, Freizeit, Konsum. Die Historikerinnen und Historiker sprechen von Individualisierung und zugleich Pluralisierung der Lebensweisen. Heute ist uns dieser Lebensstil völlig selbstverständlich geworden, damals war es ein Bruch mit jahrtausendealten Traditionen.

Massenkonsum und Massenunterhaltung

Dazu gehörte auch, dass sich neue Bedürfnisse nach Konsum und Unterhaltung entwickelten. Immer mehr Menschen hatten die Zeit und das Geld dafür. Zum Symbol für Konsum wurde das Warenhaus. Um 1850 waren die ersten großen Häuser in Paris eröffnet worden. Ihrem Vorbild eiferten um die Jahrhundertwen-

31 Das Kaufhaus Wertheim in Berlin
Blick in die Strumpfabteilung, Fotografie, 1906.

Erläutern Sie anhand der Fotografie den Begriff »Konsumtempel«.

de die deutschen Firmen Hermann Tietz (Hertie), Leonhard Tietz, Karstadt oder Wertheim nach. Die Warenhäuser präsentierten ein überwältigend großes Angebot, teils billig, teils luxuriös. Anders als in den herkömmlichen Geschäften gab es keinen Kaufzwang. Die Größe und Pracht dieser »Konsumtempel« lud zum Betrachten, Stöbern und Verweilen ein – der Einkaufsbummel, das »Shopping« wurde zum neuartigen Erlebnis.

Die einstmals adelige »Hochkultur« verbürgerlichte: Die Städte bauten Konzerthallen, Schauspielhäuser, Opernhäuser. Nach der Jahrhundertwende, vor allem aber nach dem Ersten Weltkrieg, wurden Kinos, Kabaretts und Zoos zu beliebten Stätten der Unterhaltung. Hinzu kamen Grammophon und Radio, die die Schlagermusik, eine neue Art von Volksmusik für alle Bevölkerungskreise, verbreiteten. Die Massenmedien Film und Radio eröffneten völlig neue Dimensionen der Unterhaltung, aber auch der – politischen oder werblichen – Beeinflussung; das Fernsehen folgte dann erst mit weitem Abstand nach dem Zweiten Weltkrieg.

Der Schritt zum wirklichen Massenkonsum vollzog sich mit deutlich zeitlichem Vorsprung in den USA. Während der wirtschaftlichen Blüte in den Zwanzigerjahren wuchsen die Einkommen der Arbeitnehmer in den USA schnell an. Durch die Massenproduktion entstand auch eine neue Massenkaufkraft. Die Technisierung der privaten Haushalte begann. Sie wurden zu wichtigen Abnehmern von Industrieprodukten: Auto, Telefon, Bügeleisen, Waschmaschine, Staubsauger, Kühl- und Gefrierschrank, Elektroherd, Geschirrspüler, Fotoapparate. Abgesehen vom Auto war die Einführung des Telefons die einschneidendste Neuerung. Sie revolutionierte die private Kommunikation. Die USA waren mit dieser Entwicklung Vorreiter. Erst mit mehreren Jahrzehnten Abstand, nach dem Zweiten Weltkrieg, vollzog sie sich auch in Deutschland und hat unsere Haushaltsorganisation und Alltagskultur tief greifend verändert.

32 Konsum und Unterhaltung

a) Ein Zeitungsartikel warnt: Warenhäuser gefährden die Jugend, 1903:

Noch gefährlicher gestaltet sich dieses »Umherbummeln« in den Warenhäusern für die heranwachsende Jugend. Sie gewöhnen sich schon frühzeitig an dieses gewissermaßen so spielend vor sich gehende Einkaufen und werden wohl in neunzig von hundert Fällen es vorziehen ihre Einkäufe hier zu machen als in mittleren Geschäften, in denen es so ehrbar und demnach »langweilig« vor sich hergeht. Die Jugend, bei vernachlässigter Erziehung ohnehin zu Ausschreitungen leicht geneigt, wird hier systematisch zur »Oberflächlichkeit« herangebildet. Tand und wertloser Flitter werden ihr auch für die Zukunft mehr imponieren als solide Ware, wenn dieser Tand nur in gefälligem glänzendem Gewande dargeboten wird. Der Geschmack wird verdorben, denn woher soll eine künstlerische, nur wirklich echten Dingen den Vorzug gebende Geschmacksrichtung herkommen, wenn man tagtäglich minderwertige Schundware, allerdings in bestechendem bunten Gewande vor sich sieht.

E.-H. Nickel, Die Warenhäuser als Zerstörer des Familienlebens. Deutsches Blatt Nr. 93 vom 21. November 1903, zit. nach: Uwe Spiekermann, »Hereinspaziert in die Welt ihrer Träume!« Das Warenhaus als Ort des Konsums, in: Praxis Geschichte H. 4/1988, S. 38.

b) Der Publizist Adolf Stein über die Popularität des Schlagers, 1932:

Wenn ein Tanzliedchen blitzartig »einschlägt«, sodass alsbald die Leute entbrennen und die feurige Musik sich mit Windeseile verbreitet, dann ist es ein richtiger »Schlager«. Sogar der Oberregierungsrat summt ihn auf dem Wege zum Amtszimmer, obwohl er keine Tanzdielen besucht und selber vielleicht keine Ahnung hat, was er summt und woher ihm die Kenntnis kam. Er summt die Melodie von »Das gibt's nur einmal, das kommt nicht wieder«, die ihm – seit der Filmvorstellung »Der Kongreß tanzt« – anhängt, die er mit seiner Gattin ausnahmsweise besucht hat. Richtig: die Waschfrau hat neulich in der Küche dasselbe Liedchen geträllert. [...] Sehen Sie, das ist Popularität! Und heute macht sie in erster Linie der Film. Der frühere »Einzelschlager« hat Konkurrenz bekommen. Die Masse im Film schlägt durch. Früher kaufte man sich im Laden die neuen Noten. Heute schmettert sie der Film in 1400 deutschen Lichtspielhäusern ins Volk. Welche Reklame! Da kommt der alte »Einzelschlager« nur noch schwer mit. Aber auch er läuft und hat Erfolg.

Adolf Stein, Rumpelstilzchen. Na wenn schon! Berlin 1932, S. 154f.

1. Erläutern Sie anhand von Text (32a) und Bild (31), welche Vor- und Nachteile, welche Reize und Gefahren das Kaufhaus für die verschiedenen Bevölkerungsgruppen bot.
2. Erörtern Sie, ob der Text 32a von aktueller Bedeutung ist.
3. Erläutern Sie anhand von Text 32b die Begriffe »Massenunterhaltung« und »Massenkultur«.

33 Individuelle Technisierung

a) »Elektrisch kochen und heizen«
Titelseite der Kundenzeitschrift der »Berliner Elektricitaetswerke«, 1910.

b) »Der Herrenfahrer«
Titelseite einer Automobil-Zeitschrift, Farblithografie (Entwurf von Jupp Wiertz), um 1920.

1. Arbeiten Sie heraus, welches Bild der »modernen« Küchenarbeit auf der Titelseite der Kundenzeitschrift (33a) vermittelt wird.
2. Interpretieren Sie das Plakat (33b). Benennen Sie seine einzelnen Bestandteile. Achten Sie auf Bewegungsrichtungen und Farbgebung.
   Fassen Sie zusammen: Welches Image des Autofahrers vermittelt das Bild?

2.5 Fortschrittsoptimismus gegen Zivilisationskritik

Die Großstadt – Metropole oder Moloch?

Die großen Städte, die »Metropolen«, waren die Zentren der Veränderung und wurden zu Sinnbildern der modernen Zeit. Angst und Abwehr, Zustimmung und Faszination – die unterschiedlichen Haltungen gegenüber dem Zerfall der alten gesellschaftlichen Ordnungen und Lebensverhältnisse bündelten sich in Großstadtkritik und Großstadtfaszination. Für die Kritiker war die Stadt ein Ort sittlichen Verderbens und kulturellen Verfalls. Der Großstadtmensch erschien ihnen oberflächlich und entwurzelt. Hinzu kam die politische Gefahr der Sozialdemokratie. Das Gegenbild dazu war die vermeintlich heile Welt des Landes und der Natur: Ruhe statt Hektik, Überschaubarkeit statt Unübersichtlichkeit. Wer dagegen den gesellschaftlichen Wandel bejahte, sah in den Städten Knotenpunkte von Modernität und Dynamik. Hier galt ein anderes Tempo als in der »Provinz«. Der Städter verkörperte einen neuen Typus, er war schneller, flexibler und einfallsreicher.

34 Vision der Zukunftsstadt
Standfoto aus dem Ufa-Film »Metropolis« (1927) von Fritz Lang.

Die Auflösung herkömmlicher Ordnungen spiegelte sich auch in der Kunst der Zeit wider. Sie versuchte dem Wandel mit neuen Ausdrucksweisen beizukommen. Inhalte, Formen, Farben und Töne wurden aus ihren traditionellen Zusammenhängen genommen und experimentell neu kombiniert, arrangiert und montiert.

Impressionismus: *Die impressionistische Malerei versuchte die augenblickliche, flüchtige Erscheinung eines Motivs zu erfassen. Dabei wurde insbesondere auf die Wiedergabe atmosphärischer Wirkungen großer Wert gelegt. Bildserien ausgewählter Motive zeigen deren veränderte optische Erscheinung in verschiedenen Lichtsituationen (z. B. bei Claude Monet).*
Expressionismus: *Ziel expressionistischer Darstellung ist der Ausdruck innerer Haltungen zur erlebten Wirklichkeit. Nicht die äußere Erscheinung eines Motivs wird dargestellt, sondern die Befindlichkeiten, Affekte und psychischen Impulse, die es hervorruft. Die Künstler arbeiten mit großflächigen, scharf konturierten, häufig verzerrten Formen und starken Farb- und Proportionskonstrasten.*

Wahrnehmung des Wandels, Krisengefühl und Fortschrittsglaube lagen eng beieinander. Vorherrschend unter den Zeitgenossen war allerdings eine optimistische Stimmung. Die Jahrhundertwende brachte das besonders deutlich zum Vorschein. Das vergangene Jahrhundert wurde bilanziert, die Hoffnungen für das kommende wurden formuliert. Die meisten Menschen hatten das Gefühl, in einer glücklichen Zeit zu leben: Die Wirtschaft florierte, Technik und Wissenschaft schienen unaufhaltsam, es herrschte Friede, Deutschland war ein aufstrebender, mächtiger Staat. »Fortschritt« war zum Leitbegriff der Epoche geworden und man blickte voller Zuversicht in die Zukunft. Stattdessen folgte wenig später die Katastrophe des Ersten Weltkriegs. Sie demonstrierte, dass auch die Kriegsführung im Zeitalter der Moderne eine ganz neue, grauenhafte Qualität gewonnen hatte.

35 Großstadtfeindschaft und Großstadtfaszination

a) Der Abenteuerschriftsteller Karl May schreibt 1876 über den Städter:

Die Mannigfaltigkeit der Bilder, wie sie das Stadtleben zeigt, bewirkt größere Erfahrung: Die Schnelligkeit, mit der diese Bilder einander folgen und ablösen, schärft den Blick und führt zu Geistesgegenwart. Ein zehnjähriger Berliner Schusterjunge hat bedeutend mehr gesehen als ein neunzigjähriger Greis, der nicht aus Kuhschnappel oder Lämmershausen hinausgekommen ist. [...] Wie die Szenerie der Stadt lebhafter ist als des Dorfes, so ist auch der Bewohner der Stadt körperlich und geistig beweglicher als der Dörfler. [...]

Karl May, Schacht und Hütte. 187. Bamberg 1972, S. 461.

b) Der sozialistische Publizist Curt Grottewitz über Stadt und Warenluxus, 1903:

Große Städte hat es schon vor Jahrtausenden gegeben. Babylon, Theben, Rom. Sie alle waren wohl immer Stätten der Überkultur, der Naturwidrigkeit. [...] So durchaus der menschlichen Natur zuwider ist dieses Leben, dass es Anpassung hier gar nicht gibt. [...] Der moderne Verkehr, diese [...] Todeshetze mit ihren röchelnden und stöhnenden Geräuschen ruiniert die Nerven in wenigen Jahren. [...] Die Nervosität führt allmählich zu vollständiger körperlicher und geistiger Erschlaffung, zur Zuckerkrankheit, zu Geisteskrankheiten. [...] Was aber die sitzende Lebensweise in der Großstadt heutzutage vollends zum fahrlässigen Selbstmord macht, das ist die ungenügende Atmung, Beleuchtung, Ernährung und Erholung. [...] Das wirre Vorbeijagen immer neuer Bilder ist eine der schlimmsten Ursachen zur Geistes- und Gemütsverarmung. [...] Der Warenluxus in den Straßen verführt zu einem ganz verkehrten Ideal. Es ist der stille Wunsch fast eines jeden, der ein Schaufenster betrachtet: Ach, hätte ich doch all diese schönen Dinge! Aber gesetzt, jeder könnte sie haben, was für ein vom nichtsnutzigsten, widerwärtigsten Luxus zerfressenes Volk wären wir dann! [...] Zu diesem gänzlich unmännlichen, ungesunden Luxus, zu dieser Narretei, die den Menschen zum Parasiten und zum Sklaven seiner Kostbarkeiten macht, verlockt, nötigt, erzieht dieses Schaugepräge der Großstadt.

Curt Grottewitz. Freundschaft mit der Natur, in: Socialistische Monatshefte 7, 1903, S. 519–527.

1. Beschreiben Sie, wie die filmische Zukunftsvision (34) auf die Kinobesucher außerhalb der Großstädte gewirkt haben wird.
2. Stellen Sie in Stichworten die Urteile und Argumente zusammen, die in 35a und b für oder gegen die Großstadt vorgebracht werden.

M METHODENTRAINING

Umgang mit Bildern

36 Boulevard des Capucines
Ölgemälde (79 x 61 cm) von Claude Monet, 1873.

Bildquellen verschiedener Kunstgattungen – Plastik, Malerei, Grafik, Fotografie – liefern Informationen über die Sachkultur und das Alltagsleben einer Zeit – auch wenn es dem Künstler vielleicht um etwas ganz anderes ging. Bilder spiegeln aber auch Wertvorstellungen gesellschaftlicher Gruppen und Bewusstseinshaltungen. Bilder sind nicht einfach nur Abbildungen vergangener Realität, sondern auch Deutungen dieser Realität. Sie zeigen, wie der Künstler etwas wahrgenommen hat oder wie er oder sein Auftraggeber es die Betrachter eines Bildes sehen lassen wollten. Bei vielen Bildern steht sogar die Wirkungsabsicht im Vordergrund: Sie sollten Ansichten von Herrschern darstellen oder Herrschaftsvorstellungen rechtfertigen, religiöse und andere »Weltbilder« verbreiten, Gegner in politischen oder religiösen Auseinandersetzungen angreifen oder die Anhänger der eigenen Sache ermuntern.
Um solche Interessen und Absichten zu erkennen, reicht es oft nicht aus, die Bilder selber zu befragen. Wie bei Texten auch muss man den historischen Zusammenhang ins Auge fassen: Man braucht Informationen über die Entstehungssituation, die Biografie, die politische Einstellung und soziale Stellung des Künstlers bzw. der Auftraggeber, die Adressaten, die Präsentation oder Verbreitung des Bildes und seine Wirkung beim Publikum.

Neben der Bestimmung der Bildgattung bzw. Darstellungstechnik (Wandbild, Gemälde, Holzschnitt etc.) und des inhaltlichen Bildtyps (Personenbild, Landschaftsbild, Karikatur, Plakat, etc.) ist es wichtig nachzuvollziehen, auf welche Weise der Künstler eine bestimmte Bildwirkung erzielt. Folgende Gestaltungselemente sollte man überprüfen:

- *Komposition*: Bildaufbau, Verhältnis von Vorder-, Mittel- und Hintergrund, Bildachsen (z. B. Diagonalen), besonderes Anordnungsschema (z. B. Dreieckskomposition), Rhythmus der Formen
- *Perspektive*: Aufsicht oder Untersicht, Zentral- oder Bedeutungsperspektive), Figur-Grund-Beziehung, Verhältnis von Bildraum und Betrachterraum
- *Proportionen*: Verhältnisse einzelner Teile von Körpern oder Bauten zueinander (Verzerrungen?)
- *Figuren*: Körperhaltung, Mimik, Gestik, Blickrichtung

37 **»Apokalyptische Stadt«** Ölbild (81,3 x 115,5 cm) von Ludwig Meidner, 1913.

- *Licht*: Lichtquellen (natürliches oder künstliches Licht?), Lichtführung (Hervorhebung einer Person oder eines Gegenstandes?), gleichmäßige Beleuchtung oder starke Schattenwirkungen
- *Farbigkeit*: dominante Farben, Farbkontraste oder Ton in Ton, flächige Farbgebung oder Konturierung, naturalistische oder symbolische Farbgebung

Mögliche Arbeitsschritte zur Untersuchung von Bildern:

- Bildbeschreibung: Was ist auf dem Bild, auch im Detail, zu sehen? Welche Eindrücke und Gefühle ruft das Bild hervor?
- Bildanalyse: Was sind Thema und Inhalt des Bildes? Welche Personen und historischen Ereignisse lassen sich identifizieren? Welche Darstellungsmittel hat der Künstler verwendet? Welche Symbole sind vorhanden?
- Bildinterpretation: Wie lässt sich die Bildaussage im historischen Entstehungszusammenhang formulieren und einordnen? Welche für die Epoche typische Sichtweise, Vorstellung oder Haltung wird deutlich?

Man muss sich aber keineswegs immer an dieses Schema halten. Es dient vor allem dazu, sich die Punkte bewusst zu machen, die für eine umfassende Bildinterpretation nötig sind. Man kann stattdessen auch – von einer inhaltlichen Leitfrage ausgehend – zunächst die Bildaussage, die »Botschaft« herauszufinden versuchen und erst dann die Darstellungsdetails analysieren, mit deren Hilfe sie vermittelt wird.

Analysieren und vergleichen Sie die beiden Stadtdarstellungen. Verwenden Sie dazu die Hinweise aus dem »Methodentraining«. Achten Sie besonders auf Licht- und Farbwirkungen, Bewegungen, Perspektiven, Größenverhältnisse und Statik. Beschreiben Sie die Geräuschkulisse, die zu den Bildern gehören könnte. Ziehen Sie außerdem die Informationen aus den Grundbegriffen »Impressionismus« und »Expressionismus« heran.

Gedichte als historische Quellen

Bei Textquellen gibt es die unterschiedlichsten Textsorten: Gesetze, Urkunden, Chroniken, Reden, Zeitungen, Briefe oder Tagebücher. Sie unterscheiden sich nicht nur in der äußeren und in der sprachlichen Form, sondern auch in der Art und Weise, wie sie Vergangenheit überliefern (Siehe Methodentraining »Umgang mit Textquellen«, S. 215–217).
Auch Gedichttexte können als historische Quellen dienen. Dabei sind verschiedene Spielarten zu unterscheiden: Politische Gedichte etwa sind eher adressatenorientiert, wollen eine Wertung vermitteln und zur Aktion aufrufen; Preisgedichte auf einen Herrscher lassen Ideologien und Herrschaftslegitimationen deutlich werden; in der Gedankenlyrik kommt eine persönliche Sicht der Welt und der gegenwärtigen Verhältnisse zur Geltung – dazu gehören im weitesten Sinn die vier hier abgedruckten Gedichte. Allen Gedichtgattungen gemeinsam sind relative Kürze und Bedeutungsverdichtung – die Aussage, die »Botschaft« wird besonders konzentriert formuliert. Dabei spielt die sprachliche Gestaltung eine Schlüsselrolle, und auf ihre Untersuchung kommt es deshalb auch besonders an.

Natürlich muss man auch Gedichte unter jenen Gesichtspunkten befragen, unter denen Historikerinnen und Historiker üblicherweise Textquellen analysieren. Die Fragen richten sich auf

- den Autor (Person, Position, Perspektive)
- den Entstehungszusammenhang des Textes (Ort, Zeit, Situation)
- die Textsorte und das Thema
- die Adressaten
- die Aussage und ihre sprachliche Gestaltung (Aufbau, Argumentation, Leitbegriffe, besondere sprachliche Mittel, Wirkungsabsicht)

Wer Gedichttexte besonders genau im Hinblick auf ihre Sprache untersuchen will, sollte auf Gesichtspunkte und Begriffe zurückgreifen, die die Literaturwissenschaft zur Verfügung stellt. Folgende Stichpunkte bieten sich zur Überprüfung an:

- Aufbau/Gliederung
- Leit- und Schlüsselbegriffe
- Bilder: einfache Bilder, Symbole, Allegorien, Metaphern
- Satzgestalt: Satzart, Satzlänge, Satzstellung, Wiederholungen und Parallelen
- Wortwahl: alltäglich, gewählt, Wortneuschöpfungen
- Klangbild: Lautmalereien, Wortwiederholungen, Wortspiele
- Strophenform
- Versfuß und Versmaß
- Rhythmus: Tempo, Pausen, Akzente
- Reim

Es gibt dafür eine Fülle von poetischen und rhetorischen Fachbegriffen (Allegorie, Alliteration, Metapher etc.). Man muss sie nicht unbedingt beherrschen, aber wer sie kennt und anzuwenden versteht, kann die Texte umso genauer befragen und deuten. Allerdings: Die Untersuchung der sprachlichen Mittel eines Gedichts ist kein Selbstzweck. Es geht darum, wie Aussage und Sprachgestalt miteinander verbunden sind, wie die »Botschaft« eines Textes durch die besondere Sprache getragen oder überhaupt erst zum Vorschein gebracht wird.

38 Bilanz der Zeit (1)

a) Arno Holz, Das Buch der Zeit, 1886

[…] die Zeit verliebter Abenteuer,
für mich ist sie schon längst vorbei!

Nein, mitten nur im Volksgewühl,
beim Ausblick auf die großen Städte,
beim Klang der Telegraphendrähte
ergießt ins Wort sich mein Gefühl.

Dann glaubt mein Ohr, es hört den Tritt
von vorwärts rückenden Kolonnen,
und eine Schlacht seh ich gewonnen,
wie sie kein Feldherr noch erstritt.

Doch gilt sie keiner Dynastie,
auch kämpft sie nicht mit Schwert
und Keule –
Galvanis Draht und Voltas Säule
lenkt funkensprühend das Genie.
[…]
Drum dir, die schmerzvoll mich gebar,
dir, junge Zeit aus Blut und Eisen,
leg ich mein Herz und seine Weisen
nun stumm auf deinen Hochaltar!
[…]
Mir schwillt die Brust, mir schlägt
das Herz
und mir ins Auge schießt der Tropfen,
hör ich dein Hämmern und dein Klopfen
auf Stahl und Eisen, Stein und Erz.

Denn süß klingt mir die Melodie
aus diesen zukunftsschwangern Tönen;
die Hämmer senken sich und dröhnen:
Schau her, auch dies ist Poesie! […]

b) Jacob von Hoddis, Weltende, 1911

Dem Bürger fliegt vom spitzen
Kopf der Hut,
In allen Lüften hallt es wie
Geschrei.
Dachdecker stürzen ab und gehn
entzwei.
Und an den Küsten – liest man –
steigt die Flut.

Der Sturm ist da, die wilden
Meere hupfen
An Land, um dicke Dämme zu
zerdrücken.
Die meisten Menschen haben
einen Schnupfen.
Die Eisenbahnen fallen von den
Brücken.

c) Wilhelm Klemm, Meine Zeit, 1920

Gesang und Riesenstädte,
Traumlawinen.
Verblasste Länder, Pole ohne
Ruhm.
Die sündigen Weiber, Not und
Heldentum,
Gespensterbrauen, Sturm auf
Eisenschienen.
[…]
O meine Zeit! So namenlos
zerrissen.
So ohne Stern, so daseinsarm im Wissen
Wie du, will keine, keine mir
erscheinen.

a) Arno Holz, Werke, Bd. 5, Neuwied 1962, S. 24–28.

b) und **c)** Kurt Pinthus (Hrsg.): Menschheitsdämmerung, Symphonie jüngster Dichtung, Berlin 1920, S. 3 und 4.

Analysieren Sie die sprachlichen Mittel, die die drei Autoren (38a–c) verwenden. Skizzieren Sie, auf welche Weise die Autoren sprachlich auf die Herausforderung des Neuen reagieren.
Welches Zeit- und Zukunftsbild wird in diesen drei Gedichten entworfen? Fassen Sie die Wertungen in Stichworten zusammen.
Diskutieren Sie die Formulierung »Künstler als Seismographen der Zeit«.
Verfassen Sie selbst ein Gedicht, in dem Sie Ihr persönliches Gefühl und Ihren persönlichen Eindruck von unserer Zeit auszudrücken versuchen.

39 Bilanz der Zeit (2)

a) Die Frankfurter Zeitung kommentiert die Jahrhundertwende, 1899:

Den Beinamen des philosophischen hat das 19. Jahrhundert nicht verdient, wohl aber den des wissenschaftlichen. [...] Jetzt erst wird der Mensch seiner selbst, seiner Stellung und seiner Kraft bewusst; jetzt erst erkennt er seine großen Aufgaben und nimmt deren Verwirklichung in die Hand. Unendlich groß sind die Errungenschaften der Wissenschaft und der Technik im neunzehnten Jahrhundert! Dampfschiffe, Eisenbahnen, Telegraf, Telefon, Elektrizität als Licht- und Kraftquelle, Spektral-Analyse, Übertragung der Kraft, Entdeckung des Äthers, Röntgen-Strahlen, die erstaunlichen Fortschritte der Chemie und des Maschinenwesens, Phonograf, Kinematograf, drahtlose Telegrafie und wie die Erfindungen und Entdeckungen alle heißen mögen – es sind für ein Jahrhundert so viele, um mehrere Jahrhunderte damit versehen zu können! [...] So hat die Wissenschaft des neunzehnten Jahrhunderts das Gesetz des Fortschritts in wunderbarer Weise befruchtet. [...]

Manche Aufgaben hat das neunzehnte Jahrhundert gelöst, aber noch mehr überliefert es ungelöst dem zwanzigsten Jahrhundert, das sie wohl auch nicht alle lösen wird. Das kann nicht anders sein, denn die Menschheit will noch länger leben und spätere Jahrhunderte wollen auch noch Arbeit haben. Aber wenn die Menschheit mit erweiterten Aufgaben in das neue Jahrhundert eintritt, dann bringt sie zur Lösung ihrer Aufgaben weit mehr Kräfte mit als sie in früheren Jahrhunderten besaß. Die Erkenntnis hat eine Stufe erreicht und die Nutzbarmachung der Naturkräfte ist zu einem Grade gediehen wie nie zuvor. Wir haben bedeutungsvolle Schritte getan dem Ziele der Menschheit entgegen. Dieses Ziel heißt: Beherrschung der Natur und Herstellung des Reiches der Gerechtigkeit.

Leitartikel der Frankfurter Zeitung vom 31.12.1899, aus: Facsimile Querschnitte durch die Frankfurter Zeitung. Bern 1964, S. 70f.

b) Das Mitteilungsblatt des Deutschen Bundes Heimatschutz, 1904:

Immer mehr verwüstet im Zeitalter der Maschine die Herrschsucht der Industrie alles, was dem Einzelnen seit den Tagen der Kindheit traut und heimisch, was dem deutschen Volke die Grundlage seiner Stärke war. So [...] [kann] es nicht weitergehen, denn Protzentum, Gigerltum, Sinnesstumpfheit, Freude an der Zerstörung und Raubbau treiben ungestört ihr unheilvolles Werk, und was sie in zwei Jahrzehnten geleistet haben, zeigte eine Umschau auf dem Lande. Die kleinen, freundlichen Städte, in denen überall eine harmlose und künstlerische Freude am Besitz nistete, sind entstellt, die Dörfer zu wüsten Steinhaufen geworden, die Berge an den schönsten Stellen durch Steinbrüche angetastet, der deutsche Laubwald durch den Forstbetrieb seiner traulichen Waldschönheit beraubt. Und wenn wir auch noch so stolz auf die Errungenschaften unserer Gegenwart sein dürfen, so wollen wir doch nicht aus dem Auge verlieren, dass wir dabei Besitztümer aufgeben, die für eine harmonische Menschheitsentwicklung unentbehrlich sind. Auf der einen Seite gewinnen wir dem Leben neue Wohltaten ab, verlängern das Leben selbst, erwerben Reichtümer und arbeiten mit steigernder Anspannung aller Kräfte, auf der anderen Seite aber verliert das Leben an seinem Inhalt und der Mensch wird zur reinen Arbeitsmaschine.

Zit. nach: Karl Ditt, Die deutsche Heimatbewegung 1871–1945, in: Heimat. Analysen, Themen, Perspektiven. Bd. 1. Bonn 1990, S. 139, Anm. 7.

Charakterisieren Sie die beiden Stellungnahmen (39a und b). Geben Sie die einzelnen Argumente in Stichworten wieder. Begründen Sie: Welcher der beiden Positionen würden Sie sich für die Jahrhundertwende 1900 anschließen? Formulieren Sie einen eigenen Text zur Jahrhundert- und Jahrtausendwende 2000.

3. GESCHLECHTER, FAMILIEN, GENERATIONEN – SOZIALE BEZIEHUNGEN UND STRUKTUREN IM WANDEL

Nicht nur soziale Schichtungen, auch die Beziehungen der Geschlechter, der Generationen, der Familienmitglieder machen die Gestalt und das »Klima« einer Gesellschaft aus. Und hier geriet in den Jahrzehnten um 1900 ebenfalls vieles in Bewegung. Die Aufgaben und die Rollen der Frauen wandelten sich – bei der Arbeit, in der Familie und im öffentlichen Leben. Kamen damit zusätzliche Belastungen auf sie zu oder boten sich neue Chancen der Emanzipation? Ambivalent war auch die »Entdeckung der Jugend« um die Jahrhundertwende. Neue Freiheiten und Reglementierungen gingen Hand in Hand. Anpassung oder Protest – das sind bis heute die Pole jugendlichen Verhaltens gegenüber der Erwachsenenwelt geblieben. Sind die jugendlichen Subkulturen der Nachkriegszeit, von den »Halbstarken« bis zu den Punks, Nachkommen der Jugendbewegung?

1865	Louise Otto-Peters gründet den Allgemeinen Deutschen Frauenverein.
1891	Im Erfurter Programm fordert die SPD das Wahlrecht für Frauen.
1894	Als Dachverband der deutschen Frauenbewegung wird der Bund Deutscher Frauenvereine gegründet.
1900	Das Bürgerliche Gesetzbuch (BGB) tritt in Kraft.
1908	Frauen erhalten das Vereins- und Versammlungsrecht.
1918/19	Der »Rat der Volksbeauftragten« proklamiert 1918 das allgemeine und gleiche Wahlrecht auch für Frauen. Die Weimarer Verfassung von 1919 garantiert die Gleichberechtigung der Geschlechter. Sie schließt den Zugang zu öffentlichen Ämtern für Frauen ein.
1913	Auf dem Hohen Meißner treffen sich die Gruppen der Jugendbewegung und schließen sich zur Freideutschen Jugend zusammen.
1922/23	Reichsjugendwohlfahrtsgesetz und Reichsjugendgerichtsgesetz treten in Kraft.

3.1 Frauenarbeit, Frauenrollen, Frauenbilder

Weibliche Industriearbeit und Doppelbelastung der Arbeiterfrauen

Mindestens ebenso sehr wie die Arbeits- und Lebenssituation der Männer veränderte sich im 19. und beginnenden 20. Jahrhundert die der Frauen – zunächst in der Arbeiterschaft. Schon in vorindustrieller Zeit übten auf dem Lande viele Frauen, aber auch Kinder textile Heimarbeit als Nebenerwerb aus. Im Zuge der Industrialisierung verlagerte sich die Textilherstellung in die Fabriken und entwickelte sich zum Hauptgebiet weiblicher Industriearbeit. Die Unternehmer stellten gerne Frauen ein, weil es bei dieser Arbeit sehr auf Geschicklichkeit ankam. Außerdem konnten sie Frauen einen niedrigeren Lohn zahlen als Männern.

Allerdings war weibliche Industriearbeit längst nicht so verbreitet wie männliche. Nicht einmal 20 % der Arbeitnehmer in der Industrie waren um die Jahrhundertwende Frauen, ihr Anteil nahm nur langsam zu. Während die Zahl der Erwerbstätigen in der Industrie insgesamt schon höher war als die in der Landwirtschaft, arbeiteten immer noch mehr als doppelt so viele Frauen – als »mithelfende Familienangehörige« – auf dem Lande wie in der Fabrik.

40 Porträt einer deutschen Heimarbeiterin Plakat nach einem Entwurf von Käthe Kollwitz zur Heimarbeit-Ausstellung von 1906.
Auf Initiative von Kaiserin Auguste Viktoria wurde das Plakat verboten.

Formulieren Sie das Urteil der Kaiserin: Weshalb hat sie dieses Bild verbieten lassen?

Unverheiratete Frauen aus Arbeiterfamilien wurden immer häufiger berufstätig. Bei den verheirateten Frauen kam das seltener vor, obwohl die meisten Familien das Geld nötig hatten. Ein Arbeitstag in der Fabrik dauerte zehn Stunden und war anstrengend bis zur Erschöpfung. Zudem blieben die Hausarbeit und die Versorgung der Kinder ganz selbstverständlich ihnen überlassen. Weithin üblich war aber zeitlich begrenzte Nebentätigkeit wie Putzen oder Handarbeit. Näherin wurde zum typischen häuslichen Neben-, aber auch Hauptberuf, seit sich ab den Sechzigerjahren die Nähmaschine verbreitete.

Einen für das Kaiserreich typischen Arbeitsbereich von Frauen bildete das Dienstbotenwesen. 1882 war fast ein Viertel aller erwerbstätigen Frauen dort tätig. Das Dienstmädchen wurde im Laufe des Jahrhunderts zum Symbol bürgerlicher Repräsentation. Es war nicht nur eine Hilfskraft, der man alle unangenehmen Hausarbeiten überlassen konnte. Mit der »Dienstbotenhaltung« demonstrierte man, dass man es nicht nötig hatte, bei anstrengenden Arbeiten selbst Hand anzulegen. Bürgerliche Haushalte waren sich ein Dienstmädchen sozusagen schuldig, selbst wenn sie damit an den Rand ihrer finanziellen Möglichkeiten gerieten. Dienstmädchen kamen meist vom Lande. Bei harter Arbeit gab es wenig Freizeit und neben der Verpflegung wenig Geld. Rechtlich konnte die »Herrschaft« fast nach Belieben über sie verfügen.

Ganz anders sah die Situation der Frauen in den höheren Gesellschaftsschichten aus. In vorindustrieller Zeit war die Hausfrau auch in bürgerlichen Haushalten für eine Fülle von Aufgaben zuständig. Vieles musste selber produziert und auf Vorrat gehalten werden: Lebensmittel, Kleidung, Hausrat. Immer mehr davon konnte man jetzt fertig kaufen, deshalb nahmen die traditionellen Pflichten der bürgerlichen Hausfrau ab. Außerdem lagen immer mehr Aufgaben in den Händen von Dienstpersonal: das Kochen, die Wäsche, auch die Kindererziehung. Die bürgerliche Hausfrau – so war nun die (von Männern geprägte) Idealvorstellung – sollte möglichst wenig körperlich arbeiten und in erster Linie das Personal anleiten und beaufsichtigen. Ihr Wirkungsbereich blieb auf das Haus beschränkt: Zwar sollte sie bei Geselligkeiten »repräsentieren«, öffentliche Betätigung in Politik oder Beruf gestanden die Männer ihr jedoch nicht zu. Nur in Wohlfahrtsvereinen durften Frauen sich engagieren. Dem entsprach auch die Ausbildung der »höheren Töchter«. Im Vordergrund stand die musische Erziehung: Literatur, Sprachen, Malen, Musizieren, Sticken. Die spätere Ehefrau sollte in der Lage sein, ihren Mann in seiner Freizeit angenehm zu unterhalten.

Arbeit für bürgerliche Frauen

Als natürliches Lebensziel der Frau wurden Heirat, Familie und Kinder angesehen. Frauen, die unverheiratet blieben, galten als »zu kurz gekommen« und mussten selber für ihr Auskommen sorgen, soweit sie nicht im elterlichen Haushalt bleiben konnten oder wollten. Es gab allerdings nur wenige standesgemäße Berufsmöglichkeiten: Sie konnten Gouvernanten oder Mädchenschullehrerinnen werden. Auch für materiell weniger gut gestellte bürgerliche Familien war weibliche Berufstätigkeit verpönt. Wo sie sich nicht umgehen ließ, wurde sie soweit wie möglich verborgen. Textile Hausarbeit kam praktisch als einzige Nebentätigkeit infrage.

Völlig neue Arbeitsmöglichkeiten für Frauen erschlossen sich dann durch die Angestelltenberufe. Sekretärin, Stenotypistin, Telefonistin und Verkäuferin wurden um die Jahrhundertwende zu neuen typischen Frauenberufen. Die klassische Geschlechterhierarchie galt auch hier: Die höheren Angestelltenpositionen mit Leitungs- und Kontrollfunktion blieben den Männern vorbehalten – das hat sich bis heute nicht grundsätzlich geändert. Die Arbeitsbedingungen und die Einkommensverhältnisse in diesen Berufen waren nicht gerade glänzend. Dennoch: Das Büro bildete ein völlig neues Berufsfeld auch und vor allem für bürgerliche Frauen, weil dort keine körperliche Arbeit geleistet werden musste. Weit mehr Frauen als zuvor erhielten dadurch die Chance auf ein eigenes Einkommen und – wenngleich oft nur in Ansätzen – eine berufliche Selbstverwirklichung.

41 Neue Berufsmöglichkeiten für Frauen oben: Frauen bei der Arbeit an einer Ringspinnmaschine. Foto, um 1910. unten: Großraumbüro mit 150 Angestellten. Foto, 1927.

Die Zahl der weiblichen Angestellten stieg rasch an. 1880 spielten sie praktisch noch keine Rolle, vor dem Ersten Weltkrieg stellten sie mehr als ein Viertel, 1925 mehr als ein Drittel aller Angestellten.

Arbeit durch Krieg

Im Ersten Weltkrieg übernahmen Frauen viele Tätigkeiten, die bislang Männern vorbehalten gewesen waren. Von der Straßenbahnschaffnerin bis zur Lehrerin an einer Jungenschule ersetzten sie Männer, die Soldaten waren. Aus den meisten herkömmlichen Männerberufen wurden sie nach Kriegsende wieder verdrängt. Nach wie vor galten Männer als die eigentlichen Arbeiter und Ernährer und erhielten gegenüber Frauen den Vorzug. Dennoch hatten Frauen bewiesen, dass sie zu vielem in der Lage waren, was Männer ihnen ohne die Ausnahmesituation des Krieges nicht überlassen und zugetraut hätten. Auf diese Weise leistete der Krieg unter der Hand einen Beitrag zur Emanzipation.

Das neue Bild der Frau

Im Kaiserreich war die bürgerliche Hausfrau das dominierende weibliche Leitbild gewesen. In der Weimarer Republik trat ein neues damit in Konkurrenz: die berufstätige, selbstständige und selbstbewusste, emanzipierte Frau. Kurzes Kleid,

42 »Das Parfüm dieses Winters – Vogue« Plakatentwurf von Jupp Wiertz, um 1925.

Listen Sie die einzelnen Merkmale auf, mit denen hier der neue Frauentyp dargestellt wird.
Weibliches Selbst- oder männliches Fremdbild – erörtern Sie, was an diesem Typ für Männer und für Frauen reizvoll gewesen sein könnte.

Bubikopf, die Zigarette im geschminkten Mund, so wurde das neue Ideal in Filmen, Illustrierten und in der Werbung propagiert. Am ehesten verkörperte die Angestellte diesen Typus. Und tatsächlich gab es viele zuvor unbekannte Freiheiten im öffentlichen Auftreten der Frauen. Die Kleidung war das sichtbare Zeichen dafür: bequem, praktisch und jugendlich. Allerdings: Wie das bürgerliche Frauenideal war auch das neue vornehmlich eine von Männern entworfene Vorstellung, die mit der Realität oft wenig zu tun hatte. Denn die Berufstätigkeit vieler Frauen war aus der Not der Nachkriegszeit geboren, ihr Auskommen war knapp. Häufig handelte es sich auch nur um eine Übergangszeit bis zur Ehe, in der die Frauen dann wieder ihre klassische Rolle in Haushalt und Kindererziehung übernahmen. Trotz aller Vorbehalte aber: Frauenarbeit wurde immer selbstverständlicher. Und durch sie kamen traditionelle Rollenklischees allmählich ins Wanken. Mit Verzögerung näherte sich zwischen 1880 und 1930 das Erwerbsprofil der Frauen dem der Männer an. Sie waren immer weniger in der Landwirtschaft und als Dienstmädchen, dagegen zunehmend als Arbeiterinnen und Angestellte tätig.

Auch das Erscheinungsbild der Familie änderte sich zwischen 1880 und 1930. In den vor 1905 geschlossenen Ehen wurden im Durchschnitt über 4,5 Kinder geboren, in den zwischen 1920 und 1924 geschlossenen nur noch knapp die Hälfte. Die Kleinfamilie wurde zum neuen Ideal. Auch hier veränderten sich die Rollen und die Aufgaben der Mutter und Hausfrau: Weniger Kinder, aber mehr Zuwendung und Erziehung, ein kleinerer Haushalt, aber mehr Ordnung und Sauberkeit, unter dem Strich nicht weniger Arbeit. Bürgerliche Standards, die bis in die Gegenwart fortwirken, setzten sich durch.

43 Die Arbeiterinnen

a) Eine Arbeiterfrau über ihre Arbeit in Fabrik und Haushalt, um 1900:
Meine tägliche Arbeitszeit in Haushalt und Fabrik beträgt 16 bis 18 Stunden. Unsere Familie zählt fünf erwachsene Köpfe im Alter von 15, 17, 19, 42 und 44 Jahren. Frühmorgens 4.30 Uhr ist die Nacht vorbei: dann ist es höchste Zeit, mich anzukleiden, zu waschen und das Frühstück für die anderen zu besorgen und alle zu wecken: denn 5.15 Uhr heißt es nach dem Betrieb gehen, da ich 45 Minuten bestimmt laufen muss. Um 6 Uhr beginnt die Arbeitszeit im Betrieb. Ich arbeite in einer Tuchfabrik und zwar in der Zwirnerei. Zuspätkommen darf im Betriebe nicht vorkommen. Wir arbeiten in Schichten von 6 bis 14 Uhr und von 14 bis 22 Uhr. Arbeite ich in der Vormittagsschicht, so geht von 14 Uhr die häusliche Arbeit an. Ich muss dann auf dem Wege von der Fabrik bis nach Hause die Einkäufe besorgen, sodass es dann meistens schon 16 Uhr ist, ehe ich im Heim bin. Hier angekommen, geht es sofort hurtig wei-

Zit. nach: Helmut Paul Fielhauer, »Kartoffeln in der Früh, des Mittags in der Brüh'«, in: Wolfgang Ruppert (Hrsg.), Die Arbeiter. Lebensformen, Alltag und Kultur. München 1986, S. 168 f.

ter. Das Mittagessen ist zu kochen: denn der Ehemann und die Kinder haben auch bald Feierabend. In der Zeit von 18 bis 19 Uhr halten wir unseren Mittagstisch. Von meinem Mann kann ich dabei sehr wenig unterstützt werden. Er verrichtet in einer Hutfabrik schwere Arbeit und ist abends sehr abgespannt.

b) 1894 nahm Johannes Timm eine Umfrage unter Berliner Heimarbeiterinnen vor. Eine Näherin berichtet:

Von morgens bis oft nachts 2 Uhr arbeite ich mit der Schwester zusammen, um pro Woche 5 bis 6 Stücke liefern zu können. Ich habe mit der Schwester vom 6. Oktober 1893 bis zum 7. November 5 Mark, 40 Pfennig und vom 1. bis 23. November 6 Mark, 30 Pfennig verdient. Die Auszahlung findet sonst nur jeden 1. im Monat statt: ich bekomme jedoch alle 14 Tage auf meinen dringenden Wunsch ausbezahlt. Das Futter wird aufs knappste bemessen. Neulich habe ich, als das Futter nicht reichte, noch für 25 Pfennig zugekauft in der Erwartung, dass ich dasselbe bezahlt erhalten würde, bin aber nur ausgelacht und schnoddrig abgewiesen worden. Neulich hatte ich den Aufhänger vergessen anzunähen, sofort wurden 5 Pfennig abgezogen. Die ganze Behandlung ist gerade so, als ob man uns noch viel zu viel bezahlte und wir es noch als Gnade ansehen müssten, für das Geschäft zu arbeiten. Wir sollen nun für die Nähmaschine wöchentlich 2 Mark abbezahlen und haben kaum so viel zum Leben übrig, dass wir uns die ganze Woche nicht ein halbes Pfund Fleisch kaufen können. Wir müssen uns die ganze Woche mit Mehlsuppen und Kaffee begnügen, weiter kennen wir bald nichts mehr.

Johannes Timm, Soziale Bilder aus der Berliner Konfektion, in: Soziale Praxis 4, 1894/95, zit. nach: Ruth Glatzer, Das Wilhelminische Berlin. Panorama einer Metropole 1890–1918, Berlin 1997, S. 123 f.

c) Die Sozialdemokratin Ottilie Baader berichtet über die Rolle der Frauen beim Streik in der Textilindustrie von Crimmitschau (Sachsen). Der Streik begann im August 1903 und wurde im Januar 1904 von der Streikleitung abgebrochen.

Ungleich bedeutender und weitgreifender war der Kampf der Crimmitschauer Textilarbeiter um die Einführung des Zehnstundentages. Jahrelang war auf gütlichem Wege versucht worden, zu diesem Ziel zu kommen, immer aber vergebens. Selbst die durch eine Verordnung festgelegte Mittagszeit von 1 ½ Stunden für die Frauen, die nebenher auch noch einen Haushalt zu besorgen hatten, wurde nicht gewährt. Fiel es den Frauen ein, dieses Recht zu fordern, so wurden sie glatt entlassen. Die einstündige Mittagszeit reichte nur für sehr wenige, um zum Essen nach Hause zu gehen. Einrichtungen zum Kochen oder Wärmen waren aber in den Fabriken nicht vorhanden. Die gesundheitlichen Schäden waren nicht nur für die Arbeiterinnen selbst, sondern vor allem auch für die Kinder ganz ungeheuer. Starben doch vor Vollendung des ersten Lebensjahres 27,3 Prozent der Kinder, und von den anderen konnten sich nur wenige zu kräftigen Menschen entwickeln.

[...] Die feste, besonnene Haltung der Arbeiterinnen, die doch zum ersten Mal in diesem Kampf standen, war bewundernswert. »Sie sind schlimmer wie die Männer«, meinte ein Fabrikant. Eifrig und zuverlässig waren sie bei ihren Pflichten: Kontrolllisten führen, Streikposten beziehen. Manche Arbeiterin brachte dabei den Kinderwagen mit. »Streikposten stehen sollen wir nicht, aber unsere Kinder dürfen wir doch spazieren fahren«, erklärte eine Frau.

[...] Schöne Beispiele von Solidaritätsgefühl gaben bei der Wiederaufnahme der Arbeit die Frauen. Lange nicht alle Arbeiter wurden bei ihrer Nachfrage wieder eingestellt, zum Teil war es wirklich nicht gleich möglich, zum Teil ließ man aber auch diejenigen, deren Führerrolle im Streik bekannt war, die Kapitalistenmacht fühlen und erklärte: »Für Sie habe ich keine Arbeit!« Häufig genug aber traten Frauen zugunsten

d) Eine Gruppe von Arbeiterinnen lässt sich nach dem Abbruch des Streiks in Crimmitschau fotografieren. Foto, 1904.

von Familienvätern zurück. In einem Falle verlangte eine Anzahl Arbeiterinnen die Wiedereinstellung eines Spinners, dem man die Arbeit verweigert hatte. Als man auch ihre Forderung nicht gleich erfüllte, erklärten sie: »Dann bleiben wir auch draußen!« Der Fabrikant, der diese hochwertigen Arbeiterinnen nicht entbehren wollte, rief: »Verfluchtes Weiberpack, holt euren Spinner, damit endlich Ruhe wird!!«.

Ottilie Baader, Ein steiniger Weg. Lebenserinnerungen einer Sozialistin (1921), Bonn/Bad Godesberg 3. Aufl. 1979, S. 9 f.

1. Diskutieren Sie anhand des Textes (43a): Weibliche Doppelbelastung – familiäres Organisationsproblem oder gesellschaftliche Frage?
2. Errechnen Sie den Wochenlohn der Näherin (43b).
   Erörtern Sie anhand dieses Berichtes und des Darstellungstextes: Textile Heimarbeit von Frauen – Überlebenshilfe oder Gipfel der Ausbeutung?
3. Schildern Sie anhand von Text und Bild (43c und d), welche sozialpsychologischen Auswirkungen die Erfahrung des Streiks für die beteiligten Arbeiterinnen hatte.

44 Die Dienstbotinnen

a) Die preußische Gesindeordnung von 1810 regelte das Verhältnis zwischen der »Herrschaft« und ihrem Personal. Sie galt bis zum Ende des Kaiserreichs.

§ 73 Allen häuslichen Einrichtungen und Anordnungen der Herrschaft muss das Gesinde sich unterwerfen. […]

§ 76 Die Befehle der Herrschaft und ihre Verweise muss das Gesinde mit Ehrerbietung und Bescheidenheit annehmen.

§ 77 Reizt das Gesinde die Herrschaft durch ungebührliches Betragen zum Zorn und wird in selbigem von ihr mit Scheltworten oder geringen Tätlichkeiten behandelt, so kann es dafür keine gerichtliche Genugtuung fordern.

§ 78 Auch solche Ausdrücke oder Handlungen, die zwischen anderen Personen als Zeichen der Geringschätzung anerkannt sind, begründen gegen die Herrschaft noch nicht die Vermutung, dass sie die Ehre des Gesindes dadurch habe kränken wollen.

§ 79 Außer dem Falle, wo das Leben oder die Gesundheit des Dienstboten durch Misshandlungen der Herrschaft in gegenwärtige und unvermeidliche Gefahr gerät, darf er sich der Herrschaft nicht tätig widersetzen.

§ 80 Vergehungen des Gesindes gegen die Herrschaft müssen durch Gefängnis oder öffentliche Strafarbeit nach den Grundlagen des Kriminalrechts geahndet werden.

Die preußische Gesindeordnung vom 8. November 1810, zit. nach: Violet Schultz, In Berlin in Stellung. Dienstmädchen im Berlin der Jahrhundertwende, Berlin 1989, S. 20 f.

b) Oscar Stillich untersuchte kurz nach der Jahrhundertwende die Situation der Dienstbotinnen in Berlin. Eine Wäscherin erzählt, 1902:

Jetzt höre ich eines Morgens, als die Kinder zur Schule waren, einen furchtbaren Krach in des Herren Arbeitszimmer. Da hatte die Frau das arme Mädchen hineingezerrt und zum Herrn gesagt, das Mädchen hätte ihr heute früh Geld aus dem Portmonee in der Tasche gestohlen. Das Mädchen weinte und bat, sie möchten ihr doch Glauben schenken, sie wisse von nichts. Herr M. verabfolgte ihr eine Ohrfeige, wo die 5 Finger auf der Backe zu sehen waren. Das Mädchen ging zur Polizei. Der Herr Leutnant sagte ihr, sie solle nach Hause gehen und sich von der anderen Seite noch eine Ohrfeige dazu geben lassen, wie es einer Diebin gebühre. Darauf schrieb das Mädchen an seinen Vormund. Dieser kam und wollte den Herrn zur Rede stellen über sein Verhalten. Er wurde aber hinausgewiesen mit der Drohung, wenn er noch einen Ton sage, würde er wegen Hausfriedensbruch angezeigt. Der Vormund war ein armer Mann, das Mädchen eine arme Waise – damit war die Sache abgetan. Die ganze Ursache der Beschuldigung war die, dass sie das Mädchen zur Reise los sein wollten.

Oskar Stillich, Die Lage der weiblichen Dienstboten in Berlin, Berlin 1902, S. 324 f., zit. nach: Ingeborg Weber-Kellermann, Frauenleben im 19. Jahrhundert, München 2., durchgesehene Aufl. 1988, S. 125 f.

c) Hausordnung für ein Dienstmädchen in einem Berliner Zweipersonenhaushalt, 1899:

Um 6 Uhr aufstehen, bis $^3/_4$ 7 Uhr den Salon reinmachen.

von $^3/_4$ 7 bis 7	Feuer anmachen und zwei Paar Stiefel putzen
von 7 bis $^1/_4$ 8	Kleider reinmachen
von $^1/_4$ 8 bis $^1/_2$ 8	Kaffeetrinken des Mädchens
von $^1/_2$ 8 bis $^1/_4$ 9	das Esszimmer reinmachen
von $^1/_4$ 9 bis $^1/_2$ 9	2 Lampen putzen
von $^1/_2$ 9 bis 9	den Korridor und das Mädchenbett besorgen
um 9 Uhr	Gemüse putzen und zum Mittag aufsetzen
von $^1/_2$ 10 bis 10	das Schlafzimmer der Frau besorgen
von 10 bis $^1/_2$ 1	Mittag kochen, abwaschen und Tisch decken

Das Mittagessen muss pünktlich um $^1/_2$ 1 Uhr fertig sein, Mittagessen dauert für Herrschaft und Mädchen in aller Ruhe bis $^1/_2$ 2 Uhr

von $^1/_2$ 2 bis $^1/_2$ 4 Uhr abwaschen und Küche besorgen

von $^1/_2$ 4 bis 4 muss das Mädchen sich zum 2. Male waschen und anziehen und Montag und Dienstag für sich Handarbeit machen.

Mittwoch Nachmittag hat das Mädchen für sich.

Donnerstag werden die Möbel und Teppiche geklopft, nachmittags Silber, Türdrücker und Ofentüren geputzt.

Freitag werden die Fenster geputzt und Waschgeschirre geseift. Nachmittags die Küche gründlich gereinigt.

Sonnabend Speise kochen und Lampen gründlich reinigen.

Wäsche von uns zwei Leuten alle 14 Tage in meiner Küche ist eine Arbeit von $^1/_2$ Tag.

Ausgehen darf mein Mädchen jeden Sonn- und Feiertag im Sommer von mittags 12 bis abends 11 Uhr, im Winter von 3 Uhr nachmittags bis 11 Uhr abends.

Unser Blatt, Zentral-Organ für die Gesamtinteressen der Angestellten des Hauses, 30. 7. 1899, nach: Violet Schultz: In Berlin in Stellung, Dienstmädchen im Berlin der Jahrhundertwende, Berlin 1989, S. 40.

d) Die Sozialdemokratin Lily Braun berichtet vom Besuch einer Dienstbotinnenversammlung:

»Wir wollen die Harmonie zwischen Dienstboten und Herrschaften wiederherstellen ...« – »Die Dienstboten allein können nichts erreichen, es gehören auch die Herrschaften dazu ...« – »Den Arbeitern fehlt es heute an tüchtigen Hausfrauen, weil die Mädchen lieber in die Fabrik als in Stellung gehen, wo sie sich dazu vorbereiten könn-

Lily Braun, Memoiren einer Sozialistin, Bd. 2, S. 305–309, zit. nach: Violet Schultz, In Berlin in Stellung. Dienstmädchen im Berlin der Jahrhundertwende, Berlin 1989, S. 79 f.

e) Schlafen auf dem Hängeboden
Foto, um 1880.

ten ...« Das waren die Leitmotive, unter denen die Versammlungen tagten, die der Dienstbotenverein veranstaltete. [...]

Dazwischen schüchterne Bitten der Ängstlichen und Gutmütigen: »Nur ein wenig geregelte Arbeitszeit – und freundliche Worte statt des ewigen Zanks – dann wollen wir gern dienen, wollen treu und fleißig sein.«

Sie waren wie aufgescheuchte Vögel, die ohne Richtung hin- und herflatterten. Als ich zum ersten Mal vor ihnen zu reden begann, hielten sie mich für eine »Gnädige«. »Nu aber jeht's los!« rief kampflustig eine rundliche Köchin. Alles lachte. Ich sprach von den Gesindeordnungen, den Ausnahmegesetzen für die Dienstboten, die sie den Dienstgebern fast rechtlos in die Hände liefern, von den erlaubten »leichten« körperlichen Züchtigungen, von den vielen Gründen zur Entlassung ohne Kündigung und schließlich von einer jener Schöpfungen der preußischen Reaktion, die den Streik der Dienstboten mit Gefängnis bestraft [...]

»Eine Sozialdemokratin!«, kreischte neben mir eine Frau in hellem Entsetzen. Ein unbeschreiblicher Lärm erhob sich; auf die Tische sprangen die Mädchen in hysterischer Erregung, schrien und winkten mit den Taschentüchern; eine von ihnen drängte sich neben mich, ballte die Faust und rief schluchzend: »Wir sind königstreu! Wir sind gottesfürchtig!« Hilflos, mit angstgerötetem Gesicht schwang der Vorsitzende unaufhörlich die Glocke.

1. Charakterisieren Sie anhand von 44a und b das Rechtsverhältnis zwischen den Dienstboten und der »Herrschaft«.
2. Berechnen Sie für 44c die ungefähre wöchentliche Arbeitszeit des Dienstmädchens. Stellen Sie sich ein Gespräch über die Hausordnung mit der Hausfrau vor: Wie hätte sie selber ihre Anforderungen beurteilt? Formulieren Sie einen Kommentar aus der Sicht der Hausfrau.
3. Erklären Sie die Haltung und das Bewusstsein der Dienstbot(inn)en. Warum sind sie entsetzt über eine Sozialdemokratin, warum nennen sie sich »königstreu« und »gottesfürchtig« (44d)?

45 Weibliche Büroarbeit

a) Die Schriftstellerin und Frauenrechtlerin Jenny Schwabl über die Arbeit der »Kontoristinnen«, 1899:

Zehn bis zwölf Stunden täglich mit mechanischem Schreiben beschäftigt, [...] können sie sich weder geistig noch körperlich genügend entwickeln und bleiben, mit wenig Ausnahmen, zeitlebens auf der untersten Stufe der kaufmännischen Laufbahn. Dazu kommt, dass die Eltern fast nie überlegen, dass auch ein Mädchen, wenn sie einen Beruf ergreifen muss, den Beruf erst wirklich lernen sollte; auch die Welt begreift es noch kaum. Dass ein Knabe, welcher Kaufmann werden will, seine drei- und mehrjährige Lehrzeit durchmacht, ist selbstverständlich. Ein Mädchen aber soll sofort »verdienen«. [...] Nur zu leicht sinkt die Kontoristin zur bloßen Schreibmaschine herab, [...] auch darum, weil sie nicht in den ganzen kaufmännischen Beruf eingeweiht wird, sondern in den weitaus meisten Fällen nur ein kleines Feld beherrschen lernt und fast niemals

Aussicht auf Selbstständigkeit im Beruf hat. [...] Immer mit dem Gedanken: »Es dauert ja nicht ewig, es ist ja nur vorläufig, wir werden uns doch verheiraten, wir ganz sicher. Sind wir nicht jung und hübsch? Und das Alter ist ja noch weit!« – Aber das Alter kommt ganz sicher, und der Retter, der euch vom Berufsleben erlösen soll, kommt nicht immer, ihr törichten Mädchen, und wenn es schon einem Manne in höheren Jahren nicht so leicht fällt, eine Stelle zu finden, wenn es ihm nicht gelungen ist, sich selbstständig zu machen, so ist ein altes Mädchen doch noch tausendmal übler dran. Was fängt sie, sagen wir mit 50 Jahren an?

Jenny Schwabl, Kontoristin. Forderungen, Leistungen, Aussichten in diesem Beruf, Leipzig 1899, S. 5–8, zit. nach: Jens Flemming/Klaus Saul/Peter Christian Witt (Hrsg.), Quellen zur Alltagsgeschichte der Deutschen 1871–1914, Darmstadt 1997, S. 148–150.

b) Aufgabenteilung im Büro aus männlicher Sicht, 1907:

Es wird sich sicherlich – von einzelnen Ausnahmen abgesehen – nur die Scheidung fortsetzen, die schon jetzt besteht: Dass die schwierigen Stellungen im Kontor und auf der Reise, ja selbst beim Verkauf und überall da, wo es gilt kaufmännisch zu wirken, auf das Zustandekommen der Geschäfte hinzuwirken, mehr den Männern, die kleineren Verrichtungen im Kontor und das Verkaufen, wo es weiter nichts ist als ein Verabfolgen von Waren, mehr den Frauen zufallen. Aber diese Konkurrenz zu fürchten wäre unmännlich. Jeder männliche Kollege muss freilich seine Kräfte zusammennehmen und dafür sorgen, dass er bei dieser Arbeitsteilung auf die richtige Seite kommt. ... Dass viele kleine Arbeiten ausgeschieden und von weiblichen Kräften erledigt werden, während Männern die höhere Arbeit bleibt, ist doch auch eine Hebung der Männerarbeit.

J. Reif, Frauenarbeit im Handel. Broschüre des Deutschen Handlungsgehilfenverbandes, 1907, zit. nach: Büro 1880-1930. Frauenarbeit und Rationalisierung, Frankfurt/M. 1984, S. 34.

Beschreiben Sie die Unterschiede zwischen den beruflichen Ambitionen und Chancen von Frauen und Männern, die in den Texten (45a und b) und im Bild (41 unten) in Erscheinung treten.
Büroarbeit als neues Berufsfeld für Frauen – diskutieren Sie Chancen und Grenzen weiblicher Selbstständigkeit, Selbstverwirklichung und Emanzipation.

3.2 Der lange Weg zur Gleichberechtigung

Von der bürgerlichen zur proletarischen Frauenbewegung

In ihrer rechtlichen Situation waren Frauen aller Gesellschaftsschichten bis zum Ende des Kaiserreichs gleichermaßen benachteiligt. Frauen durften sich nicht politisch betätigen. In der Ehe hatte der Mann als Familienoberhaupt nahezu alleine zu bestimmen, ob es um das Eigentum oder die Kindererziehung ging. Deshalb forderten Frauen in der Revolution von 1848/49 auch für sich politische und bürgerliche Rechte ein. Wie die Revolution selber scheiterten auch diese Versuche. Dennoch gelten diese Jahre als die Geburtsstunde der Frauenbewegung in Deutschland. Sie war vor allem mit dem Namen Louise Otto-Peters verbunden. Schon 1848/49 machte sie sich mit der von ihr herausgegebenen Frauen-Zeitung zur Wortführerin der Frauen. 1865 gründete sie dann den »Allgemeinen Deutschen Frauenverein« und wurde seine Vorsitzende. Ziel des Vereins waren bessere Bildungs- und Berufschancen vor allem für bürgerliche Frauen. Es gab aber auch weiter gehende Forderungen innerhalb der bürgerlichen Frauenbewegung, die sich auf die völlige politische Gleichstellung und damit das Wahlrecht für Frauen richteten.

Informieren Sie Ihre Mitschülerinnen und Mitschüler mit einem Kurzreferat über das Leben und Wirken von Louise Otto-Peters und Clara Zetkin.

Um mehr politische Rechte und bessere Bildungsmöglichkeiten ging es auch der proletarischen Frauenbewegung. Sie wollte außerdem die Arbeitsbedingungen der Frauen in der Industrie verbessern. Ihre Vorkämpferin war seit den Neunzi-

46 An die Frauen gerichteter Wahlaufruf zur Nationalversammlung
Plakat, 1919.

Erläutern und erörtern Sie die appellativen Mittel und die argumentative Begründung des Plakats.

gerjahren Clara Zetkin. Sie gab die sozialdemokratische Frauenzeitschrift mit dem programmatischen Titel »Die Gleichheit« heraus. Aber auch in Arbeiterkreisen waren traditionelle Vorstellungen von der natürlichen Überlegenheit des männlichen Geschlechts über das weibliche tief verwurzelt. Schon 1875 hatte der Vorsitzende der Sozialdemokratie, August Bebel, die politische Gleichberechtigung der Frauen gefordert. Aber erst auf dem Erfurter Parteitag 1891 wurde das zum Bestandteil des Parteiprogramms.

Am 1. Januar 1900 trat in ganz Deutschland das Bürgerliche Gesetzbuch (BGB) in Kraft. Es löste die verschiedenen, meist schon älteren gesetzlichen Regelungen der einzelnen Länder ab. Für die Frauen brachte das BGB so gut wie keine Fortschritte in Richtung Gleichberechtigung; sie wurden ihnen erst nach und nach am Ende des Kaiserreichs zugestanden. 1908 erhielten sie im Rahmen des neuen Reichsvereinsgesetzes das Recht sich zu versammeln und sich in Parteien und Vereinen politisch zu betätigen. Im selben Jahr wurden in Preußen Frauen zum Studium zugelassen und die höheren Mädchenschulen den Knabenschulen wenigstens annähernd gleichgestellt. Die Universität war geradezu ein Bollwerk männlicher Privilegien gewesen. Und Männer wurden – auch nach der Zulassung der Frauen – nicht müde zu betonen, dass Frauen von Natur aus weniger begabt seien und sich allenfalls in Ausnahmefällen zum Studium eignen könnten.

47 »So hat die Republik die Stellung der Frau verbessert«
Abbildung aus der Illustrierten »Reichsbanner«, 1930.

Zumindest auf dem Papier erreichten die Frauen ihre politische Gleichberechtigung durch das allgemeine Wahlrecht, das ihnen Ende 1918 zugestanden wurde. In vielen kleinen Schritten verbesserte sich daneben die soziale und rechtliche Lage der Frauen in der Weimarer Republik, z. B. beim Mutterschutz (1927) oder durch die Einführung der Sozialversicherung von Heimarbeiterinnen (1924).

48 Die rechtliche Stellung der Frau

Ehe- und Familienrecht im Bürgerlichen Gesetzbuch, 1900:

§ 1354. Dem Manne steht die Entscheidung in allen das gemeinschaftliche eheliche Leben betreffenden Angelegenheiten zu; er bestimmt insbesondere Wohnort und Wohnung.

Die Frau ist nicht verpflichtet, der Entscheidung des Mannes Folge zu leisten, wenn sich die Entscheidung als Missbrauch seines Rechtes darstellt.

§ 1355. Die Frau erhält den Familiennamen des Mannes.

§ 1356. Die Frau ist, unbeschadet der Vorschriften des § 1354, berechtigt und verpflichtet, das gemeinschaftliche Hauswesen zu leiten.

Zu Arbeiten im Hauswesen und im Geschäfte des Mannes ist die Frau verpflichtet, soweit eine solche Tätigkeit, nach den Verhältnissen, in denen die Ehegatten leben, üblich ist.

§ 1357. Die Frau ist berechtigt innerhalb ihres häuslichen Wirkungskreises die Geschäfte des Mannes für ihn zu besorgen und ihn zu vertreten. Rechtsgeschäfte, die sie innerhalb dieses Wirkungskreises vornimmt, gelten als im Namen des Mannes vorgenommen, wenn nicht aus den Umständen sich ein Anderes ergibt.

Der Mann kann das Recht der Frau beschränken oder ausschließen. […]

§ 1363. Das Vermögen der Frau wird durch die Eheschließung der Verwaltung und Nutznießung des Mannes unterworfen (eingebrachtes Gut).

Zum eingebrachten Gut gehört auch das Vermögen, das die Frau während der Ehe erwirbt. […]

§ 1589. […] Ein uneheliches Kind und dessen Vater gelten nicht als verwandt. […]

§ 1627. Der Vater hat kraft der elterlichen Gewalt das Recht und die Pflicht, für die Person und das Vermögen des Kindes zu sorgen. […]

§ 1634. Neben dem Vater hat während der Dauer der Ehe die Mutter das Recht und die Pflicht, für die Person des Kindes zu sorgen; zur Vertretung des Kindes ist sie nicht berechtigt, unbeschadet der Vorschrift des § 1685 Absatz 1. Bei einer Meinungsverschiedenheit zwischen den Eltern geht die Meinung des Vaters vor.

Bürgerliches Gesetzbuch für das Deutsche Reich, 1900. Zit. nach: Anne Conrad/Kerstin Michalik (Hrsg.), Quellen zur Geschichte der Frauen, Bd. 3: Neuzeit, Stuttgart 1999, S. 136–140.

Stellen Sie in einer Spiegelstrichliste Rechte und Pflichten der Ehepartner einander gegenüber. Bewerten Sie zusammenfassend dieses eheliche Rechtsverhältnis.

49 Frauenforderungen

a) Aus dem Programm der sozialdemokratischen Frauenzeitschrift »Die Gleichheit«, 1891:

»Die Gleichheit« tritt für die volle gesellschaftliche Befreiung der Frau ein, wie sie einzig und allein in einer im Sinne des Sozialismus umgestalteten Gesellschaft möglich ist, wo mit der ökonomischen Abhängigkeit eines Menschen von einem anderen Menschen die Grundursache jeder sozialen Knechtung und Ächtung fällt. […]

Die wohlhabende Frau bedarf zu ihrer Emanzipation, ihrer Befreiung bloß der rechtlichen Gleichstellung mit dem Mann. Die Frau des Proletariats dagegen bleibt, auch wenn sie ihre rechtliche Gleichstellung mit dem Manne errungen, noch unfrei, abhängig vom Kapitalisten. Sie muss deshalb alle Bestrebungen unterstützen, welche darauf abzielen, die Macht der Kapitalistenklasse zu beschränken.[…]

»Die Gleichheit« vertritt in erster Linie die Interessen der Proletarierinnen, ohne Unterschied, ob dieselben dem Proletariat der Kopfarbeit oder dem der Handarbeit angehören. Zwar sind sich die ersteren ihrer oft in gefälligere Formen gehüllten, aber umso schwerer lastenden Klassenlage vielfach nicht bewusst oder wollen dieselbe nicht eingestehen. Allein wir sind davon überzeugt, dass ihnen allen, den Lehrerinnen, Buchhalterinnen, Schriftstellerinnen, Kontoristinnen etc., durch die Entwicklung der wirtschaftlichen Verhältnisse die Erkenntnis dieser ihrer Zugehörigkeit zum Proletariat, die Erkenntnis der Notwendigkeit in Reih und Glied der kämpfenden Arbeiter zu treten, aufgezwungen wird.

Peter Scherer/Peter Schaaf: Dokumente zur Geschichte der Arbeiterbewegung in Württemberg und Baden 1848–1949, Stuttgart 1984, S. 97f.

b) Aus dem Programm des »Allgemeinen Deutschen Frauenvereins« zu den Zielen der Frauenbewegung, 1905:

Die Frauenbewegung setzt sich somit das Ziel: den Kultureinfluss der Frau zu voller innerer Entfaltung und freier sozialer Wirksamkeit zu bringen. […]

I. Bildung: […] a) obligatorische Fortbildungsschulen [Berufsschulen] für alle aus der Volksschule entlassenen Mädchen; b) eine Reorganisation der höheren Mädchenschule, durch welche diese, unbeschadet ihrer dem Wirkungskreise der Frau entsprechenden Besonderheit, den höheren Knabenschulen gleichwertig wird; […] c) unbeschränkte Zulassung ordnungsgemäß vorgebildeter Frauen zu allen wissenschaftlichen, technischen und künstlerischen Hochschulen.

II. Berufstätigkeit. Die Frauenbewegung betrachtet für die verheiratete Frau den in der Ehe und Mutterschaft beschlossenen Pflichtenkreis als ersten und nächstliegenden Beruf. […]

In Anbetracht der großen Zahl von Frauen, die unverheiratet bleiben, und der weiteren Zahl derer, die in der Ehe keine ausreichende wirtschaftliche Versorgung finden können, ist die Berufsarbeit der Frau eine wirtschaftliche und sittliche Notwendigkeit. […] In Bezug auf die wirtschaftliche Bewertung der beruflichen Frauenarbeit vertritt die Frauenbewegung den Grundsatz: Gleichen Lohn für gleiche Leistung. […]

Diagramm

III. Ehe und Familie. Die Frauenbewegung sieht in der Heilighaltung der Ehe die wesentlichste Bürgschaft für das körperliche und geistige Wohl der Nachkommenschaft und die Grundbedingung sozialer Gesundheit. […]

IV. Öffentliches Leben, Gemeinde und Staat […]

a) Zulassung der Frauen zu verantwortlichen Ämtern in Gemeinde und Staat, vor allem solchen, die zu den Interessen der Frauen in besonders naher Beziehung stehen. […] b) Zuziehung der Frauen zur Vertretung der Laien bei der Rechtspflege [weibliche Schöffen und Geschworene]. c) Beseitigung der vereinsrechtlichen Beschränkungen der Frau. d) Teilnahme der Frauen am kirchlichen Wahlrecht. c) Teilnahme der Frauen am kommunalen Wahlrecht. f) Teilnahme der Frauen am politischen Wahlrecht.

Gerhard A. Ritter/Jürgen Kocka (Hrsg.), Deutsche Sozialgeschichte. Dokumente und Skizzen. Bd. II: 1870–1914, München 1974, S. 422–424.

Vergleichen Sie die beiden Texte im Hinblick auf die Forderungen, die argumentative Begründung und die Sprache.
Diskutieren Sie, ob man von einer einheitlichen Frauenbewegung sprechen kann.

50 Die Reaktion der Männer

a) Professor Theodor von Bischoff über die unterschiedlichen Körper- und Charaktereigenschaften von Männern und Frauen, 1872:

[Die Eigenschaften des Mannes:] mutig; kühn; heftig; trotzig; rau; verschlossen; Festigkeit; Handeln nach Überzeugung; Vernunft beherrscht das Gefühl; der Geist ist tiefer, weiter, dringt mehr in das Innere der Dinge; berücksichtigt das Wesen der Dinge; erforscht gründlicher und genauer; prüft ruhiger; urteilt unbefangen; schaffendes Prinzip.

[Die Eigenschaften der Frau:] furchtsam; nachgiebig; sanft; zärtlich; gutmütig; geschwätzig; verschmitzt; wandelbar; inkonsequent; Handeln nach Gefühl; Gefühl beherrscht die Vernunft; berücksichtigt das Äußere, den Schein; Urteil befangen, oberflächlich; Wille schwach; das Handeln ist unbestimmt; extensive und intensive größere Stärke des Gefühls und der Teilnahme für die Ihrigen und Notleidenden; schamhafter; erhaltendes Prinzip. [...] Aus dieser Verschiedenartigkeit der Geschlechter in körperlicher und geistiger Hinsicht geht unwiderleglich hervor, dass das weibliche Geschlecht für das Studium und die Pflege der Wissenschaften und insbesondere der Medizin nicht geeignet ist.

Theodor L. W. von Bischoff, Das Studium und die Ausübung der Medicin durch Frauen, München 1872, S. 19f., zit. nach: Edith Glaser, »Sind Frauen studierfähig?« Vorurteile gegen das Frauenstudium, in: Elke Kleinau/Claudia Opitz (Hrsg.), Geschichte der Mädchen- und Frauenbildung, Frankfurt/New York 1996, Bd. 2, S. 301.

b) rechts: **Karikatur zum Frauenstimmrecht,** um 1900.
Der zugehörige Text lautet: »Wenn man eine gute Figur hat, denkt man nicht an Stimmrecht. Und wenn man eine schlechte hat, ist ein Korsett entschieden nützlicher.«

c) links: **Karikatur auf die Frauenbildung** aus den »Fliegenden Blättern«, 1908/09.
Der zugehörige Text lautet: »Aber ich bitt' Sie, mit so einem lieben G'sichterl studiert man doch nicht!«

d) Ein Vereinsmitglied erklärt seinen Austritt, 1909:

Sehr geehrter Herr Doktor!

Eben habe ich Ihren »Jahresende«-Brief gelesen ... Ich muss meinen Austritt erklären. Einem Vereine, dessen Leiter einen Artikel mit der Wendung »Damen und Herren« druckt, kann ich nicht angehören.

Nur wenige Bemerkungen zur Begründung. Wo hat noch eine »Dame« irgendeine Kulturarbeit geleistet, die ihr nicht der Mann vorgekaut hatte? (Wenn sie überhaupt je eine leistete.) Wo hat ein Weib überhaupt einen bleibenden Wert geschaffen? Wo hat noch ein Durchschnittsweib die Höflichkeit des Mannes anders als durch Arroganz vergolten? Gibt es doch sogar Frauen, deren Geschmack- und Gedankenlosigkeit so weit geht, ebenfalls »Damen und Herren«, »Leserinnen und Leser« etc. zu sagen und zu schreiben. Woher nimmt der Mann einen Anlass zu seinem ehrlos hündischen Speichellecken?

Nein, hochgeehrter Herr Doktor! Seit dem »Damen und Herren« scheidet uns eine zu tiefe Kluft. Ich lege Wert auf männliches Ehrgefühl. So eine Spottgeburt aus Dreck ohne Feuer, wie es das »Damen und Herren« ist – nein, ich kann nicht.

Zuschrift eines höheren Juristen und Aristokraten an den geschäftsführenden Vorsitzenden des Antilärmvereins Dr. Theodor Lessing, 1.12. 1909, abgedr. in der v. Theodor Lessing hrsg. Verbandszeitschrift »Der Antirüpel«. München, Nr. 1/1910, S. 5, zit. nach: Jens Flemming/ Klaus Saul/Peter Christian Witt (Hrsg.), Quellen zur Alltagsgeschichte der Deutschen 1871–1914, Darmstadt 1997, S. 107.

1. Diskutieren Sie die Urteile Bischoffs (50a): Beschreibt er grundsätzliche Unterschiede zwischen den Geschlechtern oder bestimmte gesellschaftliche (erwünschte?) Prägungen? Handelt es sich durchweg um Vorurteile? Beurteilen Sie seine Schlussfolgerung: Wären Frauen – wenn sie so wären, wie Bischoff sie beschreibt – als Ärztinnen ungeeignet? Beschreiben Sie das Bild des Berufs, auf dem diese Meinung beruht.
   Besprechen Sie, ob solche Urteile noch heute gebräuchlich und wirksam sind.
2. Charakterisieren Sie das Frauenbild, das den Karikaturen (50b und c) zugrunde liegt. Erläutern Sie das Selbstverständnis, auf dessen Basis Männer solche Karikaturen als komisch empfinden konnten.
3. Erklären Sie, worin das »männliche Ehrgefühl« des Briefeschreibers (50d) besteht. Formulieren Sie einen Antwortbrief des Redakteurs.
   Heute sind weiblich-männliche Doppelformen – wie »Schülerinnen und Schüler« – üblich geworden. Diskutieren Sie ihren Sinn: Sind sie Ausdruck eingetretenen gesellschaftlichen Wandels, können sie Bewusstsein verändern, handelt es sich um bloße »Sprachkosmetik«, sind sie künstliche Konstruktionen, die die Sprache unnötig kompliziert machen? Begründen Sie Ihre Position.

3.3 Die »Entdeckung der Jugend«

Die Jugendbewegung – Ausbruch aus dem Alltag

Der Wandel der Arbeitswelt, die sozialen und kulturellen Umbrüche am Ende des 19. Jahrhunderts prägten die Lebensverhältnisse der Menschen tief greifend. Ob sie dem Neuen zustimmend oder ablehnend gegenüberstanden – sie waren gezwungen, darauf zu reagieren, sich neu zu orientieren. Zu diesen Reaktionen gehörte auch die »Entdeckung der Jugend«. Der Begriff »Jugend« wurde um die Jahrhundertwende geradezu zu einem Schlagwort, das die Hoffnungen auf eine Veränderung der Lebensformen bezeichnete. Jugend wurde entdeckt als eine eigenständige Lebensphase zwischen Kindheit und Erwachsenenalter, also zwischen 14 und (damals) 21 Jahren – von den Jugendlichen selber wie von den Erwachsenen.

Mit der Jugendbewegung reagierten die Jugendlichen selber auf eine Erwachsenenkultur, die ihnen erstarrt, zwanghaft und konventionell erschien. Sie richtete sich gegen die Reglementierungen von Arbeitswelt, Familie, Schule und Militär. Im Kontrast zur inzwischen industrialisierten, verstädterten und individualisierten Lebensweise entdeckten die Jugendlichen die freie Natur als Raum für gemeinschaftliche Erlebnisse: Wanderungen, Lagerleben, Lieder, Tänze in der Gruppe der Gleichaltrigen waren die Hauptelemente der neuen Jugendkultur. Eine Vielzahl von Gruppen und Bünden entstand. Die bekannteste Organisation war der 1901 gegründete »Wandervogel«.

Die Bewegung ging in den Neunzigerjahren zunächst von der bürgerlichen Jugend aus, höheren Schülern und dann auch Studenten. Ab 1904 entwickelte sich von den Arbeitervereinen aus eine proletarische Jugendbewegung. Für sie waren allerdings Wandern und Naturerleben nicht so sehr Bestandteile einer »alternativen Lebensform«, sondern dienten zuallererst der Erholung vom Arbeitsalltag und für den politischen Kampf. Nicht nur soziale, sondern auch Geschlechterunterschiede gab es: Die Jugendbewegung war in erster Linie eine Jungenbewegung. Mädchen waren nur in wenigen Gruppen zugelassen und eigene Mädchengruppen entstanden nur langsam. Erst in der Weimarer Zeit erhöhte sich der Anteil der Mädchen auf etwa ein Viertel. Die traditionelle Mädchenerziehung war, zumindest in bürgerlichen Kreisen, noch sehr viel stärker behütet und normiert gewesen als die der Jungen. Umso neuartiger waren die Freiräume und Erfahrungsmöglichkeiten, die sich in der Jugendbewegung boten.

51 Die Titelseite der Zeitschrift »Jugend« vom 1. Januar 1900.

Interpretieren Sie das Bild: Wie werden die Jugend und das neue Jahrhundert gesehen und dargestellt?

Die Suche nach alternativen Lebensformen blieb nicht auf Jugendliche beschränkt. Die Lebensreformbewegung propagierte die Rückkehr zum natürlichen Leben: kein Tabak und kein Alkohol, vegetarische Ernährung, Naturheilkunde und Freikörperkultur. Einzelne Künstlerkolonien und Landkommunen entstanden. Das waren die Wurzeln der alternativ-ökologischen Bewegung; zu Beginn blieb sie beschränkt auf wenige Außenseiter und Avantgardisten, ihren Aufschwung nahm sie erst in der Bundesrepublik der Achtzigerjahre.
Nicht nur die Jugendlichen selber, auch die Erwachsenen entdeckten die Jugend als besondere Lebensphase. Die Reformpädagogik wandte sich gegen die vorgegebenen Wissensinhalte und mechanischen Methoden der traditionellen Bildungsanstalten. Erziehung »vom Kinde aus« war ihr Motto: Die Interessen der Kinder und Jugendlichen, ihre altersgemäßen Bedürfnisse und Möglichkeiten sollten den Ausgangspunkt aller pädagogischen Überlegungen bilden. Schöpferisches Entdecken und Selbermachen sollte an die Stelle von Wissenspaukerei treten: Singen, Musizieren, Malen, Dichten und Schauspielen. Die Reformpädagogik veränderte nicht flächendeckend die Schulwirklichkeit in Deutschland, aber sie beeinflusste das Denken vieler Lehrer und Erzieher. Die neu entstehenden Landschulheime machten sie zu ihrem Konzept. Die Pädagogik der Gegenwart hat in vielen Details auf Anregungen der Reformpädagogik zurückgegriffen.

Staatliche Schutzmaßnahmen

Neben den Pädagogen entdeckten aber auch Sozialpolitiker und Juristen »die Jugend« als Handlungsfeld. Sie nahmen die Zeit zwischen (Volks-)Schule und Militär als Ordnungsproblem wahr: Jugendliche bedurften einerseits besonderer Hilfe, andererseits aber sollte nicht angepasstes Verhalten Jugendlicher, wie es u. a. in den entstehenden Subkulturen zum Vorschein trat, diszipliniert werden. Staatliche Bestimmungen wurden erlassen und Einrichtungen ins Leben gerufen, die auch heute noch die öffentliche Jugendarbeit durchführen: Jugendschutz, Ju-

52 Berliner Wandervögel
Foto, um 1914.

gendstrafrecht, Jugendfürsorge, Jugendämter. Seine zusammenfassende rechtliche Form fand dies alles in der Weimarer Zeit, im Reichsjugendwohlfahrtsgesetz von 1922 und im Reichsjugendgerichtsgesetz von 1923.

53 Die Idee der Jugendbewegung

b) Vorblatt des Aufrufs

Erläutern Sie, auf welche Zeit und Vorstellungswelt das Bild zurückgreift.

a) Der Aufruf zur Teilnahme an der Feier auf dem Hohen Meißner, 1913:

Die deutsche Jugend steht an einem geschichtlichen Wendepunkt. Die Jugend, bisher aus dem öffentlichen Leben der Nation ausgeschaltet und angewiesen auf eine passive Rolle des Lernens, auf eine spielerisch-nichtige Geselligkeit und nur ein Anhängsel der älteren Generation, beginnt sich auf sich selbst zu besinnen. Sie versucht, unabhängig von den trägen Gewohnheiten der Alten und von den Geboten einer hässlichen Konvention sich selbst ihr Leben zu gestalten. Sie strebt nach einer Lebensführung, die jugendlichem Wesen entspricht, die es ihr aber zugleich auch ermöglicht, sich selbst und ihr Tun ernst zu nehmen und sich als einen besonderen Faktor in die allgemeine Kulturarbeit einzugliedern. Sie möchte das, was in ihr an reiner Begeisterung für höchste Menschheitsaufgaben, an ungebrochenem Glauben und Mut zu einem adligen Dasein lebt, als einen erfrischenden, verjüngenden Strom dem Geistesleben des Volkes zuführen, und sie glaubt, dass nichts heute unserm Volke nötiger ist als solche Geistesverjüngung. Sie, die im Notfall jederzeit bereit ist, für die Rechte ihres Volkes mit dem Leben einzutreten, möchte auch in Kampf und Frieden des Werktags ihr frisches reines Blut dem Vaterlande weihen. […] Wir sprechen die Hoffnung und den Glauben aus, dass sich zu uns mehr und mehr die gesamte gleichgesinnte Jugend sammeln möge. Im gegenwärtigen Augenblick erleben wir das hohe Glück, uns im gemeinsamen Willen gefunden zu haben. Diesen Zusammenschluss, diese brüderliche Erkennung und Anerkennung wollen wir durch ein großes Fest der Jugend feiern. Und fürwahr, kein Zeitpunkt kann dazu geeigneter sein als das Jahr und der Monat, in dem Deutschland die vor hundert Jahren errungene Freiheit feiert. Noch fehlt das Fest der Jugend in der Reihe dieser Feiern. Und wir wollen es begehen in deutlichem Gegensatz zu jenem von uns verworfenen Patriotismus als eine Gedenk- und Auferstehungsfeier jenes Geistes der Freiheitskämpfe, zu dem wir uns bekennen. So laden wir denn die Jugend ein, mit uns am 11. und 12. Oktober auf dem Hohen Meißner bei Kassel den

Ersten Freideutschen Jugendtag

zu feiern. Möge von ihm eine neue Zeit deutschen Jugendlebens anheben, mit neuem Glauben an die eigene Kraft, mit neuem Willen zur eigenen Tat.

Winfried Mogge/Jürgen Reulecke (Hrsg.), Hoher Meißner 1913. Der Erste Freideutsche Jugendtag in Dokumenten, Deutungen und Bildern, Köln 1988, S. 68–69.

Markieren Sie die Leitbegriffe des Textes. Überprüfen Sie die Sprache: Wieweit entspricht sie dem Stil der Zeit, wo werden eigene, neue Begriffe eingeführt?
Erläutern Sie, auf welche Zeit und Vorstellungswelt das Bild des Vorblatts zurückgreift.
Setzen Sie Bild und Text zueinander in Beziehung.
Begründen Sie die Wahl des Datums für das Treffen.
Fassen Sie zusammen: Was ist das Ziel der Jugendbewegung und wie ordnet sie sich selber politisch und gesellschaftlich ein?

54 »Alternatives« Lebensgefühl

a) Der Schriftsteller Hans Fallada rückblickend über die Anfänge des »Wandervogel«, 1941:

Heute weiß man es kaum noch, was in jenen ersten Tagen nach der Jahrhundertwende der Wandervogel bedeutete. Er war eine Gründung der Jugend, und er war eine Gründung, die eine Auflehnung gegen das Alter und Bürgertum, gegen Kastengeist und Muckerei bedeutete. Das stand nicht in seinen Vereinssatzungen, die nur besagten, dass der Wandervogel Schülerwanderungen betreibe, aber das war die Idee, die hinter diesen Wanderungen steckte.

Man gab sich herrlich frei und unbekümmert. Je wilder die Tracht, je rauer die Sitten, umso besser! Man spottete über Spaziergänger, man ging auf Fahrt, man verachtete Fremdwörter, Tabak, Alkohol, Poussieren, man erneuerte den Fahrenden Schüler. Wie dieser zog man mit Mandoline und Gitarre, der Klampfe, durch die Lande. Man entdeckte neu den unendlichen Reichtum der Volkslieder und sang und spielte sie den Bauern des Abends vor, ehe man zu ihnen ins Heu kroch. Denn es wurde nie in eine Wirtschaft gegangen, es wurde in Ställen und auf Scheunen übernachtet, zur Sonnenwende sprang man durchs Feuer, denn auch Mädchen gab es im Wandervogel. Zwar wurden sie von den echtesten Wandervögeln nur mit Zweifeln angeschaut und nie auf große Fahrt mitgenommen, aber zum Singen, Essenkochen und Strümpfestopfen waren sie doch manchmal ganz brauchbar.

In einer verpimpelten Zeit war es ein Stolz, bedürfnislos zu sein. Man verachtete die warme Unterwäsche, man ging auch winters mit nackten Knien und kochte das Essen, meist der Schlangenfraß genannt, in großen Kesseln auf dem offenen Lagerfeuer.

Es ist selbstverständlich, dass viele Eltern und die meisten Lehrer Zeter und Mordio schrien über einen solchen Verein, der ihren Kindern nur Roheit, Sittenlosigkeit und Verlotterung beibringe. An vielen Lehranstalten wurde es den Schülern verboten, ein Wandervogel zu sein. Aber das half gar nichts. Der Wandervogel breitete sich trotzdem aus …

Hans Fallada, Damals bei uns daheim. Erlesenes, Erfahrenes und Erfundenes, Stuttgart, Hamburg 1955, S. 179 f.

b) **Das Lied »Aus grauer Städte Mauern« wurde in den Zwanzigerjahren (in der Vertonung von Robert Götz) zu einer Art »Hymne« der Jugendbewegung:**

2. Der Wald ist unsre Liebe, der Himmel unser Zelt,
ob heiter oder trübe: wir fahren in die Welt. Halli ...

3. Ein Heil dem deutschen Walde, zu dem wir uns gesellt.
Hell klingt's durch Berg und Halde: wir fahren in die Welt. Halli ...

4. Die Sommervögel ziehen schon über Wald und Feld.
Da heißt es Abschied nehmen: wir fahren in die Welt. Halli ...

Text: 1.–3. Strophe Hans Riedel, 4. Strophe Hermann Löns; Melodie: Robert Götz, © Voggenreiter Verlag, Bonn.

1. Erläutern Sie den Text (54a) und das Lied (54b) unter dem Stichwort: die Jugendbewegung als Gegenbewegung.
2. Viele Beteiligte sind von der Jugendbewegung für ihr ganzes Leben geprägt worden. Beschreiben Sie als Rückerinnerung in der Ich-Form anhand der Quellen 52–54, was den Reiz der neuen Lebensform ausmachte.

55 Verwahrloste Jugend?

a) **Ein Kritiker über die »Zügellosigkeit« der Jugend, 1893:**

Der Ungehorsam gegen die Eltern erweitert sich zum Ungehorsam gegen den Arbeitgeber, weiter gegen die Obrigkeit, gegen die ganze Gesellschaft. Darin besteht die so stark begehrte und über alle Schranken hinaus angemaßte Freiheit unserer Arbeiterjugend, dass sie nicht in willigem Dienstgehorsam und mit strebsamem Fleiße treuer Pflichterfüllung sich hingibt, sondern in Ungebundenheit und Verwilderung, in Untreue und Verrat, in rücksichtslosestem Eigennutz und ausgelassener Genusssucht ihren Ruhm und ihre Ehre sucht und damit alle Scheu und Achtung vor den gesellschaftlichen Ordnungen wegwirft. So hat die Großindustrie eine Schar junger Arbeiter herangezogen, welche jeden sittlichen Strebens und Haltens bar in den Tag hineinlebt [...], welche den Irrlehren der Volksverführer williges Gehör und stets bereite Folgschaft leistet [...], hingegen weit davon entfernt ist, zu erkennen, dass eine

b) **»Die alte Schule«**
»Wir wollen ihnen die freideutsche Jugendkultur schon austreiben! Ich sperre jeden ein, der nach frischer Luft riecht!«
Karikatur von Eduard Thöny auf die Reaktion der Erwachsenen, 1914.

Hebung der wirtschaftlichen Verhältnisse der Arbeiterschaft nur auf dem Boden einer soliden Lebensführung, persönlicher Tüchtigkeit und gewissenhafter Pflichterfüllung erzielt werden kann. [...] Man kann sich nicht mehr darüber verwundern, dass solchergestalt ein Proletariat heranwächst, welches schließlich die Strafanstalten und Zuchthäuser zu füllen auf dem besten Wege ist. [...]
Von jungen, mitunter kaum der Schule entwachsenen Burschen werden auf den truppweise begangenen Wegen nach den Vorstadtdörfern, und selbst in den Gärten der in den letzteren gelegenen Restaurationen »Lieder gekröhlt«, die allem Anstandsgefühl und der guten Sitte Hohn sprechen.

Ernst Floessel, Was fehlt unserer Arbeiterjugend? Ein Beitrag zur Lösung der sozialen Frage unter besonderer Berücksichtigung der Zuchtlosigkeit unter der Jugend, Leipzig 1893, zit. nach: Detlev J. K. Peukert, Grenzen der Sozialdisziplinierung. Aufstieg und Krise der deutschen Jugendfürsorge 1878–1932, Köln 1986, S. 56 f. und 62.

1. Bewerten Sie die kritischen Äußerungen zur »Zügellosigkeit«der Jugend (55a). Benennen Sie die Gefahren, die der Kritiker sieht, und charakterisieren Sie die politisch-gesellschaftliche Position, von der aus er urteilt.
2. Erläutern Sie das Bild der Kritiker, das der Karikaturist (55b) entwirft.

Fassen Sie für die Materialien 51–55 zusammen: Inwiefern tritt hier eine grundsätzliche Veränderung des Verhältnisses zwischen Alter (bzw. bestehenden Verhältnissen) und Jugend in Erscheinung? Formulieren Sie ein Resümee in Form eines kurzen Lexikonartikels zum Stichwort »Jugendbewegung«.

56 Die Reformpädagogik

a) Der Schulreformer Ludwig Gurlitt gegen die herkömmliche Pädagogik, 1905:
Die Praxis [des Gymnasialunterrichts] hatte sich so herausgebildet, dass der Schüler widerstandslos alles zu leisten habe, was die Lehrer ihm aufgeben. Ob das mit seinen Kräften, Fähigkeiten und Neigungen in Einklang zu bringen sei, danach glaubte man kaum fragen zu müssen. Auch das ist heute schon besser geworden, aber noch immer spukt der alte, düster-pennalistische [pennalistisch = hier: in der überholten Tradition höherer Schulen stehend] Geist nach, der das »Müssen«, die Pflichterfüllung als das höchste pädagogische Ziel erstrebt. [...]

»Arbeiten, arbeiten!« dröhnt ihr den Kindern in die Ohren, die unter der Arbeit schon keuchen wie müde Ackergäule, und wenn man euch bittet Geduld, Schonung, Nachsicht zu üben, dann entrüstet ihr euch, als wolle man euch zu Volks- und Jugendverderbern machen. »Nein, Pflichterfüllung, werter Herr Kollege, Pflichterfüllung!« Was soll man dagegen sagen? Gewiss, gewiss, Pflichterfüllung! Aber macht nur das Netz der Pflichten nicht zu engmaschig; die Kinder ersticken sonst darin. [...]

Unsere Schüler lernen das hohe Glück, die Freude und den Stolz wahrer Arbeit kaum noch kennen. Den ganzen Tag, das ganze Jahr stehen sie unter dem Zwange streng begrenzter Pensenzuteilung und behalten weder das Recht noch die Zeit zu eigener Wahl und eigener Behandlung ihrer Arbeit. [...]

Ich halte es auch für einen der bedauerlichsten Missgriffe, dass unsere öffentliche Pädagogik Spiel und Arbeit durch einen gewaltsamen Strich trennt, anstatt das Spiel anmutig zur Arbeit hinüberzuleiten, sodass die Kinder »spielend« die Arbeiten überwinden lernen. Daher kommt es denn, dass Kinder, die selbst im ernsteren Spiele ausdauernde Freudigkeit hatten, in unseren Schulen so schnell stumpf und träge werden. Wir fragen viel zu wenig, was dem Schüler Freude macht, kommen ihren Neigungen und Bedürfnissen viel zu wenig entgegen. Ja, es scheinen düstere Schultyrannen gerade ihr Genüge darin zu finden, dem Kinde das aufzuzwingen, was es am meisten ablehnt.

Ludwig Gurlitt, Der Deutsche und seine Schule (1905), zit. nach: Wilhelm Flitner/ Gerhard Kudritzki (Hrsg.), Die deutsche Reformpädagogik, Bd. I: Die Pioniere der Pädagogischen Bewegung, Stuttgart, 4. Aufl. 1984, S. 65–67.

Der Erfolg ist der, dass unser Gymnasium immer mehr und mehr dazu kommt, nur Subalternbeamte [untergeordnete Beamte] zu züchten, Pflichtmenschen, die ihre Bürostunden pünktlich einhalten und gehorsamst nach der Meinung des allwissenden Herrn Geheimen Rates fragen.

b) Der Pädagoge Hermann Lietz formuliert die Erziehungsgrundsätze des ersten deutschen Landeserziehungungsheimes (bei Ilsenburg im Harz), 1898:

I. Erziehungsziel: Erziehung der anvertrauten Kinder zu harmonischen, selbstständigen Charakteren, zu deutschen Jünglingen, die an Leib und Seele gesund und stark, die körperlich, praktisch, wissenschaftlich und künstlerisch tüchtig sind, die klar und scharf denken, warm empfinden, mutig und stark wollen.

II. Erziehungsmittel: 1. Erziehung nicht in der Stadt, sondern auf dem gesunden, schönen, in unmittelbarer Nähe großartiger Gebirgslandschaft (Harz) gelegenen Schullandgut mit weiten Wiesen, Gärten, Feldern; mit Fluss und Bach; auf einem Boden, der durch Sage und Geschichte berühmt ist, der durch seine Naturerzeugnisse und Menschenwerke eine Fülle von Belehrung bietet. [...]

2. Zusammenleben, -spielen, -arbeiten von Zöglingen und Erziehern als jüngeren und älteren Freunden, wobei letztere vor allem durch ihre vorbildliche starke Persönlichkeit, durch ihre begeisterte Hingabe für den Erzieherberuf, durch ihre Liebe zur Jugend sittlich-religiös einwirken.

3. Streng hygienische Lebensweise im Erziehungsheim, im Essen und Trinken (kein Alkohol, keine stark gewürzten Speisen, reichlicher Genuss von Gemüse, Obst, Milch, Eiern, Fischen usw.); ferner Abwechslung zwischen wissenschaftlicher und körperlicher Arbeit einerseits und Erholung in Kunstübung und Spiel andererseits; zweckdienliche, allmähliche Abhärtung usw.

4. Tägliche Körperübungen, wie Wandern, Laufen, Spielen, Schwimmen, Turnen u. Ä.; morgens nach dem Aufstehen, in den Pausen, an einem Teil jedes Nachmittages, an einem wöchentlichen Freinachmittage und an den Sonntagnachmittagen. – Täglich ungefähr 2 Stunden.

5. Tägliche praktische, körperliche Beschäftigungen, die den Kindern Freude machen, ihrer Kraft entsprechen, sie geistig anregen und gesundheitlich fördern; als da sind Arbeiten im Garten oder Busch, auf Feld oder Wiese, in Werkstätte oder auf Bauplatz; wie Graben, Pflanzen, Begießen, Heu Zusammenbringen, Tischlern, Bauen u. a. – Täglich 1–2 Stunden nachmittags.

6. Tägliche Kunstübung: Zeichnen nach der Natur (2 Stunden wöchentlich); Modellieren in Ton, Plastilina, Wachs, Gießen in Gips (2 Stunden wöchentlich), Singen ($1/2$ Stunde täglich), Instrumentalmusikübung möglichst aller (ca. 1 Stunde täglich nach den Mahlzeiten); planmäßige Anleitung zum Verständnis von Werken der Kunst; Schul-Konzerte und -Theater. – J. g. täglich ungefähr 2 Stunden – hauptsächlich abends.

7. Besondere Veranstaltungen zur Pflege des sittlich-religiösen und vaterländischen Sinnes, wie tägliche Morgen- und Abendandachten, religiöse Einwirkung bei feierlichen Gelegenheiten (Wanderungen im Wald, unterm Sternenhimmel), Feier von Gedenktagen, Betonung des Religiös-Sittlichen in allen Unterrichtsfächern, besonders in Naturwissenschaft und Geschichte, Pflege von Poesie und Kunst (s. o.).

8. Wegfall jedes äußeren Zwanges, jeder äußerlichen, nicht aus der betreffenden Sache selbst erfolgenden Strafe oder Belohnung. Erziehung durch Einwirkung von Personen und Sachen zu freudiger Pflichterfüllung unter sorgfältiger Berücksichtigung der Welt im Zögling sowie der um ihn, seiner sowie der ihn umgebenden Natur.

9. Ein den Gesetzen der Erziehungskunst und -wissenschaft entsprechender wissenschaftlicher Unterricht. Bei diesem wird streng psychologisch verfahren, das Interesse des Zöglings stets benutzt, von der praktischen Übung (in Garten, Werkstätte, vergl. Naturgeschichte, Geometrie) und der Anschauung von Bildern, Modellen, Karten usw. ausgegangen. Es wird so verfahren, dass der Zögling selbsttätig und freudig am Unterricht teilnimmt, dass Gesinnung in ihm geweckt wird, dass er scharf beobachten, denken, beurteilen, vergleichen lernt und einen Wissensstoff erwirbt und gut anzuwenden vermag, wie ihn das moderne und nationale Leben fordert. – Täglich ungefähr 5 Stunden; morgens und spätnachmittags.

Zit. nach: Wilhelm Flitner/Gerhard Kudritzki (Hrsg.), Die deutsche Reformpädagogik, Bd. I: Die Pioniere der Pädagogischen Bewegung, Stuttgart, 4. Aufl. 1984, S. 73–75.

Beschreiben Sie anhand der beiden Bilder den Ablauf des jeweiligen Unterrichts.

c) Schule unter Kaiser Wilhelm
Schulwandbild um1900.

d) Biologieunterricht im Freien
Foto, nach 1900.

1. Formulieren Sie eine Gegenposition zu Gurlitt (56a): Was würde ein Vertreter des herkömmlichen Gymnasialunterrichts daran kritisieren und wie würde er seine eigene Position beschreiben?
2. Nehmen Sie Stellung zum Erziehungsideal und Menschenbild von Lietz (56b). »Übersetzen« Sie dafür die Begriffe, die er verwendet, in heutige Sprache. Diskutieren Sie, was daran heute noch zeitgemäß ist.
   Stellen Sie nach den Angaben im Text einen Stundenplan des Landerziehungsheims zusammen. Vergleichen Sie Stundenzahl und Stundenverteilung mit Ihrem eigenen Stundenplan.
   Begründen Sie anhand des Programms den Begriff »Landerziehungsheim«.
   Bewerten Sie zusammenfassend das Konzept von Lietz: Wo sehen Sie Vorzüge, wo Einseitigkeiten, wo Gefahren?
3. Prüfen Sie Ihre eigenen Schulerfahrungen: Wo hat sich die Schule heute im Sinne der Reformpädagogik entwickelt, wo könnte sie von dieser noch sinnvolle Anregungen aufnehmen?

4. IMPERIALISMUS UND ERSTER WELTKRIEG –

56 Die koloniale Aufteilung der Erde bis 1914

WELTHERRSCHAFT EUROPAS?

- kleinere Kolonialgebiete
- wichtige Seekriegshäfen und Flottenstützpunkte (außerhalb Europas)
- strategisch wichtige Seewege
- imperialistische Stoßrichtung und Krisenräume
- Aufnahmegebiete europäischer Auswanderer und Siedler im 19. Jahrhundert

1 Brit.-Honduras
2 GUATEMALA
3 HONDURAS
4 EL SALVADOR
5 NICARAGUA
6 COSTA RICA
7 PANAMA
8 Panamakanalzone
9 KUBA
10 HAITI
11 DOMINIKANISCHE REP.
12 DÄNEMARK
13 NIEDERLANDE
14 BELGIEN
15 Span.-Marokko
16 Rio de Oro
17 Sierra Leone
18 LIBERIA
19 Span.-Guinea
20 Eritrea
21 Frz.-Somaliland
22 Brit.-Somaliland
23 Betschuanaland
24 Swasiland
25 Basutoland
26 Kuwait
27 Bahrain-Inseln
28 BHUTAN
29 Port Arthur
30 Weihaiwei
31 Kiautschou
32 Sarawak
33 Brunei
34 Brit.-Nordborneo
35 Kaiser-Wilhelm-Land

1882 eröffneten englische Kriegsschiffe das Feuer auf die ägyptische Hafenstadt Alexandria. Der ägyptische Widerstand brach rasch zusammen. Formell blieb das Land bis 1914 unabhängig. Für wichtige Entscheidungen aber war in Zukunft die Zustimmung englischer Berater notwendig. Dieses Ereignis war der Auftakt zur weitgehenden Aufteilung der Welt unter den europäischen Großmächten innerhalb weniger Jahre. Auch die Vereinigten Staaten von Amerika und ein asiatisches Land, nämlich Japan, beteiligten sich an der Unterwerfung fremder Völker.

1884/85	Das Deutsche Reich erwirbt Kolonien in Ost-, Süd- und Westafrika sowie im Pazifik.
1898	Der Deutsche Reichstag verabschiedet das Erste Flottengesetz. Das Deutsche Reich beginnt aktiv Weltpolitik zu treiben. Im Sudan droht ein bewaffneter Konflikt zwischen England und Frankreich (»Faschoda-Krise«).
1904	Frankreich und Großbritannien verständigen sich über koloniale Streitfragen in Ägypten und Marokko (»Entente Cordiale«).
1904/05	Im Russisch-Japanischen Krieg über die Abgrenzung von Interessensphären in Ostasien erleidet Russland eine schwere militärische Niederlage.
1905/06	Erste Marokkokrise: Deutschlands Einspruch stoppt die französische Expansionspolitik in Marokko. Dem kurzfristigen deutschen Erfolg folgt eine zunehmende internationale Isolierung.
1907	Großbritannien und Russland legen ihre Konflikte über Einflusszonen in Asien bei.
1911	Zweite Marokkokrise: Deutschlands militärische Drohpolitik (Entsendung des Kanonenboots »Panther«) führt zu Spannungen mit Frankreich und England. Die Entente ist gefestigt und Deutschland gilt als »Störenfried« .
1912/13	Auch nach dem Verdrängen des Osmanischen Reichs aus Europa bleibt der Balkan ein internationaler Krisenherd.

4.1 Die gewaltsame Ausbreitung des westlich-industriellen Systems über die Erde

Expansion im Industriezeitalter

Industrieller und technischer Fortschritt waren wesentliche Voraussetzungen für die Ausdehnung des europäischen Einfluss- und Machtbereichs. Kaufleute und Forschungsreisende, Abenteurer und Soldaten konnten nun schnell an jeden Punkt der Erde gelangen. Auf systematisch geplanten Reisen wurden alle noch unbekannten Gebiete erforscht. Eisenbahnen, Straßen und neue Häfen erschlossen sie bald dem internationalen Verkehr und banden sie so zugleich in den Wirtschaftskreislauf der Industrieländer ein. Widerstand gegen diese erzwungene Form der »Modernisierung« und »Integration« hatte wenig Erfolg. Den modernen Waffen war die einheimische Bevölkerung hilflos ausgeliefert. Warum aber glaubten die Europäer die Welt unterwerfen zu müssen? Ihre Motive waren vielfältig. In allen Ländern spielte das Gefühl der Überlegenheit der weißen und der eigenen Rasse über »unterentwickelte« Völker eine große Rolle. Viele glaubten die einheimische Bevölkerung in deren eigenem Interesse zivilisieren und missionieren zu müssen. Auch die Überzeugung, dass nur starke Nationen im 20. Jahr-

Referieren Sie arbeitsteilig nach Wahl die Geschichte einer Kolonie von der europäischen Inbesitznahme bis zur Dekolonisierung.

hundert überleben könnten, war ein wichtiges Motiv. Durch den Erwerb von Kolonien sollten neue Absatzmärkte und billige Rohstoffquellen erschlossen werden. Dies war in den Achtzigerjahren, als mehrere Krisen die Weltwirtschaft erschütterten, ein wichtiges Argument von Politikern, Kolonialpropagandisten und Industrievertretern. Lasten und Gewinne blieben aber ungleich verteilt. Zudem trog die Hoffnung, durch den »Export der sozialen Frage« und den Erwerb reicher Kolonien die eigenen durch die Industrialisierung ausgelösten gesellschaftlichen Probleme entschärfen und die bisherige staatliche Ordnung aufrechterhalten zu können.

57 Die zivilisatorische Mission Europas
Titelblattverzierung des Buches »The uncivilized races of men in all countries of the world« von J. G. Woods, 1876.

Interpretieren Sie die Abbildung mithilfe des Grundbegriffs **Zivilisation** (S. 9).

Seit den Achtzigerjahren bestand die Herrschaftsmethode der Europäer in Übersee meist in der Einrichtung einer Kolonie. Das eroberte oder erworbene Gebiet galt als territorialer Bestandteil des Mutterlandes, die Verwaltung lag in den Händen eigener Kolonialbeamter. Mitunter verwalteten die Europäer ihre Kolonien indirekt durch eine allgemeine Oberaufsicht über einheimische Behörden. Oft arbeiteten einheimische Eliten dabei freiwillig mit ihnen zusammen. Mancherorts wurde Herrschaft auch indirekt ausgeübt. China oder das Osmanische Reich etwa waren weiterhin unabhängig, weil die Mächte sich über die territoriale Aufteilung nicht einigten. Durch Anleihen, Investitionen oder Stützpunkte versuchten sie aber in diesen Regionen wirtschaftliche und politische Macht auszuüben.
In vielen Kolonien leistete die Bevölkerung heftigen Widerstand gegen Ausbeutung, Unterdrückung und den Verlust ihrer kulturellen Identität. Tausende verloren dabei ihr Leben. Der Erste Weltkrieg, Höhepunkt der imperialistischen Rivalität der Großmächte, stärkte auch das Unabhängigkeitsstreben in den Kolonien. Doch dauerte es noch viele Jahrzehnte, bis nahezu alle Kolonien ihre Unabhängigkeit erhielten.

Kolonie: *Mit diesem Begriff bezeichnet man seit Beginn der Neuzeit Gebiete, die ein Staat oder eine private Gesellschaft mit staatlicher Legitimation erworben, erobert oder besiedelt hat. In der Regel befanden sich die Kolonien in Übersee.*
Unterschiedliche Typen von Kolonien sind zu kennzeichnen:
Die Wirtschaftskolonie diente in erster Linie der Bereicherung des Mutterlandes (Spanisch-Amerika) oder einer privaten Handelsgesellschaft (britische, niederländische, französische ostindische Kompanien in Indien und Ostasien).
In der Siedlungskolonie ließen sich Auswanderer aus dem Mutterland nieder und verdrängten entweder die einheimische Bevölkerung oder beherrschten sie als Oberschicht (USA, Südafrika, Rhodesien).
Daneben gab es Militärkolonien, die strategischen Zwecken dienten (Gibraltar, Panama).
In Sträflingskolonien wurden Strafgefangene untergebracht (Australien, Cayenne).
Im Verlauf der Entkolonisierung sind fast alle ehemaligen Kolonien nach dem Zweiten Weltkrieg in selbstständige Staaten umgewandelt worden.

58 Die Ausdehnung der Kolonialreiche der europäischen Mächte

a) Großbritannien

	1881		1912	
Besitzungen in	**km²**	**Bevölkerung**	**km²**	**Bevölkerung**
Amerika	9267707	5278366	10335558	9534141
Afrika	670953	2141645	6209602	35833501
Asien	4400768	243697000	5281000	324628804
Australien/ Ozeanien	8055489	2616131	8261341	6452978
Insgesamt	22395292	253905755	30087829	376695882

b) Frankreich

	1881		1912	
Besitzungen in	**km²**	**Bevölkerung**	**km²**	**Bevölkerung**
Afrika	320972	3288756	6480200	27292626
Asien	60007	1863000	720759	17294392
Amerika	124504	257548	82000	452005
Australien/ Ozeanien	21103	61000	623770	3458107
Insgesamt	526586	5470304	7906729	48497130

c) Deutschland

	1895		1912	
Besitzungen in	**km²**	**Bevölkerung**	**km²**	**Bevölkerung**
Afrika	2385100	6950000	2657300	11163539
Neuguinea	255900	387000	242000	602478
Südseeinseln	400	12824	2600	37985
China	–	–	552	173225
Insgesamt	2641400	7349824	2902452	11977227

d) USA

	1912	
Besitzungen in	**km²**	**Bevölkerung**
Mittelamerika/ Westindische Inseln	10567	1272267
Pazifik	297027	8387918
Insgesamt	307594	9660185

e) andere Mächte

	1865*/1912	
Besitzungen in	**km²**	**Bevölkerung**
Belgien	2350000	15003315
Italien*	247300	194579
Italien	1590156	1419551

Nach: Wolfgang J.Mommsen, Imperialismus. Seine geistigen, politischen und wirtschaftlichen Grundlagen. Ein Quellen- und Arbeitsbuch, Hamburg 1977, S.37f.

1. Erklären Sie anhand der Karte (56) und der Statistiken (58a–e), warum Historiker für die Zeit vor 1914 von einer »Weltherrschaft Europas« sprechen.
   Beschreiben Sie dabei die Entwicklung der Herrschaft der europäischen Mächte über andere Erdteile. Übertragen Sie dazu die Statistiken in Balkendiagramme und vergleichen Sie dann die Kolonialherrschaft der einzelnen Kolonialmächte in geografischer und demografischer Hinsicht.
2. Der Ausdehnung der Kolonialreiche folgte häufig der Unabhängigkeitskampf vieler Völker. Erstellen Sie eine Zeitleiste, die den Zeitpunkt der Souveränität ehemaliger Kolonien angibt. Vergleichen Sie die Daten und klären Sie, wann welcher Kontinent und welche Kolonialmacht Phasen zahlreicher Unabhängigkeitserklärungen erlebten.

59 Kolonialismus und imperiale Herrschaft

a) Ein ehemaliger englischer Kolonialminister über Englands Mission, 1878:

Wenn wir die Blicke auf unser bei weitem größeres Reich in Übersee und seine Bevölkerung richten […], erweitern sich die Grenzen und die Maßstäbe. Es entsteht ein weites und edles Bild; der Geist verliert sich im Nachsinnen über das, was unter der wohltätigen Herrschaft Großbritanniens steht. […]

Da sehen wir Völker, die um die Erreichung einer höheren Kulturstufe ringen, für die die Überwindung von Sklaverei nur der Vorgeschmack auf die weit höheren Werte von Freiheit und Fortschritt ist, die sie vielleicht einmal gewinnen werden. Wir sehen große Völkerschaften wie diejenigen Indiens, die wie Kinder im Schatten von Unwissen, Armut und Leiden sitzen und von uns Führung und Hilfe erwarten. Uns ist die Aufgabe zugefallen, ihnen weise Gesetze, gute Regierung und ein geordnetes Finanzwesen zu geben, die erst das Fundament eines gedeihlichen menschlichen Zusammenlebens schaffen. Unsere Aufgabe ist es, ihnen ein politisches System zu geben, in dem der Geringste wie der Höchste auf der gesellschaftlichen Stufenleiter frei von Unterdrückung und Benachteiligung leben kann, in dem religiöse und moralische Erleuchtung bis in die dunkelsten Hütten dringen kann. Das ist die wahrhaftige Erfüllung unserer Pflichten; das – und ich wiederhole es – ist die wahre Stärke und Bedeutung des Imperialismus.

Zit. nach: Peter Alter, Der Imperialismus. Grundlagen, Probleme, Theorien, Stuttgart 1991, S. 18 f.

c) Der neue »Rhodes-Koloss«, der Afrika von Kapstadt bis Kairo überspannt. Karikatur aus »Punch«, 1892. (1892 war die Telegrafenlinie Kap-Kairo fertig gestellt worden.)

b) Der Historiker Heinrich von Treitschke urteilte um 1890 über Kolonien:

Alle großen Völker der Geschichte haben, wenn sie stark geworden waren, den Drang gefühlt Barbarenländern den Stempel ihres Wesens aufzudrücken. Und heute sehen wir die Völker Europas drauf und dran, weit über dem Erdkreis eine Massenaristokratie der weißen Rasse zu schaffen. Wer bei diesem gewaltigen Wettkampf nicht mitwirkt, wird später einmal eine klägliche Rolle spielen. Es ist daher eine Lebensfrage für eine große Nation heute kolonialen Drang zu zeigen. Das erste Volk der Geschichte, das die Majestät des Welthandels erkannt hatte, die Phöniker, sind auch große Kolonisatoren gewesen. Dann folgte die Kolonisation der Griechen im östlichen und westlichen Becken des Mittelmeers, dann die Römer, im Mittelalter die Deutschen, Spanier und Portugiesen, schließlich Holland und England, nachdem die Deutschen ganz und gar aus der Zahl der maritimen Mächte gestrichen waren für lange Zeit. […]

Die größten Kolonisationen, die die Weltgeschichte seit den Zeiten der Römer gesehen hat, sind von den Deutschen vollzogen, und wir haben alle möglichen Formen der Kolonisation durchgemacht. […]

Zivilisierung eines barbarischen Volkes ist das Beste. Man muss die Wahl stellen, entweder unterzugehen in der überlegenen herrschenden Nation oder sich ausrotten zu lassen. So haben die Deutschen den Preußen gegenüber gehandelt; diese sind entweder mit dem Schwert vernichtet oder mit Haut und Haaren zu Deutschen geworden. Und so grausam ein solcher Entwicklungsprozess auch ist, er bleibt doch ein Segen für die Menschheit.

Informieren Sie sich über Cecil Rhodes und interpretieren Sie die auf den Koloss von Rhodos, eines der sieben klassischen Weltwunder, anspielende Karikatur.

Es ist das Gesunde geschehen: Das edle Volkstum hat das minder edle überwunden und in sich aufgenommen. Selbst wenn ein höher kultiviertes Volk plötzlich unterworfen wird von Barbaren, tritt durch eine List der Idee, wie Hegel sagt, derselbe Erfolg ein. Denn es ist die Regel in solchen Fällen, dass die Sieger in kurzer Zeit Sprache und Sitte der Besiegten annehmen.

Heinrich von Treitschke, Politik. Vorlesungen, gehalten an der Universität Berlin, hrsg. v. Max Cornicelius. Erster Band, Leipzig 2. Aufl. 1899, S. 121–127.

d) Brief des Nama-Häuptlings Hendrik Witboois an Joseph Fredericks, Häuptling des Nama-Stammes von Bethanien, 27. 6. 1892:

Mein lieber Kapitain Joseph Fredericks! [...]

Ich schicke euch diese paar Zeilen und ersuche euch sehr freundlich und aufrichtig zu eurem und meinem Besten um Folgendes. Ich erfahre, dass ihr einem Weißen namens Hermann Erlaubnis gegeben habt auf Nomtsas zu wohnen. Ich schreibe Euch in dieser Sache, um euch mitzuteilen, dass ich damit nicht einverstanden bin, und dass ich nicht haben will, dass ihr Weißen Farmplätze auf meinem Gebiet gebt. Ich wünsche auch nicht, dass ihr einem Weißen einen Platz auf eurem Gebiet gebt.

Ich denke so: Dieses Afrika ist das Land der roten Kapitaine; wir sind von derselben Farbe und Lebensart, haben gemeinschaftliche Gesetze, die für uns und unsere Leute genügen. Wir sind nicht hart gegeneinander, sondern ordnen Dinge in Frieden und Brüderschaft. Wenn Leute eines Kapitains mit Menschen eines anderen Kapitains auf demselben Platz wohnen, so halten sie Frieden, und die Kapitäne haben nichts dagegen. Sie stellen keine Gesetze gegeneinander auf über Wasser, Weide, Wege um Geld daraus zu schlagen. Für jeden Reisenden, der durch unser Land kommt, halten wir diese Dinge frei zur Verfügung, sei er von roter, weißer oder schwarzer Farbe. Das ist recht und gut und reicht für uns zum Leben. Wir benachteiligen auf diese Weise niemanden, weder an seinen Lebensmöglichkeiten noch an seinem Geld und belästigen keinen Menschen durch Fragerei nach Wasser, Weide und Geld.

Die weißen Menschen aber handeln ganz anders. Ihre Gesetze sind unpassend für uns rote Menschen und undurchführbar. Diese unbarmherzigen Gesetze bedrücken den Menschen von allen Seiten; sie kennen kein Gefühl der Rücksicht darauf, ob ein Mensch reich ist oder arm. Ich bin sehr ungehalten über euch und alle Kapitaine von Groß-Namaqualand, die ihr deutschen Schutz angenommen habt und dadurch den weißen Menschen Rechte und Einfluss in unserem Land gebt.

Die Sache mit den Deutschen sehe ich mit ganz anderen Augen an. Sie geben vor, euch vor anderen großen Nationen schützen zu wollen. Mir scheint aber, sie selbst sind die große Nation, die mit Gewalt in unser Land kommen will. Ich sehe sie mit Gewalt regieren und in unserem Land Verbote aufstellen. Ich wünsche deshalb nicht, dass ihr in unserem Gebiet noch Plätze hergebt, auf denen diese Leute mit [ihren] Gesetzen wohnen, freie Rechte üben und Arbeiten ausführen können. [...]

Mit der Ankunft der Deutschen kann ich den Frieden nicht kommen sehen; denn sie rühmen sich ihrer Macht und ihrer Werke zu sehr. [...]

Ich grüße euch von Herzen, euer Freund und Kapitain, Hendrik Witbooi.

Hendrik Witbooi, Afrika den Afrikanern. Aufzeichnungen eines Nama-Häuptlings aus der Zeit der deutschen Eroberung Südwestafrikas 1884 bis 1894, hrsg. von Wolfgang Reinhard, Berlin/Bonn 1982, S. 132–134.

e) Der spätere indische Präsident J. Nehru urteilte 1936 über die englische Kolonialherrschaft:

Die Briten können das Verdienst in Anspruch nehmen, dass sie als erste Indiens Fenster nach dem Westen öffneten und ihm einen Blick auf westlichen Gewerbefleiß und Wissenschaft gestatteten. Aber nachdem sie das getan hatten, drosselten sie das weitere industrielle Wachstum des Landes, bis die Umstände ihnen die Hände banden. Indien war schon der Sammelpunkt zweier Kulturen, der westasiatischen Kultur des Islams und der östlichen, ihrer eigenen, die sich nach dem Fernen Osten dehnte. Und nun kam ein dritter und noch mächtiger Anstoß vom fernen Westen, und Indien wurde Brennpunkt und Schlachtfeld für verschiedene alte und neue Begriffe. [...]

Eisenbahnen, Telegraf, Fernsprecher, Rundfunk und dergleichen sind kaum Beweise für die Güte oder das Wohlwollen der britischen Herrschaft. Sie waren willkommen und notwendig, und weil die Briten zufällig die Mittler waren, die sie zuerst brachten, so sollten wir ihnen dankbar sein. Aber selbst die Boten des industriellen Zeitalters kamen in erster Linie zu uns, um die britische Macht zu stärken. [...]

Die britische Auffassung von der Herrschaft in Indien entsprach der einer Polizei vom Wesen des Staates. Aufgabe der Regierung war es, den Staat zu schützen und den Rest den anderen zu überlassen. Ihre öffentlichen Finanzen teilten sich in Ausgaben für Militär, Polizei, Zivilverwaltung, Zinszahlungen auf die Staatsschulden. Die wirtschaftlichen Bedürfnisse der Bürger blieben außer Betracht und wurden den britischen Interessen geopfert. Kulturelle und andere Bedürfnisse des Volkes, mit Ausnahme ganz weniger, wurden vollständig vernachlässigt. [...] Wem gleicht Indien heutzutage? Einem Sklavenstaat! Seine prachtvolle Macht ist eingesperrt, kaum wagt es, frei zu atmen, es ist beherrscht von Menschen aus ferner fremder Welt; sein Volk ist unvergleichlich arm, kurzlebig und zu kraftlos um Krankheit und Epidemien zu widerstehen; die Unwissenheit ist grenzenlos, riesige Gebiete sind aller sanitären oder medizinischen Versorgung bar; Arbeitslosigkeit besteht in verschwenderischem Ausmaß, sowohl bei den mittleren Schichten als bei den Massen. Freiheit, Demokratie, Sozialismus, Kommunismus sind, so wird uns vorerzählt, die Schlagworte unpraktischer Idealisten, Doktrinärer oder Spitzbuben; die Wohlfahrt des Volkes als Ganzes muss der Prüfstein sein. Das ist in der Tat eine entscheidende Probe, und bei dieser Prüfung schneidet das Indien von heute sehr schlecht ab.

Jawaharlal Nehru, Indiens Weg zur Freiheit, Hamburg 1964, S. 482–484 und 501.

f) Der Historiker Hans-Ulrich Wehler deutete das imperialistische Ausgreifen der europäischen Mächte 1995:

Unter dem okzidentalen Imperialismus des 19. und 20. Jahrhunderts wird hier sowohl die direkte, formelle Kolonialherrschaft als auch die indirekte, informelle Herrschaft kraft dominierenden Einflusses verstanden, die in beiden Fällen von den Industrieländern aufgrund ihrer sozialökonomisch-technologisch-militärischen Überlegenheit in den unentwickelten Regionen des Globus ausgeübt wurde. Er setzt die universalgeschichtliche Zäsur der Industrialisierung voraus, die ihn trotz aller unleugbaren Kontinuität von der alteuropäischen Kolonial- und Handelsexpansion unterscheidet.

Die historisch beispiellose Dynamik des Industriekapitalismus hat sich folgerichtig in eine vehemente Bewegung zur Erweiterung des inneren und äußeren Marktes umgesetzt, die von den handelnden Akteuren, ob Unternehmer oder Politikern, als unentrinnbarer Zwang des neuen Wirtschaftssystems und seiner Marktgesellschaft empfunden wurde. An ihn passt sich ein pragmatischer Expansionismus an, der [...] die Erweiterung der Marktwirtschaft für eine systemimmanente Notwendigkeit hielt. Im Ergebnis führte er in der Arena der Außenwirtschaft zu informell dominierten Märkten oder aber – wenn es denn gar nicht zu vermeiden war – auch zu formeller Gebietseroberung. [...]

Immer aber hat das Bündel der wirtschaftlichen Motive [...] nur einen Teil der wesentlichen Antriebskräfte des modernen Imperialismus gebildet. Vielmehr hat sich mit dieser Expansion durchweg auch die hochgespannte Erwartung und dezidierte Absicht verbunden, das politische Machtgefüge und die Sozialhierarchie durch die positiven Resultate des Imperialismus zu legitimieren. »Jede erfolgreiche imperialistische«

Hans-Ulrich Wehler, Deutsche Gesellschaftsgeschichte, Band 3: 1849–1914, München 1995, S. 978ff.

Politik »stärkt normalerweise«, hat Max Weber diesen Legitimationsaspekt [...] konsequent betont, »auch ›im Inneren‹ das Prestige und den Einfluß derjenigen Klassen [...], unter deren Führung der Erfolg errungen« worden ist.

g) Die Erklärung des britischen Historikers Ronald Robinson zu den Vorgängen, die zur Unterwerfung und Durchdringung der Welt durch die abendländischen Mächte führten:

Man kann den europäischen Imperialismus historisch als eine politische Wechselbeziehung zwischen einer nicht-europäischen und zwei europäischen Komponenten definieren. Aus Europa stammte der wirtschaftliche Antrieb, jüngst kolonisierte Regionen und alte agrarische Reiche als Märkte und Anlagegebiete in die Industriewirtschaft zu integrieren. In Europa hatte auch der »strategische Imperativ« seine Wurzel, diese Gebiete gegen Rivalen im politischen Kampf um die Weltmacht zu sichern. [...]

Allerdings ist die Bedeutung dieser beiden Komponenten übertrieben worden. Sie alleine machten das Entstehen imperialistischer Herrschaft noch nicht zwingend. Wenn es so wäre, hätten die territorialen »Raufereien« des späten 19. Jahrhunderts statt in Afrika und Asien eher in Amerika stattgefunden, wo Europa den größten Teil seiner Exportwirtschaft und seiner Bevölkerungsreserven investierte. Ein Land kann mit einem anderen Handel treiben und auch in strategischer Hinsicht an ihm interessiert sein, ohne sich in seine Politik einzumischen. Es war nichts wirklich Imperialistisches an ausländischen Investitionen oder an der Rivalität der Großmächte. Europäisches Kapital und europäische Technologie stärkten z. B. zur gleichen Zeit die Unabhängigkeit von Japan und Transvaal, wie sie die von Ägypten unterminierten. Die Rivalität der Großmächte, die zur Aufteilung Afrikas führte, verhinderte gleichzeitig das »Zerschneiden der chinesischen Melone« und verzögerte die Teilung des Osmanischen Reichs. Es sollte daher auf der Hand liegen, dass der Imperialismus von Anfang bis Ende das Ergebnis einer Wechselwirkung zwischen europäischer und außereuropäischer Politik war. Die europäische wirtschaftliche und strategische Expansion nahm imperialistische Formen an, wenn diese beiden Komponenten sich mit der dritten nichteuropäischen Komponente kreuzten: Kollaboration und Widerstand in den einheimischen Gesellschaften. Der fehlende Schlüssel einer stärker historisch orientierten Theorie kann vielleicht in diesem dritten Element gefunden werden. [...]

Die Kollaborationstheorie geht davon aus, dass das Funktionieren des Imperialismus in jedem Stadium seiner Entwicklung von der Ausbreitung bis zur Dekolonisation von den einheimischen Kollaborationssystemen abhing; erst durch sie wurden die europäischen und afroasiatischen Komponenten des Imperialismus miteinander verbunden. Ja, seine Wirkung resultierte mindestens ebenso sehr, oft sogar in noch stärkerem Maße aus den politischen Gegebenheiten in Afrika und Asien als aus den Folgen europäischer Politik und Wirtschaftsmacht.

h) Postkarte der Zentrumspartei anlässlich des Reichstagswahlkampfes 1912.

R. Robinson: Non-European foundations of European imperialism: sketch for a theory of collaboration, in: R. Owen/B. Sutcliffe [Hg.]: Studies in the theory of imperialism, London 1972, S. 119 f., 138, dt. Übersetzung: A. Brückmann; Absatz 2 nach: H. Gründer: Der moderne Imperialismus, Düsseldorf 1980, S. 108.

h) Der Historiker Gregor Schöllgen deutete das imperialistische Ausgreifen der europäischen Mächte 1994:

Eine resümierende Betrachtung der jeweiligen nationalen Antriebskräfte des Imperialismus im Spiegel der Forschung lässt mithin den Schluss zu, dass den genuin inneren Antriebskräften vor 1914 wohl eine geringer Bedeutung zukam, als ihnen in der Regel im Rahmen der neueren Imperialismustheorien zugemessen wird. Überdies tendieren sie wie alle Theorien zu einer Nivellierung in diesem Falle der nationalen Ausprägungen und Besonderheiten. Das gilt sowohl für den sozialen Aspekt als auch für den wirtschaftlichen, ganz unbeschadet der vergleichsweise hohen Rolle, welche dieser im englischen Imperialismus gespielt hat. Dagegen wird man wohl den aufs Engste miteinander verknüpften Motiven der Macht- und Prestige-Politik im Allgemeinen einen hohen Stellenwert in der Skala der Antriebskräfte zusprechen müssen, auch wenn diese im Rahmen der einzelnen Imperialismen eine jeweils andere Funktion besaßen. Deutlich wird das vor allem in den großen Krisen, die sich aus imperialistischen Rivalitäten entwickelten. Gewiss bildete in einigen Fällen der Wille zur Sicherung der wirtschaftlichen Position den ausschlaggebenden Anlass. Zu denken ist insbesondere an das klassische Betätigungsfeld des informellen Imperialismus, nämlich Südamerika. [...]

In der Regel aber waren Bedrohung bzw. Behauptung der Machtposition und damit nicht zuletzt des Prestiges Auslöser für die sich auf dem Gebiet der kolonialen Rivalität entwickelnden Konflikte.

Gregor Schöllgen, Das Zeitalter des Imperialismus, 3. Aufl. München 1994, S. 154.

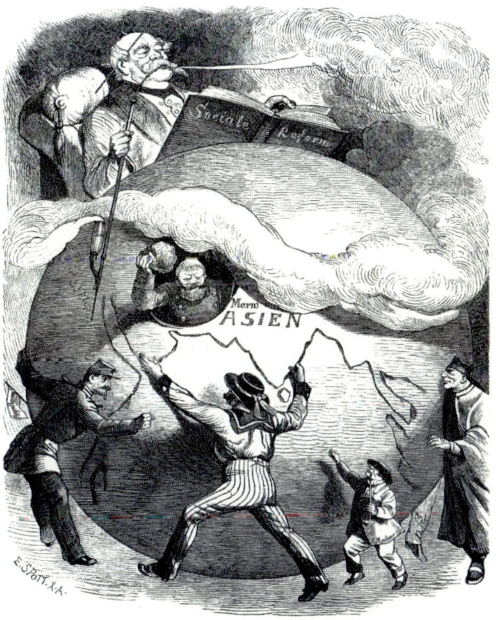

i) »Die Südsee ist das Mittelmeer der Zukunft« Karikatur aus dem »Kladderadatsch« vom 13.7.1884.

Informieren Sie sich über Bismarcks Haltung zum Kolonialerwerb und interpretieren Sie die Karikatur.

j) Der Historiker Wolfgang J. Mommsen über die Folgen imperialistischer Herrschaft (1998):

Heute liegt die Epoche des Imperialismus hinter uns, und die Frage nach den Konsequenzen und den langfristigen Auswirkungen imperialer Expansion lässt sich unbefangener stellen, als dies früheren Generationen möglich gewesen ist. Die Bilanz des Imperialismus ist zwiespältig. [...] Am stärksten wirken heute noch jene Elemente des westlichen Imperialismus nach, die sich im weitesten Sinne des Wortes unter der Signatur des Kulturimperialismus verbuchen lassen. Die Einflüsse, die von der westlichen Kultur, den westlichen Religionen, der westlichen Wissenschaft und Technologie und nicht zuletzt des westlichen kapitalistischen Marktsystems ausgingen, haben die Kolonialzeit noch am ehesten überstanden. Die Zeitgenossen betrachten die kulturelle Durchdringung abhängiger Gebiete, sei es durch die Missionen, sei es durch die administrativen Maßnahmen der Kolonialmacht – einschließlich der Durchsetzung eines westlichen Maßstäben entsprechenden Rechtssystems zumindest für Kapitalverbrechen und für alle Fragen, die den Besitz von Grund und Boden und die Besteuerung betrafen – als einen Beitrag zur Ausdehnung der Zivilisation, also eine im Grundsatz segensreiche Tätigkeit. [...] Aus der Sicht der ehemals kolonial oder halbkolonial regierten Länder und Nationen war die »zivilisatorische« Aktivität der europäischen Kolonialherren freilich ein höchst ambivalentes Geschenk; sie hat zwar auch zur Modernisierung der indigenen [einheimischen] Gesellschaften und mehr noch ihrer Führungseliten beigetragen, gleichzeitig aber die eigenen kulturellen Traditionen nachhaltig geschwächt. […] Das Bewusstsein kultureller Überlegenheit, welches die kolonialen Herrschaftseliten an den Tag legten, vermischte sich mit Verachtung für die angeblich rassisch minderwertige indigene Bevölkerung. Dies galt nicht nur für die zahlreichen afrikanischen Völkerschaften, die sich aus der Sicht der Kolonialherren noch auf einer vergleichsweise niedrigen Stufe der Kulturentwicklung befanden, sondern auch für die asiatischen Völker, und selbst für China, obschon es sich hier um eine Nation mit einer 3000 Jahre alten Kultur handelte. Heute lässt sich das Maß der Überheblichkeit, mit welcher die Europäer gegenüber den Völkern der nichtwestlichen Welt auftraten, kaum noch nachvollziehen. Seit dem Ende des Ersten Weltkrieges, der Europas Führungsrolle in der Welt mit einem Schlage ein Ende setzte, ist den Europäern dieses Bewusstsein kultureller Überlegenheit weithin vergangen. Jedoch verband sich das Überlegenheitsbewusstsein der kolonialen Herrschaftseliten nicht selten mit einer wohlwollend paternalistischen Einstellung, die vielfach auch Gutes bewirkt hat. Überhaupt sollte man die koloniale Situation nicht als eine einseitig allein von den Kolonialherren geprägte Ordnung verstehen. Vielmehr stützte sich Kolonialherrschaft jedenfalls in dieser Periode der Entwicklung der imperialen Systeme nahezu überall, wenn auch in unterschiedlichem Maße, auf die sich freilich unter ungleichen Bedingungen vollziehend Kollaboration mit den jeweiligen indigenen Eliten. Oft blieb infolgedessen das vorgefundene indigene Herrschaftsgefüge auf den unteren gesellschaftlichen Ebenen weitgehend erhalten oder wurde bisweilen sogar künstlich konserviert beziehungsweise wiederhergestellt. Dies eröffnete den indigenen Eliten zahlreiche Möglichkeiten die eigenen kulturellen Traditionen unterhalb der Ebene der Kolonialadministration fortzuführen.

Wolfgang J. Mommsen: Kolonialherrschaft und Imperialismus. Ein Blick zurück, in: Tsingtau. Ein Kapitel über Kolonialgeschichte in China 1897–1914, hrsg. von Hans-Martin Hinz/Christoph Lind, Berlin 1998, S. 54.

1. Listen Sie die Argumente auf, mit denen der ehemalige englische Kolonialminister und Treitschke die imperialistische Expansion rechtfertigen (59a und b), und wägen Sie die Argumentation gegeneinander ab.
2. Arbeiten Sie die Schwerpunkte der beiden modernen Imperialismustheorien heraus (59f und g) und formulieren Sie die Prämissen und Voraussetzungen, auf denen die Autoren jeweils ihr Erklärungsmodell für den Imperialismus aufbauen.
3. Erläutern Sie die Haltung von Hendrik Witbooi und Jawaharlal Nehru zur Kolonialherrschaft (59d und e) und diskutieren Sie die Einschätzung von Wolfgang J. Mommsen (59j).

4.2 Imperialistische Politik – nationale und internationale Auseinandersetzungen

Auf die Innenpolitik der europäischen Mächte hatte ihre Ausbreitung über die Erde erhebliche Rückwirkungen. Befürworter und Gegner kolonialer Bestrebungen versuchten die Regierungen zu beeinflussen. Heftige Auseinandersetzungen waren die Folge. Häufig verschärfte die Mobilisierung der Öffentlichkeit in den einzelnen Ländern die ohnehin wachsende Rivalität der Mächte. Die relative Stabilität des Staatensystems geriet durch den Wettlauf um Kolonien endgültig ins Wanken. War ein großer Konflikt überhaupt zu vermeiden?

Nationalismus

In vielen Staaten erhielt der Nationalismus nun großen Auftrieb. Politiker und Intellektuelle waren zunehmend überzeugt vom Gedanken nationaler Selbstverwirklichung und Selbstbehauptung. Agitationsverbände machten diese Ziele mithilfe moderner Propagandamethoden populär und setzten so oft genug wiede-

rum die Regierungen unter Expansionsdruck. Politische Kompromisse wurden immer schwieriger.
Im Deutschen Reich versuchten vor allem die Deutsche Kolonialgesellschaft (1887), der Alldeutsche Verband (1891) und der Deutsche Flottenverein (1898) Einfluss auf die Politik der Regierung zu nehmen. Mit Zeitungskampagnen und auf Versammlungen drängten sie zu aktivem Handeln in der Außenpolitik und zu weiteren Rüstungen. Zahlreiche Abgeordnete unterstützten die Forderungen im Reichstag. Je weniger Erfolge die Regierung in der Weltpolitik vorweisen konnte, umso stärker wurde der Druck der nationalen Agitationsverbände und großer Teile der Öffentlichkeit.
Nach der politischen Niederlage der Reichsleitung in der Marokkofrage 1911 mehrten sich die Stimmen derer, die offen einen baldigen Krieg forderten. Sie glaubten nur dadurch könne die Stellung des Reiches gegenüber den anderen Mächten behauptet werden. Führende Militärs teilten diese Auffassung. Seit 1912 forderten auch sie einen Präventivkrieg. Reichskanzler Bethmann Hollweg geriet in eine immer schwierigere Situation. Nur durch außenpolitische Erfolge konnte er seine Stellung, aber auch die Stabilität des bestehenden Systems wahren.

60 **»Ein Zukunftsbild«** Titel-Karikatur (39,1 x 28,7 cm) der Zeitschrift »Simplicissimus«, 6. Jg., Nr. 52, 1902 von Thomas Theodor Heine. Angespielt wird hier auf die Denkmalswut gegen Ende des 19. Jahrhunderts und die imperialistische Rivalität mit Großbritannien, unter dessen Herrschaft Ägypten damals stand.
Text: »Endlich sind alle Ruinen des deutschen Reichs restauriert und unsere Regierung macht sich daran, auf Kosten der deutschen Steuerzahler die ägyptischen Pyramiden auszubauen, natürlich im gotischen Stil. Um den Ägyptern noch mehr zu imponieren, erhält ein Berliner Denkmalfabrikant den Auftrag, die Sphinx in ein deutsches Nationaldenkmal umzuwandeln.«

Die Gegner der europäischen Expansion waren in allen Ländern in der Minderzahl. Nur einige Liberale, die sich der Idee des Freihandels verpflichtet fühlten, Sozialisten und eine kleine Zahl überzeugter Pazifisten standen dem Imperialismus kritisch gegenüber. Sie verwiesen auf die hohen Kosten der Unterhaltung von Kolonien und auf die ungerechte Verteilung von Gewinnen und Lasten. Zugleich warnten sie vor der wachsenden Gefahr eines allgemeinen Krieges, ausgelöst von Konflikten über koloniale Streitigkeiten, vorangetrieben durch kostspielige Rüstungswettläufe. Sozialisten, Missionare und Menschenrechtler prangerten auch die unmenschliche Behandlung der einheimischen Bevölkerung in vielen Kolonien an. Ihr Einfluss auf die Regierungen war jedoch gering.
Im Deutschen Reich kritisierten besonders Sozialdemokraten die imperialistische Politik der Reichsleitung. Sie sahen darin eine gezielte Ablenkung von inneren

Arbeiten Sie heraus, welche Aspekte des Imperialismus hier karikiert werden. Welche Stilmittel werden dazu verwendet?

Problemen. Zugleich fürchteten sie die Gefahr eines Krieges. Konsequent lehnte die SPD es ab den Kolonialetat und Rüstungsvorlagen zu bewilligen. Gemeinsam mit den sozialistischen Parteien anderer Länder beschloss sie 1912 im Kriegsfall zu Antikriegsdemonstrationen aufzurufen. Weitergehende Forderungen nach wirksameren Formen des Widerstands scheiterten jedoch. Aus innenpolitischen Gründen wollten sich die Sozialdemokraten nicht die Hände binden lassen.

Gleichgewicht der Mächte

Warum hatten sich die Spannungen unter den Mächten seit den Achtzigerjahren gefährlich verschärft? – Grundlage staatlicher Beziehungen im 19. Jahrhundert war die auf dem Wiener Kongress 1815 geschaffene Ordnung. Weder der Krimkrieg (1853–56) noch die deutschen und italienischen Einigungskriege hatten einen europäischen Konflikt ausgelöst. Das Gleichgewicht konnte trotz Gründung neuer Nationalstaaten und Verschiebung einiger Grenzen gewahrt werden. Eine wesentliche Voraussetzung für die Stabilität in Europa war, dass kein Land eine Vorrangstellung anstrebte. Diesem Grundsatz folgte außenpolitisch auch Otto von Bismarck. Zur Beruhigung der anderen Regierungen versicherte er, das Deutsche Reich sei saturiert.

Die Mächte bemühten sich internationale Konflikte am Konferenztisch statt auf dem Schlachtfeld zu regeln. Ein Beispiel dafür war der Berliner Kongress. Zur friedlichen Entschärfung der gespannten Lage auf dem Balkan versammelten sich hier 1878 unter Bismarcks Vorsitz die leitenden Staatsmänner Europas. Soweit es überhaupt Bündnisse zwischen Staaten gab, dienten diese der Vermeidung und nicht der Vorbereitung von Kriegen. Entsprechend sollten die von Bismarck geschlossenen oder angeregten Verträge nur die Stellung des Deutschen Reiches im internationalen System sichern.

61 **Die Balkanländer im 19. und zu Beginn des 20. Jahrhunderts**

Konflikte zwischen den Weltmächten

Mit der Expansion nach Übersee wuchs jedoch die Rivalität unter den Mächten. Ursache hierfür waren Auseinandersetzungen über koloniale Grenzen und Einflusszonen, Stützpunkte und neue Märkte. Innerhalb weniger Jahre entstanden so zahlreiche Reibungsflächen. Kriegerische Konflikte konnten vielfach nur mit Mühe vermieden werden.

In Asien verschärfte das russische Vordringen nach Mittelasien und nach China seit den Achtzigerjahren die Spannungen zwischen England und dem Zarenreich. In Afrika lösten die Bestrebungen Frankreichs und Großbritanniens, geschlossene Kolonialreiche zu errichten, 1898 fast einen Krieg aus. Im Pazifik wiederum stritten die Regierungen in London, Berlin und Washington viele Jahre um die Aufteilung der kleinen Samoa-Inseln. Nach einem kurzen Krieg annektierten

1898 die Vereinigten Staaten die Gebiete der alten Kolonialmacht Spanien in der Karibik. Japan schließlich zwang China 1895 zur Abtretung von Provinzen. Um seinen Einfluss im Fernen Osten zu vergrößern, überfiel Japan 1904 sogar das mächtige Russland.
In dieser Situation verkündeten die verantwortlichen Politiker des Deutschen Reiches 1897/98 öffentlich dessen Anspruch auf einen »Platz an der Sonne«. Auf den ersten Blick schienen sie damit kein anderes Ziel zu verfolgen als die anderen Mächte. Dennoch trug die deutsche Weltpolitik innerhalb weniger Jahre maßgeblich zur Verschärfung der Lage bei. Gleichermaßen bedeutsam war der damit einhergehende Wandel des internationalen Systems. Wie konnte es dazu kommen?

62 Ansichtspostkarte mit dem »ersten Kaiserwort im neuen Jahrhundert«
Sie wurde am 1.7.1900 von Lehe nach Berlin geschickt.
Text: »Wie mein Großvater für sein Landheer, so werde auch ich für meine Marine unbeirrt in gleicher Weise das Werk der Reorganisation fort- und durchführen.«

In den Achtzigerjahren hatte sich auch das Deutsche Reich am Wettlauf um Kolonien beteiligt. Bismarck war sich der Gefahren imperialistischer Politik für die Sicherheit des Reiches aber stets bewusst und lehnte den Erwerb weiterer Kolonien ab. Nach seiner Entlassung nahm der Einfluss der Befürworter eines größeren Kolonialreiches stetig zu. Mit dem Hinweis auf die politische, militärische und wirtschaftliche Stellung des Reiches forderten sie Deutschlands Gleichberechtigung als Welt- und Kolonialmacht. Der bedeutendste Repräsentant dieser Strömung war Kaiser Wilhelm II. Um den eigenen Weltmachtsanspruch deutlich zu machen, mischte sich das Deutsche Reich seit Mitte der Neunzigerjahre in viele internationale Konflikte ein. Zugleich sicherte es sich Positionen in Gebieten, die in naher Zukunft zur Verteilung anzustehen schienen: In China besetzte es 1897 einen Küstenstreifen; im Osmanischen Reich sollte der Bau einer Bahnlinie die deutschen Interessen wahren helfen.

Deutscher Imperialismus und Rüstungswettlauf

Das deutsche Vordringen in Übersee führte oft zu Konflikten mit England. Viele Politiker und weite Kreise der Bevölkerung glaubten daher, Großbritannien wolle Deutschland die Anerkennung als gleichberechtigte Weltmacht verweigern. Der Bau einer großen Flotte sollte dies notfalls erzwingen – eine gefährliche Fehlspekulation, wie sich zeigen sollte. Großbritannien, damals führende Welt- und Seemacht, erkannte, dass es trotz seiner Stärke den vielen Rivalen auf Dauer nicht standhalten konnte. Seit der Jahrhundertwende suchte man daher Verständigung und erzielte schnell Einigung mit den USA (1901), Japan (1902), Frankreich (1904) und Russland (1907) über koloniale Streitfragen.
Das Deutsche Reich lehnte Verhandlungen mit Großbritannien ab. Die Regierung in Berlin hoffte nach Fertigstellung der eigenen Flotte für deutsches Entgegenkommen einen höheren politischen Preis erzielen zu können. Die deutschen Flottenpläne und ihre Umsetzung löste jedoch ein gefährliches und kostspieliges Wettrüsten aus. 1905/06 begann die englische Regierung ihrerseits neue und stärkere Kriegsschiffe bauen zu lassen. Obwohl auch Deutschland seine Flotte mehrfach verstärkte, konnte Großbritannien die Vorherrschaft zur See wahren.

»Einkreisung« Deutschlands?

Der deutsch-englische Rüstungswettlauf war auch maßgeblich für die Veränderung der Beziehungen der Mächte verantwortlich. Die englischen Abkommen mit Frankreich und Russland über koloniale Streitfragen entwickelten sich allmählich zu bündnisähnlichen Vereinbarungen. Durch aggressives und ungeschicktes Verhalten in der ersten und zweiten Marokkokrise (1905/1911) festigte das Deutsche Reich die Verbindungen dieser Mächte weiter. Dadurch wiederum wuchs in Deutschland das Gefühl, von diesen gezielt »eingekreist« zu werden.

Der Balkan – das »Pulverfass« Europas

Zeigen Sie in einem Kurzreferat auf, wodurch und wie sich die Konfliktsituation auf dem Balkan zwischen 1815 und 1914 zuspitzte.

Seit 1911 rüstete das Deutsche Reich daher neben der Flotte auch die Armee in großem Umfang auf. So begann ein internationales Wettrüsten zu Lande. Zugleich unterstützte die Regierung in Berlin ohne Vorbehalte die Balkanpolitik des einzigen verlässlichen Verbündeten, Österreich-Ungarns. Dies war jedoch mit hohen Risiken verbunden. Auf dem Balkan barg das Streben der Völker nach nationaler Einheit einerseits und das Interesse der Großmächte nach Wahrung oder Ausweitung ihrer Einflusszonen andererseits vielfältiges Konfliktpotenzial. Die Annexion Bosniens durch Österreich-Ungarn 1908 und die Balkankriege 1912/13 zeigten, dass ein Funke genügen würde Europa in Brand zu setzen. Eine von Deutschland und England einberufene Botschafterkonferenz verhinderte jedoch den Ausbruch eines großen Krieges. Wenige Monate später aber lehnte es die Reichsleitung ab, erneut den Weg einer friedlichen Verständigung zu beschreiten.

Imperialismus: *Gegen Ende des 19. Jahrhunderts wurde der Begriff »Imperialismus« (anknüpfend an die lateinische Bezeichnung »imperium« für das römische Weltreich) auf die Expansionspolitik der Großmächte übertragen, die vorwiegend in Übersee neue Territorien sowie Rohstoff- und Absatzgebiete in ihren Besitz bringen wollten. Man verstand darunter alle Formen direkter und indirekter Kontrolle anderer Gebiete. Eine stärkere Ausweitung erfuhr der Terminus, als vor dem Ersten Weltkrieg die Politik der europäischen Großmächte allgemein expansiven Charakter militärischer, territorialer und wirtschaftlicher Art annahm. Typisch ist weiter die Verbindung mit aggressiven nationalistischen und rassistischen Ideologien. Inwieweit nach dem Ende der Kolonialherrschaft nach dem Zweiten Weltkrieg aufgrund wirtschaftlicher und struktureller Abhängigkeiten der Dritte-Welt-Länder noch von Imperialismus gesprochen werden kann, ist eine Frage des politischen und weltanschaulichen Standpunkts.*

63 Notwendigkeit und Ziele einer deutschen Flottenrüstung

a) Admiral Alfred von Tirpitz, ab 1897 Staatssekretär des Reichsmarineamtes, in einem privaten Schreiben vom 21.12.1895:

Bis 1866 lagen unsere Seeinteressen völlig darnieder: Seehandel, Exportindustrie, transatlantische Kolonien, Seefischerei, transatlantisches Deutschtum, Kriegsmarine. Was hiervon vorhanden war, hatte den Charakter der Parasitenexistenz. Von diesem Ausgang ist noch vieles übrig geblieben. Meiner Ansicht nach sinkt Deutschland im kommenden Jahrhundert schnell von seiner Großmachtstellung, wenn jetzt nicht energisch, ohne Zeitverlust und systematisch diese allgemeinen Seeinteressen vorwärts getrieben werden. Nicht zu geringem Grade auch deshalb, weil in der neuen großen nationalen Aufgabe und dem damit verbundenen Wirtschaftsgewinn ein starkes Palliativ [Linderungsmittel] gegen gebildete und ungebildete Sozialdemokraten liegt. […] Auf eine gesunde Grundlage können die […] genannten Interessen nur gestellt werden durch Macht, und zwar Seemacht. Sonst fehlt die Courage, Schecks auf die Zukunft auszustellen. Der »Parasit« muss dem Prinzip nach wechseln mit dem »civis Germanus sum« [»Ich bin ein deutscher Bürger«]. Eine besondere Schwierigkeit liegt darin, dass die Ausgaben für militärische Seemacht zeitlich vor dem vollen Überblick des daraus entstehenden wirtschaftlichen Nutzens gemacht werden müssen. Spießbürgertum und Krämergeist, der nur an den momentanen persönlichen Nutzen denkt,

Alfred von Tirpitz, Erinnerungen, Leipzig 1920, S. 52 f.; zit. nach: Michael Behnen (Hrsg.), Quellen zur deutschen Außenpolitik im Zeitalter des Imperialismus 1890-1911. Ausgewählte Quellen zur deutschen Geschichte der Neuzeit, Freiherr vom Stein-Gedächtnisausgabe, Bd. 26, Darmstadt 1977, S. 126 f.

kommt hinzu. Trotzdem glaube ich, dass in Deutschland eine wachsende Strömung zugunsten des vorstehend skizzierten Gedankenganges heute besteht.

b) Tirpitz in einer Notiz für Kaiser Wilhelm II., September 1899:

Da Deutschland in Bezug auf Seemacht besonders zurückgeblieben, so Lebensfrage für Deutschand als Weltmacht und großer Kulturstaat, das Versäumte nachzuholen. Sowohl um die Seemacht im engeren Sinn (Flotte) schaffen und erhalten zu können, als auch weil Macht an sich bedeutet, muss Deutschland seine Bevölkerung deutsch erhalten und sich weiter zum Weltindustrie- und Handelsstaat ausdehnen. In Letzterem liegt augenblicklich das stärkste Mittel, den Überschuss seiner Bevölkerung deutsch zu erhalten. Die Entwicklung Deutschlands zum Industrie- und Handelsstaat ist unaufhaltsam gleich einem Naturgesetz. Wenn man sie eindämmen wollte, so würde die Entwicklung darüber hinweggehen. Das schließt nicht aus, dass man andere Interessen z. B. die der Landwirtschaft nach Möglichkeit zu erhalten sucht. Diese fallen aber nicht in die große, notwendige Entwicklung. Bei einer derartigen Handels- und industriellen Entwicklung wachsen die Berührungs- und Konfliktpunkte mit anderen Nationen, darum Seemacht unerlässlich, wenn Deutschland nicht rasch niedergehen will. [...]

[Zusatz Tirpitz' vom 29. 9. 1899:] Seine Majestät erklärten sich mit dem entwickelten Standpunkt einverstanden.

Zit. nach Volker Berghahn/Wilhelm Deist, Rüsten im Zeichen wilhelminischer Weltpolitik. Grundlegende Dokumente 1890-1914, Düsseldorf 1988, S. 160 f.

1. Fassen Sie Tirpitz' Argumente für eine deutsche Flottenrüstung in dem Schreiben und der Notiz (63a und b) stichpunktartig zusammen. Grenzen Sie dabei die außen- und innenpolitischen Argumente voneinander ab und erläutern Sie ihre Bedeutung.
2. Untersuchen Sie die Sprache der Texte auf ihre propagandistische Bedeutung und charakterisieren Sie das sich darin ausdrückende Selbstverständnis der deutschen politischen Führung um die Jahrhundertwende.

64 Die Flottenpolitik in der innenpolitischen Auseinandersetzung

a) Resolution der SPD gegen die Flottenpolitik vom Februar 1900:

Die Arbeiterklasse hat kein Interesse Rüstungen zu unterstützen, welche die Gefahren zu Reibungen zwischen den Kulturstaaten vermehren und den großen und dringenden Kulturaufgaben für Gegenwart und Zukunft die Mittel entziehen.

Insbesondere ist es wieder die Arbeiterklasse, auf deren Schulter die Last der neuen ins Riesenhafte sich steigernden Ausgaben hauptsächlich abgewälzt wird, wohingegen die herrschenden Klassen durch die ungeheuren Profite aus diesen Rüstungen ihren Reichtum ins Ungemessene steigern und neue einflussreiche Posten- und Versorgungsstellen für ihre Angehörigen gewinnen.

Die Versammlung fordert deshalb vom Reichstag die unbedingte Zurückweisung der Flottenvorlage.

Zit. nach: Dokumente zur deutschen Geschichte 1897/98-1904, hrsg. v. Dieter Fricke, Frankfurt/M 1977, S.54 f.

b) Der nationalliberale Reichstagsabgeordnete Gustav Stresemann zur Flottenpolitik, 1907:

Man klagt in sozialdemokratischen Kreisen über das Geld für Heer und Flotte. Man sagt, Milliarden steckt ihr hinein, was könntet ihr damit tun für die Kultur, für die Geisteswissenschaften und Armenfürsorge. Zunächst sind wir aber in der Technik so weit, dass das Geld zum größten Teil in die Taschen des deutschen Volkes zurückkommt. Die Schiffe, die wir bauen, konstruiert der deutsche Techniker und baut der deutsche Arbeiter, die Kasernen baut der deutsche Maurer, die Kleider machen deutsche Fabriken; man kann nicht sagen, dass das deutsche Nationalvermögen um Milliarden ärmer wird. Diese Beträge fließen durch eine große Reihe von Kanälen an das deutsche Volk. Aber selbst wenn wir Ausgaben machten, die wir nicht zurückbekämen, dann muss man doch zugeben, dass wir durch unser starkes Heer, durch unsere Rüstungen zu Lande 35 Jahre dem deutschen Volke den Frieden erhalten, jedem Einzelnen die Möglichkeit gegeben haben, für sich und seine Familie zu schaffen und zu wirken, und dadurch erst den Untergrund für unsere wirtschaftliche Entwicklung gelegt haben. So haben wir auch dadurch sehr viel für die Kultur getan, und zwar mehr, als wir jemals auf anderem Wege dafür hätten tun können. Auf diesem Boden der unbedingten Friedensliebe unter Kulturförderung stehen wir, wenn wir die Anschauungen hinaustragen in das Volk: Bitter Not ist uns eine starke Flotte. Wenn wir den Nachdruck auf das Wort »starke« legen, so ist es deshalb, weil wir sehen, dass in der Weltgeschichte immer ein Volk an die Stelle des anderen tritt und schließlich der Herrgott im Kampfe bei den starken Bataillonen ist.

Zit. nach: Dokumente zur deutschen Geschichte 1905-1907, hrsg. v. Dieter Fricke, Frankfurt/M 1977, S. 74f.

1. Stellen Sie die Argumente, die in den beiden Texten gegen und für die Flottenpolitik vorgebracht werden, zusammen und bewerten Sie diese im Vergleich.
2. Arbeiten Sie den jeweiligen weltanschaulich-politischen Hintergrund heraus, auf dem die Argumentation in den beiden Fällen beruht.
3. Erklären und hinterfragen Sie den Zusammenhang, den Stresemann zwischen »unbedingter Friedensliebe« und der Losung »Bitter Not ist uns eine starke Flotte« herstellt.

65 Die englische Haltung zur deutschen Flottenpolitik

Der deutsche Botschafter nach einem Treffen mit den britischen Ministern Grey (Außen) und Lloyd George (Schatzkanzler), Sommer 1908:

Sir Edward Grey hatte mich vorgestern in seinem Hause mit Herrn Lloyd George zum Frühstück eingeladen. Das Gespräch wandte sich bald der auswärtigen Politik zu. […]

Beide Minister waren der Ansicht, dass die Situation zwischen England und Deutschland sich um die Flottenfrage drehe. Die Auslagen für die englische Flotte würden infolge des deutschen Flottenprogramms und des beschleunigten Flottenbaues dermaßen in die Höhe gehen und das Gefühl von der deutschen Gefahr würde damit dermaßen an Intensität zunehmen, dass die Beziehungen zwischen den Ländern sich nicht bessern könnten, solange sie sich in der Flottenkonkurrenz gegenseitig in die Höhe schraubten. Jeder Engländer würde seinen letzten Pfennig daransetzen, um sich die Überlegenheit zur See zu wahren, von welcher nicht nur die Weltstellung Englands, sondern auch seine Existenz als unabhängiger Staat abhänge. Die ruinösen Ausgaben, zu denen die Flottenkonkurrenz triebe, könnten vertrauensvolle Beziehungen zwischen beiden Nationen nicht aufkommen lassen. Wer auch nur einigermaßen England kenne, wisse, dass hier nicht die Absicht bestehe, Deutschland mit der englischen Flotte zu bedrohen oder gar Deutschland anzugreifen. Eine Landung sei schon in Anbetracht der englischen Armeeverhältnisse gänzlich ausgeschlossen. Fürst Bismarck habe, wie Lloyd George scherzend bemerkte, als bei irgendeiner Gelegenheit von einer englischen Landung auf deutschem Boden die Rede gewesen sei, gesagt, er werde in dem Falle es der Polizei überlassen, das englische Landungskorps festzunehmen. Ebenso lägen die Dinge auch heute noch, wenn es sich um die Bedrohung Deutschlands durch England handele. Für England dagegen sei eine mächtige deutsche Flotte mit einer noch mächtigeren Armee im Hintergrund eine reale Gefahr.

Zit. nach: Die Große Politik der europäischen Mächte, hrsg. von Johannes Lepsius u. a., Berlin 1925, Bd 24, S. 99f.

1. Analysieren und bewerten Sie Englands Bedenken gegen die deutsche Flottenpolitik.
2. Beschreiben Sie die Folgen, die die deutsche Flottenrüstung für die deutsch-englischen Beziehungen hatte.

1. Inszenieren Sie ein Streitgespräch zwischen einem Vertreter der deutschen Regierung (63a und b), einem parlamentarischen Kritiker (64a) und Befürworter (64b) und einem Repräsentanten der englischen Regierung (65) über die Notwendigkeit bzw. Gefahren des deutschen Schlachtflottenplans.
2. Worin besteht das Neue des Imperialismus des ausgehenden 19. Jahrhunderts im Vergleich zu der früheren europäischen Expansion?

Fertigen Sie ein Kurzreferat zu den beiden Marokkokrisen an und interpretieren Sie dabei die Karikatur (66b) vor ihrem zeitgeschichtlichen Hintergrund.

66 Kolonialpolitik – »Götterdämmung der bürgerlichen Welt«?

a) August Bebel, der Führer der Sozialdemokraten, in der durch die zweite Marokkokrise ausgelösten Debatte, 1911:

Nun wissen wir ja, dass es insbesondere die Rivalität bestimmter Kapitalistencliquen ist, die hauptsächlich den ganzen Streit aufgerührt haben. Wir wollen uns darüber nicht täuschen: Die ganze Kolonialpolitik ist in Wahrheit eine Kapitalistenpolitik. Nun der Vertrag [über den Austausch von Gebieten] wird, da wir leider nicht über ihn zu entscheiden haben, Geltung erlangen. Der neue Besitz wird dem deutschen Kolonialgebiet eingereiht werden. Aber ich fürchte, man wird in Frankreich nicht vergessen, dass ihm mitten im Frieden durch einen Vertrag ein Stück Kolonialland von dieser Größe abgeknöpft worden ist; und die deutschen Chauvinisten werden nicht vergessen, dass ihnen die gehoffte Beute in Marokko entgangen ist. Sie machen England, wie wir gehört haben, dafür verantwortlich. So wird man eben von allen Seiten rüsten und wieder rüsten, man wird rüsten bis zu dem Punkte, dass der eine oder andere Teil eines Tages sagt: lieber ein Ende mit Schrecken als ein Schrecken ohne Ende. [...] Dann kommt die Katastrophe. Alsdann wird in Europa der große Generalmarsch geschlagen, auf den hin 16 bis 18 Millionen Männer, die Männerblüte der verschiedenen Nationen, ausgerüstet mit den besten Mordwerkzeugen, gegeneinander als Feinde ins Feld rücken. Aber nach meiner Überzeugung steht hinter dem großen Generalmarsch der große Kladderadatsch. [...] Sie werden ernten, was Sie gesät haben. Die Götterdämmerung der bürgerlichen Welt ist im Anzuge. Seien Sie sicher: Sie ist im Anzug! Sie stehen heute auf dem Punkte Ihre eigene Staats- und Gesellschaftsordnung zu untergraben, Ihrer eigenen Staats- und Gesellschaftsordnung das Totenglöckchen zu läuten. Was wird die Folge sein? Hinter diesem Kriege steht der Massenbankrott, steht das Massenelend, steht die Massenarbeitlosigkeit, die große Hungersnot. Das wollen Sie bestreiten? [...]

b) Karikatur aus dem »Simplicissimus« zur Zeit der zweiten Marokkokrise, 1911.
Textzeile: »Onkel Bull, bitte, lass den bösen Buben nicht mitspielen.«

Zit. nach: Verhandlungen des Reichstages, XII. Legislaturperiode, II. Session, Bd. 268, Stenographische Berichte, S. 7726–7730.

1. Geben Sie Bebels Argumente (66a) in eigenen Worten wieder und überprüfen Sie deren Stichhaltigkeit.
2. Beurteilen Sie aufgrund Ihres historischen Wissens, ob sich Bebels Vorhersage erfüllte.

4.3 Der Erste Weltkrieg und der Verlust der europäischen Vormachtstellung in der Welt

1914	Nach der russischen (30. Juli) und österreichischen (31. Juli) Generalmobilmachung erklärt das Deutsche Reich Russland (1. August) und Frankreich (3. August) den Krieg. Es folgt Großbritanniens Kriegserklärung an das Deutsche Reich (4. August).
1917	Die Vereinigten Staaten von Amerika treten auf Seiten der Alliierten in den Krieg ein. Revolution in Russland
1918	Im Frieden von Brest-Litowsk (3. März) zwingt das Deutsche Reich Russland zum Verzicht auf weite Gebiete seines bisherigen Territoriums (Baltikum, Polen, Ukraine). Die absehbare militärische Niederlage löst im Deutschen Reich die Revolution aus (9. November). Österreich-Ungarn und das Osmanische Reich brechen infolge militärischer Niederlagen auseinander.
1919	Die Pariser Vorortverträge besiegeln die Niederlage des Deutschen Reiches und seiner ehemaligen Verbündeten. Gründung des Völkerbundes

Julikrise und Kriegsverlauf

Am 28. Juni 1914 ermordeten serbische Nationalisten in der bosnischen Hauptstadt Sarajewo den österreichisch-ungarischen Thronfolger Franz Ferdinand. Durch die diplomatischen Reaktionen auf dieses Attentat spitzte sich die ohnehin angespannte Lage zwischen den Mächten Europas weiter zu und eskalierte schließlich im Ausbruch des Ersten Weltkriegs. Wie zwangsläufig war diese Entwicklung, die in Europa »die Lichter ausgehen« ließ und nach vier Kriegsjahren dort zu einer epochalen Umgestaltung der Mächtekonstellation führen sollte? War der Erste Weltkrieg womöglich der hohe Preis, mit dem vor allem die Europäer den »Durchbruch der Moderne« bezahlen mussten?

67 **Zwei Bündnissysteme** stehen sich 1914 gegenüber: das der Alliierten und das der Mittelmächte.

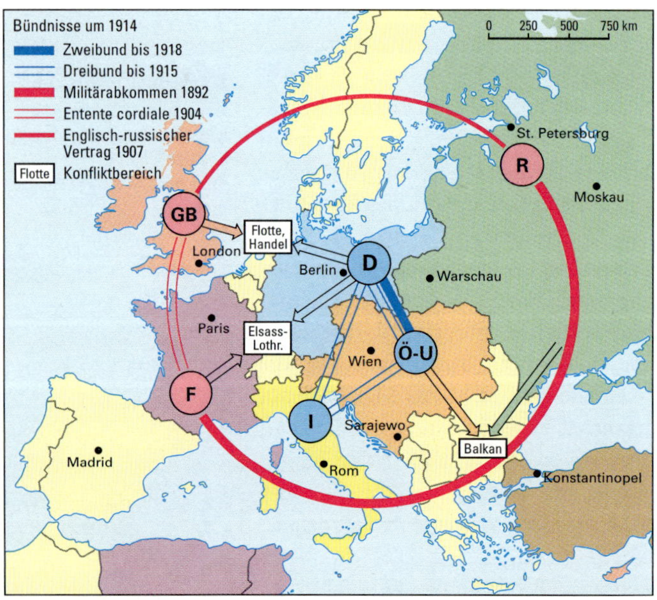

Die Regierung in Wien wollte die allgemeine Empörung über das Attentat für ihre Zwecke ausnutzen. Seit Jahren sah sie den Bestand ihres Vielvölkerstaates durch den serbischen Nationalismus gefährdet. Um gegen ein Eingreifen Russlands gewappnet zu sein, wollte die Donaumonarchie nicht ohne deutsche Rückendeckung handeln. Ohne Zögern sagte die Reichsleitung in Berlin volle Unterstützung zu (»Blankoscheck« vom 5. Juli). Österreich stellte Serbien daraufhin ein unannehmbares Ultimatum. Nach der österreichischen Kriegserklärung an

Serbien mobilisierte Russland seine Truppen. Dies wiederum veranlasste das Deutsche Reich dem Zarenreich und Frankreich den Krieg zu erklären. Als deutsche Truppen Anfang August das neutrale Belgien angriffen, um Frankreich schneller besiegen zu können, trat auch England in den Krieg ein. Zutreffend schrieb ein deutscher Diplomat in diesen Tagen: »Es wird ein Krieg aller gegen alle entbrennen, wie ihn die Weltgeschichte noch nicht erlebt hat.«
Der Erste Weltkrieg begann mit deutschen Siegen. Innerhalb weniger Wochen standen deutsche Truppen vor Paris. Den russischen Armeen wurden in Ostpreußen schwere Niederlagen zugefügt. Doch entgegen den Planungen des deutschen Generalstabs gelang es nicht die Alliierten vernichtend zu schlagen. Seit dem Herbst 1914 erstarrte der Krieg in einem Netz von Gräben, Bunkern und Erdlöchern, das ganz Europa durchzog. Auch der Einsatz neuer Waffen wie Tanks (Panzer), Flugzeuge und U-Boote, Giftgas und Flammenwerfer brachte keine Seite einem Sieg näher, vielmehr stiegen die Verluste in nie gekanntem Ausmaß. Im Kampf um Verdun verloren alliierte und deutsche Truppen fast eine Million Soldaten. Die Schlacht an der Somme, nur wenige Monate später, forderte erneut eine Million Opfer. Als das Deutsche Reich im Februar 1917 den uneingeschränkten U-Bootkrieg erklärte, traten die USA aufseiten der Alliierten in den Krieg ein. Ihr wirtschaftliches und militärisches Potenzial wirkte sich bald kriegsentscheidend aus.

Inwieweit haben die Bündnissysteme der europäischen Mächte zum Ausbruch des Ersten Weltkrieges beigetragen? Fertigen Sie zu dieser Fragestellung ein Referat an.

In vielen Ländern Europas war der Krieg zunächst begeistert begrüßt worden. Im Gegensatz zu den Versprechungen der Politiker und Militärs dauerte er aber nicht nur wenige Monate. Zum Ausgleich der hohen Verluste mussten immer mehr Männer an die Front. Die Materialschlachten verschlangen ungeheure Mengen an Waffen und Munition. Alle verfügbaren Arbeitskräfte, Männer, Frauen und Kinder, und große Teile der Wirtschaft wurden für den Krieg mobilisiert. Auch die Rückwirkungen des Kriegsgeschehens auf das alltägliche Leben in der Heimat waren unterschätzt worden. Wegen der Auswirkungen auf fast alle Bereiche staatlichen, gesellschaftlichen und wirtschaftlichen Lebens nennen viele Historiker den Ersten Weltkrieg den ersten »totalen Krieg« der Geschichte.
Der Krieg stellte die Regierungen vor große innere Probleme. Ungelöste soziale Konflikte verschärften sich, Streiks und Demonstrationen nahmen zu. Nach verheerenden Niederlagen löste dies Anfang 1917 in Russland eine Revolution aus. Im November übernahmen die von Lenin geführten Bolschewiki die Macht. Sie versprachen baldigen Frieden und eine gerechtere soziale Ordnung. Auch im Deutschen Reich vertiefte der Krieg innere Risse. Die wachsende Not infolge der Blockade Englands war nur eine Ursache der allgemeinen Unzufriedenheit. Zu ihr trug auch das Zögern der herrschenden Eliten bei die innere Reform des Obrigkeitsstaats voranzutreiben. Immer weniger Menschen wollten für sinnlose Kriegsziele Opfer bringen. Als sich im Herbst 1918 die militärische Niederlage abzeichnete, brach im Deutschen Reich ebenfalls eine Revolution aus. Am 9. November 1918 wurde die Monarchie gestürzt und unter Führung der Sozialdemokratie eine Republik eingerichtet. Zuvor waren bereits die Verbündeten zusammengebrochen. Österreich-Ungarn und das Osmanische Reich zerfielen in Einzelstaaten.

68 **»Take up the Sword of Justice!«** [»Ergreift das Schwert der Gerechtigkeit!«] Amerikanisches Propagandaplakat, Lithografie (152 x 98,6 cm).

Interpretieren Sie Bild und Text im Hinblick auf die Kriegsmotive der USA.

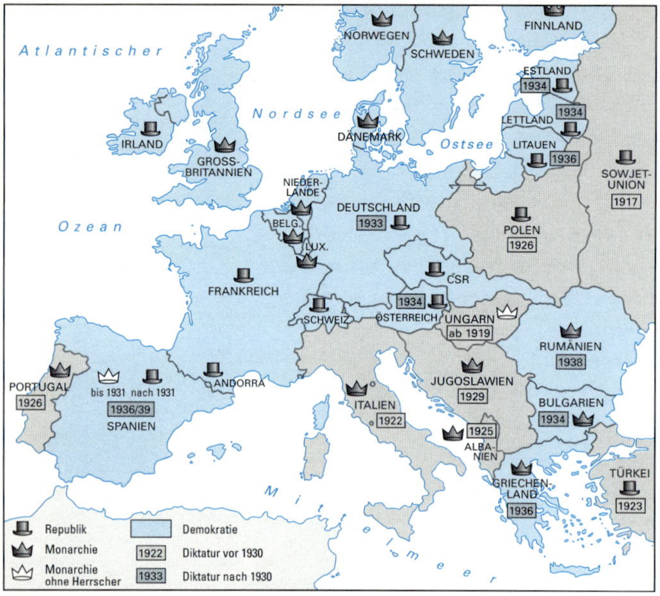

69 Die Entwicklung der politischen Systeme in den europäischen Staaten bis 1938.

Referieren Sie arbeitsteilig nach Wahl die Entwicklung des politischen Systems in einem europäischen Staat nach dem Ersten Weltkrieg.

Der Erste Weltkrieg veränderte die politische Landkarte Europas vor allem im Osten und auf dem Balkan, die Zeit der Kaiserreiche – Russland, Österreich und Deutschland – war vorbei. Zugleich begann mit ihm ein Jahrhundert der Revolutionen und der Instabilität. In mehreren Ländern ersetzten autoritäre Regimes bereits zu Beginn der Zwanzigerjahre demokratische oder konstitutionelle Ordnungen. Die militärische Niederlage und die Zerrüttung der Wirtschaft, die psychologische »Bürde« der alleinigen »Kriegsschuld« und die Millionen sinnloser Opfer erschütterten die inneren Verhältnisse der besiegten Staaten über viele Jahre. Der Gedanke der Revision bestimmte daher deren Außenpolitik.

70 Die Julikrise

a) Der deutsche Außenminister gegenüber dem Botschafter in London am 18. Juli 1914: Österreich, welches durch seine mangelnde Aktionskraft mehr und mehr Einbuße an seinem Ansehen erlitten hat, zählt schon jetzt kaum mehr als vollwertige Großmacht. Die Balkankrise hat seine Stellung noch geschwächt. Durch dieses Zurückgehen der österreichischen Machtstellung ist auch unsere Bündnisgruppe entschieden geschwächt worden.

[…] Österreich will sich jetzt mit Serbien auseinandersetzen und hat uns dies mitgeteilt. Während der ganzen Balkankrise haben wir mit Erfolg im Sinne des Friedens vermittelt, ohne Österreich dabei in kritischen Momenten zur Passivität gezwungen zu haben. Dass wir trotzdem – zu Unrecht – in Österreich vielfach der Flaumacherei beschuldigt sind, ist mir gleichgültig. Wir haben auch jetzt Austria nicht zu seinem Entschluss getrieben. Wir können und dürfen aber ihm nicht in den Arm fallen. Wenn wir das täten, könnte Österreich (und wir selber) uns mit Recht vorwerfen, dass wir ihm seine letzte Möglichkeit politischer Rehabilitierung verwehrt haben. Dann würde der Prozess seines Dahinsiechens und inneren Zerfalls noch beschleunigt. Seine Stellung im Balkan wäre für immer dahin. Dass eine absolute Stabilisierung der russischen Hegemonie im Balkan indirekt auch für uns nicht admissibel [annehmbar] ist, werden Sie mir wohl zugeben. Österreichs Erhaltung, und zwar eines möglichst starken Österreichs, ist für uns aus inneren und äußeren Gründen eine Notwendigkeit.

Wir müssen sehen, den Konflikt zwischen Österreich und Serbien zu lokalisieren. Ob dies gelingen kann, wird zunächst von Russland und in zweiter Linie von dem mäßigenden Einfluss seiner Ententebrüder abhängen. Je entschlossener sich Österreich zeigt, je energischer wir es stützen, umso eher wird Russland still bleiben. Einiges Gepolter in Petersburg wird zwar nicht ausbleiben, aber im Grunde ist Russland jetzt nicht schlagfertig. Frankreich und England werden jetzt auch den Krieg nicht wünschen. In einigen Jahren wird Russland nach aller kompetenten Annahme schlagferig sein. Dann erdrückt es uns durch die Zahl seiner Soldaten, dann hat es seine Ostseeflotte und seine strategischen Bahnen gebaut. Unsere Gruppe wird inzwischen immer schwächer. In Russland weiß man es wohl und will deshalb für einige Jahre absolut noch Ruhe. Ich glaube gern, [...] dass Russland jetzt keinen Krieg mit uns will [...], aber die Regierung in Russland, die heute noch friedliebend und halbwegs deutschfreundlich ist, wird immer schwächer, die Stimmung des Slawentums immer deutschfeindlicher. Lässt sich die Lokalisierung nicht erreichen und greift Russland Österreich an, so tritt der casus foederis [Bündnisfall] ein, so können wir Österreich nicht opfern. Wir ständen dann in einer nicht gerade proud [stolz] zu nennenden Isolation. Ich will keinen Präventivkrieg, aber wenn der Kampf sich bietet, dürfen wir nicht kneifen.

Zit. nach: Die Julikrise und der Ausbruch des Ersten Weltkrieges 1914, bearb. von Winfried Baumgart, Darmstadt 1983, S. 99 f.

b) Der österreichische Historiker Josef Redlich notierte nach Überreichung des Ultimatums an Serbien in seinem Tagebuch:

Die Note [...] lässt eine Annahme Serbiens eigentlich überhaupt nicht zu: Sie ist ein 48-stündiges Ultimatum und dann beginnt der Krieg: Dass Russland mit Serbien geht, ist so gut wie sicher anzunehmen, zumal die revolutionäre Streikbewegung eine Diversion nach außen ratsam macht. Ließe Russland Serbien seinem Schicksal tatenlos anheim fallen, dann würden die Nationalisten den Zaren stürzen. Deutschland ist immer aber bereit und willens selbst zum Kriege zu greifen. Alek [Hoyos; österreichischer Sonderbotschafter in Berlin] war vor 14 Tagen in Berlin, sprach dort erst mit dem Staatssekretär Zimmermann, dann mit Bethmann Hollweg, der vollkommen zustimmte: Wenn er auch einige diplomatische Unbehilflichkeiten zeigte, so war er doch von Anfang an ganz bei der Sache.

Wir wollen Serbien nicht auslöschen, aber verkleinern, dazu Nordalbanien nehmen. [...] Unsere Note ist sehr kräftig, sie wird, wie ich unter Aleks Zustimmung sage, einen furchtbaren Sturm in Europa erregen. Wir sind also noch fähig zu wollen! Wir wollen und dürfen kein kranker Mann sein, sagt Alek, lieber rasch zugrunde gehen! In England herrscht schlechte Stimmung gegen uns! [...]

So bricht heute ein großer Tag an: Hoffentlich führt er zu einer Gesundung Österreichs. [...] Wir beide sprechen über die Erzherzog-Legende: Die Welt weiß nicht, dass der Erzherzog immer gegen den Krieg war. So hat er uns durch seinen Tod zu der Energie verholfen, die er nie aufbringen wollte, solange er lebte! [...]

Zit. nach: Die Julikrise und der Ausbruch des Ersten Weltkrieges 1914, bearb. von Winfried Baumgart, Darmstadt 1983, S. 117 f.

Erläutern Sie die Politik der deutschen bzw. der österreichischen Regierung in der Julikrise (70a und b).
Arbeiten Sie Unterschiede und Gemeinsamkeiten heraus.

71 Kriegsschuldfrage

a) Der Historiker Wolfgang J. Mommsen zur deutschen Verantwortung für den Kriegsausbruch 1914:

Bei Lage der Dinge war Österreich-Ungarn der einzige noch verlässliche Bundesgenosse des Deutschen Reiches. [...] Aber auch innenpolitische Gesichtspunkte sprachen für eine uneingeschränkte Unterstützung Österreich-Ungarns. Es war unschwer vorauszusehen, dass die Parteien des Reichstages, obwohl dieser zum damaligen Zeitpunkt nicht tagte, mit großer Mehrheit, wenn auch aus unterschiedlichen Motiven heraus, für eine energische Unterstützung der verbündeten Donau-Monarchie eintreten würden. Demgemäß verbot es sich schon im Hinblick auf das angeschlagene po-

Wolfgang J. Mommsen, Großmachtstellung und Weltpolitik 1870–1914. Die Außenpolitik des Deutschen Reiches, Berlin 1993, S. 303 f., 312 f.

c) »Ich habe es nicht gewollt«: Kaiser Wilhelm II. an Kriegsgräbern. Bildpostkarte aus dem Ersten Weltkrieg nach einem Gemälde von Carl Schmidt.

Beschreiben Sie die Abbildung und erläutern Sie ihre Aussage mit Bezug auf die Verantwortung am Kriegsausbruch.

litische Ansehen der Regierung Bethmann Hollweg, welches dringend einer Aufbesserung bedurfte, nach Sarajewo einfach stillzusitzen und den Dingen ihren Lauf zu lassen. Ein solcher Kurs wäre aller Wahrscheinlichkeit nach bei den Parteien und in der deutschen öffentlichen Meinung auf massive Proteste gestoßen. Die Regierung Bethmann Hollweg stand außenpolitisch schon seit geraumer Zeit unter Erfolgszwang, und allein schon dieser Umstand legte es nahe, die Krise im Interesse der Stärkung der kontinentalen Machtstellung des Deutschen Reiches auszunutzen.

Demgemäß hatten die Entscheidungen der Reichsleitung Anfang Juli 1914 mit Nibelungentreue so gut wie nichts zu tun. Entscheidend waren vielmehr Überlegungen grundsätzlicher Natur und zugleich das Drängen der Militärs, »es zum Kriege jetzt, wo Russland noch nicht fertig [ist], kommen« zu lassen. Bethmann Hollweg entschied sich nach anfänglichem Zögern für einen mittleren Kurs, der gleichsam einen Kompromiss zwischen den verschiedenen Positionen innerhalb der engeren Führungsschicht des Deutschen Reiches gleichkam. Die zu erwartende österreichisch-ungarische Aktion gegen Serbien sollte zu einem Prüfstein des Kriegswillens Russlands gemacht werden, mit anderen Worten, man wollte es wegen Serbien zwar auf einen Krieg ankommen lassen, ohne es jedoch von Vornherein auf einen solchen anzulegen. Auf diese Weise hoffte Bethmann Hollweg den Forderungen der Militärs Genüge zu tun, die spätestens für 1916 oder 1917 mit einem Krieg mit Russland rechneten, ohne doch seinerseits die Auslösung des Krieges direkt zu betreiben.

b) Der Historiker Thomas Nipperdey zur deutschen Verantwortung für den Kriegsausbruch 1914:

Für eine deutsche Geschichte muss man zunächst festhalten und betonen: Die deutsche Regierung hat, entgegen langlebigen deutschen Legenden, ihren erheblichen Anteil am Kriegsausbruch gehabt. Ihre Planungen und Aktionen haben, vom »Blankoscheck« angefangen, das Kriegsrisiko von vornherein einkalkuliert und insoweit schon objektiv die Zuspitzung der Krise zum Krieg mitbewirkt: Aus der Möglichkeit, wenn es sie denn gab, die Krise durch Vermittlung friedlich zu lösen, ist auch wegen des Verhaltens der deutschen Regierung nichts geworden. Sodann gilt, gegen kurzlebigere nationalkritische Legenden: Die Reichsleitung ist nicht der alleinige Urheber des Weltkrieges gewesen, nicht auch der Hauptverantwortliche. Die russische Mobilmachung ist so entscheidend wie der Blankoscheck. Im deutschen Fall, wie in den Fällen der andern, greifen Schuld und Verhängnis ineinander. Man muss die Motive der deutschen Politik festhalten. Die deutsche Sicherheit war entschieden bedroht und erst recht der deutsche Machtstatus. Beides stand mit der serbischen Frage erneut auf der Tagesordnung. Beides aber, Sicherheit und Macht, schien nur durch Eindämmung und Bündnissprengung, durch Schritte gewährleistet werden zu können, die in den Augen aller anderen in die Nähe einer deutschen Quasi-Hegemonie führen mussten, das aber war für alle anderen unerträglich. [...]

Man muss in diesem Zusammenhang auch festhalten: Was die Deutschen in den Krieg führte, waren die weltpolitische Lage und ihre darauf bezogenen Ambitionen. Es war nicht – wie zum guten Teil in Russland – die innere Lage. Es gab keine »Flucht in den Krieg«. Stimmen, die das nahe legen, waren und blieben Nebenstimmen. Dass die nationalistische öffentliche Meinung ein Faktor war, der die Außenpolitik unter Erfolgsdruck setzte, zum Risiko und zur Demonstration von Stärke ermunterte, bleibt freilich eine Tatsache. Über den Einfluss der Militär- und Kriegspartei auf die Entscheidungen nach der ersten Phase der Krise mag man verschiedener Meinung sein. Bestimmend war zunächst das Konzept des Kanzlers. Und die Militärpartei wollte nichts anderes als eine Präventive, ihre Motive waren, jenseits der allgemeinen Furcht vor dem Machtverlust, sicherheitspolitischer Art. [...]

Zwei Dinge gelten für alle (und diese Gemeinsamkeiten bewirkt ein Stück weit den Eindruck vom blinden Verhängnis): Alle glaubten sich in der Defensive, und alle waren kriegsbereit. Alle überschätzten die eigene existenzielle Bedrohung, alle unterschätzten den kommenden Krieg, seine Gewalt wie seinen epochalen Katastrophencharakter. Der Krieg kam, weil alle oder einige am Frieden verzweifelten, nicht weil alle oder einige zum Krieg unter allen Umständen entschlossen waren.

Thomas Nipperdey, Deutsche Geschichte 1866-1918. Bd. 2: Machtstaat vor der Demokratie, München 1992, S. 695ff.

1. Zeichnen Sie jeweils den Argumentationszusammenhang bei Mommsen und Nipperdey (71a und b) mithilfe des Methodentrainings »Umgang mit schriftlichen Quellen« nach.
2. Diskutieren Sie mit Bezug auf die zeitgenössischen Einschätzungen (70a und b) die Auffassungen der beiden Historiker. Welcher Beurteilung der Kriegsschuldfrage können Sie beipflichten?

72 Kriegsbegeisterung

a) Am 9. August 1914 schreibt der Oberbürgermeister von Kassel, Erich Koch-Weser, über seine Erlebnisse in der Stadt ins Tagebuch:

Es ist ein großer einheitlicher Zug, der durch das Volk geht. Alle empfinden gleich, alle handeln gleich. Was ich neulich bei meiner Reise durch das viel zerspaltene, vielsprachige Nord-Ungarn empfand, den Segen, einem einheitlichem Volke anzugehören, da nur ein solches eine einheitliche Kultur entwickeln und steigern kann, finde ich in diesem Kriege bestätigt. Jeder will freiwillig eintreten oder, wenn er das nicht kann, sonst helfen. Man hört auf der Straße die Leute, auch einfache Arbeiter, nur darüber sprechen, ob sie wohl genommen werden, oder sich entschuldigen, wenn sie sich nicht melden. Eine abweichende Meinung oder auch nur eine gleichgültige Haltung scheint es in diesem Vielmillionenvolk überhaupt nicht zu geben. Die 20 Oberprimaner unseres Wilhelmsgymnasiums traten sämtlich ein. Gestern redete mich, als ich abends um 21.30 Uhr zur Liebesgabenverteilung auf Bahnhof Wilhelmshöhe ging (meine fast tägliche Abenderholung), ein einfacher Soldat an, ging mit mir, rühmte den tadellosen Empfang der Soldaten in Kassel und erzählte mir, er sei Oberschweizer [Melker], Vater von zwei Kindern, und habe sich freiwillig gestellt. Sein Vaterland wolle er nicht von anderen verteidigen lassen.

Und so ist die Stimmung überall. Ob sie 1870 noch lauter und sprühender war, weiß ich nicht. Geschlossener und einheitlicher und entschiedener kann sie nicht gewesen sein. Es ist ein prachtvolles Menschenmaterial, das der Heeresleitung anvertraut ist. Wenn deren Leistungen nach der Mobilisation zu beurteilen sind, wird sie sich diesem Vertrauen gewachsen erweisen. Mag dieser Krieg ausfallen, wie er will. Dass diese Mobilisation sich den größten Leistungen des Menschen würdig an die Seite stellt, ist sicher.

Kommunalpolitik im Ersten Weltkrieg. Die Tagebücher Erich Koch-Wesers 1914 bis 1918, München 1999, S. 56f.

b) Erklärung der Hochschullehrer des Deutschen Reiches vom Oktober 1914:

Zit. nach: Spiegel des 20. Jahrhunderts, hrsg. von Dieter Wild, Hamburg 1999, S. 157.

Wir Lehrer an Deutschlands Universitäten und Hochschulen dienen der Wissenschaft und treiben ein Werk des Friedens. Aber es erfüllt uns mit Entrüstung, dass die Feinde Deutschlands, England an der Spitze, angeblich zu unsern Gunsten einen Gegensatz machen wollen zwischen dem Geist der deutschen Wissenschaft und dem, was sie den preußischen Militarismus nennen. In dem deutschen Heere ist kein anderer Geist als in dem deutschen Volke, denn beide sind eins, und wir gehören auch dazu. Unser Heer pflegt auch die Wissenschaft und dankt ihr nicht zum wenigsten seine Leistungen. Der Dienst im Heere macht unsere Jugend tüchtig auch für alle Werke des Friedens, auch für die Wissenschaft. Denn er erzieht sie zu selbst entsagender Pflichttreue und verleiht ihr das Selbstbewusstsein und das Ehrgefühl des wahrhaft freien Mannes, der sich willig dem Ganzen unterordnet. Dieser Geist lebt nicht nur in Preußen, sondern ist derselbe in allen Landen des Deutschen Reiches. Er ist der gleiche in Krieg und Frieden. […] Unser Glaube ist, dass für die ganze Kultur Europas das Heil an dem Siege hängt, den der deutsche »Militarismus« erkämpfen wird.

d) »Sind wir die Barbaren?« Propagandaplakat von Louis Oppenheim.

Interpretieren Sie das Plakat und beziehen Sie die Aussagen der geistigen Elite (72b und c) mit ein.

Zit. nach: Der Tod als Maschinist. Der industrialisierte Krieg 1914–1918, hrsg. von Rolf Spilker/Bernd Ulrich, Bramsche 1998, S. 275.

c) Der Dichter Thomas Mann schreibt im November 1914 über den Krieg:

Wir hatten an den Krieg nicht geglaubt, unsere politische Einsicht hatte nicht ausgereicht die Notwendigkeit der europäischen Katastrophe zu erkennen. Als sittliche Wesen aber – ja, als solche hatten wir die Heimsuchung kommen sehen, mehr noch: auf irgendeine Weise ersehnt; hatten im tiefsten Herzen gefühlt, dass es so mit der Welt, mit unserer Welt nicht mehr weitergehe. […] Wie hätte der Künstler, der Soldat im Künstler nicht Gott loben sollen, für den Zusammenbruch einer Friedenswelt, die er so satt, so überaus satt hatte! – Krieg! Es war Reinigung, Befreiung, was wir empfanden, und eine ungeheure Hoffnung. […] Was die Dichter an sich begeisterte, war der Krieg an sich selbst, als Heimsuchung, als sittliche Not. Es war der nie erhörte, der gewaltige und schwärmerische Zusammenschluss der Nation in der Bereitschaft, einem Radikalismus der Entschlossenheit, wie die Geschichte der Völker sie vielleicht bisher nicht kannte. Aller innerer Hader, den der Komfort des Friedens hatte giftig werden lassen – wo war er nun?

Beschreiben Sie die Stimmung in der deutschen Bevölkerung zu Beginn des Krieges (72a–d). Berücksichtigen Sie dabei auch die unterschiedlichen sozialen Schichten.

73 Der Krieg – Exerzierplatz für Helden?

a) Brief, verfasst am 25. April 1915 in Sadowa (Galizien), aus einer Sammlung von Briefen gefallener Soldaten:

Lieber Vater!

Auf den Zusammenstoß mit dem Feinde freue ich mich, das darf ich dir ohne Übertreibung wirklich sagen. Und es übertrifft meine kühnsten Erwartungen, dass ich eine Truppe führen darf. – Gott gebe, dass ich es zum Nutzen unseres Vaterlandes tun werde. Ich hoffe, euch wiederzusehen mit dem freudigen Gefühl, endlich einmal mich nützlich erwiesen zu haben; Sollte ich euch, dich und Mutter, nicht wiedersehen können, so hoffe ich, dass ihr meiner denken dürft als eines Mitgliedes unserer Familie, das wenigstens zuletzt ihren Traditionen gefolgt ist. Ich bin in meinem ganzen Leben nie so glücklich gewesen wie jetzt, und ich danke dir, lieber Vater, und ich danke es auch Mutter, dass ich vor allem an eurem Beispiel gelernt habe, dass eure Erziehung mich doch letzten Endes dazu befähigt hat, ein preußischer Soldat und Offizier zu werden. Ich bitte dich, falls es mir nicht mehr möglich ist, alle Verwandten zu grüßen.

a) Zit. nach: P. Witkop, Kriegsbriefe gefallener Studenten. München 1928, S. 85.

b) Zit. nach: Bernd Ulrich/Benjamin Ziemann (Hrsg.) Frontalltag im Ersten Weltkrieg. Wahn und Wirklichkeit. Frankfurt a. M. 1994, S. 53.

b) Ein im Westen dienender Soldat – im Zivilberuf Mitarbeiter des Hamburger Stadtarchivs – ist in seinem Brief vom Dezember 1915 bemüht seinen Kollegen ein realistisches Bild des Grabenkrieges zu vermitteln:

Wenn die in der Heimat Zurückgebliebenen so die Zeichnungen u. Briefe sehen, die zum Teil aus der Front kommen, auch von mir, dann müssen sie wohl manchmal denken, dass wir hier ein fröhliches Leben führen. Lassen Sie sich alle gesagt sein, dass sich hinter diesen Äußerungen des Humors u. der Lebenslust oft eine furchtbare Tragik verbirgt. Es liegen sich die Gegner so dicht gegenüber, dass man diesen Stellungskrieg als Würgen bezeichnen kann; und kommen wir aus Lebensgefahr zurück in die einigermaßen sichere Bude, dann tritt bei dem gesunden jungen Menschen der Rückschlag ein: Eben schwebte er in furchtbarer Gefahr – jetzt ringt sein Lebensmut sich siegreich durch u. äußert sich bisweilen in übertriebener Lebenslustigkeit. [...] Wenn die in der Heimat dieses Bild *allein* sähen, so müssten sie glauben, wir führten ein beschauliches Leben. Nur schade, dass die Krieger nicht nach Hause schreiben, dass bei dem vielen Regen die Gräben einstürzen und der Dreck über die Stiefel bis an die Hüften geht, schade, dass sie nicht einmal das Geheul einer wenn auch nur kleinen Granate nach Hause schicken können für diejenigen, die hinterm Biertisch sitzen und in den Kaffeehäusern Reden halten.

c) »Skat spielende Kriegskrüppel«
Gemälde (124 x 80,4 cm) von Otto Dix, 1920.

1. Beschreiben Sie die Haltung des Soldaten in 73a und vergleichen Sie diese mit dem Bericht in 73b.
2. Verfassen Sie für einen Fernsehsender eine Reportage über das Leben an der Front. Verwenden Sie dazu auch die Abbildung 73c sowie Fotos aus Lexika und Büchern über den Ersten Weltkrieg.

74 Die »Heimatfront«

a) Aus einem Schüleraufsatz über den Kriegsalltag, 18. November 1915:

Mit knapper Not erreichen uns die Brotmarken. Brötchen essen wir keine mehr. Auf das Brot streichen wir Apfel- oder Quittengelee. Dieses hat meine Mutter gekocht. Dafür essen wir mehr Kartoffeln. Kürzlich bekamen wir 8 Malter [altes Kartoffelmaß] von unserem Bauern, aus Weiterstadt. Es sind dicke, gute Kartoffeln. Weil er so alt und schwach ist, musste ihm ein gefangener Franzose helfen. – Selten bekommen wir 1 Pfund Fett von unserm Metzger. Wurst essen wir keine mehr. Es sind sogar fleisch- und fettlose Tage eingeführt, nämlich dienstags und freitags. Sonntags essen wir 1 Pfund Fleisch und oft Gemüse dazu, welches meine Mutter auf dem Markte gekauft hat. Butter und Eier sind auch im Preis gestiegen. Selten bekommt meine Mutter 1 Pfund Butter, welche sie in ihrem Laufdienst kauft. Auch das Öl hat einen hohen Preis und man bekommt nur einen 1/2 Schoppen. Oft essen wir Grießsuppe; denn Reis kann man hier nicht mehr bekommen. Auch hat meine Mutter für den Winter Äpfel und Birnen gedörrt. So kann man sich aus der Not helfen. Mit dem Verdienst meiner Eltern und Geschwister kommen wir aus. Auch die notwendigen Gebrauchsgegenstände sind sehr teuer geworden. Kohlen und Briketts haben wir noch vom vorigen Jahr. Meistens brennen wir Kohlen, nur sonntags heizen wir unsere Wohnstube mit Briketts. [...] Aber woher kommt denn dies, dass alles so teuer ist? Das ist nicht zu verwundern; denn es ist ja Krieg.

c) Plakat eines Bankhauses zur 8. Kriegsanleihe, Frühjahr 1918.

Geben Sie den Inhalt des Plakates mit eigenen Worten wieder. Untersuchen Sie, mit welchen sprachlichen Mitteln hier die Bevölkerung zur Unterstützung aufgerufen wird.

b) General Ludendorff berichtet am 31. Juli 1917 über die Stimmung in der Heimat und in der Armee:

Die Stimmung in der Heimat ist tief gesunken. Bei den engen Beziehungen von Heimat und Heer kann das Heer auf die Dauer nicht unberührt bleiben. Im Innern machen sich neben krassem Egoismus und rücksichtsloser Gewinn- und Genusssucht Flaumacherei, Pessimismus und Pflichtvergessenheit breit, die den Ausgang des Krieges gefährden können. Diese Erscheinungen sind zu einem Teil auf wirkliche Notstände, wie schwierige Ernährungs- und Kohlenlage, pekuniäre Sorgen, Länge des Krieges, Verlust von Angehörigen usw. zurückzuführen. Zum größten Teil aber sind sie durch die zielbewusste Agitation gewisser staatszerstörender Elemente hervorgerufen, die skrupellos diese Notstände zur Förderung ihrer politischen Ziele ausnutzen und Unfrieden, Verhetzung usw. auf alle Art zu stiften suchen. Unser Volk ist in Alltagssorgen befangen und hat für die Größe und den Ernst der Zeit, wie für die Leistungen von Heer und Flotte, kaum noch Verständnis. Es zerfleischt sich in fruchtlosen Erörterungen, statt zunächst freudig, geschlossen und seiner kämpfenden Söhne würdig, den Krieg und seine unvermeidlichen Lasten zu tragen.

Die Stimmung aus der Heimat hat tatsächlich schon vereinzelt auf das Heer übergegriffen, wie zahllose Zeitschriften bezeugen. Daneben wird versucht, durch eine unmittelbare Beeinflussung die Kampffreudigkeit des Heeres zu beeinträchtigen. Dem allen kann nicht tatenlos zugesehen werden.

a) Zit. nach: Deutschland im Ersten Weltkrieg. Texte und Dokumente 1914–1918, hrsg. von Ulrich Cartarius, München 1982, S. 261 f.

b) Zit. nach: Deutschland im Ersten Weltkrieg. Texte und Dokumente 1914–1918, hrsg. von Ulrich Cartarius, München 1982, S. 292.

1. Erläutern Sie in eigenen Worten die Situation der Bevölkerung (74a) und die Reaktionen der militärischen und politischen Führung (74b).
2. Versuchen Sie vor diesem Hintergrund die Bezeichnung »totaler Krieg« zu erklären.

75 Ausblick nach der Katastrophe

a) Der Historiker Ernst Schulin über »das Ende Europas« nach 1918:

Der Erste Weltkrieg war der politische, wirtschaftliche und kulturelle Zusammenbruch des bisherigen Europas. […] Der literarische, wissenschaftliche und künstlerische Austausch zwischen den europäischen Völkern hatte im 18. und besonders im 19. Jahrhundert enorm zugenommen. Große kulturelle Leistungen waren niemals nur nationale Erscheinungen; die gesamte europäische Bildungsschicht nahm daran teil: an der französischen Aufklärung, an der italienischen und deutschen Musik, der englischen, russischen und skandinavischen Romanliteratur: Der Sozialismus war ebenso europäisch wie das diplomatische und höfische Leben. Krieg und Kriegspropaganda zerissen diese Gemeinsamkeiten, steigerten den nationalen Egoismus und verfeindeten die Völker. Es lässt sich gar nicht überblicken, was die ideologische Sinngebung des sinnlosen Kriegsgeschehens und der deprimierten Kriegsteilnehmer, die sich in allen Ländern als »verlorene Generation« empfanden, noch an eine gemeinsame bürgerliche Kultur, an eine europäische Zivilisation und ihren Fortschritt glauben? Der »Untergang des Abendlandes« war ihr Stichwort. […]

Mit dem wirtschaftlichen Zusammenbruch des alten Europa ist das Ende der Weltwirtschaft des 19. Jahrhunderts gemeint. […]

Bis 1914 war es immer noch eine Weltwirtschaft gewesen, die von den großen europäischen Staaten beherrscht war, an ihrer Spitze, wenn auch nicht mehr ganz unbestritten, von England. Der Krieg zerriss diese Verbindungen. Die Goldwährung wurde suspendiert. Die Krieg führenden Länder hatten enorme Staatsausgaben, die sie durch Kriegsanleihen finanzierten, mit der Folge von steigender Inflation. Mochten die kriegswichtigen Industrien auch riesige Gewinne, so war doch die ganze vierjährige Sonderbeschäftigung des aktivsten Teils der Bevölkerung und die dazugehörige Menschen- und Materialverschwendung insgesamt ein ungeheurer Verarmungsprozess. Jedermann spürte ihn nach dem Krieg an der Geldentwertung, an den Vermögensverlusten und der Arbeitslosigkeit – alles in bisher unvorstellbarer Höhe. Europa verelendete zum Vorteil der Vereinigten Staaten, Kanadas und Japans. Hatte es 1913 noch 43 Prozent des Anteils an der Weltproduktion, so zehn Jahre später, 1923, nur noch 34 Prozent. England verlor seine beherrschende Gläubigerposition an Amerika. [...]

Schließlich noch einige Worte über den politischen Zusammenbruch des alten Europa. Damit meinen wir das Scheitern der Funktionsfähigkeit des Systems der großen Mächte, das Scheitern ihres außenpolitischen Zusammenspiels, auf dem ja ein wesentlicher Teil ihrer Weltgeltung beruhte. Die einen sehen dieses Scheitern bereits im Kriegsausbruch, die anderen in der Unfähigkeit, diesen Krieg rechtzeitig und ohne äußere Hilfe zu beenden. Amerika und das neue Russland verurteilten darum dieses ganze System der Bündnisbildung nach eigenen Machtinteressen und nach Gleichgewichtsvorstellungen mit Geheimdiplomatie und militärischen Drohgebärden.

Zit. nach: Wolfgang Michalka (Hrsg.) Der erste Weltkrieg. Wirkung, Wahrnehmung, Analyse. München 1994, S. 22–24.

b) Der Historiker Modris Eksteins über den »Großen Krieg«, 1994:

Der Große Krieg [wie der Erste Weltkrieg im Englischen auch genannt wird – Anm. d. Übers.] schien das Ende so vieler positiver Dinge – Sicherheit und Vertrauen – zu bedeuten, ganz zu schweigen von den etwa neun bis dreizehn Millionen Toten, meistens jungen Menschen. Gleichzeitig bewirkte er die Geburt vieler negativer Dinge – Zynismus, Ironie, Missachtung und politischen, wirtschaftlichen und moralischen Aufruhr. »Herab stürzte die Lawine«, schrieb vor einer Generation Alistair Horne in hochtrabender Prosa. »Ihr Windstoß löschte das Zeitalter konkurrenzlosen Wohlstands und unbegrenzter Versprechungen aus, an dem selbst das arme mittelalterliche Russland begonnen hatte teilzunehmen, und Europa versank wieder in einem neuen Zeitalter der Dunkelheit, aus dessen Schatten es erst wieder heraustreten muss.«

Es gab natürlich auch einige, die dieses Argument umkehrten und sagten, das Alte sei schlecht gewesen und das Neue sei gut. Statt vom Licht in die Dunkelheit, wie viele behaupteten, habe sich die Welt aus der Dunkelheit ins Licht begeben. Die Stabilität der Zeit vor 1914 war ein Synonym für Verfall; Vergänglichkeit und Unvorhersehbarkeit hingegen waren Synonyme für Vitalität und Leben. Jeder auf seine ihm eigene Art, sahen sowohl der Ästhet als auch der Revolutionär den Krieg als das Produkt eines korrupten Systems an, aber gleichzeitig auch als eine Chance der Erneuerung. Zu diesem Thema gibt es zahllose Variationen. In seinem Roman »Tender is the Night« teilt F. Scott Fitzgerald die Menschen in Vorkriegs- und Nachkriegs-Typen ein. War man ein Nachkriegs-Typ, war man flexibler, »nicht so kompliziert« und damit ein besserer Mensch als der Vorkriegs-Typ.

Viele ehemalige Soldaten und politische Radikale der Rechten dachten in ähnlichen Begriffen; sie fanden, der Krieg sei eine intensive geistige Erfahrung gewesen. Folglich huldigten sie dem Krieg als der höchsten Form menschlichen Strebens und versuchten ihre Anstrengungen der Kriegszeit in der Friedenszeit wiederzubeleben. Adolf Hitler nannte den Krieg »die unvergesslichste und größte Zeit meines irdischen Lebens«. Ernst Jünger verglich den Geist des Krieges mit den Kreuzigungsdarstellungen der alten Meister: Von beiden ging eine große Macht aus, die, nach seinen Worten, »Nacht und Blut überstrahlte«. Sein Buch »Der Kampf als inneres Erlebnis« sollte zur Pflichtlektüre an Heinrich Himmlers SS-Schulen werden. Der Faschismus ergibt nur einen Sinn im Licht der Militarisierung der Gesellschaft durch den Weltkrieg und die Enttäuschung der durch den Krieg hervorgerufenen apokalyptischen Visionen.

Modris Eksteins, Der Große Krieg. Versuch einer Interpretation, in: Die letzten Tage der Menschheit. Bilder des Ersten Weltkrieges. Hrsg. von R. Rother im Auftrag des Deutschen Hist. Museums Berlin, 1994, S. 13f.

c) Der Militärhistoriker John Keegan über den Ersten Weltkrieg, 1999:

Stimmt es, dass der Kriegsausbruch von 1914 die zivilisierte Welt für immer und zum Schlechten verändert hat? In gewisser Weise ja.

Das Europa von 1914 war eine unvollkommen entwickelte Zivilisation. Seine Gesellschaften waren durch enorme soziale Ungleichheiten gezeichnet, seine politischen Systeme variierten stark hinsichtlich ihrer Bindung an die Ideale der Demokratie und des Respekts vor individueller Freiheit. Unter den Europäern waren viele, die ungerechtfertigt arm, politisch missachtet und unfrei waren. Dennoch war Europa ein Kontinent, der besseren Zuständen entgegensehen konnte, der politisch, sozial und vor allem wirtschaftlich von Optimismus erfüllt war.

Dieser Optimismus wurde von der Tragödie des Ersten Weltkriegs katastrophal getroffen. Am Ende war die frühere Gleichberechtigung unter den Staaten aufgelöst, indem einige zu höherwertigen, andere zu minderwertigen Staaten wurden – mit verheerenden Wirkungen für das nationals Selbstbewusstsein und Selbstvertrauen.

Der Krieg zerstörte ein gemeinsames, im Wesentlichen auf liberalen Vorstellungen beruhendes politisches Ordnungssystem. Er warf Europas gemeinsame, vom Respekt für Verstandesleistungen geprägte Kultur in ein verwirrendes Chaos, in dem die Vorstellung einer objektiven Wahrheit im Toben widersprüchlicher Ideologien unterging. Vor allem aber zerstörte der Krieg den Respekt vor der Unantastbarkeit des menschlichen Lebens. Die Millionen, die in den Gräben starben, deren Körper wie Klafterholz in Massengräbern aufgeschichtet oder ausgelöscht wurden, sind, daran glaube ich fest, die Vorgänger derjenigen, die in den Mühlen der rassistischen und ideologischen Ausrottungspolitik geraten sollten, wie sie von Hitlers und Stalins Handlangern betrieben wurden. Diese Handlanger waren vielfach Leute, die ihr Handwerk im Horror der Schlachthäuser von Verdun und der Somme gelernt hatten.

John Keegan, Der Erste Weltkrieg: »Das Geheimnis der Gräber«, in: Spiegel des 20. Jahrhunderts, hrsg. v. Dieter Wild, Hamburg 1999, S. 166.

Stellen Sie thesenartig die Urteile der Autoren zusammen (75a–c).
Berücksichtigen Sie dabei besonders die Beurteilung der Vorkriegszeit und die Folgewirkungen des »Großen Krieges« für die europäische Geschichte.

Angebote für ein Fächer verbindendes Projekt: Durchbruch der Moderne

Erdkunde: Von der Industrie- zur Dienstleistungsgesellschaft – Städtewachstum seit dem 19. Jahrhundert und Verstädterung als weltweiter Prozess heute – Eine ehemalige Kolonie in der Unabhängigkeit: politisch-geografische Probleme – Die Weltwirtschaft im 20. Jahrhundert: Vom Imperialismus zur Globalisierung – Standortfragen und Raumwandel im Ruhrgebiet

Ethik/Religion: Sigmund Freud und die Psychoanalyse

Sozialwissenschaften: Unabhängigkeitsbewegung und westlicher Kolonialismus – Fallstudien: Indien und Algerien – Formen der Kampfes gegen Imperialismus

Deutsch: Literarische Zeugnisse zur Moderne: expressionistische Lyrik – Die soziale Frage und der literarische Naturalismus

Geschichte: Ein Unternehmen erforschen: Die Geschichte der Elektro- und Chemieindustrie vor Ort

Kunst: Architektur und Moderne: Das Bauhaus

Verständigen Sie sich im Plenum über die Vorschläge und bilden Sie Gruppen zur arbeitsteiligen Realisierung der Projekte. Bereiten Sie am Ende Ihre Ergebnisse für die Präsentation in der Gruppe vor.

MENSCHEN- UND BÜRGERRECHTE – UNIVERSALE NORM FÜR MÄNNER UND FRAUEN?

IDEE UND WIRKLICHKEIT

Nach den ungeheuren Verbrechen, die während des Zweiten Weltkrieges geschehen waren, wurde am 10. Dezember 1948 von 48 UNO-Mitgliedsstaaten die Allgemeine Erklärung der Menschenrechte beschlossen. Damit bekamen die klassischen Freiheitsrechte zum ersten Mal in der Geschichte einen universellen Geltungsanspuch. Die Art und Weise, wie ein Staat mit seinen Bürgern umgeht, ist seitdem nicht mehr nur die Sache des einzelnen Staates, sondern der Staatengemeinschaft.

1 Zarte Pflanze
Plakat zur Allgemeinen Erklärung der Menschenrechte durch 48 UN-Mitgliedsstaaten, 1948.

Von Menschenrechten ist heute sehr viel die Rede. Zumeist allerdings dann, wenn ihre massive Verletzung zu beklagen ist, Menschen also etwa unter einem undemokratischen politischen System durch Zensur, Verfolgung oder sogar Folter zu leiden haben.

Von »Bürgerrechten« liest man dagegen weit seltener. Die großen Freiheitsbewegungen und Revolutionen der Neuzeit, denen wir die Grundlegung unserer modernen Demokratie und die konstitutionelle Absicherung der Menschen- und Grundrechte verdanken, begründeten zunächst einmal Bürgerrechte und keine Menschenrechte. Trotz des allgemeinen Anspruchs der amerikanischen Unabhängigkeitserklärung und der revolutionären französischen Verfassung von 1791 wurde einem großen Teil der Gesellschaft noch lange Zeit das Recht auf Gleichheit, persönliche Freiheit und politische Mitwirkung vorenthalten. Frauen, Juden und Farbige waren in der Regel nicht gemeint, als die Moderne begann, die so genannten naturgegebenen Rechte des Individuums zu formulieren und rechtlich abzusichern.

Handelt es sich hier überhaupt um naturgegebene Grundrechte des Menschen oder nur um historisch besondere Errungenschaften, die bei Änderung der wirtschaftlichen oder politischen Lage auch widerrufbar sind? Und drücken sich in den Menschen- und Bürgerrechten nicht rechtliche und moralische Vorstellungen und Normen aus, die allein im Verlauf der *europäischen* Sozial- und Kulturgeschichte entwickelt wurden? Wie berechtigt ist von daher überhaupt der in der westlich-demokratischen Welt erhobene Anspruch auf eine universale Anerkennung der Menschen- und Bürgerrechte?

Der Begriff der Grund- und Menschenrechte ist in unserem Jahrhundert zudem immer mehr von einem politischen zu einem Begriff mit sozialen und wirtschaftlichen Inhalten ausgeweitet worden.

In politischen Programmen taucht häufig der Begriff der Emanzipation auf. Dieser Begriff aus der römischen Antike, der ursprünglich die Freilassung aus patriarchalischer Herrschaft bedeutete, wurde in der Neuzeit mit neuen Inhalten gefüllt. Besonders virulent wurde der Begriff in unserer Zeit, als die Frauenbewegung erstmals breiten Bevölkerungsschichten bewusst machte, dass die Grundgesetzforderung nach Gleichstellung von Mann und Frau bei weitem nicht eingelöst ist. Die Emanzipation vieler Frauen in Familie, Beruf und Politik hat inzwischen deutliche Fortschritte gemacht, trifft aber bei weiterhin bestehenden traditionellen Rollenvorstellungen auch immer wieder auf politischen Widerstand.
Auch heute ist die grundsätzliche Auseinandersetzung darüber, was denn eigentlich die in vielen Verfassungen garantierten Grundrechte beinhalten, noch nicht zu Ende. Heißt z. B. »Gleichheit« nur »Gleichheit vor dem Gesetz« oder »politische Chancengleichheit« oder »soziale Chancengleichheit« oder sogar im sozialistischen Sinne »soziale und ökonomische Gleichheit« der Menschen in einer kollektiv organisierten Gesellschaft? Ist dieses fundamentale Recht nur ein Schutz des Individuums vor Übergriffen der Staatsmacht oder eine Verpflichtung jedes Einzelnen, in sozialer Verantwortung dieses Recht seiner Mitmenschen zu achten und zu fördern oder sogar die persönliche Freiheit kollektiven Interessen gänzlich unterzuordnen?
Auch das individuelle Freiheitsrecht, das Recht auf körperliche (und seelische) Unversehrtheit, die Religions-, Meinungs- und Pressefreiheit, das Recht auf Eigentum und Sicherheit sind Grundsätze, über deren konkrete Bedeutung immer wieder gestritten wird. Sind es nur Minimalrechte, die das Abgleiten des Staates in Willkür und Diktatur und die hemmungslose Ausbeutung von Menschen durch Menschen verhindern sollen? Oder sind es Ideale, die eine ständige Herausforderung darstellen, die gesellschaftliche und politische Realität in jedem Land der Welt nicht so zu akzeptieren wie sie ist?
Die Wurzeln dieser Diskussion, die wohl unsere weitere Zukunft bestimmen wird, reichen weit in die europäische Geschichte zurück.

2 Weltgefängnis
Karikatur [ohne Titel] von Claude Serre, 1977.

3 Natürliche und universale Geltung?

a) Der italienische Philosoph Norberto Bobbio über die Entwicklung der Menschenrechte, 1968:

Auch die Menschenrechte sind historische Rechte, die nach und nach aus den Kämpfen der Menschen um ihre Emanzipation und aus den Veränderungen ihrer Lebensbedingungen hervorgehen, die durch diese Kämpfe ausgelöst werden. Der Ausdruck »Menschenrechte« ist mit Sicherheit emphatisch [eindringlich]; er kann täuschen, denn er legt den Gedanken nahe, es gäbe Rechte, die einem abstrakten, der Geschichte enthobenen Menschen zukomme, einem ewigen Menschenwesen, aus dem wir durch Reflexion die unfehlbare Erkenntnis seiner Rechte und Pflichten ableiten. Heute wissen wir, dass die Menschenrechte kein Produkt der Natur, wohl aber der menschlichen Zivilisation sind. Als Produkte der Geschichte unterliegen sie dem Wandel, das heißt, sie können verändert und erweitert werden. [...] Wie allgemein bekannt ist, vollzog sich die Entwicklung der Menschenrechte in drei Phasen. Zunächst wurden die Freiheitsrechte eingefordert: die Rechte, die auf die Einschränkung der Staatsmacht abzielen und dem Individuum oder besonderen Gruppen eine Sphäre der Freiheit *vom* Staat verschaffen. In einem zweiten Schritt sind politische Rechte lanciert [ins öffentliche Bewusstsein gebracht] worden, in denen die Freiheit nicht mehr nur negativ als Nicht-Behinderung, sondern auch positiv als Autonomie definiert wurde. In der Konsequenz wurden die Mitglieder einer Gemeinschaft immer häufiger an der politischen Machtausübung beteiligt (Freiheit *im* Staat). Schließlich wurden die sozialen Rechte proklamiert, in denen sich neue Bedürfnisse, wir können ruhig auch sagen: Werte, ausdrücken, wie beispielsweise Wohlstand und nicht nur formelle Gleichheit. Hier könnte man von Freiheit *durch* oder *mit Hilfe* des Staates sprechen.

Norberto Bobbio, Gegenwart und Zukunft der Menschenrechte, in: ders., Das Zeitalter der Menchenrechte. Ist Toleranz durchsetzbar? Frankfurt/M 1999, S. 23.

b) Werner Trutwin über Menschenrechte und Islam, 1998:

Die Einstellung des Islam zu den Menschenrechten ist nicht auf einen einfachen Nenner zu bringen. Einerseits gibt es im Koran viele Stellen, die davon sprechen, dass der Mensch eine hohe Würde von Gott erhalten hat. Darin liegt eine gute *Grundlage* für die Menchenrechte. Der Islam kennt das Recht auf Leben und Eigentum, auf Asyl und Hausfrieden, auf soziale Sicherheit und Schutz, auf Erwerb von Wissen und Erhalt der Gesundheit. Er lehnt gewaltsame Bekehrungen ab und fordert Taten zum Wohl der Armen und Schwachen. Ungerechtigkeit und Aggression sollen bekämpft werden. Verzeihung ist besser als Rache. Diskriminierung auf Grund von Hautfarbe oder Rasse ist nicht erlaubt. Andererseits gibt es im Islam eine Ablehnung der Menschenrechte in der Form, wie sie im politischen Raum Europas und Amerikas entwickelt wurden. Für den Islam ist nicht der Mensch das Maß aller Dinge, sondern Gott. Die menschliche Würde kommt für den Islam allein von Gott. Sie ist am besten in der Gemeinschaft der Muslime (Umma) geschützt. Dieser Gemeinschaft gegenüber hat der Muslim eher Pflichten als Rechte. Er steht ihr nicht, wie der Bürger in der europäischen Moderne, als freies Individuum gegenüber, das eigene Rechte geltend machen kann. Für eine solche Einschätzung des Individuums bzw. des Subjekts gibt es im Islam kaum einen Platz. Die Würde des Menschen besteht darin, in der Gemeinschaft Gott gehorsam zu sein und Gottes Gebote zu erfüllen. Diese stehen aber nicht nur in ihrer konkreten Form im Gegensatz zu den von den Vereinten Nationen proklamierten Menschenrechten. Selbst in den islamischen Ländern, in denen die Scharia [Gesetz, das das gesamte islamische Leben regelt] nicht gilt, gibt es meist keine Religions- und Meinungsfreiheit, keine Freiheit der Kunst und der Wissenschaft. Auch die Rolle der Frau, das Ehe- und Scheidungsrecht entsprechen nicht den westlichen Standards der Menschenrechte. Die überaus harten Strafen, die von den islamischen Gerichten auch heute noch verhängt werden, erscheinen oft sogar als Verletzung der Menschenwürde.

Werner Trutwin, Die Weltreligionen. Islam, Düsseldorf 1998, S. 100f.

1. Geben Sie in eigenen Worten die drei Phasen der Entwicklung der Menschenrechte nach Bobbio wieder (3a).
   Wie definiert er den Begriff zu Beginn des Textes?
2. Vergleichen Sie Bobbios Sicht der Menschenrechte mit der islamischen nach Trutwin (3a und b).
3. Diskutieren Sie: Bestätigt die islamische Perspektive Bobbios Begriffsdefinition (3a, Zeile 1–7). Bewerten Sie dies.

1. GRIECHISCHE WELT UND ATTISCHE DEMOKRATIE

Im Unterschied zu den Verfassungen der Neuzeit, die ohne die vorherigen Theoriediskussionen im 17. und 18. Jahrhundert kaum denkbar gewesen wären, war die attische Demokratie kein Produkt geistiger Auseinandersetzung um die beste Staatsform, sondern das Ergebnis einer langen Entwicklung. Der zentrale Begriff der attischen Demokratie ist die Gleichheit der Bürger (isonomia). Was verstand man in Athen unter Rechtsgleichheit und politischer Gleichberechtigung?

Ab 2000 v. Chr.	Auf Kreta entsteht die minoische Kultur.
Um 2000	Im Zuge der ersten indogermanischen Wanderbewegungen siedeln sich griechische Ionier im ägäischen Raum an.
Um 1600	Die Peloponnes wird von griechischen Achaiern besiedelt. Die mykenische Kultur entsteht und erringt eine Vormachtstellung.
Um 1200	Die mykenische Kultur wird von den Dorern zerstört.
1100–800	Zum Ende der »dunklen Jahrhunderte« entstehen in den Siedlungsräumen der griechischen Stammesverbände kleinräumige Gemeinwesen mit ähnlicher Verfassung (»poleis«).
Um 900	Sparta wird gegründet.
750–550	»Griechische Kolonisation«: Griechen besiedeln die Küsten des Schwarzen Meeres und des Mittelmeeres.
Um 700	Die alte Königsherrschaft wird durch eine Adelsherrschaft über das Volk ersetzt. Die homerischen Epen »Ilias« und »Odyssee« entstehen.
7. Jh.	Die bedrückende Herrschaft des Adels treibt verschuldete Bauern in die Schuldknechtschaft.
Um 624	Drakon erlässt die »drakonischen Gesetze«.
594	Solon reformiert Staat und Gesellschaft Athens.
561–510	Peisistratos und seine Söhne Hipparchos und Hippias herrschen in Athen als Tyrannen.
508–501	Kleisthenes setzt Reformen durch und führt die Volksherrschaft ein (Grundsatz der Gleichheit und stärkerer Mitwirkung der Vollbürger).

1.1 Hellenische Identität

Bewusstsein gemeinsamer Kultur

Dass sich bereits im 2. Jt. v. Chr. eine Art frühgriechische Kulturidentität herausgebildet habe, aus der heraus sich kontinuierlich die spätere klassische griechische Kultur entwickelte, ist eine harmonisierende Sichtweise, die den – soweit ermittelbaren – historischen Tatsachen nicht gerecht wird. Wie archäologische Befunde von Siedlungen und Gräbern zeigen, entstanden erste Städte, die für die klassische griechische Kultur typische Siedlungs- und Lebensform, nicht vor 800 v. Chr. Erste Stadtmauern im griechischen Raum lassen sich in Kleinasien nachweisen.

In der Zeit von 800 bis 500 v. Chr., auch archaische Zeit genannt, werden sich die Griechen ihrer gemeinsamen Kultur bewusst, d.h. ihrer gemeinsamen Sprache, religiösen Vorstellungen und Literatur sowie mehr und mehr auch eigener politi-

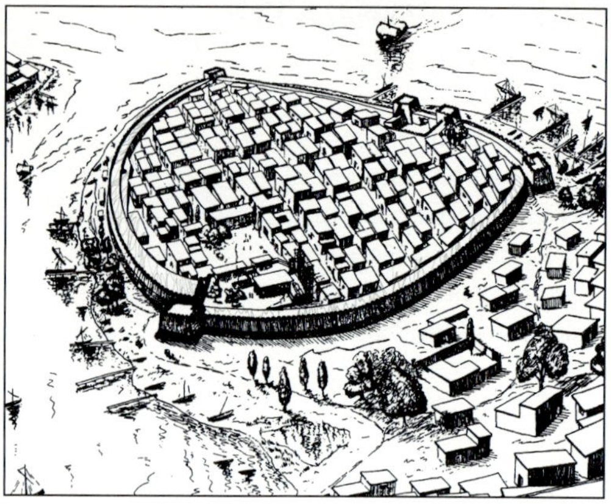

4 Smyrna (Izmir) in Kleinasien
Rekonstruktion des Zustands im 8. und 7. Jh. v. Chr.

scher Ordnungsprinzipien. Obwohl sie in einer Vielzahl von unabhängigen, sich oft bekriegenden Klein- und Kleinststaaten lebten, empfanden sie sich nun als Hellenen. Sie sahen sich im Gegensatz zu den Barbaren, die unverständlich »barbar« redeten, also den Nicht-Hellenen. »Griechen« wurden sie erst später von den Römern genannt. Eine wesentliche Voraussetzung für ihr gemeinsames Bewusstsein war die Schaffung einer dem Griechischen angepassten Buchstabenschrift. Nun wurden die bisher durch nahezu 500 Jahre mündlich weitergegebenen Mythen neu zusammengefasst und unter dem Namen Homers schriftlich fixiert.

Um die gleiche Zeit wurden die kultischen Wettkämpfe im Zeushain von Olympia zu einer Einrichtung des gesamten griechischen (panhellenischen) Kulturraums, so sehr, dass die griechischen Historiker des 3. Jh. v. Chr. den vierjährigen olympischen Rhythmus ihrer Zeitrechnung zugrunde legen konnten. Auch das alte Heiligtum und Orakel in Delphi bekam in dieser Zeit überregionale Bedeutung und wurde zu einer Stätte, wo Könige, Städte und Privatleute aus dem ganzen hellenischen Kulturkreis Rat suchten und ihre Dankesopfer und Gaben darbrachten. Das Orakel von Delphi gewann durch die Fülle der Informationen, die dort zusammenkamen, und mit seinen Weissagungen auch politische Bedeutung.

Barbaren: *Zunächst war mit Barbarentum die Unverständlichkeit fremder Sprachen gemeint, dann aber auch die Unverständlichkeit fremden Verhaltens, fremder Sitten und Wertvorstellungen. Barbar sein hieß schließlich roh, grausam, unberechenbar und daher bedrohlich sein. Philosophen des 4. Jh. erkannten diese Ansicht als Vorurteil und lehrten die grundsätzliche Gleichheit der Menchen. Für die herrschende Meinung war das von geringer Bedeutung. Auch die Römer waren in den Augen der Griechen zunächst Barbaren, bis die Römer griechische Kultur übernommen hatten und ihrerseits alle Völker außerhalb des Imperium Romanum als Barbaren anzusehen geneigt waren. Das Wort Barbaros ist griechisch; die Vorstellung, dass die Menschen außerhalb des eigenen Gesichtskreises bösartig oder minderwertig, also Barbaren seien, ist bei fast allen Kulturen, Religionen oder Weltanschauungen bis heute mehr oder weniger stark ausgeprägt, ist also offenbar ein primitives, d. h. urtümliches Wahrnehmungsstereotyp des Menschen.*

5 Mythos

Der Historiker Christoph Höcker über Struktur und Wesen des griechischen Mythos, 1999:

Der griechische Begriff »mýthos« (= »Rede, Erzählung, Fabel«) stammt von dem Verb mýein (= »Geheimnisse sagen«) ab und bezeichnet gleichermaßen eine einzelne »mythische« Erzählung, den Inhalt einer derartigen Erzählung sowie die Gesamtsumme aller solcher Erzählungen und Inhalte. […]

Mythos ist […] eine Art primitive Wissenschaft und stellt einen Versuch dar, vergangenes Geschehen auf eine gleichermaßen konkret erzählbare wie allgemeingültige Weise in einem Netz von Legenden zu verdichten, sodass sie sowohl als aktuell abrufbare Handlungsvorbilder wie auch der eigenen Selbstvergewisserung dienen. Im engeren relgiösen Sinne besteht der griechische Mythos aus einer komplexen Verschmelzung von Götter- und Heroenlegenden, also eigentlich aus zwei Welten: derjenigen der Götter und derjenigen der Heroen, den im Sinne des Mythos »geadelten«, menschlichen Vorfahren. Als Heroen aus der »diesseitigen« Sphäre fungierten z.B. mythisch-fiktive Städtegründer, mythisch-fiktive Könige. Im Mythos findet auf diese Weise gleichzeitig eine Vermenschlichung der Götter und eine Vergöttlichung der Menschen statt. [...]

Die ersten großen überlieferten Mythos-Erzählungen sind die Epen Homers (»Ilias«, »Odyssee«) und Hesiods (»Theogonie«) aus dem späten 8. und dem 7. Jh. v. Chr. Bereits im 5. Jh. v. Chr. bestand unter den damaligen Zeitgenossen weitgehende Einigkeit darüber, dass die griechischen Götter-Mythen von diesen beiden Dichtern »erfunden« worden seien; [...]. Dies macht deutlich, dass der griechische Mythos insgesamt niemals Produkt von Glaube und Aberglaube war, sondern eben Teil einer sich selbst vergewissernden Geschichtsschreibung. Der Mythos als Konstrukt bot die Möglichkeit, die auf der südlichen Balkanhalbinsel an sich relativ traditionslosen griechischen Zu- und Einwanderer zu Herren des Landes zu machen: Mit weit in die chronologisch nicht fassbare Vorzeit zurückgreifenden Mythen konnte die Realität über die heroisierte Erinnerung an die Vorfahren in ein Gefüge von Legenden und Sagen eingebettet und auf diese Weise bis in die Ur-Zeit »historisiert«, d.h. beglaubigt werden. Und es scheint kein Zufall zu sein, dass sich die Niederschrift der Mythen-Epen Homers [...] und Hesiods gerade in einer Situation vollzog, die gekennzeichnet war durch den Übergang von einer Welt bäuerlicher Isolation hin zu einer Welt miteinander mannigfach vernetzter, sich vor einem gemeinsamen kulturellen Horizont ausformender Stadtstaaten. Mythos wurde hier zur gemeinsamen Geschichte, zum »roten Faden« übergeordneter Kulturvorstellungen.

Christoph Höcker, Griechische Antike, Köln 1999, S. 36ff.

1. Erläutern Sie, welche Funktion der Mythos nach Höcker hat.
2. Informieren Sie sich über den Inhalt von Homers »Odyssee« und »Ilias« sowie Hesiods »Theogonie« und erklären Sie vor diesem Hintergrund die Formulierung »einer sich selbst vergewissernden Geschichtsschreibung« .

1.2 Anfänge der Polis und erste Verfassungsreformen

Viele Stadtstaaten – kein Reich

Die staatliche Entwicklung in Griechenland stand nach den »dunklen Jahrhunderten« ganz im Zeichen der Herausbildung selbstständiger Kleinstaaten. Auf dem Boden des heutigen Griechenland war ihre Zahl im 5. Jh. v. Chr. auf etwa 250 angewachsen. Diese Klein- und Kleinststaaten wurden von den Griechen Poleis (Singular: Polis) genannt: Städte. Da sie ein fest umrissenes Territorium, eine autonome Bürgerschaft und eine geregelte Selbstverwaltung aufwiesen, kann bei den Poleis berechtigterweise von Stadt*staaten* gesprochen werden. Ohne außenpolitische Bedrohungen – die Eroberung durch das Perserreich verhinderten die Griechen im 5. Jh. v. Chr., ohne dass ein dauernder Zusammenschluss nötig gewesen wäre – konnten die griechischen Poleis im 7.–5. Jh. v. Chr. ihre eigenen politischen Systeme entwickeln.

Nicht überall in Griechenland entstanden Poleis und die Stadtstaaten unterschieden sich an Größe und Struktur beträchtlich voneinander. Trotzdem ist »die Polis« zu einem Modell geworden, von dem der Begriff Politik abgeleitet wurde. Denn über die Fragen der politischen Verfassung, und das heißt insbesondere über die Entwicklung zur Demokratie in Athen, haben Griechen, vor allem die Athener, nicht nur heftig diskutiert, um sie gestritten und blutig gekämpft, sie haben auch viel darüber geschrieben. Daher ist vor allem die Entwicklung Athens vom 6. bis zum 4. Jh. v. Chr. für uns ein einzigartiger geschichtlicher Vorgang.

Polis als Idealtyp

Die Polis mit ihrem Tempel wurde Mittelpunkt der religiösen Verehrung der Ortschaften, in denen die Bürger der Polis wohnten. In die Polis strömten alle, die im Ältestenrat oder in der Volksversammlung (ekklesia) als Bürger auf die politischen Entscheidungen Einfluss nehmen durften und wollten. Überschaubarkeit war Wesensmerkmal. Man musste sie in wenigen Stunden zu Fuß erreichen können, in wenigen Minuten durchqueren. Zumindest unter den Bürgern musste jeder jedem bekannt sein. Nur in einer solchen »Face-to-face«-Gemeinschaft konnte ohne technische Hilfsmittel und entwickelte Bürokratie später Herrschaft des Volkes funktionieren. Weitere Voraussetzungen waren ihre Autarkie (autarkeia), also ihre Fähigkeit, sich materiell selbst zu versorgen, und ihre Verteidigungsfähigkeit, was beides wieder eine gewisse Mindestgröße an Fläche und Bevölkerung voraussetzt. Der kriegerische Kampf gehörte geradezu zum Alltag des politischen Lebens, in dem Heeresversammlung und Volksversammlung fast identisch waren, und politische Rechte an die Rolle im Heer gebunden waren. So entstand ein starker Polis-Patriotismus, der die Bürger, d. h. die freien erwachsenen Männer, zu einer exklusiven Gemeinschaft machte, in die sie so gut wie niemanden aufnahmen, der nicht hineingeboren war. Sklaven und ansässige Ausländer (Metöken) gehörten nie zu den Bürgern und nie hat ein Grieche die Forderung erhoben, Frauen – die ja nicht zum Heer gehörten – irgendwelche politischen Rechte zu geben.

6 Die Akropolis, das kultische Zentrum Athens
Rekonstruktionszeichnung von Peter Conolly.

Die Bürger einer Polis waren in noch kleinere Gemeinschaften mit bestimmten Rechten, Funktionen und Kulten eingegliedert: in Stämme (Phylen), in Wohnquartiere (Demen) und Bruderschaften (Phratrien), über die nicht sehr viel Genaues bekannt ist. Doch konnte man mit seiner Familie nur als Angehöriger solcher Gemeinschaften Bürger der Polis sein. Solidarität und Unmittelbarkeit der Beziehungen waren ebenso Merkmale der Polis wie Vetternwirtschaft. »Politik« war von privaten Beziehungen und Verpflichtungen nicht zu trennen.

Adelsherrschaft

Die seit etwa 700 v. Chr. herrschenden adeligen Geschlechter teilten das bisherige königliche Machtmonopol auf mehrere Amtsträger auf, die Archonten genannt wurden. Anfangs gab es drei:

- den Archon epónymos, der als Vorsitzender die Geschäfte leitete und nach dem das Jahr benannt wurde;

- den Archon basileús, in dessen Titel sich die Erinnerung an das Königtum (basileus = König) erhalten hat und der wie seinerzeit der König für den Götterkult zuständig war. Da die Griechen keine Priesterkaste kannten, galt dieses Amt als für das Wohl des Staates besonders wichtig.
- Der Archon polemarchos, der Kriegsführer oder Feldherr, war der Dritte.

Etwas später kamen sechs für die Auslegung des Rechts zuständige Archonten, die Thesmoteten, hinzu. Die Amtszeit der Archonten wurde nach und nach auf ein Jahr begrenzt, was eine weitere Einschränkung der Macht bedeutete. Außerdem gab es als zentrales Organ einen Adelsrat, den Areopag, der die Archonten wählte und in den die Archonten nach ihrer Amtszeit eintraten. Der Areopag hatte großes politisches Gewicht.

Es gab auch eine Volksversammlung, die aber keine Initiative ergreifen konnte.

Aristokratie *(griech. Herrschaft der Besten): Unter Aristokratie versteht man in der Geschichte gewöhnlich eine soziale Oberschicht, deren Macht auf Grundbesitz und Familientradition beruht, zu der im antiken Griechenland auch der Anspruch auf göttliche Abstammung gehörte. Der griechische Philosoph Aristoteles verwendete den Ausdruck im 4. Jh. v. Chr. für eine seiner drei Typen von Staatsformen: Monarchie = Herrschaft eines Einzelnen, Aristokratie = Herrschaft einer Elite, Demokratie = Herrschaft des Volkes. Als Aristokratien bezeichnet man ebenfalls die Herrschaftsform in Rom nach Beendigung der Königsherrschaft, aber auch im europäischen Mittelalter und in der Neuzeit die Stadtrepubliken in Oberitalien oder die deutschen Reichsstädte.*

7 Beginnende Demokratisierung?

a) Solon, der 594 v. Chr. als »Versöhner« zwischen adeliger Führungsschicht und Bevölkerung auftrat, in seiner 3. Elegie über den Nutzen von Gesetzen:

Mir gibt das Herz den Befehl, die Athener so zu belehren:
Gilt kein Gesetz, wird viel Übel dem Staate zuteil.
Gilt das Gesetz – es fügt zu schöner Ordnung das Ganze;
Die aber Unrecht tun, legt es in Fesseln zugleich,
Glättet das Raue, bezwingt die Gierde, erniedrigt den Hochmut,
Dörrt der Verblendung frech wuchernde Blüten und stellt
Das verbogene Recht wieder her; vermessenes Handeln
Dämpft es und setzt dem Zwist zwischen den Bürgern ein Ziel,
Macht ein Ende dem bitteren Zank. Befolgt man das Rechte,
Wird bei dem Menschengeschlecht alles gerade und gut.

aus: Solon, 3. Elegie, zit. nach: Europäische Geschichte. Quellen und Materialien, hrsg. von Hagen Schulze/Ina Ulrike Paul, München 1994, S. 422.

b) Zur solonischen Verfassung, zwischen 328–325 v. Chr. [Aristoteles zugeschrieben]:

(7) Eine Verfassung hat Solon dem Staate gegeben und hat sie auf neue Gesetze gegründet. […] Die neuen Gesetze ließ die Gemeinde auf Holztafeln einritzen und diese in der Königshalle aufstellen. Dann mussten alle schwören, die Gesetze zu halten.

Die Verfassung ordnete Solon in folgender Weise:
Zunächst teilte er in Anlehnung an die bestehenden Vermögensklassen die ganze Bürgerschaft in vier Steuerklassen: in Fünfhundertscheffler, Ritter, Kleinbauern [Zeugiten] und Lohnarbeiter [Theten]. – Von diesen verlieh er nur den ersten drei Klassen die Berechtigung, Regierungsstellen zu begleiten, indem er bei der Bestellung der Einzelnen, der neun Archonten, der Schatzmeister, der Poleten [verpachten die Staats-

steuern], der Elfmänner [beaufsichtigen die Gefängnisse und vollstrecken Strafen], der Kolakreten[besorgen die Opfermahle], die Bedeutung des Amtes nach der Größe des eingeschätzten Vermögens abstufte. Die vierte Klasse war auf das Stimmrecht in der Volksversammlung und in den Volksgerichten beschränkt. Zur ersten Klasse gehörten die, welche von ihrem Eigentum einen Reingewinn von mindestens fünfhundert Maß [1 Scheffel bzw. 1 Maß = 25 kg Getreide oder 36 l Öl] erzielten, sei es an Flüssigem [Wein, Öl] oder an Trockenem [Getreide]. Zur zweiten, der Ritterklasse, gehörten diejenigen, welche einen Reinertrag von mindestens dreihundert Maß hatten. [...]

Zur Klasse der Kleinbauern gehörten die, welche einen Reinertrag von zweihundert Maß an Trockenem oder Flüssigem erzielten. Alle Übrigen gehörten der vierten Klasse an, die von allen Regierungsstellen ausgeschlossen war. [...]

(8) Die Beamten wurden durchs Los[1] bestimmt, und zwar losten die, welche von den einzelnen Stämmen, der vier Phylen, dazu gewählt waren. Für die Stellen der neun Archonten präsentierte jeder Stamm zehn Männer und diese losten untereinander ... Daher ist es noch heute so, dass jede Phyle zehn Kandidaten präsentiert, aus denen die neun Archonten erlost werden ...

Vormals berief der Rat von Aeropag nach eigenem Ermessen diejenigen, die ihm für die einzelnen Stellen die geeignetsten erschienen, und bestellte sie auf ein Jahr.

Den Rat besetzte Solon mit vierhundert Mitgliedern, hundert aus jedem der vier Stämme. Dem Aeropag vertraute er die Überwachung seiner Gesetze an, wie dieser ja auch früher schon als oberste Aufsichtsbehörde die meisten und wichtigsten Interessen des Staates in seiner Obhut gehabt und nach eigenem Ermessen die, welche sich gegen die Ordnung vergingen, mit Körperstrafen und Bußen belegt hatte. Außerdem bekam er nun durch Solon die Befugnis gegen diejenigen rechtlich einzuschreiten, welche sich zum Sturz der neuen Verfassung verbänden. Da er aber die Erfahrung gemacht hatte, dass während der häufigen Parteienkämpfe in der Gemeinde manche von den Bürgern aus Gleichgültigkeit die Sache gehen ließen, wie sie wollten, schuf er für sie noch ein besonderes Gesetz: Wer während einer Bürgerfehde zu keiner der beiden Parteien halte, solle bürgerlich ehrlos sein und aus der Gemeinde ausscheiden.

(9) Drei Dinge sind es vornehmlich, in denen der demokratische Charakter der solonischen Verfassung hervortritt. Das erste und wichtigste war, dass er die Schuldsklaverei abschaffte, das zweite, dass er jedem, der wollte, das Recht gab, für einen anderen, der geschädigt war, zu klagen, das dritte – und das hat die Macht des Volkes am meisten gestärkt –, dass an das Volksgericht appelliert werden konnte. Denn wenn das Volk die höchste richterliche Entscheidung hat, so hat es auch die Verfassung in der Hand.

Zit. nach: Aristoteles [?], Schrift vom Staat der Athener, übersetzt von G. Kaibel und A. Kießling, Straßburg 1891, S. 7 ff.

[1] In einer Urne lagen weiße und farbige Bohnen, in einer zweiten Täfelchen mit den Namen der Bewerber. Der, dessen Name zugleich mit einer weißen Bohne herausgegriffen wurde, war gewählt.

c) Der Historiker T. Tarkianen zu Solons Leistungen, 1972:

Bei einer kritischen Untersuchung von Solons Werk müssen also vier Punkte seiner »Verfassung«, die man zweitausend Jahre hindurch vorbehaltlos als dazugehörig hingenommen hat, infrage gestellt, unentschieden gelassen oder geradezu gestrichen werden. Was an sicheren Nachrichten oder auf relativ zuverlässigen Schlussfolgerungen Basierendes übrig bleibt, scheint die Hypothese zu stützen, dass Solon sich überhaupt kaum mit der formalen Struktur der staatlichen Organe befasste, sondern den äußeren Rahmen der aristokratischen Verfassung unangetastet ließ. Mithilfe anderer Mittel bewirkte er in den politischen Verhältnissen einen derartigen Umsturz, dass er, um mit Aristoteles zu sprechen, »die Oligarchie [Herrschaft einer kleinen Gruppe] beseitigte, die allzu extrem gewesen war« (Politik, 1273 b).

Obgleich seine Leistung hoch bedeutend war und – schon nach seinen eigenen Versen zu urteilen – unmittelbar leidenschaftliches Interesse weckte, ging man erst viele Generationen später daran, ein einheitliches Bild und eine Gesamtvorstellung davon zu formen. Hinweise auf Solon und namentlich auf seine politische Tätigkeit sind nämlich vor dem oligarchischen Umsturz 411 sehr selten. Gerade damals fingen offenbar gewisse politische Kreise Athens an, von einer solonischen »Verfassung der Vorväter«, Pátrios politeía, zu sprechen. Man befürwortete die Rückkehr zu ihr wegen ihres antidemokratischen Charakters. Auch nach der Wiederherstellung der demokratischen Ordnung 403 kehrten die Hinweise auf Solon häufig wieder, um im Laufe des 4. Jahrhunderts die Form von Lobpreisungen anzunehmen. Jetzt betonte man allerdings den demokratischen Charakter der solonischen Verfassung, und Solon selbst wurde als »der Demokratie genehm«, »höchst demokratisch gesinnt«, »Gesetzgeber, der die Demokratie gründete« usw. gestempelt.

Zit. nach: T. Tarkiainen, Die athenische Demokratie, München 1972, S. 83 f.

d) Zur Verfassung des Kleisthenes, zwischen 328–325 v. Chr. [Aristoteles zugeschrieben]:

(21) [...] Als [Kleisthenes] nun im vierten Jahre nach der Vertreibung der Tyrannen die Führung des Volkes übernommen hatte, teilte er zunächst die ganze Bevölkerung in zehn Phylen an Stelle der bisherigen vier, um sie so untereinander zu vermischen und auf diese Weise eine größere Anzahl an der Ausübung der politischen Rechte zu beteiligen. [...]

Ferner bestellte er den Rat aus fünfhundert statt vierhundert Mitgliedern, und zwar fünfzig aus jeder der neuen Phylen, während bis dahin hundert auf jeden Stamm kamen.

Den Grund und Boden teilte er unter Zugrundelegung der Gemeindefluren in dreißig Bezirke (Trittyen), zehn rings um die Stadt, zehn an der Küste, zehn im Landesinneren. Diese Bezirke nannte er Drittelschaften und verloste sie zu je drei unter die zehn Phylen, sodass jede Phyle Teile von allen Landesteilen in sich schloss. Die Bewohner jedes Demengebietes fasste er zum Verband der Gemeindegenossen (Demoten) zusammen, damit bei amtlichen Bekanntmachungen die Einzelnen durch den Zusatz ihrer Gemeindezugehörigkeit voneinander unterschieden würden (und nicht mehr nach dem Namen des Vaters). [...] So ist es gekommen, dass die Athener auch im Privatleben sich nach ihrer Gemeindezugehörigkeit nennen und schreiben. [...]

(22) Infolge dieser Einrichtungen wurde die Verfassung viel demokratischer als es die solonische gewesen. [...]

Hierauf begannen sie die Heerführer (Strategen) nach Phylen zu wählen, aus jeder einen. Oberbefehlshaber des ganzen Heeres aber war der Polemarch. Nachdem sie im zwölften Jahr darauf, als Phainippos Archon war, bei Marathon gesiegt hatten, ließen sie noch zwei Jahre verstreichen, bis das Volk [...] zum ersten Mal das Gesetz über den Ostrakismos anwandte. [...]

Der Erste, den es traf, war einer aus Peisistratos Verwandtschaft [...], denn die Athener hatten die Freunde der Peisistratiden mit der gewohnten Nachsicht des Volkes ruhig im Lande wohnen lassen, sofern sie sich in den bürgerlichen Wirren nichts hatten zuschulden kommen lassen.

Gleich das Jahr darauf, als Telesinos Archon war, besetzten sie zum ersten Male seit den Zeiten der Tyrannis die Stellen der neun Archonten [...] durch das Bohnenlos.

Zit. nach: Aristoteles [?], Schrift vom Staat der Athener, übersetzt von G. Kaibel und A. Kießling, Straßburg 1891, S. 34 ff.

e) Ostrakon
Tonscherbe mit dem (falsch geschriebenen) Namen des athenischen Staatsmannes Aristeides, der 482 v. Chr. durch ein »Scherbengericht« verbannt wurde. Mit diesem Verfahren, dem Ostrakismos, konnte die Volksversammlung bei Anwesenheit von mindestens 6000 Bürgern die zehnjährige Verbannung eines Mannes beschließen. Ohne vorherige Diskussion schrieben die Bürger den Namen dessen auf, der verbannt werden sollte.

f) Der Historiker Tarkiainen über die Reformen des Kleisthenes:

Die Frage, ob das politische System in Athen, so wie es nach Kleisthenes` Reformen war, »demokratisch« oder sonstwie genannt wurde, findet je nach den Spuren, die der Forscher verfolgt, einander widersprechende Antworten. In seiner Schilderung der athenischen Parteikämpfe einige Jahrzehnte nach jenen Reformen spricht Plutarch [griechischer Geschichtsschreiber, um 100 n. Chr.] – wohl Aufzeichnungen von Attidographen [attische Geschichtsschreiber des 4. Jh. v. Chr.] benutzend und sichtlich bestrebt, die politischen Kontraste zu betonen – von der »Aristokratie« der kleisthenischen Zeit (Kimon 15). Er charakterisiert sie als bewundernswerte Verfassung, die in ihrer Mischung aller Elemente die Eintracht und Wohlfahrt des Staates verbürgte (Perikles 3). Anderseits vertreten, wie erwähnt, seit Herodot, der etwa ein halbes Jahrtausend älter als Plutarch war, viele die Ansicht, gerade Kleisthenes habe die athenische Demokratie »begründet«. In Wirklichkeit aber wurde das seiner »Verfassung« entsprechende System in der ersten Hälfte des 5. Jh. wohl noch nicht »Demokratie« genannt, sondern man bezeichnete es mit politischen Schlagwörtern, wie »Isonomia« und »Isegoria«. Das erstere mag »Gleichgewicht«, »Ebenbürtigkeit« oder Ähnliches und das zweite vermutlich »gleiches Recht« oder »gleiche Freiheit zu reden« bedeutet haben.

T. Tarkiainen, Die athenische Demokratie, München 1972, S. 105 f.

1. Fassen Sie in eigenen Worten zusammen, worin Solon die Funktion von Gesetzen sah (7a).
   Was wollte Solon mit der Fixierung und öffentlichen Platzierung von Gesetzestexten erreichen?
2. Bewerten Sie die Einschätzung in 7b, die der solonischen Verfassung einen »demokratischen Charakter« attestiert.
3. Erörtern Sie, welche Problematik sich aus dem Text 7c für unser Verständnis von Solon und für kritische Geschichtsforschung allgemein ergibt.
4. Erarbeiten Sie die von Kleisthenes vorgenommenen Veränderungen der athenischen Verfassung (7d).
   Benennen Sie die Unterschiede zu der Verfassung Solons (7b).
5. Diskutieren Sie, ob man bei dem Verfahren des Ostrakismos (7e) von einem »basisdemokratischen« Vorgang sprechen kann. Welche Gefahren birgt dieses Verfahren?
6. Analysieren Sie, inwiefern durch die Verfassung des Kleisthenes »Ebenbürtigkeit« und »gleiches Recht« (7f) erreicht werden.

1.3 Die attische Polisgemeinschaft im 5. und 4. Jahrhundert v. Chr.

Die Idee der demokratischen Polisgemeinschaft ging davon aus, dass alle Bürger Athens gleiche Rechte haben und aktiv am Staatsleben teilnehmen sollten. Wie aber war es um die Polisgemeinschaft in der Realität bestellt?

490–479	Die Griechen wehren den persischen Unterwerfungsversuch ab.
462	Übergang zur »Demokratie« unter Ephialtes und Perikles in Athen
443–429	Unter Perikles wird Athen die politische Führungsmacht Griechenlands.

Die soziale Schichtung der attischen Bevölkerung

Athen umfasste mit seinem Hinterland Attika zur Zeit des Perikles etwa 2 600 km^2. Auf dieser Fläche lebte – nach groben Schätzungen – eine Viertelmillion Menschen. In dieser Zeit, als Athen auf dem Höhepunkt seiner Macht war, stützte sich die Polis auf etwa 30 000 bis 50 000 wehrpflichtige männliche Bürger. Zusammen mit ihren Familienangehörigen zählte die Bürgerschicht Athens ungefähr 120 000 Personen. »Politeia« war nicht nur das griechische Wort für Staatsverfassung, sondern auch für Bürgerrecht; und die freien Männer über 18 Jahre, die ausschließlich die politischen Rechte besaßen, wurden »Politen« genannt. Sie waren besonders durch das Bürgerrechtsgesetz des Perikles (451 v. Chr.) scharf gegenüber den anderen gesellschaftlichen Gruppen abgegrenzt.
Unter diesen stellten die in Athen und Attika ansässigen Fremden, »Metöken« (Mitwohnende) genannt, ungefähr 30 000 Personen. Sie waren persönlich frei, besaßen aber keine politischen Rechte. Der Unterschied zum Vollbürger zeigte sich auch darin, dass die Metöken eine Kopfsteuer – 12 Drachmen im Jahr – zahlen mussten. Die Metöken bildeten – häufig als Handwerker und Händler tätig – eine besonders wichtige Gruppe, denn sie trug durch ihre Wirtschaftsaktivitäten erheblich zur Blüte Athens bei.
Am unteren Ende der sozialen Pyramide standen die Sklaven, deren Zahl sehr schwierig zu ermitteln ist. Die meisten Schätzungen gehen davon aus, dass in der Mitte des 5. Jh. v. Chr. 80 000 bis 120 000 Sklaven in Athen lebten.

Das Problem der Sklaverei

Hauptmerkmal des Sklaven war seine persönliche Unfreiheit; er war Eigentum seines jeweiligen Herren. Aristoteles definierte den Sklaven als »beseelten Besitz« und machte damit deutlich, was im antiken Griechenland als selbstverständlich galt: Der Sklave gehörte zwar dem menschlichen Geschlecht an, unterlag aber der völligen Verfügungsgewalt seines Herren. Allerdings konnte ein Sklave bei allzu grausamer Behandlung Zuflucht in den Tempeln suchen.
Zur Zeit des Perikles erwarb man Sklaven im Allgemeinen durch Kauf. Der Durchschnittspreis lag bei 150 bis 300 Drachmen (zum Vergleich: ein Rind kostete etwa 50, ein Pferd 300 Drachmen). Neben gekauften Sklaven gab es Unfreie, die im Haus eines Sklavenhalters geboren worden war; der Status des Sklaven war erblich. Auch Kriegsgefangene wurden häufig versklavt.
Die Masse der Sklaven war im Handwerk und im Bergbau tätig. Besonders hart waren die Lebens- und Arbeitsbedingungen für die Sklaven in den Silberminen von Laureion, wo nach modernen Schätzungen im 5. Jh. v. Chr. etwa 20 000 Sklaven arbeiteten. Der reiche athenische Feldherr Nikias vermietete 1 000 Sklaven nach Laureion und erzielte damit einen jährlichen Gewinn von 60 000 Drachmen. Überhaupt spielten Sklaven als Kapitalanlage und Mietobjekte für vermögende Bürger eine große Rolle.

8 Sklavenarbeit in einem Bergwerk
Korinthische Tontafel, Ende des 7. Jh. v. Chr.

Zahlreiche Unfreie arbeiteten als Haussklaven. Sie hatten als Kindererzieher, Verwalter, Köche usw. meist bessere Lebensbedingungen als die Sklaven in den Wirtschaftsbetrieben. Neben Sklaven, die Privatpersonen gehörten, gab es auch Tempelsklaven und Staatssklaven, die z. B. als Straßenbauarbeiter und Polizisten oder im Kriegsfall als Hilfs- und Versorgungstruppen eingesetzt wurden. Keine griechische Polis verfügte im 5. und 4. Jh. v. Chr. über so viele Sklaven wie das reiche und mächtige Athen. Es nimmt dabei nicht wunder, wenn manche Historiker einen unmittelbaren Zusammenhang zwischen der Sklaverei und der wirtschaftlichen und politischen Blüte Athens vermuten.

Gesellschaftliche Beschränkungen für Frauen

»Wir haben die Hetären (Geliebten) der Lust wegen, die Nebenfrauen wegen der täglichen Pflege unseres Körpers, die Ehefrauen aber dazu um uns legitime Kinder zu gebären und als verlässliche Wächter unseres Haushalts.« – Dieser Ausspruch des berühmten attischen Redners Demosthenes (4. Jh. v. Chr.) muss als Beleg für die Benachteiligung des weiblichen Geschlechts in einer von Männern beherrschten Welt erscheinen. Tatsächlich waren die Beschränkungen für die freie Frau in Athen und in den wohl meisten anderen griechischen Poleis vielfältig. Bereits im Kindesalter erfuhr das athenische Mädchen eine mindere Bildung und Ausbildung als ein Knabe. Es stand unter der Vormundschaft des Vaters, und wenn es – häufig im Alter von 15 Jahren – den Mann heiratete, den der Vater ausgewählt hatte, veränderte sich die Rechtsstellung der Frau nur in der Weise, dass sie nun von ihrem – meist erheblich älteren – Ehemann abhängig war. Sie besaß weder Rechts- noch Geschäftsfähigkeit, und selbst wenn sie z. B. als Marktverkäuferin oder Handwerkerin tätig war und den Unterhalt der Familie sicherte, geschah dies unter Aufsicht ihres Mannes. Ihre eigentliche Lebenswelt war das Haus; das öffentliche Leben war ihr – mit Ausnahme der religiösen Kulte – weitgehend verschlossen. Ihr oblag die Führung des Haushalts und die Erziehung der Kinder, bis diese sechs Jahre alt waren, dann übernahm der Vater diese Aufgabe. Der Mann konnte die Ehe einseitig aufkündigen; die Mitgift der Frau musste er ihrer Familie zurückgeben.

9 Zwei Priesterinnen bereiten Stiere zum Opfer vor
Rotfiguriger Trinknapf, 5. Jh. v. Chr. Religiöse Feste ließen auch Frauen innerhalb der Polisgemeinschaft in offizielle Funktionen treten.

Gleichheit: *Im antiken Athen bedeutete »Isonomie« (gleiches Recht für alle männlichen Vollbürger) ein Grundprinzip der demokratischen Ordnung. Obwohl bereits von Philosophen des 5. Jh. v. Chr. der Gedanke der natürlichen Gleichheit aller Menschen entwickelt wurde, blieb im Allgemeinen die Vorstellung von einer gottgewollten sozialen Ungleichheit bis zu Beginn der Neuzeit vorherrschend und bildete die theoretische Grundlage hierarchischer Gesellschaftsstrukturen.*

10 Sklaven

a) Das Problem der Sklaverei

Der Satz des Philosophen Alkidamas (4. Jh. v. Chr.) »Freigelassen hat Gott alle; keinen hat die Natur zum Sklaven gemacht«, entsprach nicht dem Bewusstsein der griechischen Bürger. Aristoteles (384–322 v. Chr.) über Sklaven:

Als erstes wollen wir über den Herren und den Sklaven reden. [...] Da nun der Besitz ein Teil des Hauses ist [...], so ist auch für den Hausverwalter der Besitz im Einzelnen ein Werkzeug zum Leben und im Ganzen eine Sammlung solcher Werkzeuge und der Sklave ein beseelter Besitz; jeder Diener ist gewissermaßen ein Werkzeug, das viele andere Werkzeuge vertritt. [...] Der Mensch, der seiner Natur nach nicht sich selbst, sondern einem anderen gehört, ist von Natur ein Sklave. [...] Von Natur also ist jener ein Sklave, der einem andern zu gehören vermag und ihm auch gehört und der soweit an der Vernunft teilhat, dass er sie annimmt, aber nicht besitzt. Die [Haustiere] dienen so, dass sie nicht die Vernunft annehmen, sondern nur Empfindungen. Doch ihr Dienst ist nur wenig verschieden; denn beide helfen dazu, das für den Körper Notwendige zu beschaffen, die Sklaven wie die zahmen Tiere. Die Natur hat außerdem die Tendenz, auch die Körper der Freien und der Sklaven verschieden zu gestalten, die einen kräftig und für die Beschaffung des Notwendigen, die anderen aufgerichtet und ungeeignet für derartige Verrichtungen, doch brauchbar für das politische Leben.

Aristoteles. Politik 12538 ff.; zit. nach: Geschichte in Quellen, Bd. 1, München 1965, S. 310 f.

b) Der Historiker Jochen Bleicken zum Sklavereiproblem, 1986:

Es verwundert [...] nicht, wenn in der modernen Forschung und nicht nur von marxistischer Seite die Frage gestellt worden ist, ob nicht die Wirtschaft Athens, ja ob nicht auch die demokratische Verfassung, unter der die Sklavenzahl besonders stark zunahm, und die machtpolitische Stellung Athens von der Arbeit der Sklaven abhing. [...] Konnte eine der politischen Grundideen der Demokratie, dass nämlich jeder Bürger seine politischen Rechte auch ausüben können sollte und er darum für das politische Geschäft bezahlt werden musste, nicht nur dann verwirklicht werden, wenn der Sklave die Arbeit auf dem Feld, in den Manufakturen und Bergwerken tat und er also die Produkte schuf, damit der Bürger dem politischen Geschäft nachzugehen vermochte? [...] Ist die Frage so allgemein [...] gestellt, lässt sie sich widerlegen: Auf jedem Arbeitsgebiet, ob nun in der Landwirtschaft, im Gewerbe oder im Handel, wären die Athener mit wenigen Ausnahmen auch ohne Sklaven ausgekommen. [...] Aber dieser Einwand ist doch nur bedingt richtig . [...] Für das Urteil über die athenische Demokratie [...] ist es schon wesentlich, wenn die Sklaverei auch nur ein Agens [Mittel] unter anderen für die dynamische Entwicklung der Stadt gewesen wäre. [...] Ist es nämlich für die Demokratie einerlei, wenn ein kleiner Töpfer oder ein Bauer, der zur Volksversammlung gehen wollte, dies ohne Schaden an seinem Betrieb tun konnte, weil er einen Sklaven hatte [...]? Ist es unwichtig, dass Vornehme und Wohlhabende sich gerade durch den Besitz von Sklaven größere Vermögen und völlige politische Unabhängigkeit erwarben?

J. Bleicken, Die athenische Demokratie, Paderborn 1986, S. 75 f.

1. Erörtern Sie das Problem der Sklaverei im antiken Griechenland (10a und b). Versuchen Sie aus dem Aristoteles-Text (10a) zu begründen, weshalb uns heute manches an der antiken Denkweise fremd und unverständlich erscheint.
2. Analysieren Sie, welcher Zusammenhang in 10b zwischen Demokratie und Sklaverei hergestellt wird.

11 Über die »Natur« und Rolle der Frau

a) Platon zur Gleichheit von Männern und Frauen:
Es gibt also, mein Freund, in der Verwaltung der Stadt gar keine Beschäftigung eigens für die Frau, nur weil sie Frau ist, und auch keine für den Mann, nur weil er Mann ist. Die Begabungen finden sich vielmehr gleichmäßig bei beiden Geschlechtern verteilt, und an allen Beschäftigungen hat die Frau und hat auch der Mann von Natur aus gleichen Anteil, nur dass das Weib überall schwächer ist als der Mann. [...]

So ist also die Veranlagung der Frau und des Mannes dieselbe in Bezug auf das Wächteramt in der Stadt; nur dass die eine schwächer, die andere stärker ist. [...] Dies sind also die Frauen, die wir für die Männer dieser Art auswählen müssen, dass sie mit ihnen gemeinsam wohnen und das Wächteramt versehen, weil sie dazu geeignet und ihnen von Natur aus verwandt sind. [...] Müssen wir nun aber gleichen Naturen nicht auch die gleichen Beschäftigungen zuweisen? [...] Wir stimmen darin überein, dass es nicht der Natur zuwider ist, wenn wir den Frauen der Wächter musische und gymnastische Bildung vermitteln. [...] So müssen sich denn die Frauen der Wächter entkleiden – statt der Gewänder werden sie ja Tüchtigkeit anlegen – und müssen am Krieg und auch sonst am Wächteramt teilnehmen. [...]

Zit. nach: Platon, Der Staat V/5 ff., Sämtliche Werke Bd. IV, Zürich/München 1974, S. 264 ff.

b) Aristoteles über das »natürliche« Verhältnis von Männlichem und Weiblichem:
Da wir nun drei Teile der Hausverwaltungslehre unterschieden haben, das Herrenverhältnis, von dem vorhin gesprochen wurde, das Vaterverhältnis und drittens das Eheverhältnis, so steht dem Manne zu über die Frau und die Kinder zu regieren, über beide als über Freie, aber nicht in derselben Weise, sondern über die Frau als Staatsmann und über die Kinder als Fürst. Denn das Männliche ist von Natur zur Leitung mehr geeignet als das Weibliche (wenn nicht etwa ein Verhältnis gegen die Natur vorhanden ist) und ebenso das Ältere und Erwachsene mehr als das Jüngere und Unerwachsene . [...] Es gibt von Natur mehrere Arten von Herrschendem und Dienendem. Denn anders herrscht der Freie über den Sklaven, das Männliche über das Weibliche. [...] Der Sklave besitzt das planende Vermögen überhaupt nicht, das Weibliche besitzt es zwar, aber ohne Entscheidungskraft, das Kind besitzt es, aber noch unvollkommen.

Aristoteles, Politik, 1259a, zit. nach: Geschichte in Quellen, Bd. 1, München 1965, S. 313.

Welche Konsequenzen ergeben sich letztlich aus dem Frauenbild, das Platon (11a) entwickelt, welche aus dem von Aristoteles (11b)?

12 Attische Demokratie – Selbstbild und historische Bewertung

a) Das Selbstverständnis der attischen Demokratie in Perikles' Gefallenenrede
Im Winter 431 v. Chr. hielt Perikles eine Gedenkrede auf die Athener, die im ersten Jahr des Peloponnesischen Krieges gefallen waren.
Auch wenn diese Rede wahrscheinlich nicht wortwörtlich so gehalten wurde, wie Thukydides sie überliefert, drückt sie doch die Demokratievorstellung des Perikles dem Geiste nach korrekt aus:
Die Verfassung, nach der wir leben, vergleicht sich mit keiner fremden; viel eher sind wir für sonst jemand ein Vorbild. [...] Mit Namen heißt sie, weil der Staat nicht auf wenige Bürger, sondern auf eine größere Zahl gestellt ist, Volksherrschaft. Es haben aber nach dem Gesetz in dem, was den Einzelnen angeht, alle gleichen Teil, und der Geltung nach hat im öffentlichen Wesen den Vorzug, wer sich irgendwie Ansehen er-

worben hat, nicht nach irgendeiner Zugehörigkeit, sondern nach seinem Verdienst; und ebenso wird keiner aus Armut, wenn er für die Stadt etwas leisten könnte, durch die Unscheinbarkeit seines Namens verhindert. Sondern frei leben wir miteinander im Staat und im gegenseitigen Geltenlassen des alltäglichen Treibens. [...] Bei so viel Nachsicht im Umgang von Mensch zu Mensch erlauben wir uns doch im Staat [...] keine Rechtsverletzung im Gehorsam gegen die jährlichen Beamten und gegen die Gesetze. [...] Anders als unsere Gegner [...] verwehren wir keinem unsere Stadt, und durch keine Fremdenvertreibungen missgönnen wir jemandem eine Kenntnis oder einen Anblick, dessen unversteckte Schau einem Feind vielleicht nützen könnte. [...] Und in der Erziehung bemühen sich die andern mit angestrengter Übung als Kinder schon um Mannheit, wir aber mit unserer ungebundenen Lebensweise wagen uns trotz allem in ebenbürtige Gefahren. [...] Wir vereinigen in uns die Sorge um unser Haus zugleich und unsere Stadt, und den verschiedenen Tätigkeiten zugewandt, ist doch auch in staatlichen Dingen keiner ohne Urteil. Denn einzig bei uns heißt einer, der daran gar keinen Anteil nimmt, nicht ein stiller Bürger, sondern ein schlechter, und nur wir entscheiden in den Staatsgeschäften selber oder denken sie doch richtig durch. Denn wir sehen nicht im Wort eine Gefahr fürs Tun, wohl aber darin, sich nicht durch Reden zuerst zu belehren, ehe man zur nötigen Tat schreitet. [...]
Zusammenfassend sage ich, dass unsere Stadt insgesamt die Schule von Hellas sei. [...] Für eine solche Stadt also sind diese Männer hier [...] in edlem Kampfe gefallen und von denen, die bleiben, ist keiner, der nicht für sie wird leiden wollen.

b) Sterbender Krieger
Marmorplastik vom Ostgiebel des Alphaia-Tempels auf Ägina, um 490 v. Chr.

Aus: Thukydides, Geschichte des Peloponnesischen Krieges, übers. von G. P. Landmann, Zürich/Stuttgart 1960, S. 34f.

c) Oligarchische Kritik an der attischen Demokratie

Die anonyme Streitschrift »Vom Staate der Athener«, die fälschlicherweise dem Sokrates-Schüler Xenophon zugeschrieben wurde, entstand vermutlich zu Beginn des Peloponnesischen Krieges um 430 v. Chr. in aristokratischen Kreisen Athens:

Was die Staatsform der Athener anlangt, kann ich es freilich nicht billigen, dass sie gerade für diese Art der Staatsform sich entschieden haben; denn hiermit haben sie sich zugleich dafür entschieden, dass es die gemeinen Leute besser haben als die Edlen. [...] Zunächst muss ich es aussprechen, dass mit Recht daselbst die Armen und das Volk berechtigt sind, den Vorzug vor den Vornehmen und den Reichen zu haben, und zwar deshalb, weil nur das Volk es ist, das die Schiffe treibt und dadurch der Stadt ihre Machtstellung verschafft. [...]
Alle Ämter [...], die der Gesamtheit des Volkes Nutzen bringen, wenn sie in guten, und Gefahr, wenn sie in schlechten Händen sind, an denen verlangt das Volk keineswegs Anteil zu haben (weder die Stellen der Strategen noch die der Reiterobersten wollen sie sich durch die Loswahl offen halten); denn das Volk versteht es sehr wohl, dass es größeren Nutzen davon hat, wenn es diese Ämter nicht selbst verwaltet, sondern sie durch die Vermögendsten verwalten lässt. Alle Ämter aber, die geeignet sind, Sold einzubringen und Nutzen ins Haus zu tragen, um die bewirbt sich das Volk. [...]
Es gilt aber auch wirklich für jedes Land, dass das bessere Element Gegner der Volksherrschaft ist; denn bei den Besseren ist Zuchtlosigkeit und Ungerechtigkeit am ge-

ringsten, gewissenhafter Eifer für das Gute und Edle am größten, beim Volke aber Mangel an Bildung und Selbstzucht am größten und Gemeinheit [...] seinerseits bedingt dadurch, dass es einigen der Leutchen an Mitteln gebricht. Daraus aber könnte einer folgern, dass es geboten wäre, sie nicht alle ohne Unterschied reden und am Rate teilnehmen zu lassen, sondern nur die Gescheitesten und überhaupt ausgezeichete Männer. [...]«

Pseudo-Xenophon L 1 ff.; Zit. nach: Geschichte in Quellen, Bd. 1, München 1965, S. 232 f.

d) Der Historiker Jochen Bleicken über attische und moderne Demokratie, 1986:
Athen ist eine unmittelbare Demokratie; das Volk übt seine Gewalt direkt, ohne die Zwischenschaltung von Repräsentativorganen aus. [...]

Es waren folglich der Idee nach alle Athener, faktisch möglichst viele von ihnen Souverän, Regierung, Amtsträger und Gerichtsherr zugleich.

In den modernen Massendemokratien halten Theoretiker und Praktiker der Politik die unmittelbare Demokratie für undurchführbar. Doch sie genießt in der Neuzeit fast überall einen großen Respekt. [...] Alle Rätesysteme und auch noch die Bürgerinitiativen unserer Tage leben von diesem Mythos, dass dem Volk als dem ursprünglichen Träger aller Gewalt eine besondere Qualität zugesprochen wird. Die Abhängigkeit der athenischen Volksversammlung liegt in der Achtung vor der Tradition, nicht in den Interessengegensätzen von Gruppen, die vielmehr in der Gesellschaft der (nur) politisch Gleichen ausgeschaltet oder wenigstens zurückgedrängt sind. Die moderne Demokratie ist demgegenüber gerade durch die Anerkennung von Gruppeninteressen definiert; wir sprechen von der »Parteiendemokratie«. [...] In einer gegenüber der modernen Zeit eigentümlichen Weise haben die Athener auch über die Gleichheit und das Verhältnis von Freiheit und Gleichheit gedacht. [...] Die Freiheit ist für die Athener in dem Gleichheitsbegriff enthalten bzw. eine Konsequenz desselben; sie bedeutet die Abwesenheit von Herrschaft und assoziiert folglich Vorstellungen wie »Ausübung der politischen Funktionen durch alle«. [...] »Demokratie« als Herrschaft aller politisch Berechtigten ist darum mit Freiheit identisch.[...] Kaum etwas anderes kennzeichnet klarer den Abstand zur Moderne. »Freiheit« steht in der Französischen Revolution gleichrangig neben »Gleichheit«; und die Freiheitsrechte bedeuten die Sicherheitsgarantie gegen die Staatsgewalt. Die Freiheit hat hier Eigenwert, und sie tritt mit dem Erlebnis der Massendemokratie dann als eigenständige Größe zunehmend in einen Gegensatz zur Gleichheit. [...]

Vorbereitet durch die Aufklärung ist »Demokratie« für uns gleichbedeutend mit Erhebung, Erwachen und fortschreitender Bewegung. [...]

Demokratie umfasst seit dem 19. Jahrhundert immer und überall einen sozialen Aspekt, der angesichts der Not der Gegenwart eine Forderung an die Gestaltung der Zukunft enthält. [...]

In Athen wies die Demokratie nicht den Weg in eine bessere Zukunft. Sie hatte bereits den ersehnten Zustand erreicht und war folglich die »gute Gesellschaft« in praktischer Tätigkeit. [...]

J. Bleicken, Die athenische Demokratie, Paderborn 1986, S. 387.

1. Erarbeiten Sie aus der Gefallenenrede des Perikles (12a) das Selbstverständnis der attischen Demokratie.
   Stellen Sie die Kritikpunkte an der attischen Demokratie, die sich aus dem Pseudo-Xenophon (12c) entnehmen lassen, dem Ideal der klassischen Polis gegenüber.
2. Stellen Sie Gemeinsamkeiten und Untersschiede zwischen dem athenischen Demokratieverständnis und heutigen Auffassungen (12d) von repräsentativer Demokratie zusammen.

Umgang mit Textquellen

Quellenarten

Die geschichtswissenschaftliche Forschung beruht auf der Auswertung von Quellen. Als Quellen dienen die verschiedensten Materialien, die einem zu betrachtenden vergangenen Zeitraum entstammen: Zum einen können Sachzeugnisse wie Bilder, Bauwerke, Münzen, Werkzeuge, selbst Küchenabfälle vorgeschichtlicher Siedlungen historische Erkenntnisse vermitteln. Die häufigste und daher wichtigste Quellenart sind allerdings schriftliche Zeugnisse wie zum Beispiel Gesetzestexte, Urkunden, Briefe oder Zeitungsausschnitte.

Klassifizierung von Texten

Texte, die als Quellen für die Geschichtsschreibung herangezogen werden, nennt man Primärquellen. Daneben stehen Wissenschaftlerinnen und Wissenschaftlern aber auch solche Texte zur Verfügung, die von früheren Historikern über das zu erforschende Thema bereits erstellt wurden. Diese so genannten Sekundärtexte können für spätere Generationen wiederum als Primärquellen interessant werden, zum Beispiel wenn es darum geht, wie sich eine Weltanschauung in der Darstellung einer historischen Epoche widerspiegelte. Seit dem 19. Jahrhundert hat sich die Unterteilung der schriftlichen Quellen in tradierende Texte und Überreste durchgesetzt. Schriftstücke, die historische Vorgänge für die Nachwelt bewahren sollen – wie etwa eine Chronik, eine Autobiografie oder ein Tagebuch –, bezeichnet man als tradierende, also bewusst überliefernde Texte. Bei Texten, die von den Zeitgenossen ausschließlich auf ihre eigene Gegenwart hin orientiert verfasst und verbreitet wurden, spricht man von Überresten aus vergangener Zeit. Hier lassen sich private Briefe, Reden oder Zeitungsartikel einordnen, Texte also, deren Autoren zum Zeitpunkt des Verfassens nicht bewusst war, dass andere sie später als schriftliche Zeitzeugnisse verwenden würden.

Parteilichkeit von schriftlichen Quellen

Um Geschichte erschließen zu können, müssen Historikerinnen und Historiker sich zunächst einen Überblick über die für ihr Forschungsinteresse infrage kommenden Quellen verschaffen. Zuerst befragen sie die Texte kritisch daraufhin, ob sie echt sind, von wem sie stammen, wann sie entstanden und auf welchem Weg sie überliefert wurden. Denn häufig weisen alte Schriftstücke Lücken auf, waren zum Teil beschädigt und wurden ergänzt. Erst dann beginnt die eigentliche Quellenarbeit: Die Texte müssen analysiert und interpretiert, in Bedeutungszusammenhänge gerückt werden.
Denn eine Zusammenstellung von Quellenauszügen allein ergibt noch keine historische Darstellung. Weil sie in bestimmten historischen Situationen unter besonderen Bedingungen und Stimmungen entstanden sind, können Textquellen missverständlich sein: Sie lassen weg, was sich seinerzeit von selbst verstand, und geben immer den Blickwinkel des Verfassers wieder. Auch wenn ein Autor anstrebt, möglichst objektiv zu berichten, blickt er – als Zugehöriger einer gesellschaftlichen Schicht, einer Religionsgemeinschaft, eines Geschlechts – aus einer eingeschränkten Perspektive auf die

13 Niederschrift eines solonischen Textes, wahrscheinlich aus einem Tempel oder einem anderen öffentlichen Gebäude des 5. Jh. v. Chr.

Dinge: Seine Darstellung kann niemals von allgemeiner Gültigkeit sein. Zudem sind einzelne Texte aus ihren ursprünglichen Lebenszusammenhängen gelöste Bruchstücke, sodass man ihnen nicht ohne weiteres ansieht, wie typisch oder untypisch sie für ihre Zeit sind.

Aussagewert von Textarten

Textquellen lassen sich in unterschiedliche Arten oder Gattungen (zum Beispiel Urkunden und Gesetzestexte, Akten, Briefe und Tagebücher, Zeitungsartikel, Autobiografien und Memoiren, Reden) unterscheiden, die von unterschiedlichem Aussagewert sind. Daher ist es zunächst wichtig zu klären, welche Textart vorliegt und welche Art der Aussage von dieser Textart zu erwarten ist. Ein Verfassungstext beispielsweise ist als Sollensnorm zu verstehen (normativer Text), die für sich nicht erkennen lässt, ob und wie weit sie im wirklichen Leben umgesetzt wurde; ein wortgetreues Gesprächsprotokoll ist die denkbar zuverlässigste Wiedergabe dessen, was gesagt wurde (deskriptiver Text), doch fängt es nicht die Gesprächsatmosphäre ein oder die geheimen Hoffnungen der Gesprächspartner, ihre Taktiken und wechselseitigen Einschätzungen. Dies kann eher eine Tagebuchaufzeichnung leisten, die einen hohen Grad an subjektivem Erleben des Verfassers mitteilt (Selbstzeugnis). Um die Aussagewerte von Quellen unterschiedlicher Gattungen bestimmen zu können, müssen diese daher unter verschiedenen Gesichtspunkten untersucht werden. Einen Überblick über wichtige schriftliche Quellengattungen und die zutreffenden Untersuchungsansätze gibt die folgende Tabelle:

Textart	Zu erwartender Aussagewert	Untersuchungsansatz
Urkunden und Gesetzestexte	Zeigen die Formgebundenheit von Schriftstücken	Frage nach der Form
Akten	Zeigen einen Vorgang, einen Verlaufsprozess, an dessen Ende meist eine Entscheidung steht	Frage nach dem Verlauf, Entscheidungsprozess
Briefe und Tagebücher	Ermöglichen Einblicke in die Subjektivität anderer Menschen. Sie formulieren Gefühle, Stimmungen und definieren Beziehungen	Frage nach der Individualität des Verfassers
Zeitungen	Zeigen politisch-weltanschauliche Vorstellungen und Mentalitäten sozialer Schichten und Gruppen	Frage nach den sozialen Gruppen
Autobiografien und Memoiren	Zeigen die Konstruktion von Lebensgeschichten und die Präsentation von Identität	Frage nach dem Selbstkonzept des Verfassers
Reden	Sind auf rhetorische Wirksamkeit bei einem Publikum angelegte Texte, die ihre wirkliche Bedeutung erst in gesprochener Sprache entfalten	Frage nach den sprachlichen Mitteln

Zit. nach: Hans-Jürgen Pandel, Textquellen, in: Lernbox Geschichte – Das Methodenbuch, Seelze/Velber 2000, S. 76.

Aspekte der Analyse und Interpretation von Textquellen

Um zu einer begründeten Interpretation eines Textes gelangen zu können, ist vor allem wichtig, die Aussageabsicht des Verfassers zu erkennen. Jeder Autor, der einen Text verfasst, wendet sich an einen bestimmten Leser. Zu einer Interpretation eines Textes gehört es daher immer, den ursprünglichen Adressaten »mitzudenken«: Ein Redakteur schreibt für eine politisch und sozial in bestimmter Weise geprägte Leserschaft. Er setzt bestimmte Haltungen und ein Vorwissen voraus. Da häufig zusätzliche Informationen nicht zur Verfügung stehen, müssen wir – als spätere Leser – aus der Quelle erschließen, welche Haltungen, welches Vorwissen seiner Leserschaft er voraussetzen konnte.

Zudem: In der Auseinandersetzung mit Textquellen stößt man – insbesondere wenn es sich um ältere Texte handelt – häufig auf sprachliche Verständnisschwierigkeiten. Die vorkommenden Namen, Bezeichnungen, aber auch Zustände und Ereignisse, auf die sie hinweisen, sind heutigen Leserinnen und Lesern vielleicht nicht mehr geläufig. Für die Erklärung von Begriffen muss in solchen Fällen Fachliteratur herangezogen werden. Doch Vorsicht: Oft sind auch Begriffe enthalten, die zunächst bekannt erscheinen, in früheren Zeiten aber mit einem anderen Bedeutungsgehalt versehen waren, wie etwa »Bürger« oder »Familie«. Dass eine Diskrepanz bestehen kann zwischen der Begriffsbestimmung des Autors und seiner zeitgenössischen Leserschaft einerseits und dem heutigen Leser andererseits sollte uns bewusst sein. Unter Umständen müssen weitere Texte – auch Sekundärtexte – klärend hinzugezogen werden.

Die folgenden Fragen zu einzelnen Aspekten des Umgangs mit Textquellen sind als methodische Hilfestellung und als grobes Orientierungsgerüst bei der Analyse und Interpretation von Textquellen gedacht:

- **Verfasser:** Wer ist der Autor der Quelle? Aus welcher sozialen Schicht kam er? Wo stand er politisch? In welchem Verhältnis stand er zu dem kommentierten/dargestellten Geschehen? Was konnte er wissen, was nicht?
- **Entstehungsort, Situation, Zeitpunkt:** Wann, wo, unter welchen Bedingungen entstand die Quelle? Wie viel Zeit ist zwischen dem Ereignis, über das berichtet wird, und der Abfassung der Quelle verstrichen?
- **Überlieferung:** Auf welchem Weg wurde der Text überliefert? Wurde er mündlich oder schriftlich tradiert?
- **Erkenntniswert:** Welches sind die zentralen Aussagen des Textes im Hinblick auf die eigene Fragestellung?
- **Echtheit:** Inwieweit erscheint der Text glaubwürdig? Lässt sich die Aussage der Quelle überprüfen, womöglich an anderen Quellen?
- **Inhalt und Form:** Was vermittelt der Autor? Welcher Textgattung bedient er sich?
- **Adressat:** An wen wendet sich der Verfasser (private Adressaten oder Öffentlichkeit)?
- **Sprache:** Welche Begriffe werden häufig verwendet? Haben sie besondere Bedeutungen?
- **Vermittlungsabsicht:** Aus welchem Blickwinkel spricht der Autor? Welche Interessen vertritt er? Wem nützt seine Art der Darstellung? Verschweigt oder verzerrt er etwas? Welchem Zweck sollte der Text vermutlich dienen?

Facharbeit

Das Anfertigen einer Facharbeit ist besonders geeignet selbstständiges Lernen zu praktizieren und sich auf Studium und Beruf vorzubereiten.

Das Thema einer Facharbeit umfasst in der Regel ein mehr oder weniger weit gestecktes Inhaltsfeld, innerhalb dessen sich die Verfasserin und der Verfasser erst eine eigene Fragestellung erarbeiten müssen. Das Thema muss eingegrenzt und folgende Aspekte müssen berücksichtigt werden:

- Inwieweit fühlt sie/er sich selbst betroffen, in welche Richtung zielt also das Erkenntnisinteresse, was soll das Ergebnis der Arbeit sein, welches Ziel bzw. welche Absicht verfolgt sie/er damit?
- Wo liegen die Interessen der Mitschülerinnen und Mitschüler bzw. (späteren) Zuhörerinnen und Zuhörer, welche Informationen und Zusammenhänge sind für sie wichtig und welche Vorkenntnisse sind bereits vorhanden?
- Welchen Beitrag leistet die Facharbeit zur Behandlung des gesamten Kursthemas, welche Kenntnisse müssen also vermittelt werden (Sachinteresse)?

Ist dieser Klärungsprozess abgeschlossen, sollte das Thema leicht verständlich und klar, aber auch so »spannend« formuliert werden, dass das Interesse der Zuhörer/Leser geweckt wird.

Suchstrategien zur Informationsbeschaffung

Um sich einen ersten Überblick über das zu bearbeitende Themenfeld zu verschaffen, kann es sich lohnen zunächst ein enzyklopädisches Lexikon (z. B. Brockhaus oder Meyer) zu Rate zu ziehen. Der entsprechende Stichwortartikel liefert – auch über die Querverweise – bereits eine Reihe von Grundinformationen sowie Literaturangaben. Aktuellere Titel mit spezialisierten Fragestellungen müssen dann aber in den Bibliotheken durch eine Katalogrecherche (mit Computer und/oder Internet) ermittelt werden. In Zeitungsberichten haben Journalisten zu einem bestimmten Thema häufig wichtige Hintergrundinformationen aus verschiedenen Quellen zusammengetragen. Eine Stichwortanfrage bei den entsprechenden Archiven kann helfen solche Artikel aufzuspüren.

Erstellen einer Gliederung

Beim Anfertigen einer Facharbeit ist es schon in einem frühen Stadium notwendig eine Gliederung zu entwerfen. Die Autorin und der Autor sollen bereits über eine Reihe von Grundinformationen und Ideen verfügen, andererseits hilft ihnen aber eine solche Disposition gezielt nach weiteren Informationen für bestimmte Kapitel zu suchen. Eine Methode, einen »roten Faden« für die zu verarbeitenden Informationen zu finden und eine Gliederung zu erstellen, ist das Mindmapping.

Umgang mit der Sekundärliteratur

Bei der Suche nach Informationen ist es häufig notwendig sich Texte rasch zu erschließen, das Wichtigste »auszufiltern« sowie die inhaltliche und logische Gliederung herauszuarbeiten. Folgende Verfahren können das erleichtern:

- Einen ersten Überblick über einen Sachtext bieten die Disposition (bei einem Buch), die Einleitung oder das Textende, Überschriften und Untertitel.
- Beim Exzerpieren wird der grundsätzliche Gedankengang durch das Herausschreiben von Kernaussagen festgehalten.

- Die Gliederung eines Textes in Sinnabschnitte mit selbst entwickelten Überschriften vertieft das Textverständnis, hält die wesentlichsten Informationen und die Argumentationslinie des Autors fest.
- Ein Text kann auch dadurch erschlossen werden, dass an ihn Fragen gerichtet werden, die sich aus der Problemstellung der eigenen Facharbeit ergeben.

Anlegen eines Arbeitsordners

Um die Fülle an Informationen rechtzeitig zu kanalisieren, um Ideen für Einleitung, Hauptteil oder Schluss zu sortieren und das Literaturverzeichnis immer auf dem neuesten Stand zu halten, sollte rechtzeitig ein Arbeitsordner angelegt werden. Das kann ein Aktenordner mit Trennblättern oder ein Karteikartensystem mit folgender Minimalgliederung sein: Titelblatt, Disposition, Einleitung, einzelne Hauptkapitel, Schlussteil, Literaturverzeichnis. Die Ergebnisse der Literaturbearbeitung oder sonstige Aufzeichnungen werden nun auf DIN-A4-Blättern oder Karteikarten festgehalten und entsprechend eingeordnet. Bei den Literaturauszügen sollte dabei sorgfältig zwischen »Zitaten«, »Paraphasen« (sinngemäße Wiedergabe) und »eigenem Kommentar« unterschieden werden.

Abfassen der Facharbeit

Hierbei sind bestimmte formale und inhaltliche Aspekte zu beachten:

- Deckblatt: Es enthält Titel der Arbeit, Name der Verfasserin, des Verfassers, Jahrgangsstufe sowie Datum der Abgabe und kann entsprechend gestaltet werden (z. B. mit Foto/Grafik zum Thema);
- Gliederung: Sie lässt in logischer Zuordnung von Ober- und Unterkapiteln in übersichtlicher Form den »roten Faden« erkennen und enthält auch die Seitenangaben;
- Einleitung: In ihr werden Problemstellung sowie das Anliegen skizziert und sie gibt Hinweise auf den Gang der Untersuchung;
- Durchführungsteil: Neben dem Inhalt sollte hier auch auf die sprachliche Form, auf die korrekte Verwendung von Fachbegriffen, auf die grafische Ausgestaltung und das Layout geachtet werden;
- Schlussteil: Fasst die wichtigsten Ergebnisse knapp zusammen. Es wird z. B. auch geprüft, ob das in der Einleitung formulierte Anliegen eingelöst werden konnte;
- Literaturverzeichnis: Es muss in korrekter Form sämtliche verwendeten Quellen oder Werke der Sekundärliteratur anführen.

Für die Zitierweise gilt folgende Grundregel:
Name und Vorname des Autors: Titel. Verlag, Erscheinungsort und Erscheinungsjahr (ggf. mit Auflage), Seitenangabe. Für Sonderfälle wie Monographien in mehrbändigen Werken muss die Bandangabe oder bei Zeitschriften nach dem Autor und dem Titel der Name der Zeitschrift, das Jahr, die Heft-Nummer, evtl. der Jahrgang und die Seitenzahl aufnotiert werden.

Tipps für einen möglichen Vortrag (Kolloqium)

- Zeitbedarf genau kalkulieren,
- Anschaulichkeit herstellen durch klare Gliederung und lebendige Sprache,
- Kreativität beim Medieneinsatz entwickeln,
- Vortragstechniken (Rhetorik) beachten,
- Thesenpapier/Exposé erstellen.

2. DIE MENSCHENRECHTE GEWINNEN POLITISCHE BEDEUTUNG

2.1 Das christliche Mittelalter

christliche Weltanschauung im Mittelalter

Seit das Christentum in der Spätantike zur Staatsreligion wurde, waren das alltägliche Leben und die Weltanschauung des mittelalterlichen Menschen von christlicher Heilssicht geprägt. Diese lässt sich im Hinblick auf das Verständnis von Menschen- und Grundrechten folgendermaßen auslegen: Da nach dem Alten Testament Gott den Menschen nach seinem Ebenbilde geschaffen hatte, waren alle Menschen zunächst und prinzipiell frei und gleich. Dass Gott seinen Sohn menschliche Gestalt annehmen ließ und dieser zur Erlösung der Menschheit am Kreuz starb, wertete die Würde des Menschen in bedeutendem Maße auf. Brachte das Christentum den Menschen in Europa Freiheit und Gleichheit?

391	Das Christentum wird zur Staatsreligion.
1215	Magna Charta Libertatum: In England wird den Baronen ein ständiger Kontrollausschuss zur Wahrung ihres Widerstandsrechtes eingeräumt.
1517	Beginn der Reformation
1524–1526	deutscher Bauernkrieg

Das Ausnutzen der Unwissenheit

Freiheit vor Gott – Idee und Wirklichkeit

Die Idee der Freiheit und Gleichheit vor Gott führte im Diesseits nicht etwa zu einer gerechten Gleichbehandlung aller. Aufgrund des christlichen Absolutheitsanspruchs waren Abtrünnige, Heiden und Ketzer – letztere hatten kein Recht auf Leben oder Eigentum – von vornherein ausgeschlossen. Aber auch in der Gemeinde der Christen war man weit von der Umsetzung dieser Vorstellung entfernt. Zwar billigten die Fürsten ihren Untertanen im Rahmen der Ständegesellschaft und des Lehenswesens (vgl. S. 52ff.) durch das gegenseitige Treueversprechen ein Mindestmaß an Menschenwürde und Schutz der Person zu, zwar sicherten sie innerhalb dieser Systeme auch dem Ärmsten unter den Hörigen normalerweise eine minimale Lebensgrundlage. Doch eigentlich wollten sie mithilfe christlicher Legitimation – dass nämlich ihre Herrschaft als von Gott gegeben verstanden wurde – ihre Macht- und Besitzansprüche durchsetzen und ihren Einflussbereich ausdehnen. Sie schürten so die Ungleichheit zwischen Herrschenden und Untertanen. Im Zusammenhang mit der Überzeugung, die von Gott verliehene Autorität legitimiere und untermauere weltliche Herrschaft, kennzeichnete der Kampf um die Vorherrschaft geistlicher oder weltlicher Macht das Mittelalter.

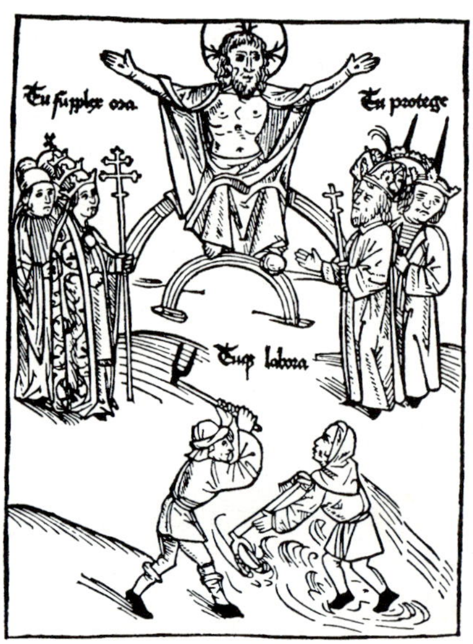

14 Die Stände im Mittelalter
Holzschnitt, 1492.
Die Inschriften lauten:
»Tu supplex ora« (du bete demütig),
»Tu protege« (du schütze),
»Tuque labora« (und du arbeite).

Erklären Sie, in welcher Weise und in welchem Maße der Einzelne eingebunden war in die Ständeordnung.

Nachdenken über gerechte Herrschaft

Das alles heißt nun aber nicht, dass man sich nicht theoretisch mit der Idee der Menschenrechte oder doch mit Vorformen des modernen Grundrechtsverständnisses auseinandersetzte. Besonders im Hoch- und Spätmittelalter beschäftigten sich, oft in der Tradition antiker Autoren, Denker und Philosophen mit der Frage einer gerechten Herrschaft. Dabei wurden Aspekte wie die Freiheit des Lebens, der Person und des Eigentums, aber auch Versammlungs- und Meinungsfreiheit im Zusammenhang einer gemäßigten Herrschaft und mit Gesetzen, die allen diese Rechte garantieren, diskutiert und gefordert. Sogar Überlegungen, politische Macht und Staatsgewalt als vom Volke ausgehend zu beschreiben, finden sich schon. Diese theoretischen Arbeiten können zwar als Vorläufer der Umbruchsbewegungen der frühen Neuzeit gelten, aber die Ständegesellschaft und die geschilderten Umstände verhinderten jede Form politischer Gleichheit. Die Reformation brachte die kirchliche, aber auch die bisher uneingeschränkte Gültigkeit der Gesellschaftsordnung ins Wanken. Die von Luther proklamierte »Freiheit des Christenmenschen« und seine Auffassung, dass nicht die geistliche über der weltlichen Macht stehen solle, wurde in den Bauernkriegen auch politisch und sozial interpretiert. Nicht zuletzt daraus entstand eine philosophische Bewegung, die zunächst zunehmend Kritik an der überkommenen Ordnung übte und schließlich konsequent durchdachte politische Strukturen entwickelte, wie ein idealer Staat, basierend auf den Menschen- und Grundrechten, in erster Linie auf Freiheit und Gleichheit des Einzelnen, verwirklicht werden könne.

Naturrecht: *Diesem Begriff liegt die Überzeugung zugrunde, dass jeder Mensch von Natur aus mit unveräußerlichen Rechten ausgestattet ist, unabhängig von Geschlecht, Alter, Ort, Standeszugehörigkeit oder der Zeit und der Staatsform, in der er lebt. Dazu gehören das Recht auf Leben und körperliche Unversehrtheit oder das Recht auf persönliche Freiheit. Die Naturrechte gelten als vor- und überstaatliche »ewige« Rechte. Die Idee der Naturrechte reicht bis in die griechische Antike zurück und gewinnt im Zeitalter der Aufklärung politische Bedeutung.*

Menschenrechte: *Auch die Menschenrechte, gewissermaßen ein erweiterter Katalog der Naturrechte, sind eine vor- und überstaatliche Norm. Sie sollen unabhängig von der jeweiligen Verfassung eines Staatswesens gelten und vom Staat garantiert werden. Zu ihnen zählen vor allem politische Freiheitsrechte und Grundfreiheiten: Recht auf Gleichheit, Unversehrtheit, Eigentum, Meinungs- und Glaubensfreiheit und auch das Recht auf Widerstand gegen Unterdrückung. Im 19. Jahrhundert kommen das Recht auf Arbeit, Bildung und soziale Sicherheit hinzu.*

Grundrechte: *Grundrechte regeln das Verhältnis des Einzelnen zu den Staatsorganen bzw. zu den staatlichen Gewalten. Dabei vereinen sie die Menschenrechte, die für alle sich auf im Staatsgebiet aufhaltenden Menschen gelten, und Bürgerrechte wie etwa das Recht auf Berufsfreiheit oder Versammlungsfreiheit und auch das Wahlrecht, die nur für Staatsangehörige Gültigkeit besitzen. Die Grundrechte stehen in der Regel demokratischen Verfassungen als staatlich garantierte Rechtsnorm voran.*

15 Natürliche, göttliche und utopische Ordnung

a) Thomas von Aquin »Über die Herrschaft der Fürsten«, um 1265:

Wenn es also der natürlichen Bestimmung des Menschen entspricht, in Gesellschaft mit vielen zu leben, so muss unter den Menschen etwas sein, wodurch die vielen gelenkt werden. [...] Einer Gesellschaft von Freien ist ein anderes Ziel angemessen als einer Gesellschaft von Sklaven. Frei ist nämlich, wer um seiner selbst willen lebt, ein Sklave dagegen, wer mit dem, was er ist, einem anderen gehört. Wenn also eine Gesellschaft von Freien von ihrem Führer auf das Gemeinwohl der Gesellschaft hingelenkt wird, so wird diese Regierung recht und gerecht sein, wie es Freien angemessen ist. Wenn aber die Führung sich nicht das Gemeinwohl der Gesellschaft, sondern den persönlichen Vorteil des Führers zum Ziel setzt, so wird die Herrschaft ungerecht und wider die Natur sein. [...] Wenn nun eine ungerechte Herrschaft durch einen geübt wird, der seinen eigenen Vorteil in der Regierung verfolgt, nicht aber das Wohl der ihm untergebenen Gesellschaft, so wird ein solcher Herrscher Tyrann genannt. Das Wort leitet sich von »Stärke« ab, weil er nämlich gleichsam mit Gewalt unterdrückt und nicht durch Gerechtigkeit regiert. [...] Das Streben eines jeden, der eine Herrschaft ausübt, muss darauf gerichtet sein, das, was er zu regieren übernommen hat, heil zu erhalten. [...] Die Wohlfahrt und das Heil einer zu höherer Gemeinschaft verbundenen Menge ist es aber, jene Einigkeit zu erhalten, die man Friede nennt; ohne sie geht aller Nutzen, der aus dem Leben der Gemeinschaft erwächst, zugrunde, und die entzweite Menge wird sich selbst zur Last. [...] Eine Herrschaft wird dadurch ungerecht, dass statt des vernachlässigten Gemeinwohles der persönliche Vorteil des Herrschers gesucht wird. Und umso ungerechter ist die Regierung, je mehr sie sich davon entfernt nach dem Gemeinwohl zu handeln. [...] Um unsere Erörterungen folgerichtig fortzusetzen, müssen wir nun überlegen, was eigentlich die Pflicht eines Königs einschließt und wie der König sein muss. Weil nämlich alles, was nach bewusster Überlegung geschieht, die natürlichen Vorgänge nachahmt, durch die wir erst den Weg erkennen und unser Handeln vernunftmäßig einrichten, scheint es am besten, das Wesen des königlichen Amtes an den die Natur lenkenden Kräften abzulesen. Nun finden wir, dass eine doppelte Leitung die Natur bestimmt: eine allgemeine und eine besondere. Die allgemeine ist die, der zufolge alles unter der Herrschaft Gottes zusammengehalten wird, der das All in seiner Vorsehung lenkt. Die besondere aber, die der göttlichen am ähnlichsten ist, findet sich im Menschen, der darum eine »kleine Welt« genannt wird. Denn in ihm findet sich das Wesen jener Leitung des Alls wieder. Wie alle körperhafte Natur und alle geistigen Kräfte unter der Herrschaft Gottes stehen, so werden alle Glieder des Körpers und alle übrigen Kräfte der Seele von der Vernunft geleitet, und so nimmt die Vernunft im Menschen denselben Platz ein wie Gott in der Welt. Weil aber, wie wir früher aufgezeigt haben, der Mensch ein Wesen ist, das von Natur aus für ein geselliges Leben bestimmt ist und in Gemeinschaft mit vielen lebt, so zeigt sich die Ähnlichkeit mit der Herrschaft Gottes im Menschen nicht nur, soweit der einzelne Mensch durch die Vernunft geleitet wird, sondern auch, soweit eine Gemeinschaft durch den Verstand eines Einzigen gelenkt wird. Und gerade das macht vorzüglich das Amt des Königs aus.

Zit. nach: Thomas von Aquin, Politische Herrschaft muss dem Gemeinwohl dienen, in: Die gerechte Ordnung der Gesellschaft. Texte vom Altertum bis zur Gegenwart, hrsg.: Gerd Becher und Elmar Treptow, Frankfurt/New York 2000, S. 107–116.

b) Aus Luthers Schrift »Von weltlicher Obrigkeit, wie weit man ihr Gehorsam schuldig sei«, 1523:

Wo weltliche Gewalt sich anmaßt, der Seele Gesetze zu geben, da greift sie Gott in sein Regiment und verführt und verdirbt nur die Seelen. Das wollen wir so klar machen, dass man's mit den Händen greifen kann, auf dass unsere Junker, die Fürsten und Bischöfe, sehen, was sie für Narren sind, wenn sie die Menschen nach ihren Gesetzen und Geboten zwingen wollen, so oder so zu glauben. [...] Das alles hat auch Christus selbst fein unterschieden und kurz zusammengefasst, wenn er Matth. 22,21 sagt: »Gebt dem Kaiser, was des Kaisers ist, und Gott, was Gottes ist.« [...] Wenn nun dein Fürst oder weltlicher Herr dir gebietet, es mit dem Papst zu halten, so oder so zu glauben, oder dir gebietet, Bücher abzugeben, sollst du so sagen: [...] Lieber Herr, ich bin euch schuldig zu gehorchen mit Leib und Gut; gebietet mir nach dem Maß eurer Gewalt auf Erden, so will ich folgen. Befehlt ihr mir aber zu glauben und Bücher abzugeben, so will ich nicht gehorchen. Denn da seid ihr Tyrann und greift zu hoch. [...] Wer nun ein christlicher Fürst sein will, der muss in der Tat die Meinung ablegen, dass er herrschen und mit Gewalt verfahren wolle. Denn verflucht und verdammt ist alles Leben, das sich selbst zunutzen und zugute gelebt und gesucht wird, verflucht alle Werke, die nicht in der Liebe gehen.

Zit. nach: Martin Luthers Werke, Weimarer Ausgabe, Bd. 11, S. 247.

c) Luther in der »Vermahnung zum Frieden auf die Zwölf Artikel der Bauernschaft in Schwaben« (1525):

An die Fürsten und Herren

Ihr tut in der weltlichen Regierung nicht mehr, als dass ihr schindet und aussaugt, um euern prächtigen und hochmütigen Lebenswandel zu führen, bis es der arme gemeine Mann weder kann noch mag länger ertragen. Das Schwert ist euch auf dem Halse. Dennoch meint ihr, ihr sitzt so fest im Sattel, man werde euch nicht können ausheben. Diese Sicherheit und Verstocktheit wird euch den Hals brechen. [Die Bauern] haben zwölf Artikel aufgestellt, unter welchen einige so billig und recht sind, dass sie euch vor Gott und der Welt den guten Namen nehmen. [...] Die Obrigkeit ist nicht dazu eingesetzt, dass sie ihren Nutzen und Mutwillen an den Untertanen suche, sondern Nutzen und das Beste schaffe bei den Untertanen.

d) Einsturz der Burg
Holzschnitt des Petrarca-Meisters, 1519/20.

An die Bauernschaft

Dass die Obrigkeit böse und ungerecht ist, entschuldigt weder Zusammenrotten noch Aufruhr. Denn die Bosheit zu strafen, das gebührt nicht einem jeglichen, sondern der weltlichen Obrigkeit, die das Schwert führt. [...] Könnt ihr nicht bedenken oder ermessen, liebe Freunde, dass, wenn euer Vorhaben recht wäre, dann ein jeglicher gegen den anderen Richter werden und keine Gewalt oder Obrigkeit, Ordnung und Recht bleiben würden in der Welt, sondern lediglich Mord und Blutvergießen? [...] Von hier aus ist nun leicht auf alle eure Artikel zu antworten. Denn wenn sie auch nach natürlichem Recht alle recht und billig wären, so habt ihr doch das christliche Recht vergessen, dass ihr sie nicht mit Geduld und Gebet gegen Gott, wie es christlichen Leuten gebührt, habt erkämpft und durchgedrückt, sondern habt mit eigener Ungeduld und Frechheit euch vorgenommen, sie der Obrigkeit abzudringen und mit Gewalt zu erzwingen, was auch gegen Landrecht und die natürliche Billigkeit ist. [...] Auf den dritten Artikel: Es soll kein Leibeigener sein, weil uns Christus hat alle befreit. – Was ist das? Das heißt christliche Freiheit ganz fleischlich machen. [...] Darum ist dieser Artikel gerade gegen das Evangelium und räuberisch, weil damit jeder seinen Leib, der unfrei geworden ist, seinem Herrn wegnimmt. Denn ein Leibeigener kann gut Christ sein und christliche Freiheit haben, wie ein Gefangener oder Kranker Christ ist und dennoch nicht frei ist. Es will dieser Artikel alle Menschen gleich machen und aus dem geistlichen Reich Christi ein weltliches, äußerliches Reich machen, was unmöglich ist.

Martin Luther, Vermahnung zum Frieden auf die Zwölf Artikel der Bauernschaft in Schwaben, 1525; zit. nach Martin Luther, Ausgewählte Schriften, Bd. 4, hrsg. von Karin Bornkamm, Gerhard Ebeling, Frankfurt 1983, S. 102–126 (übers. von R. Schäfer)

e) Thomas Morus in seinem »Büchlein von der besten Staatsverfassung und von der neuen Insel Utopia« (gr.: ou-topos = Nicht-Ort) über einen idealen Staat, 1516:
Ein Gewerbe ist allen Männern und Frauen gemeinsam: der Ackerbau; den versteht jedermann. [...] Außer der Landwirtschaft, die, wie gesagt, allen gemeinsam ist, erlernt jeder noch irgendein Gewerbe als seinen Beruf; das ist gewöhnlich die Tuchmacherei, das Leineweberhandwerk oder das Maurer-, Schmiede-, Schlosser- oder Zimmermannsgewerbe. [...] Von den [...] genannten Handwerken lernt jeder eins, nicht nur die Männer, sondern auch die Frauen; doch treiben diese als die Schwächeren nur die leichteren Gewerbe: Gewöhnlich spinnen sie Wolle und Leinen; den Männern sind die übrigen, mühsamen Handwerke zugewiesen. [...] Das wichtigste und beinahe einzige Geschäft der Syphroganten [Titel der Würdeträger in Utopien] ist, dafür zu sorgen und Maßregeln zu treffen, dass keiner müßig herumsitzt, sondern jeder fleißig sein Gewerbe treibt, ohne indessen vom frühen Morgen bis tief in die Nacht wie ein Lasttier sich beständig abzurackern. Das wäre ja eine mehr als sklavische Schinderei! Und doch ist es fast überall das Los der Handwerker [Parlamentsakten von 1495/96 bzw. 1514 legten für englische Handwerker eine Arbeitspflicht von 12 bis 13 Stunden fest], außer bei den Utopiern, die den Tag einschließlich der Nacht in 24 Stunden teilen und nur sechs davon der Arbeit widmen. [...] Die Stunden zwischen der Arbeits-, Schlafens- und Essenszeit sind jedem zu beliebiger Beschäftigung freigestellt, nicht um sie durch Üppigkeit und Trägheit zu missbrauchen, sondern um die Zeit, die einem jeden sein Handwerk freilässt, nach Herzenslust auf irgendeine nützliche Beschäftigung zu verwenden. Die meisten widmen diese Pausen geistigen Studien. Es ist nämlich üblich, täglich in den Frühstunden öffentliche Vorlesungen zu halten, an denen teilzunehmen nur die verpflichtet sind, die namentlich für wissenschaftliche Berufsarbeit ausgewählt sind; aber darüber hinaus strömt aus allen Ständen eine Menge Hörer, Männer und Frauen, zu diesen Vorlesungen. [...] Indessen, um keine falschen Vorstellungen aufkommen zu lassen, müssen wir an dieser Stelle innehalten und einen Punkt noch genauer ins Auge fassen. Weil nämlich die Utopier nur sechs Stunden bei der Arbeit sind, könnte man vielleicht der Meinung sein, es müsse daraus ein Mangel an lebensnotwendigen Arbeitsprodukten entstehen. Weit gefehlt! Im Gegenteil genügt diese Arbeitszeit nicht nur zur Herstellung des nötigen Vorrats an allen Erzeugnissen, die zu den Bedürfnissen oder Annehmlichkeiten des Lebens gehören, sondern es bleibt sogar noch davon übrig. Auch ihr werdet das begreiflich finden, wenn ihr überlegt, ein wie großer Teil der Menschen bei andern Völkern untätig dahinlebt; erstens fast alle Frauen, das macht die Hälfte des Ganzen, oder wo etwa die Frauen tätig sind, faulenzen stattdessen meistens die Männer; dazu dann die Priester und so genannten »frommen« Ordensbrüder, was für eine gewaltige, was für eine faule Schar! Nimm hinzu alle die reichen Leute, insbesondere Großgrundbesitzer, die man gewöhnlich »Standespersonen« und »Edelleute« nennt! Zähle weiter deren Dienerschaft dazu, diesen ganzen Kehricht bewaffneter Tagediebe! Endlich nimm dazu die kräftigen und

f) Holzschnitt von Ambrosius Holbein in einer 1524 erschienenen Ausgabe von Thomas Morus' Roman »Utopia«

gesunden Bettler, die alle möglichen Krankheiten zum Vorwand ihres Müßigganges nehmen: Ganz gewiss wirst du dann viel weniger Leute finden, als du geglaubt hättest, auf deren Tätigkeit alles das beruht, was zum täglichen Gebrauch der Menschen gehört. [...] Aber wenn all die vielen, deren Arbeitskraft jetzt auf brotlose Gewerbe verzettelt ist, und wenn obendrein der Schwarm von Tagedieben, die jetzt in Nichtstun und Langeweile erschlaffen [...], wenn also diese alle miteinander zur Arbeit, und zwar zu nützlicher Arbeit angestellt würden: Da solltest du einmal sehen, wie wenig Zeit noch reichlich, ja überflüssig genügen würde, um alles das zu beschaffen, was notwendig oder nützlich ist zum Leben, ja setze ruhig hinzu, auch zum Vergnügen. [...] Denn die Behörden beschäftigen die Bürger nicht gegen ihren Willen mit überflüssiger Arbeit, da die Wirtschaftsverfassung dieses Staates vielmehr in erster Linie das eine Ziel vor Augen hat, soweit es die notwendigen Ansprüche des Staates erlauben, für alle Bürger möglichst viel Zeit frei zu machen von der Knechtschaft des Leibes für die freie Pflege geistiger Bedürfnisse. Denn darin, glauben sie, liege das wahre Glück des Lebens.

Thomas Morus, Der Staat Utopia: Gemeineigentum statt Privatbesitz, zit. nach: Die gerechte Ordnung der Gesellschaft. Texte vom Altertum bis zur Gegenwart, hrsg.: Gerd Becher und Elmar Treptow, Frankfurt/New York 2000, S. 134–136.

Schriftlich bearbeiten, Quellen: a), b), c)

1. Stellen Sie die Aspekte zusammen, die nach Thomas von Aquin eine gerechte Herrschaft kennzeichnen (15a). Wie begründet er sie?
   Vergleichen Sie auf der Grundlage Ihres historischen Wissens mit der Realität im mittelalterlichen Europa.
2. Erläutern Sie Luthers christliche Ordnungsvorstellung (15b und c). Worin bestand für ihn »christliche Freiheit« und welche Konsequenzen ergaben sich daraus für ihn im Hinblick auf die bestehende Gesellschaftsordnung?
3. Zeigen Sie den gedanklichen Zusammenhang zwischen Luthers Überzeugungen und den Forderungen der sich auf ihn berufenden Bauern auf. Erklären Sie Luthers Stellungnahme in diesem Konflikt. Wie sieht er die Rolle der Obrigkeit, was kritisiert er an ihrem Verhalten, was an dem der Bauern (15b und c)?
4. Suchen Sie sowohl bei Thomas von Aquin (15a) als auch in Luthers Vermittlungsversuch (15c) die Stellen, an denen von naturgegebenen Voraussetzungen die Rede ist, und erläutern Sie diese im Hinblick auf den Begriff des Naturrechts.
5. Legen Sie dar, wie in der Wirtschaftsordnung Utopiens (15e) Gleichheits- und Freiheitsideen umgesetzt sind. Berücksichtigen Sie dabei auch die Rolle der Frauen. Was kritisiert Thomas Morus an den bestehenden Verhältnissen, indem er das Ideal Utopia entwirft?
6. Kennen Sie aufgrund Ihres geschichtlichen Vorwissens Staats- bzw. Wirtschaftstheorien, die ähnlich funktionieren sollen? Diskutieren Sie die Realisierbarkeit der Wirtschaftsordnung Utopiens.

2.2 Die Aufklärung – ein neues Menschenbild entsteht

Weil im Mittelalter Wissenschaft und Denken ohne Bezug auf die Autorität der biblischen Heilsoffenbarung nicht denkbar waren, verstanden sich Wissenschaftler als Bewahrer, Kommentatoren und Systematisierer biblischer und kirchlicher Lehren, ergänzt durch die Inhalte der antiken griechisch-römischen Literatur. Mit der Entdeckung Amerikas, die das auf das christliche Europa beschränkte Weltbild zerstörte, mit der Kirchenspaltung und den folgenden konfessionellen Streitigkeiten, die die Sicherheit eines einzigen allgemein gültigen Glaubensverständnisses bröckeln ließen, und mit der Ausbreitung einer kapitalistischen Wirtschaftsweise, die das Feudalsystem lockerte und dem Bürgertum mehr und mehr Einfluss verlieh, war auch das alte Wissenschaftssystem überholt. Wovon wurde das alte Denken abgelöst?

1492	Kolumbus entdeckt Amerika.
1532	Niccolò Machiavelli: »Il Principe«
1543	Kopernikus begründet das heliozentrische Weltbild.
1618–1648	Dreißigjähriger Krieg zwischen protestantischer Union und katholischer Liga
1637	René Descartes: »Discours de la méthode pour bien conduire sa Raison et chercher la Verité dans les Sciences«
1651	Thomas Hobbes: »Leviathan«
1690	John Locke: »Two Treatises of Government«
1748	Charles Montesquieu: »De l'Esprit des Lois«
1762	Jean-Jacques Rousseau: »Du contrat social«
1781	Immanuel Kant: »Kritik der reinen Vernunft«

Die Vernunft als das Maß aller Dinge

Die gesellschaftlichen, wirtschaftlichen und philosophischen Veränderungen waren Ausdruck eines allgemeinen Säkularisierungsprozesses. Der Mensch wurde nun nicht mehr als ein Teil eines gottgegebenen, unveränderlichen Systems gesehen, sondern in erster Linie als vernunftbegabtes Wesen. In der Wissenschaft besann man sich, gestützt auf Entdeckungen, die tradiertes Wissen übertrafen oder auch als fehlerhaft auswiesen, auf die menschliche Vernunft, die den Weg der Erkenntnis leiten sollte, und auf eine genaue Beobachtung der Umwelt. Der rationalistische Ansatz geht entscheidend auf René Descartes zurück, der ihn auf die einfache Formel brachte: »cogito ergo sum« (lat.: Ich denke, also bin ich). Francis Bacon war einer der Hauptvertreter der empiristischen Richtung. Demzufolge beruht alle Erkenntnis auf Wahrnehmung, Beobachtung und Eindrücken von Einzelphänomenen, aus denen dann Gesetzmäßigkeiten abgeleitet werden.

Die Aufklärung

Die neue Sichtweise führte zu einer regelrechten Bewegung – der Bewegung der Aufklärung. Ziel war es nun, das eigentliche Wesen der Dinge, der Lebewesen, des Menschen und seiner Welt mithilfe der Vernunft zu erklären, um sich auf diese Weise von tradierten Irrtümern, festgefahrenen Ordnungen und Aberglauben zu lösen und dem Menschen zu einer vernünftigen Lebensordnung zu verhelfen. Dazu sollte der Mensch »aufgeklärt« werden, die Fesseln des starren Denkens der Vergangenheit abstreifen und selbstständig von seiner Vernunft Gebrauch zu machen lernen. Der Mensch sollte, wie Kant es formulierte, durch die Kraft der Vernunft aus seiner »selbst verschuldeten Unmündigkeit« befreit werden – selbst verschuldet deshalb, weil nach Kant allein die Bequemlichkeit den Menschen davon abhalte, von seinem Verstand Gebrauch zu machen.

»Aufgeklärte Staatstheorien«

Die Denkanstöße der Aufklärung hatten großen Einfluss auf die Entwicklung neuer Staatsphilosophien, und in diesem Zusammenhang – der Frage nach einer vernunftorientierten Staatsform – erhielten auch die Menschenrechte zunehmend zentrale Bedeutung. Nicht mehr allein die durch Gott legitimierte Herrschaft galt als Grundlage eines Staatssystems, was allerdings nicht bedeutet, dass diese Legitimation ganz entfiel, sondern der Mensch als gesellschaftliches Wesen rückte in den Mittelpunkt der Überlegungen. Zu Beginn des 16. Jahrhunderts entwickelte der Florentiner Niccolò Machiavelli das Prinzip der »Staatsräson«: In erster Linie ist es demnach Aufgabe des Staates bzw. des Herrschers, den Menschen eine institutionalisierte Ordnung als Lebensgrundlage zu geben und diese zu sichern. Im Notfall, also dann wenn der Fortbestand des Staates in Gefahr gerät, kann der Herrscher, nach dem Motto „Der Zweck heiligt die Mittel", Gewalt und List anwenden. Der französische Jurist Jean Bodin (1530–1596) formulierte die Idee der »Souveränität« des Herrschers. Nicht an Autoritäten oder Gesetze gebunden, sollte er uneingeschränkte Macht über die Untertanen ausüben können, zugleich aber auch elementare menschliche Ordnungen wie die Familie und das Eigentum schützen. Sowohl Machiavelli als auch Bodin ging es nicht so sehr um eine vernunftorientierte Ordnung, sondern vor allem um den Erhalt des Staatswesens, das in ihren Augen nur ein mit außerordentlichen Befugnissen ausgestatteter Fürst schützen konnte. So konnten Herrscher mithilfe der Idee der Staatsräson bzw. der Souveränität leicht Willkür und absolute Machtausübung rechtfertigen und jede irdische Kontrolle über sich ablehnen. Dies rief weitere Staatstheoretiker auf den Plan, die nun versuchten, vor dem Hintergrund der Naturrechtsgedanken die Stellung des Individuums im Zusammenhang von Staat und Gesellschaft zu stärken. Dass diese Überlegungen zur Menschenrechtslehre führten, verdanken sie der Aufklärung: Ihr Ziel, den Menschen mithilfe der Vernunft aus religiöser und staatlicher Bevormundung zu befreien, konnte nur in einem Staatswesen verwirklicht werden, das auf Menschenrechten, in erster Linie auf Freiheit und Gleichheit, beruhte.

Säkularisierung: *Zu unterscheiden sind eine staats- und kirchenrechtliche und eine kultur- und geistesgeschichtliche Begriffsbedeutung. Rechtlich meint der Begriff die Überführung kirchlicher Besitz- und Herrschaftsrechte in die Verfügungsgewalt der „weltlichen" (säkularen), hauptsächlich staatlichen Machtträger. Solche Umwandlungen begannen im evangelischen Deutschland während der Reformation und fanden in den katholischen Gebieten ihren Höhepunkt und Abschluss im Reichsdeputationshauptschluss von 1803. Kultur- und geistesgeschichtlich gesehen, bezeichnet der Begriff den sich über mehrere Jahrhunderte hinziehenden Wandlungsprozess, bei dem weltlich profane Denk- und Handlungsmuster die Vorherrschaft religiös-theologischer Daseinsauslegung und -gestaltung, die das Mittelalter geprägt hatte, ersetzten. Im Unterschied zum religiösen Welt- und Menschenbild kommt das säkularisierte Bewusstsein ohne die Annahme einer allgegenwärtigen göttlichen Schöpfung, Fügung und Lenkung aus. Diese Loslösung aus christlichen Vorstellungen erreichte mit dem Aufkommen atheistischer Weltanschauungen und einer allgemeinen Entkirchlichung des Lebens im 19. Jahrhundert einen gewissen Endpunkt.*

16 Staatsherrschaft in Theorie und Praxis

a) Thomas Hobbes in seinem Werk »Leviathan«, 1651:

Die Menschen sind von Natur aus gleich, sowohl in ihren körperlichen als auch in den geistigen Anlagen. Es mag wohl jemand erwiesenermaßen stärker sein als ein anderer oder schneller in seinen Gedankengängen, wenn man jedoch alles zusammen bedenkt, so ist der Unterschied zwischen den einzelnen Menschen nicht so erheblich, dass irgend jemand Veranlassung hätte, sich einen Anspruch daraus herzuleiten, den ein anderer nicht mit dem gleichen Recht geltend machen könnte. [...] Dieser Gleichheit der Fähigkeiten entspringen die gleichen Hoffnungen ein Ziel zu erreichen. So werden zwei Menschen zu Feinden, wenn beide zu erlangen versuchen, was nur einem von ihnen zukommen kann. Um ihr Ziel zu erreichen (welches fast immer ihrer Selbsterhaltung dient, nur selten allein der größeren Befriedigung ihrer Bedürfnisse), trachten sie danach, den anderen zu vernichten oder ihn sich untertan zu machen. [...] Und hieraus folgt, dass Krieg herrscht, solange die Menschen miteinander leben ohne eine

Thomas Hobbes, Leviathan, übers. von Dorothee Tidow, hrsg. v. Peter Cornelius Mayer-Tasch, Reinbek 1965, S. 96ff. bzw. S. 136ff.

b) Titelkupfer der Erstausgabe des »Leviathan« von Thomas Hobbes, 1651 (London, British Museum)

oberste Gewalt, die in der Lage ist die Ordnung zu bewahren. [...] Die einzige Möglichkeit, eine Gewalt zu schaffen, die in der Lage ist, die Menschen ohne Furcht vor feindlichen Einfällen oder den Übergriffen ihrer Mitmenschen ihres Fleißes und des Bodens Früchte genießen und friedlich für ihren Unterhalt sorgen zu lassen, liegt darin, dass alle Macht einem Einzigen übertragen wird – oder aber einer Versammlung, in der durch Abstimmung der Wille aller zu einem gemeinsamen Willen vereinigt wird. So wird praktisch ein Einziger oder eine Versammlung zum Vertreter aller ernannt, und jeder Einzelne gewinnt auf diese Weise das Gefühl, dass er selbst Teil hat an jeder nur erdenklichen Handlung oder Vorschrift desjenigen, der an seiner Stelle steht. Er wird also für alle Handlungen mitverantwortlich, weil er ja diesem Herrscher oder dieser Versammlung seinen Willen und seine Entscheidungsfreiheit freiwillig übertragen hat. [...] Wenn sich Menschen so zu einer Person vereinigen, bilden sie einen Staat. [...] Und er, der diese Person trägt, wird Souverän genannt. Man sagt, er habe souveräne Gewalt. Und alle übrigen nennt man Untertanen. [...]

Wegen schlechter Verwaltung des Staates kann die höchste Gewalt ihrem Besitzer nicht genommen werden. Denn einerseits stellt derselbe den gesamten Staat dar, und folglich sind seine Handlungen als Handlungen des ganzen Staates anzusehen; wer kann aber dabei den Staat als schuldig anklagen? Andererseits schließt ja der, welchem die höchste Gewalt übertragen wird, mit denen, die sie ihm übertragen, eigentlich keinen Vertrag, und folglich kann er keinem Unrecht tun, weshalb ihm die höchste Gewalt genommen werden dürfte.

Untersuchen Sie das Titelbild zu Hobbes' Schrift und erläutern Sie die dort dargestellte Vorstellung von Herrschaft.

c) John Locke über den Naturzustand und die Garantie der Freiheit im Staat, 1690:

Um politische Gewalt richtig zu verstehen und sie von ihrem Ursprung herzuleiten, müssen wir sehen, in welchem Zustand sich der Mensch von Natur aus befindet. Es ist ein Zustand vollkommener Freiheit, innerhalb der Grenzen des Naturgesetzes seine Handlungen zu lenken und über seinen Besitz und seine Person zu verfügen, wie es ihm am besten scheint – ohne jemandes Erlaubnis einzuholen und ohne von dem Willen eines anderen abhängig zu sein. Es ist überdies ein Zustand der Gleichheit, in dem alle Macht und Rechtsprechung wechselseitig sind, da niemand mehr besitzt als ein anderer: Ist doch nichts offensichtlicher, als dass Lebewesen von gleicher Art und gleichem Rang, die unterschiedslos zum Genuss derselben Vorteile der Natur und zum Gebrauch der gleichen Fähigkeiten geboren sind, auch gleichgestellt leben sollen. [...] Im Naturzustand herrscht ein natürliches Gesetz, das für alle verbindlich ist. Die Vernunft aber, welche dieses Gesetz rechtfertigt, lehrt alle Menschen, wenn sie sie nur um Rat fragen wollen, dass niemand einem anderen, da alle gleich und unabhängig sind, an seinem Leben, seiner Gesundheit, seiner Freiheit oder seinem Besitz Schaden zufügen soll. [...] Wo immer daher eine Anzahl Menschen sich so in einer Gesellschaft vereinigt hat, dass jeder seines Rechtes, das Naturgesetz zu vollstrecken, zugunsten der

Allgemeinheit entsagt, da – und zwar einzig da – handelt es sich um eine politische oder bürgerliche Gemeinschaft. Und das ist überall dort der Fall, wo eine Anzahl im Naturzustand lebender Menschen sich zu einer Gesellschaft vereinigt, um ein Volk, einen einzigen politischen Körper unter einer einzigen höchsten Regierung zu bilden – oder wo sich irgendjemand einer schon bestehenden Regierung anschließt und sich ihr einverleibt. So nämlich bevollmächtigt er die Gesellschaft oder – was dasselbe ist – die Legislative, ihm Gesetze zu geben, wie es das öffentliche Wohl der Gesellschaft erfordert – Gesetze, zu deren Vollstreckung beizutragen er verpflichtet ist (da sie als seine eigenen Beschlüsse gelten). [...] Nun begeben sich [verzichten] zwar die Menschen mit ihrem Eintritt in die Gesellschaft der Gleichheit, Freiheit und Exekutivgewalt des Naturzustandes, um sie in die Hände der Gesellschaft zu legen [...]; doch das geschieht nur mit der Absicht jedes Einzelnen, sich seine Freiheit und sein Eigentum umso besser zu erhalten. Die Macht der Gesellschaft oder der von ihr eingesetzten Legislative kann sich deshalb schlechterdings nicht weiter erstrecken als auf das gemeinsame Wohl. Sie ist verpflichtet, eines jeden Eigentum zu sichern. Wer immer deshalb die legislative oder höchste Gewalt eines Staatswesens in Händen hat, ist verpflichtet, nach festen, stehenden Gesetzen zu regieren, die dem Volk bekannt gemacht wurden – und nicht durch Maßnahmeverordnungen –, durch unparteiische und aufrechte Richter, die Streitfälle nach eben jenen Gesetzen entscheiden müssen, und die Macht der Gemeinschaft im Inland nur zur Vollstreckung dieser Gesetze, nach außen zur Verhütung oder Vergeltung fremden Unrechts und zum Schutz der Gesellschaft vor Einfällen und Angriffen zu verwenden. [...]

Wann immer daher die Legislative dieses grundlegende Gesetz der Gesellschaft überschreiten und aus Ehrsucht, Furcht, Torheit oder Verderbtheit den Versuch unternehmen sollte, entweder selbst absolute Gewalt über Leben, Freiheit und Besitz des Volkes an sich zu reißen oder eine solche Gewalt in die Hände eines anderen zu legen, verwirkt sie durch einen solchen Vertrauensbruch jene Macht, die das Volk mit weit anderen Zielen in ihre Hände gegeben, und die Macht fällt zurück an das Volk. Das Volk hat dann ein Recht, zu seiner ursprünglichen Freiheit zurückzukehren und durch die Errichtung einer neuen Legislative (wie sie ihm selbst am geeignetsten erscheint) für ein eigenes Wohlergehen und seine Sicherheit zu sorgen – denn dies ist das Ziel, weshalb die Menschen in die Gesellschaft eingetreten waren.

d) John Locke (1632–1704); zeitgenössischer Kupferstich

John Locke, Über die Regierung, übers. von Dorothee Tidow, hrsg. v. Peter Cornelius Mayer-Tasch, Reinbek 1966, S. 9ff.

e) Jean-Jacques Rousseau in »Du Contrat Social«, 1762:

Scheidet man vom Gesellschaftsvertrag alles aus, was nicht zu seinem Wesen gehört, so wird man sich überzeugen, dass er sich in folgende Worte zusammenfassen lässt: »Jeder von uns stellt gemeinschaftlich seine Person und seine ganze Kraft unter die oberste Leitung des allgemeinen Willens, und wir nehmen jedes Mitglied als untrennbaren Teil des Ganzen auf.« An die Stelle der einzelnen Person jedes Vertragsschließenden setzt solcher Gesellschaftsvertrag sofort einen geistigen Gesamtkörper, dessen Mitglieder aus sämtlichen Stimmabgebenden bestehen, und der durch eben diesen Akt seine Einheit, ssein gemeinsames Ich, sein Leben und seinen Willen erhält. [...] Da nun der Souverän nur aus den Einzelnen besteht, aus denen er sich zusammensetzt, hat er kein [...] dem ihren widersprechendes Interesse. [...]

Nicht so verhält es sich aber mit den Untertanen gegenüber dem Souverän. [...] In der Tat kann jeder Einzelne als Mensch einen besonderen Willen haben, der dem allgemeinen Willen, den er als Bürger hat, zuwiderläuft oder sich diesem unterscheidet. Sein besonderes Interesse kann ganz andere Anforderungen an ihn stellen als das allgemeine Interesse. [...]

f) Jean-Jacques Rousseau (1712–1778); Gemälde von Maurice Qu. de Latour, 1753

Damit demnach der Gesellschaftsvertrag keine leere Formel sei, enthält er stillschweigend die Verpflichtung, [...] dass jeder, der dem allgemeinen Willen den Gehorsam verweigert, von der gesamten Körperschaft dazu gezwungen werden soll; das hat keine andere Bedeutung, als dass man ihn zwingt frei zu sein.

Zit. nach: Klassische Texte der Staatsphilosophie, hrsg.: Norbert Hoerster, München 1976, S.196ff.

g) In den Memoiren (1668–1672) Ludwigs des XIV. heißt es:

Ich bin über alles unterrichtet, ich leihe dem Geringsten meiner Untertanen Gehör, ich kenne zu jeder Stunde die Zahl und den Wert meiner Truppen, den Zustand meiner befestigten Plätze. Ich treffe dauernd meine Anordnungen für alle Bedürfnisse der Truppe, ich verhandle direkt mit den fremden Gesandten, ich empfange und lese die Depeschen, ich verfasse selbst einen Teil der Antworten und erkläre bei den übrigen meinen Sekretären kurz den Inhalt des Antwortschreibens. Ich regele selbst Einnahmen und Ausgaben des Staates, ich lasse mir von den Männern, denen ich wichtige Posten anvertraut habe, direkt Rechenschaft ablegen. Ich halte meine Angelegenheiten so geheim, wie es nur irgend jemand vor mir getan hat, ich verteile Gnadenbezeigungen nach meiner eignen freien Wahl. [...]

Die zu große Machtstellung der Parlamente war während meiner Minderjährigkeit dem ganzen Königreiche gefährlich geworden. [...] Es darf nicht wieder so werden wie im vergangenen Jahrhundert, als es zum Begriff der richterlichen Unbestechlichkeit zu gehören schien, dem Louvre fern zu bleiben, und dies nicht etwa aus Böswilligkeit, sondern aus einem falsch verstandenen Freiheitsbegriff heraus, aus der Vorstellung vom Volke im Gegensatz zum Fürsten. Sie machten sich zu Verteidigern dieser angeblichen Volksrechte, ohne zu bedenken, dass es hier nicht zwei Interessen, sondern nur eines geben kann, dass die Ruhe der Untertanen nur durch ihre Unterwerfung unter den Willen des Fürsten gewährt werden kann, dass es stets ein geringeres Übel für das Volk bedeutet, wenn es eine schlechte Regierung erträgt, als wenn es sie unter seine Kontrolle nimmt. Denn über die Könige ist Gott allein Richter, und wenn sie gegen das allgemeine Gesetz zu verstoßen scheinen, so beruht ihr Handeln zumeist auf der Staatsräson, die, wie allgemein zugegeben wird, das höchste aller Gesetze ist; aber sie ist zugleich für alle diejenigen, die nicht regieren, das am wenigsten bekannte und dunkelste Gesetz.

Ludwig XIV., Memoiren, hrsg.: Leopold Steinfeld, Basel 1931, S. 25ff.

h) Aus dem Politischen Testament Friedrichs II. von Preußen, 1752:

Die vornehmste Aufgabe des Bürger ist es, seinem Vaterlande zu dienen; das ist eine Verpflichtung, die ich in allen verschiedenen Lagen meines Lebens zu erfüllen mich bemüht habe. Mir dem höchsten Staatsamt beauftragt, habe ich die Gelegenheit und die Mittel gehabt, mich meinen Mitbürgern nützlich zu erweisen. [...]

Soll ein Fürst selbst regieren? In einem Staate wie diesem ist es nötig, dass der Fürst seine Geschäfte selber führt, weil er, wenn er klug ist, nur dem Staatsinteresse folgt, was das eine ist, und weil ein Minister immer Nebenabsichten hat in den Angelegenheiten, die seine eigenen Interessen berühren; anstatt verdienstvolle Personen zu befördern, wird er die Stellen mit seinen Kreaturen besetzen und danach trachten, durch die Zahl der Personen, die er an sein Schicksal kettet, sich selbst zu festigen. [...]

Eine gut geleitete Regierung muss ein [...] fest gefügtes System haben. Aber ein System kann nur aus einem Kopf entspringen; also muss es aus dem des Herrschers hervorgehen. Die Trägheit, die Wollust oder die Dummheit sind die Ursachen, die die Fürsten daran hindern an dem edlen Beruf zu arbeiten und das Glück ihrer Völker zu bewirken. Diese Art Souveräne verhalten sich so verächtlich, dass sie zum Gespött und zum Gelächter ihrer Zeitgenossen werden, dass in der Geschichte ihre Namen nur zur

Zeitbestimmung einer Epoche dienen; sie vegetieren auf dem Thron, unfähig, ihn zu besitzen, nur damit in Anspruch genommen, sich selbst zu befriedigen. Ihre Fahrlässigkeit gegenüber ihren Völkern ist geradezu strafbar. Ein Souverän ist nicht in diesen hohen Rang erhoben, man hat ihm nicht die größte Macht anvertraut, damit er glücklich sei, während alle Welt leidet.

Der Souverän ist der erste Diener des Staates. Er wird gut bezahlt, damit er die Würde seiner Stellung aufrecht erhalte; aber man fordert von ihm, dass er wirksam für das Wohl des Staates arbeite und dass er wenigstens die Hauptgeschäfte mit Aufmerksamkeit leite.

Zit. nach: Politische Testamente der Hohenzollern, hrsg.: Richard Dietrich, München 1981, S. 132ff.

1. Untersuchen Sie arbeitsteilig – möglicherweise in Arbeitsgruppen – den Argumentationsverlauf der Staatstheorien von Hobbes, Locke und Rousseau (16a, c und e).
2. Erläutern Sie, wie die Staatsphilosophen jeweils das Naturrecht bzw. den natürliche Urzustand begreifen und wie sie das Verhältnis des Einzelnen in der Gesellschaft und gegenüber der Staatsgewalt sehen.
3. Untersuchen Sie die Unterschiede zwischen den Staatstheorien und diskutieren Sie mögliche Folgen im Hinblick auf Herrschaftsausübung.
4. Beschreiben Sie die Stellungnahmen Ludwigs XIV. und Friedrichs II. (16g und h).
5. Vergleichen Sie sie im Hinblick auf Selbstverständnis und Herrscherpraxis. Welche Rolle wird jeweils den Untertanen zugewiesen?

2.3 Folgen der Aufklärung – der politische Kampf um Menschenrechte

War ein solcher theoretischer Überbau, wie ihn im Zuge der Aufklärung Staatsphilosophen und Denker entwickelten, notwendig, damit Menschen sich erfolgreich für ihre Rechte und für politische Mitbestimmung einsetzen konnten? Unzweifelhaft leiteten die Ideen der Aufklärung einen Bewusstseinswandel ein, sodass allein der Gedanke, sich gegen Ungerechtigkeiten zu wehren, nicht mehr fern aller Vorstellung lag. Doch haben sich im Laufe der Geschichte immer wieder Menschen, Schichten oder Völker gegen Unterdrückung zur Wehr gesetzt, zu allen Zeiten und an ganz unterschiedlichen Orten. Worin lag also das besondere Verdienst der »Aufklärer«?

1628	»Petition of Rights«: Karl I. erkennt Grundrechte des »freien Engländers« und des Parlaments an.
1642–1648	Im Bürgerkrieg zwischen Königstreuen und Parlamentsanhängern gewinnt das Parlamentsheer die entscheidenden Schlachten.
1647/48	Unter Oliver Cromwells Führung geht das Militär siegreich aus den Auseinandersetzungen mit dem Parlament hervor.
1649	Prozess und Hinrichtung Karls I.; England wird Republik.
1653–1658	Cromwell regiert als Lord Protector mit teilweise diktatorischen Mitteln.
1660	Wiederherstellung der Stuart-Monarchie; Einigung zwischen Krone und Parlament auf Teilung der Macht.
1685–1688	Jakobs II. katholisierende und absolutistische Bestrebungen vereinigen Whigs und Tories zum Widerstand gegen den König.
1688/89	»Glorious Revolution«: Die »Bill of Rights« legen den Grundstein für eine parlamentarische Monarchie.

Die englischen Bürgerkriege

In England lagen die Ursachen der Bürgerkriege (1640–1689) vor allem in einer Strukturkrise des Staates begründet. Dass der König den Staatshaushalt mithilfe neuer Steuergesetze aufbessern wollte, sah vor allem das Bürgertum als Angriff auf sein Recht auf Eigentum. Religiöse Gegensätze zwischen protestantischen Puritanern und dem anglikanischen Königshaus verschärften den Konflikt. Die »Bill of Rights« beendete die »Glorious Revolution« mit einer Eindämmung der monarchischen Gewalt in einer konstitutionellen Verfassung.

1607	Englische Siedler gründen Virginia, die erste dauerhafte britische Kolonie in Nordamerika.
1765	Protest gegen die von der britischen Regierung verfügte Stempelsteuer: »No taxation without representation«
1776	Boston Tea Party: Bürger von Boston werfen die Ladung eines englischen Frachters ins Wasser als Protest gegen den englischen »Tea Act«.
4.7.1776	Unabhängigkeitserklärung der Vereinigten Staaten von Amerika
1783	Im Frieden von Paris erkennt Großbritannien die Unabhängigkeit Amerikas an.
1787	Der Verfassungskonvent von Philadelphia beschließt die noch heute gültige Verfassung der Vereinigten Staaten.

Amerikanischer Unabhängigkeitskrieg

Die Wortführer der amerikanischen Revolution beriefen sich auf Naturrechtstheorien, denn ihre Erfahrungen mit dem gewissermaßen »staatsfreien« Zustand und der Gründung eines Gemeinwesens kamen beispielsweise den Theorien Lockes sehr nahe.

Den Unabhängigkeitskrieg der englischen Kolonien entzündeten vor allem die englische Steuerpolitik und Handelsbeschränkungen im Zusammenhang mit dem Ausschluss von politischer Einflussnahme. Die »Virginia Bill of Rights« und die Unabhängigkeitserklärung von 1776 erhoben die Menschenrechte erstmals zum Bestandteil einer Verfassung.

1614	Die Generalstände Frankreichs tagen zum letzten Mal.
1713–1763	Außenpolitische Misserfolge, Wirtschafts- und Finanzprobleme schaden dem Ansehen des absolutistischen Staates.
1774–1776	Reformversuche des Finanzministers Turgot
1778–1783	Beteiligung am amerikanischen Unabhängigkeitskrieg, zusätzliche finanzielle Belastung
1787	Reformgesetze im Geiste der Aufklärung bedeuten den Übergang zum aufgeklärten Absolutismus.
1788	Auf Drängen der Parlamente (Gerichtshöfe) kündigt die Regierung die Einberufung der Generalstände für Mai 1789 an und gibt so das Ende der absoluten Herrschaft der Krone zu erkennen.
26.8.1789	Erklärung der Menschen- und Bürgerrechte
3.9.1790	Die Nationalversammlung verabschiedet eine neue Verfassung, Frankreich wird konstitutionelle Monarchie.
10.8.1792	Der König wird seines Amtes vorläufig enthoben.
11.9.1792	Der Nationalkonvent schafft die Monarchie ab, Frankreich wird Republik.

Auch in Frankreich gehörte ein zerrütteter Staatshaushalt zu den Auslösern der Revolution. Vor allem das Bürgertum, vertreten im politisch einflusslosen dritten Stand, war nicht bereit, die Staatsverschuldung hauptsächlich bekämpfen zu helfen, wenn nicht zugleich umfangreiche Reformen und politisches Mitspracherecht durchgesetzt wurden. Die Gedanken der Aufklärung fielen hier auf fruchtbaren Boden. Außerdem hatte der nordamerikanische Unabhängigkeitskrieg Vorbildcharakter. Die »Erklärung der Menschen- und Bürgerrechte« vom 26. August 1789 bezog sich erstmals auf alle Menschen in allen Ländern und Staatsformen.

Unterschiedliche politische und soziale Grundkomponenten und Motive lagen allen drei Revolutionen zugrunde. Weshalb werden gerade diese – und unter ihnen vor allem die Französische Revolution – oft als Schlüsselereignisse bezeichnet?

Die Französische Revolution

Referieren Sie arbeitsteilig (in Gruppen) mithilfe von Lexika und Geschichtsbüchern den Gang der historischen Ereignisse

a) der englischen Bürgerkriege,

b) des amerikanischen Unabhängigkeitskrieges,

c) der Französischen Revolution.

Fertigen Sie für Ihre Mitschülerinnen und Mitschüler jeweils ein Thesenpapier an, das in kurzen Sätzen oder Stichworten die wichtigsten Aspekte Ihres Referates enthält.

17 Menschenrechte »von Staats wegen«

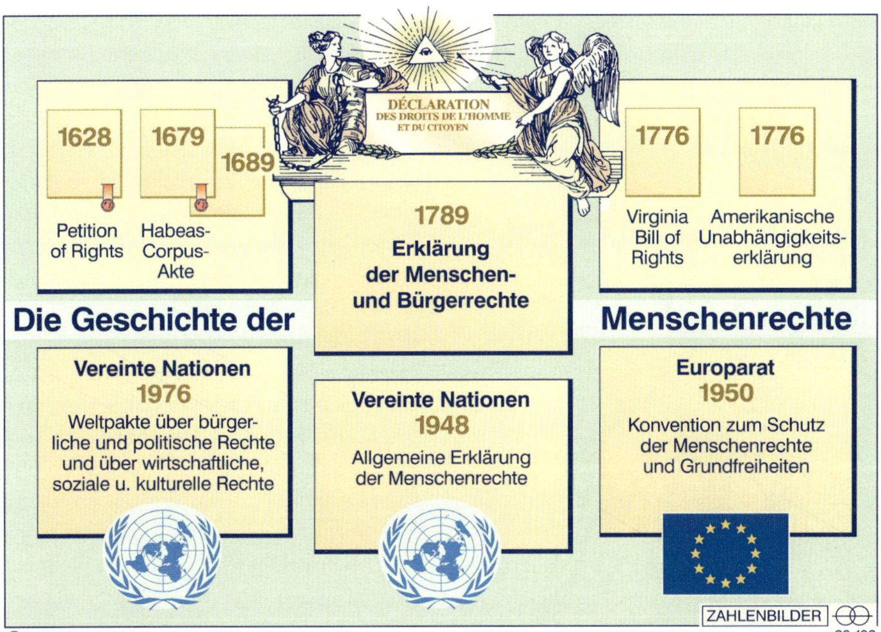

60 108

a) Wichtige Stationen in der Geschichte der Menschenrechte
Schaubild

Informieren Sie sich über die Begriffe und die zugehörigen Ereignisse.

b) Aus der »Bill of Rights« von 1689:

Und indem hierauf die genannten geistlichen und weltlichen Lords und commons [...] sich nun zu einer vollen und freien Repräsentation dieses Volkes versammelt haben [...], geben sie zuvörderst zur Aufrechterhaltung und Zusicherung ihrer alten Rechte und Freiheiten die Erklärung ab:

Dass die angemaßte Gewalt, durch königliche Autorität Gesetze oder die Ausführung der Gesetze ohne Zustimmung des Parlaments aufzuheben, ungesetzlich ist. [...] Dass es ein Recht der Untertanen ist, Petitionen an den König zu richten, und dass alle Verhaftungen und gerichtlichen Verfolgungen wegen solcher Petitionen ungesetzlich sind. [...] Dass die Wahl der Mitglieder des Parlaments frei sein muss.

Dass die Freiheit der Rede und der Debatten oder Verhandlungen im Parlament nicht angefochten oder zum Gegenstand von Untersuchungen in irgendeinem Gerichtshof [...] gemacht werden dürfen. [...]

Indem sie daher voll darauf vertrauen, dass Seine Hoheit der Prinz von Oranien die Befreiung vollenden wird, die von ihm schon so weit gefördert ist, und dass er sie immer schützen wird gegen die Verletzung ihrer Rechte, die sie hier in Anspruch genommen haben, und gegen alle anderen Angriffe auf ihre Religion, Rechte und Freiheiten: fassen die genannten geistlichen und weltlichen Lords und die Commons, hier zu Westminster versammelt, den Beschluss, dass Wilhelm und Maria, Prinz und Prinzessin von Oranien, König und Königin von England, Frankreich und Irland und den dazugehörenden Besitzungen sein sollen und als solche erklärt sind.

Das britische Regierungssystem, hrsg.: Iwor W. Jennings/ Gerhard A. Richter,Köln/ Opladen 1970, S. 130 f.

c) Aus der amerikanischen Unabhängigkeitserklärung vom 4. Juli 1776:
Wenn es im Laufe der Menschheitsgeschichte für ein Volk notwendig wird, die politischen Bande zu lösen, die es mit einem anderen Volke verbunden haben, und unter den Mächten der Erde den selbstständigen und gleichberechtigten Rang einzunehmen, zu dem natürliches und göttliches Gesetz es berechtigen, so erfordert geziemende Achtung vor den Ansichten der Menschen, dass es die Gründe darlegt, die es zur Absonderung bewegen. Folgende Wahrheiten bedürfen für uns keines Beweises: Dass alle Menschen gleich geschaffen sind, dass sie von ihrem Schöpfer mit gewissen unveräußerlichen Rechten ausgestattet sind; dass dazu Leben, Freiheit und das Streben nach Glück gehören; dass zur Sicherung dieser Rechte Regierungen unter den Menschen eingesetzt sind, die ihre rechtmäßige Autorität aus der Zustimmung der Regierten herleiten; dass, wenn immer irgendeine Regierungsform diesen Zielen abträglich wird, das Volk berechtigt ist, sie zu ändern oder abzuschaffen und eine neue Regierung einzusetzen und diese auf solchen Prinzipien zu errichten und ihre Gewalten solchermaßen zu organisieren, wie es ihm zur Gewährleistung seiner Sicherheit und seines Glückes am ratsamsten erscheint. Die Vernunft gebietet freilich, dass seit langem bestehende Regierungen nicht aus geringfügigen und flüchtigen Anlässen geändert werden sollten; und dementsprechend hat alle Erfahrung gezeigt, dass die Menschen eher geneigt sind zu leiden, solange die Missstände erduldbar sind, als sich durch die Beseitigung altgewohnter Formen Recht zu verschaffen. Aber wenn eine lange Reihe von Missbräuchen und Übergriffen, die ausnahmslos das gleiche Ziel verfolgen, die Absicht deutlich werden lässt, das Volk unumschränktem Despotismus zu unterwerfen, so ist es sein Recht wie auch seine Pflicht, eine solche Regierung zu beseitigen und durch neue schützende Einrichtungen für seine künftige Sicherheit Vorsorge zu treffen. Entsprechend haben unsere Kolonien geduldig ausgeharrt; und dementsprechend sind sie nun notgedrungen gezwungen, ihre bisherige Regierungsform zu ändern. Die Regierungszeit des jetzigen Königs von Großbritannien ist voll wiederholt begangenen Unrechts und ständiger Übergriffe, die alle unmittelbar auf die Errichtung einer unumschränkten Tyrannei über unsere Staaten abzielen.

d) Versöhnung zwischen Britannia und ihrer Tochter Amerika
Britische Karikatur, 1782

Erklären Sie die Andeutungen der Karikatur.

e) Ausschnitt aus der Debatte der Nationalversammlung über die Notwendigkeit einer Erklärung der Menschen- und Bürgerrechte vom 1. August 1789:

Target [Rechtsanwalt, Abgeordneter des dritten Standes, spielte eine maßgebliche Rolle bei der Ausarbeitung der Verfassung]: Die Rechte des Menschen sind nicht hinlänglich bekannt, man muss sie bekannt machen. Ich glaube, dass diese Kenntnis, weit davon entfernt, gefährlich zu sein, nur nützlich wirken kann. Hätten unsere Vorfahren getan, was wir tun wollen, wären sie so unterrichtet, wie wir es sind, hätten positive Artikel dem Despotismus unüberschreitbare Schranken gezogen, so wären wir nicht dahin gekommen, wo wir sind. Dadurch dass wir die Erklärung der Menschenrechte in Erz graben, müssen wir die Fehler unserer [alten politischen] Verfassung heilen und die Nachwelt vor ihrer Wiederkehr bewahren.

Graf Castellane [liberaler Adliger]: Blicken Sie doch auf die Oberfläche unseres Erdballs, und Sie werden mit mir erbeben, wenn Sie sehen, wie wenige Nationen keineswegs den Vollumfang ihrer Rechte, sondern nur einige Ideen, einige Reste ihrer Freiheit bewahrt haben. Ohne hinweisen zu müssen auf ganz Asien und auch nicht auf die unglücklichen [schwarzen] Afrikaner, die auf den westindischen Inseln eine viel härtere Sklaverei erdulden müssen als in ihrer eigenen Heimat, ohne, sage ich, aus Europa hinauszugehen, sehen wir da nicht ganze Völker, die sich als das Eigentum einiger Herren betrachten, sehen wir nicht, dass sie fast sämtlich sich einbilden, sie seien Gesetzen Gehorsam schuldig, die von Despoten gemacht sind, denen diese selbst sich aber nicht unterwerfen? Selbst in England, dieser berühmten Insel, die das heilige Feuer der Freiheit aufbewahrt zu haben scheint, gibt es da nicht Missbräuche, die verschwinden würden, wenn die Menschenrechte besser bekannt wären?

Malouet [Abgeordneter des dritten Standes]: Zur Zeit ist die Regierung Frankreichs ohne Kraft und ohne Mittel, die Autorität ist erniedrigt, die Gerichte sind außer Tätigkeit; in Bewegung ist nur das Volk. Die Erhebung der Steuern hat aufgehört, alle Ausgaben steigen, alle Einnahmen sinken; alle lästigen Verpflichtungen erscheinen ungerecht. Unter solchen Umständen kann eine ausdrückliche Erklärung der allgemeinen und unbedingten Grundsätze der natürlichen Freiheit und Gleichheit dahin führen, dass die notwendigen Bande zerrissen werden.

Delandines: Eine unbegrenzte Rechteerklärung würde gierig aufgegriffen werden von dem Volk, dem sie die angeborene Gleichheit und Freiheit wiederanböte; aber wird dieses Volk begreifen, dass diese ursprüngliche Gleichheit leider nur eine philosophische Erdichtung ist, die sofort verschwindet, wenn neben dem eben geborenen Schwächling ein anderes Kind zur Welt kommt, das stärker und geistig besser veranlagt ist? Wird es begreifen, dass die Freiheit, wenn auch die Tochter der Natur, unter dem Schutz positiver Gesetze steht und nicht darin besteht, alles zu tun, was einem nützt, wenn es anderen schadet, noch was einem gefällt, wenn es andere im Genuss desselben beeinträchtigt? Sind auch Gleichheit und Freiheit in der natürlichen Ordnung ein Erbteil jedes Einzelnen, so hat doch in der staatlichen Ordnung jeder Einzelne einen Teil davon zu opfern, um wechselseitige Gleichheit und Freiheit aller zu sichern. [...] Hüten wir uns davor, mit einem Schlag einen Damm niederzureißen, den Jahrhunderte errichtet haben, ohne Schutzwehr gegen den Strom, dessen Fluten sich weiter erstrecken können, als wir vorausgesehen haben, mit Entsetzen und Verheerung im Gefolge.

f) »Auch ich bin frei«
Medaillon aus den französischen Kolonien, 1789. Etwa 1 Million Sklaven in den Kolonien galten nach dem Gesetz als »persönlicher Hausrat« der weißen Besitzer. 1794 schaffte der Nationalkonvent die Sklaverei ab, 1802 wurde sie von Napoleon wieder eingeführt und blieb bis 1848 bestehen.

Zit. nach: Irmgard und Paul Hartig, Die Französische Revolution, Stuttgart 1990, S. 47

g) Die Präambel der »Erklärung der Menschen- und Bürgerrechte« vom 26. August 1789:

In der Überzeugung, dass die Unkenntnis, das Vergessen oder die Verachtung der Menschenrechte die alleinigen Ursachen der öffentlichen Missstände und der Verderbtheit der Regierungen sind, haben die in der Nationalversammlung vereinigten Vertreter des französischen Volkes beschlossen, in einer feierlichen Erklärung die natürlichen, unveräußerlichen und geheiligten Menschenrechte darzulegen, damit diese Erklärung allen Mitgliedern des gesellschaftlichen Verbandes beständig vor Augen ist und sie ohne Unterlass an ihre Rechte und Pflichten erinnert werden; damit die Handlungen der gesetzgebenden wie auch der ausübenden Macht in jedem Augenblick mit dem Zweck jeglicher politischer Einrichtung verglichen werden können und dadurch mehr geachtet werden; damit die Ansprüche der Bürger, von nun an auf einfache und unbestreitbare Grundsätze gegründet, sich immer auf die Erhaltung der Verfassung und das Wohl aller richten mögen.

Zit. nach: Irmgard und Paul Hartig, Französische Revolution, Die Französische Revolution, Stuttgart 1990, S. 51

[Die Erklärung selbst erhielt die Grundforderungen auf Freiheit, Gleichheit, Eigentum, Sicherheit der Bürger, Volkssouveränität durch das Recht auf politische Mitwirkung, Schutz der Bürger durch Rechtsstaatlichkeit und Gewaltenteilung, Meinungs- und Religionsfreiheit. Sie stand der Verfassung der Französischen Republik von 1793 voran, die allerdings nie in Kraft trat.]

h) Aus der »Erklärung der Rechte der Frau und Bürgerin« von Olympe de Gouges vom September 1791:

Präambel: Die Mütter, die Töchter, die Schwestern, Vertreterinnen der Nation, verlangen Mitglieder der Nationalversammlung zu werden. In Anbetracht dessen, dass Unkenntnis, Vernachlässigung oder Missachtung der Rechte der Frau die alleinigen Ursachen öffentlichen Unbills und der Verderbtheit der Regierenden sind, haben sie beschlossen, in einer feierlichen Erklärung die natürlichen, unveräußerlichen und heiligen Rechte der Frau darzulegen. Diese Erklärung möge der Gesellschaft stets erinnerlich sein und sie beständig an ihre Rechte und Pflichten gemahnen; auf dass die Ausübung von Macht bei Frauen wie bei Männern jederzeit am Zweck der politischen Institutionen gemessen und demnach eher geachtet werden kann; auf dass Beschwerden und Forderungen von Bürgerinnen hinfort sich auf einfache und unanfechtbare Grundsätze stützen und jederzeit zum Schutz der Verfassung, der guten Sitten und zum Glück aller beitragen mögen. In der Folge anerkennt und erklärt das an Schönheit wie an Mut, die Beschwernisse der Mutterschaft betreffend, überlegene Geschlecht in Gegenwart und mit dem Beistand des Höchsten Wesens die folgenden Rechte der Frau und Bürgerin.

i) Olympe de Gouges (1748–1793), zeitgenössische Darstellung

Artikel 1: Die Frau wird frei geboren und bleibt dem Manne ebenbürtig in allen Rechten. Unterschiede im Bereiche der Gesellschaft können nur im Gemeinwohl begründet sein.

Artikel 2: Ziel und Zweck jedes politischen Zusammenschlusses ist die Wahrung der natürlichen und unverjährbaren Rechte von Frau und Mann, als da sind: Freiheit, Eigentum, Sicherheit und insbesondere das Recht auf Widerstand gegen Unterdrückung. [...]

Artikel 6: Das Gesetz soll Ausdruck des Willens aller sein; alle Bürgerinnen und Bürger sollen persönlich oder über ihre Vertreter zu seiner Entstehung beitragen, für alle sollen die gleichen Bedingungen Geltung haben.

Artikel 7: Keine Frau wird ausgenommen: Sie kann angeklagt, verhaftet und gefangen gehalten werden in den vom Gesetz bestimmten Fällen. Frauen wie Männer sind diesem unerbittlichen Gesetz unterworfen. […]

Artikel 10: Niemand darf wegen seiner Meinung, selbst in Fragen grundsätzlicher Natur, Nachteile erleiden. Die Frau hat das Recht, das Schafott zu besteigen, gleichermaßen muss ihr das Recht zugestanden werden, eine Rednertribüne zu besteigen, sofern sie nicht in Wort und Tat die vom Gesetz garantierte öffentliche Ordnung stört.

Artikel 11: Die freie Gedanken- und Meinungsäußerung ist eines der kostbarsten Rechte der Frau, gewährleistet diese Freiheit doch auch die gesetzliche Vaterschaft. Jede Bürgerin kann demnach ohne Einschränkung sagen: »Ich bin die Mutter eines Kindes, das von euch stammt«, ohne dass ein barbarisches Vorurteil sie dazu zwänge die wahren Umstände geheim zu halten. Stets jedoch mit dem Vorbehalte der Haftung im Falle eines Missbrauches dieser Freiheit in den vom Gesetz festgelegten Fällen. […]

Artikel 13: Zum Unterhalt der öffentlichen Kräfte und Einrichtungen tragen Frau und Mann in gleichem Umfange bei. Zu Fron und lästigen Pflichten wird die Frau ohne Unterschied beigezogen und muss deshalb bei der Zuteilung von Stellungen und Würden, in niedern wie in höheren Ämtern sowie im Gewerbe, ebenso berücksichtigt werden. […]

Nachwort: Frau, erwache! Die Stimme der Vernunft erschallt über unsern Erdball; erkenne deine Rechte! Das gewaltige Reich der Natur ist nicht mehr umlagert von Vorurteilen, Fanatismus, Irrglauben und Lüge. Die Fackel der Wahrheit hat das dunkle Gewölk der Dummheit und Gewalt zerteilt.

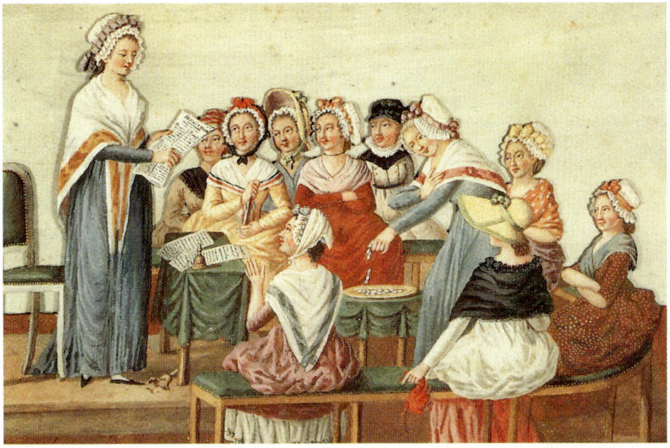

j) Versammlung revolutionärer Republikanerinnen in Paris
Zeichnung der Brüder Leseur, 1791. Frauen diskutierten in patriotischen Clubs wie diesem Sitzungsprotokolle des Parlaments und sammelten Spenden für hilfsbedürftige Familien von Revolutionären. 1793 wurden Frauenclubs verboten.

Zit. nach: Die gerechte Ordnung der Gesellschaft, hrsg.: Gerd Becher, Elmar Treptow, Frankfurt/New York 2000, S. 169 ff.

1. Erläutern Sie, wie nach den »Bill of Rights« die Machtbefugnisse zwischen Parlament und König verteilt werden sollen (17b). Welche Menschen- bzw. Grundrechte werden genannt?
2. Suchen und erklären Sie gedankliche Zusammenhänge der amerikanischen Unabhängigkeitserklärung (17c) mit den Staatsphilosophien der Aufklärung.
3. Diskutieren Sie: Wird diesem Dokument (17c) zu Recht oft welthistorische Bedeutung beigemessen?
4. Arbeiten Sie aus dem Auszug der Debatte Gründe für und wider die Veröffentlichung der Erklärung der Menschenrechte heraus (17e).
5. Vergleichen Sie die Präambel (17g) mit der Präambel von Olympe de Gouges (17h).
6. Zählen Sie die Rechte auf, die Frauen nicht gewährt wurden (17h). Versuchen Sie zu erklären, weshalb Olympe de Gouges sich zu dieser Kritik genötigt fühlte und wie sie die Ideen der Aufklärung im Vergleich zur »Erklärung der Menschen- und Bürgerrechte« umgesetzt sehen will.

1. Die Quellen 17b,c und g gehören zu den Schlüsseldokumenten in der Geschichte der Menschenrechte. Erklären Sie, weshalb. Diskutieren Sie, welchen Anteil die Aufklärung an dieser Entwicklung hatte.
2. Erläutern Sie, welche Faktoren dazu führten, dass Staatsphilosophien tatsächlich politisch maßgeblich wurden.

3. VON FRAUENBILDUNGSVEREINEN ZUM FRAUENWAHLRECHT

18 Französisches Plakat zur Studentenrevolte von 1970

Klären Sie, auf welches Ereignis im 19. Jahrhundert die Studenten anspielten.

Die Frauenbewegung des 19. Jahrhunderts ist das Resultat eines lang dauernden Emanzipationsprozesses, der in den Epochen von Renaissance und Reformation begann und im Zeitalter der Aufklärung einen enormen Fortschritt machte. Die amerikanischen und französischen Menschenrechtserklärungen von 1776 und 1789 legten Freiheits- und Gleichheitsrechte für alle Menschen fest, auch wenn die politische und gesellschaftliche Praxis noch lange Zeit diese Rechte den Frauen nicht zuerkannte, obwohl Frauen aktiv an der Französischen Revolution teilnahmen. Die deutsche Frauenbewegung war wesentlich am Kampf um juristische und politische Rechte für die Frau beteiligt. Sie versuchte die soziale Situation von Frauen ebenso zu verändern wie das Verhältnis der Geschlechter zueinander. Einige ihrer Ziele prägen bis heute die frauenpolitische Diskussion und sie ist besonders mit ihren herausragenden Persönlichkeiten Louise Otto-Peters, Anita Augspurg, Lida Gustava Heymann, Minna Cauer, Hedwig Dohm und der Sozialistin Clara Zetkin und deren Positionen und Motiven ein Vorbild für die in den 1960er-Jahren entstandene neue Frauenbewegung.

1843	Louise Otto (später Otto-Peters) verfasst einen namentlich gekennzeichneten Leserbrief in den »Sächsischen Vaterlandsblättern« über die notwendige Teilnahme von Frauen an den »Interessen des Staates«.
1848	März: Frauen beteiligen sich an den revolutionären Kämpfen in allen deutschen Staaten. Die Konstituierung eines nationalen Parlaments in der »Frankfurter Nationalversammlung« findet ohne weibliche Beteiligung statt.
1849	Louise Otto gründet die »Frauen-Zeitung«.
1850	Das Preußische Vereins- und Versammlungsgesetz verbietet die Mitgliedschaft von Frauen, Schülern und Lehrlingen in politischen Vereinen und die Teilnahme an deren Veranstaltungen.
1865	Gründung des Allgemeinen Deutschen Frauenvereins (ADF, bürgerlich gemäßigt) durch Louise Otto-Peters.
1876	Franziska Tiburtius und Emilie Lehmus lassen sich als erste praktische Ärztinnen in Berlin nieder.
1888	Gründung des Frauenvereins Frauenwohl (linker Flügel der bürgerlichen Frauenbewegung) durch Minna Cauer
1888	Gründung des Frauenvereins Reform (radikaler Flügel der bürgerlichen Frauenbewegung) durch Hedwig Dohm
1891	Die SPD bekennt sich in ihrem Erfurter Programm zur Gleichberechtigung der Frau.
1891	Gründung der sozialistischen Frauenzeitung »Die Gleichheit« durch Clara Zetkin
1893	Eröffnung des ersten Mädchengymnasiums in Karlsruhe

1894 Gründung des Bundes deutscher Frauenvereine (BDF, bürgerlich gemäßigt)
1902 Gründung des Deutschen Vereins für Frauenstimmrecht (linker Flügel der bürgerlichen Frauenbewegung)
1900 Baden gestattet als erstes deutsches Land Frauen das Studium.
1908 In Berlin werden erstmalig Frauen zum Studium zugelassen. Das Preußische Vereinsgesetz von 1850 wird aufgehoben.
1914 Frauen gründen zu Beginn des Ersten Weltkriegs den »Vaterländischen Frauenverein« (konservativ) und den »Nationalen Frauendienst« (bürgerlich liberal) zur Unterstützung des Krieges an der »Heimatfront« (Sammlungen, Betreuung von Verwundeten, Kriegerwitwen).
1918 12. November: Der Rat der Volksbeauftragten proklamiert die Einführung des gleichen, geheimen, direkten und allgemeinen Wahlrechts für Männer und Frauen über 20 Jahre.
1919 Frauen sind bei der Wahl zur verfassunggebenden Nationalversammlung, die die Verfassung der Weimarer Republik begründete, erstmals stimmberechtigt.
1920 Zulassung von Frauen zur Habilitation
1923 Margarethe von Wrangell wird erste deutsche Professorin

3.1 Die Frauenfrage im 19. Jahrhundert

Im 19. Jahrhundert entwickelte sich die deutsche Frauenbewegung, die publizistisch, politisch und sozial-karitativ aktiv war. Dieser Vorgang stand in Zusammenhang mit dem Entstehen des bürgerlichen Liberalismus, der sozialen Frage des Industrieproletariats und der Arbeiterbewegung. Einzelne und in Verbänden organisierte Frauen reklamierten nun die bürgerlichen Freiheits- und Mitbestimmungsrechte auch für das weibliche Geschlecht. Sie wandten sich gegen die unzureichenden Bildungs- und beruflichen Qualifikationsmöglichkeiten und die Festlegung auf die Rolle als Hausfrau und Mutter. Diese Rolle schloss aber eine Doppelbelastung für Frauen aus Teilen des Bürgertums und dem Proletariat durch schlecht bezahlte Lohnarbeit nicht aus. So opponierte die Frauenbewegung gegen die kulturelle, soziale und ökonomische Abhängigkeit der Frauen innerhalb einer Gesellschaft, die in allen Schichten männlich dominiert wurde.

19 Die soziale und ökonomische Situation von Frauen

a) Ein heutiger Historiker zur bürgerlichen und proletarischen Familie:
In einer völlig »anderen Welt« lebte die bürgerliche Familie, wo die sozialen Beziehungen nicht wie bei der Arbeiterfamilie durch völlig fremd bestimmte Arbeitsbedingungen und den Kampf um die Existenzsicherung bestimmt wurden. Die Spannweite der existenziellen Lebensgrundlagen war zum Teil erheblich: vom verarmten Handwerkerhaushalt, der mit Industrie und Verlagswesen nicht richtig zu konkurrieren in der Lage war, bis zum sehr reichen Haushalt der Fabrikbesitzer und Verleger. Aber auch das verarmte Klein-Bürgertum konnte es sich doch meistens leisten, einem Familienbild nachzuleben, das Frau und Kinder in besonders ausgeprägter Weise auf den

Innenbereich der Familie verwies. »Kinder, Küche und Kirche« waren die »Drei K« der »deutschen Hausfrau und Mutter«. Während der Arbeitsbereich der Frau für den Ehemann überschaubar und kontrollierbar war, hatte sie in der zunehmend arbeitsteiligen Gesellschaft wenig Möglichkeiten, Sinn und Wichtigkeit der Arbeit ihres Ehepartners zu erfassen.

Dies verstärkte die vorhandenen patriarchalischen Strukturen in der bürgerlichen Familie und führte gleichzeitig zu einer Betonung des Ehe- und Familienlebens als Zentrum des Handelns und Denkens als Lebenssinn schlechthin, die in der Geschichte ohne Beispiel ist. Die Ausgestaltung des Weihnachts- und Osterfestes als Kinder- und Familienfest, die Erörterung pädagogischer Fragen, die Idyllisierung der ehelichen Liebesbeziehung, aber auch die gleichzeitige Tabuisierung der Sexualität in der Familie und nicht zuletzt dadurch die doppelte Moral der Männer, auch die Verachtung körperlicher Arbeit sowie ausgeprägtes Autoritäts- und Abhängigkeitsdenken sind Ergebnisse dieser bürgerlichen Welt, die bis in das Familienleben heutiger Zeit hineinwirken.

Zit. nach: Bundeszentrale für politische Bildung (Hrsg.), Informationen zur politischen Bildung, Heft 206. Die Familie in der Bundesrepublik Deutschland. Bonn 1985, S. 14.

1. Formulieren Sie die Thesen des Historikers zur Struktur der bürgerlichen Familie (19a).
2. Erkundigen Sie sich auf den Seiten 147–150 über die soziale und ökonomische Situation von Frauen verschiedener Schichten im 19. Jahrhundert. Vergleichen Sie Ihre Ergebnisse mit Text 19a.

20 Arbeiterinnen verlassen eine Fabrik. Gemälde von H. Baluschek, 1900.

Analysieren Sie das Gemälde und diskutieren Sie anschließend, inwieweit sich darin die Situation von Frauen um die Wende zum 20. Jh. spiegelt.

21 Zur Geschichte der Frauen

a) Hedwig Dohm (1831–1919) – Frauenrechtlerin und eine zu ihrer Zeit viel gelesene Autorin literarischer und journalistischer Texte – zur Frauengeschichte:
Die Geschichte der Frauen ist nur eine Geschichte ihrer Verfolgung und ihrer Rechtlosigkeit und die Geschichte sagt: Die Männer haben von jeher die Frauen unterdrückt in unerhörter und beispielloser Weise, und die menschliche Vernunft fügt hinzu: Und sie werden sie unterdrücken, bis das weibliche Geschlecht teilhat an der Abfassung der Gesetze, von denen es regiert wird, denn jedes Recht, hinter dem nicht eine Macht

Zit. nach: Margrit Twellmann, Die Deutsche Frauenbewegung, in: Marburger Abhandlungen zur Politischen Wissenschaft, Band 17/II. Meisenheim am Glan 1972, S. 536.

steht, ist ein Traumbild und ein Phantom. – Ein flüchtiger Blick auf die Stellung der Frauen bei zivilisierten und barbarischen Völkern wird genügen zur Aufklärung über die männliche Fürsorge, die von alters her, von der Wiege bis zum Grabe, dem weiblichen Geschlecht zuteil ward.

b) Der bedeutende Historiker Heinrich von Treitschke (1834–1896) plädierte für die Reichseinigung unter Preußens Führung und arbeitete u. a. als publizistischer Mitarbeiter des ersten deutschen Reichskanzlers Otto von Bismarck:

Der einseitig männliche Charakter der Reformation wirkt noch nach bis zum heutigen Tage. Der preußische Staat, der so durch und durch protestantisch ist, wie deutlich zeigt er diesen Zug. Es gibt keinen Staat, der so wenig Weiberherrschaft gesehen hätte wie der preußische. Seit den Tagen des Großen Kurfürsten haben hier eigentlich nie Frauen regiert. Es ist eine Nachwirkung des sechzehnten Jahrhunderts, das der deutschprotestantischen Welt noch immer ihren wesentlichen Charakter aufprägt. [...]

Im neunzehnten Jahrhundert wieder [...] treten rohe, männliche Sitten an die Stelle. Ein theoretischer Weiberkultus neben praktischer Flegelei ist der Charakter unserer Zeit. Durch die unnatürliche Verspätung der Ehen hat die Prostitution einen solchen Umfang erreicht, und sie tritt mit einer solchen Frechheit auf, dass dadurch auch der Umgangston in der Gesellschaft verdorben worden ist.

Dazu die unglückselige Idee einer Emanzipation der Weiber. Wenn die Frau glaubt, im Verkehr durch männliche Mittel auf uns wirken zu können, wenn sie mit geradezu erschreckenden Blicken uns zu imponieren sucht, so wirkt das im entgegengesetzten Sinne, und es entsteht die soziale Flegelei, die heute so um sich gegriffen hat. [...] Lehren von der Emanzipation der Weiber hat es in allen Zeiten der Geschichte gegeben, wenn die Bande der Zucht und Sitte sich lockerten. Das Ende des Griechentums, die Zeit der Auflösung des Römerreichs zeigen dieselben Gedanken; in der Regel geistreicher als heutzutage. Es ist in diesen Dingen gar nichts Neues zu finden. Neu ist nur, dass heute der Unsinn vorgetragen wird mit der Miene sozialpolitischer Weisheit; und gegen das Wort Sozialpolitik ist der Durchschnittsmensch von heute wehrlos.

Zit. nach: Margrit Twellmann, Die Deutsche Frauenbewegung, in: Marburger Abhandlungen zur Politischen Wissenschaft, Band 17/II. Meisenheim am Glan 1972, S. 192.

c) In einer Darstellung über Frauengeschichte heißt es von Bonnie S. Anderson:

Die Frauen haben in historischen Zeugnissen bei weitem weniger Spuren hinterlassen als die Männer. Dies ist die bedeutendste Konsequenz des negativen kulturellen Frauenbildes. Denn wenn die Geschichte definiert wird über die Taten der Männer, die Handlungen der Frauen aber wenig Wert zugesprochen erhalten, wird das Frauenleben »ahistorisch«, es erfüllt sich außerhalb der Welt männlicher Leistungen.

Zit. nach: B. S. Anderson, Eine eigene Geschichte. Zürich 1988, S. 15.

d) John Stuart Mill (1806–1873), englischer Philosoph und Volkswirt, zur Rolle der Frau im 19. Jahrhundert:

Ich halte es bei jedem für Vermessenheit, bestimmen zu wollen, was Frauen ihrer natürlichen Veranlagung nach sein oder nicht sein, tun oder nicht tun können. Sie sind bis jetzt, was ihre freiwillige Entwicklung anbetrifft, in einem so unnatürlichen Zustande erhalten worden, dass ihre Natur notwendigerweise verzerrt und entstellt sein muss. [...] Die Frauenfrage ist eine soziale Frage von eminenter Bedeutung. Sie ist keineswegs das Produkt überspannter Ideen und exaltierter Gefühle, wie viele meinen, sondern ist ganz einfach die natürliche Konsequenz nüchterner Tatsachen.

Die Frauenfrage existiert, weil sie den gegenwärtigen Verhältnissen nach existieren muss, und sie wird existieren, solange diese Verhältnisse selbst existieren. [...]

Zit. nach: Margrit Twellmann: Die Deutsche Frauenbewegung, in: Marburger Abhandlungen zur Politischen Wissenschaft, Band 17/II. Meisenheim am Glan 1972, S. 363.

Der Kernpunkt der ganzen Frauenfrage ist in Deutschland heute darin zu erblicken, dass einerseits heute nicht mehr ein so großer Prozentsatz von Frauen zur Ehe gelangt wie vormals; dass aber andererseits diesem Prozentsatz [...] nicht [...] die Möglichkeit geboten ist, diese [Versorgung] außerhalb derselben zu gewinnen.

e) In ihrem Buch »Zur Geschichte der proletarischen Frauenbewegung Deutschlands« schrieb die Sozialdemokratin und spätere Kommunistin Clara Zetkin (1857–1933):

Mit dem Kapitalismus schreitet die bürgerliche Frauenbewegung über alle Erdteile. [...] Sie schleift eine Gefolgschaft von vielen Millionen hinter sich her. Sie umfasst Bildungsorganisationen, die zu kapitalfrommer Demut erziehen, Genossenschaften, Gewerkschaften, Berufsvereinigungen, die kleine Vorteile verschaffen; Wohltätigkeitsvereine, die als Ketten und Knebel antibürgerlicher Gesinnung und Betätigung wirken. [...] Kurz, die bürgerliche Frauenbewegung ist eine ernste, gefährliche Macht der Gegenrevolution. Mit ihr kann, darf es keinen Kompromiss geben, sie muss geschlagen werden, damit die proletarische Weltrevolution siege.

Zit. nach: Cordula Koepcke, Frauenbewegung. Heroldsberg 1979, S. 105.

f) Die bekannte Frauenrechtlerin Lida Gustava Heymann (1868–1943) bemerkte zum Verhältnis sozialdemokratischer Männer zur Frauenbewegung:

Welche Kurzsichtigkeit! Hatten nicht jahrzehntelange Erfahrungen in allen Ländern gezeigt, dass die Masse der sozialdemokratischen Männer keineswegs gewillt war, die im Programm festgelegte Gleichberechtigung in der Praxis und am eigenen Herde zu betätigen? [...] Er [der sozialdemokratische Mann] war von demselben Überheblichkeitskomplex beherrscht [wie der bürgerliche Mann], stets bereit, den Frauen gegenüber den Despoten zu spielen und die besser bezahlten, sehr häufig weniger anstrengenden Berufe für das »starke Geschlecht« zu reservieren, dem schwachen Geschlecht die mühevollen, schlechter bezahlten, als die von der Natur für die Frau bestimmten, zu überlassen. [...] Sozialdemokratische Frauen standen unter der männlichen Oberhoheit der Partei, die konfessionellen Frauen unter der der Kirche. Unfrei waren beide!

Zit. nach: Cordula Koepcke, Frauenbewegung, Heroldsberg 1979, S. 106.

1. Frauen und (ihre) Geschichte: Vergleichen Sie die Aussagen der Autoren (21a, b und c).
2. Stellen Sie die Auffassungen von der »Frauenfrage« des 19. Jahrhunderts, wie sie in den Texten (21a, b, c, d, e und f) deutlich werden, gegenüber. Welche Informationen und Positionen sind identisch, welche benachbart und welche völlig verschieden?
3. Untersuchen Sie die Texte daraufhin, welche besonderen gesamtgesellschaftlichen Entwicklungen im 19. Jahrhundert für das Entstehen der »Frauenfrage« verantwortlich gemacht werden.

3.2 Das bürgerliche Familienmodell

Das bürgerliche Frauenbild

Das Bild der Familie im 19. Jahrhundert ist größtenteils geprägt von der Familienideologie des so genannten Biedermeier. Hier galt das Ideal der bürgerlich-patriarchalischen Familie. Ein Ideal, dessen Wurzeln bis weit ins Mittelalter zurückgehen und das auf der Lebensform des so genannten »Ganzen Hauses« basierte. Diese Lebensform der mittelalterlichen und frühneuzeitlichen Handwerker und Kaufleute bedeutete noch die Einheit von Arbeit und Wohnen, die enge Verbindung von Privatleben und Beruf. Der »Hausvater« fungierte als Oberhaupt der Familien-, Dienstboten- und Gesellengemeinschaft, die »Hausmutter« war zuständig für Kinder und Küche. Diese Vorstellung wurde in den politischen Ideologien und den zahlreichen erbaulichen Publikationen der Zeit noch lange als allgemeines Familienideal aufrechterhalten. Dabei traf diese Vorstellung nur auf Teile des Bürgertums zu und hatte eine relativ schmale soziale Basis. Im Zuge der Industrialisierung änderten sich die Rollen innerhalb der Familie grundsätzlich.

Hausmutter unter väterlicher Gewalt

Die mit diesem Familienbild verbundene Frauenrolle stellte in der katholischen Vorstellungswelt »die gehorsame Magd Maria« und in der protestantischen, von der Reformation geprägten den Typus der Hausmutter dar, die den Fortbestand der Familie garantiert, für das Hauswesen und die Erziehung der Kinder sorgt, sich im Übrigen aber ihrem Ehemann unterwirft, dem die unantastbare hausväterliche Gewalt über Frau und Kinder zusteht. Die Frau wurde also ausschließlich über ihre familiäre Funktion und besonders in Hinblick auf die Bedürfnisse des Mannes definiert. Selbst die Anfänge einer höheren Bildung für Frauen hatten nicht die weibliche Selbstverwirklichung als wesentliches Motiv, sondern die Erfordernisse an eine anregende Gesellschafterin und Gesprächspartnerin des Ehemannes.

22 **Das »Familienkonzert«** Ölgemälde von S. Gutzwiler, um 1835.

Rückblickend bezeichneten viele Menschen die Zeit vor 1848 als »gute alte Zeit«.
Inwiefern finden Sie diese Vorstellung in dem Gemälde wieder?

23 Frau oder Hausfrau?

a) Aus einem Artikel in der »Frauen-Zeitung« im April 1852:

Dasjenige Weib verfehlt seinen Zweck, dessen Streben nur Gelehrsamkeit und männliche Beschäftigung ist. Anders organisiert und ausgestattet als der Mann, hat es auch einen andern Wirkungskreis als dieser, der aber keineswegs weniger groß und wichtig

24 **»Zur Frauenbewegung«**
Postkarte, um 1900.

Arbeiten Sie heraus, welches männliche Selbstbild sich in der Postkarte ausdrückt.

ist. Die Gelehrte, die immer dem Manne nachstrebt und alles demselben gleich machen will, ist eine Unnatur, die nirgends ihren Platz findet; zu den Männern kann man sie nicht zählen, und zu den Weibern will sie sich nicht gesellen. Mag ein Weib mit diesem Streben auch mitunter originell und interessant erscheinen, für das Leben aber ist es nichts weiter als eine schöne Marmorsäule, die man anschaut, bewundert, verlässt und vergisst. […]

Aber so wie uns das nur nach Gelehrsamkeit strebende Weib mit Widerwillen erfüllt; so unangenehm erscheint uns auch das so genannte praktische Weib, das so nüchtern ist, dass es die Prosa des Lebens noch einmal ins Prosaische übersetzt; das sorgfältig der Kranken Strümpfe pflegt, von der teuren Butter mit zerknirschtem Herzen spricht und einen poetischen Gedanken für einen Verrat an der Familie hält. […]

Wo die Wirtschaft aufhört, hört auch sein Geist auf, und wo die Poesie anfängt, haben die Empfindungen ein Ende. Das Haus eines solchen Weibes ist wie das Tote Meer, alles, was in seine Nähe kommt, hört auf zu leben.

Der Mann des Hauses, der Gatte, kommt von Geschäften ermüdet herein, er will die stürmische Außenwelt einige Stunden mit dem Himmel einer stillen Häuslichkeit vertauschen; er will von der Geliebten sich neuen Mut und neue Lebenskraft holen, mit ihr von seinen heiligsten Interessen sprechen. Sie starrt ihn an, was ihn begeistert, ist ihr fremd. […]

Zu diesen beiden unangenehmen Erscheinungen gesellt sich noch eine dritte, welche aber auch zugleich die widerlichste von allen ist. Es ist die der sentimentalen Weiber. Jene beiden sind doch noch etwas, wenn auch nur etwas Halbes, sie haben wenigstens eine Richtung, ein Ziel, letztere aber ist gar nichts. Das sentimentale Weib liebäugelt mit dem Monde und schwelgt in Lilien und Vergissmeinnicht, vergießt dabei schwermütigen Tee und lauwarme Tränen. […]

Nachlässig in den Lehnstuhl geworfen, einen Roman in der Hand, die dutzendweise verschlungen werden, wird über ungeheure Nervenschwäche geklagt. Die Kinder belästigen die holde Mutter mit ihren wissbegierigen Fragen; der Herr Gemahl tritt zu hart auf und nimmt nicht genug Rücksicht auf die leidende Gattin.

Zit. nach: Margrit Twellmann, Die Deutsche Frauenbewegung, in: Marburger Abhandlungen zur Politischen Wissenschaft, Band 17/II. Meisenheim am Glan 1972, S. 91.

b) Im Buch »Über den Jesuitismus im Hausstande« von Hedwig Dohm (1831–1919) heißt es, 1873:

Zuvörderst über die Gattin ein paar Worte. Man gestatte mir einige Fragen: Besteht die gute und glückliche Ehe darin, dass die Frau nur die Wirtschafterin des Mannes sei? – Einstimmiges, entschiedenes: »Nein«.

Soll die Frau nur die Geliebte und die Haushälterin des Mannes sein? – Nein.

Soll sie zugleich seine Freundin sein? – Ja.

Wer kann uns wahrer Freund und wahre Freundin sein? – Nur wer vollen Anteil nimmt an unserem Seelenleben. […]

Der Anteil am Seelenleben oder das gemeinschaftliche Seelenleben setzt selbstverständlich volles Verständnis der Freundesseele voraus. Ein solches aber ist unmöglich zwischen Gatten, die auf einer ganz verschiedenen Stufe der Bildung, der Anschauung und Erkenntnis stehen. – Aus diesem Grunde finden wir wohl (was die mittleren Stände anbelangt) die unglücklichsten Ehen in der höheren Beamten-, in der Künstler-, Schriftsteller- und Gelehrtenwelt. Im Kaufmannsstande dagegen die glücklichsten, weil hier der Unterschied des Bildungsgrades im Allgemeinen ein geringfügiger ist.

Zit. nach: Margrit Twellmann, Die Deutsche Frauenbewegung, in: Marburger Abhandlungen zur Politischen Wissenschaft, Band 17/II. Meisenheim am Glan 1972, S. 210.

c) Dieselbe Autorin schreibt einige Seiten weiter:

Welches sind die Hauptdogmen der guten Hausfrau?

a) Erstes Hauptdogma: Die Sparsamkeit. […] Die gute Hausfrau lässt nichts umkommen. Darum also jene Saucen, die aus dem Saft verschiedenartigen Getiers am Ende der Woche zu einem friedlichen Bach zusammenrinnen, um die trockenen Gestade deiner Quetschkartoffeln zu netzen. Darum jene Bouletten von Hasenklein, jene Suppen von Fett und Knochenresten, aus denen uns die wehmütigen Fettaugen so übelriechend anblicken. […]

Diese Gesellschaft ruft ihr zu: »Du deutsche Hausfrau, nur du bist die Hüterin und Erhalterin der idealen Güter der Menschheit, und wenn dich die bösen Buben, die Fortschrittsgeister, locken, so folge nicht. Nur solange du Strümpfe stopfst und den Besen führst, solange du deine Andacht verrichtest am Altar des Küchenherdes, solange dein Näschen über Kochtöpfen erglänzt und dein Auge über der niedlichen kleinen Kapelle, der Speisekammer, solange nenne ich dich Priesterin am häuslichen Herde.« […]

Der Mann und Gatte ist vollkommen damit einverstanden, und fügt noch hinzu: »So ist es – niemand kann Sauerkraut kochen und Oberhemden plätten wie meine Frau, kein Kaffee schmeckt mir, den nicht ihre liebe Hand verwässert hat« usw. Wie oft mögen hier fromme Täuschungen ihr dunkles Spiel treiben. Wie oft mag der arglose Eheherr mit heimlichem Liebesblick auf die angetraute Köchin an einem Schmorstück sich laben, das der weibliche Mietling in der Küche geschmort.

Zit. nach: Margrit Twellmann, Die Deutsche Frauenbewegung, in: Marburger Abhandlungen zur Politischen Wissenschaft, Band 17/II. Meisenheim am Glan 1972, S. 216.

1. Im 19. Jahrhundert entwickelte sich ein politisch sehr differenziertes frauenpolitisches Spektrum. Ordnen Sie die Autorinnen (23a, b und c) politisch ein: sozialistisch – linksbürgerlich/radikal – gemäßigt bürgerlich/liberal – konservativ/konfessionell. Begründen Sie Ihre Meinung, indem Sie das dem Text zugrunde liegende Frauenbild herausfiltern.
2. Analysieren Sie die Sprache und die stilistischen Mittel der Quellen und klären Sie, zu welcher Textsorte sie gehören (23a, b und c).
3. Diskutieren Sie, welche der kritisierten/karikierten Eigenschaften von Frauen Ihrer Meinung nach auch heute noch anzutreffen sind.

3.3 Die Anfänge der Frauenbewegung

Die französische Februarrevolution löste die deutsche Märzrevolution von 1848 aus. Sie gilt als der Versuch, Freiheit und Gleichheit als politische Normen in den deutschen Ländern und in einem neuen deutschen Nationalstaat einzuführen. Es ging dabei aber nicht um geschlechterübergreifende Rechte, sondern bis auf wenige Ausnahmen um Männerrechte. Frauen wurden aus dem politischen Vereinswesen ebenso wie vom Wahlrecht zu den neu gegründeten Parlamenten ausgeschlossen. Dabei hatten sich viele Frauen für die politischen Ziele öffentlich stark gemacht, ja sogar in den revolutionären Freischärlerverbänden als Begleiterinnen ihrer Männer mitgekämpft oder beim Barrikadenbau in den Straßen der Städte mitgeholfen. Die politische Aufbruchstimmung des Vormärz und deren Wirkung, die die Niederlage der Revolution und die Restaurationszeit überlebte, waren ganz entscheidend auch für den Aufbruch der Frauen, für die Anfänge der Frauenbewegung in Deutschland. Sie bewogen besonders bürgerliche und adlige Frauen dazu, sich als politische Individuen zu begreifen und die ersten Frauenvereine zu gründen.

25 Positionen im Vormärz

a) Aufruf zum Hambacher Fest – unterzeichnet von den süddeutschen radikalen Liberalen J. G. A. Wirth und P. J. Siebenpfeiffer (1789–1845) –, 1832:

Auf, ihr deutschen Männer und Jünglinge jedes Standes,
welchen der heilige Funke des Vaterlandes und der Freiheit
die Brust durchglüht, strömt herbei!

Deutsche Frauen und Jungfrauen,
deren politische Nichtachtung in der europäischen Ordnung
ein Fehler und ein Flecken ist,
schmücket und belebet die Versammlung durch eure Gegenwart.

Kommt herbei zur friedlichen Besprechung, inniger
Erkennung, entschlossener Verbrüderung für die großen Interessen,
denen ihr eure Liebe, eure Kraft weiht.

Zit. nach: Margrit Twellmann, Die Deutsche Frauenbewegung, in: Marburger Abhandlungen zur Politischen Wissenschaft, Band 17/II, Meisenheim am Glan 1972, S. 1.

b) Annette von Droste-Hülshoff: »Am Turme« (letzte Strophe), 1842:

Wär' ich ein Jäger auf freier Flur, / Ein Stück nur von einem Soldaten,
Wär' ich ein Mann doch mindestens nur, / So würde der Himmel mir raten;
Nun muss ich sitzen so fein und klar, / Gleich einem artigen Kinde,
Und darf nur heimlich lösen mein Haar, / Und lassen es flattern im Winde!

Annette von Droste-Hülshoff, Werke in einem Band, München 1989, S. 48.

c) Robert Blum – später der Führer der demokratischen Linken in der Frankfurter Nationalversammlung – schrieb im Herbst 1843 in den »Sächsischen Vaterlandsblättern«:

Wenn alle Menschen zur Teilnahme an der Gemeinde, dem Staate usw. berufen sind, in welcher besondern Weise werden dann die Frauen ihre Teilnahme zu äußern haben?

Indem wir die Frage so stellen, sprechen wir damit von vornherein uns gegen die frühere Ansicht der gänzlichen Ausschließung der weiblichen Welt von der Teilnahme am Staatsleben aus. Es wäre dies in der Tat gegen die Bestimmung der Gegenwart, gegen den wahrhaften Zeitgeist, und wenn wir nicht mit ihm in Widerspruch treten wollen, so müssen wir von diesem Satze durchgängig ausgehen. Wollte es Vaterlandsfreunden gefallen, ihre Erfahrungen über diesen Gegenstand zu veröffentlichen und denselben einer recht vielseitigen Erwägung zu unterwerfen, aber auch, entgegengesetzt bisheriger deutscher Sitte, einer recht baldigen Verwirklichung entgegenzuführen.

Zit. nach: Margrit Twellmann, Die Deutsche Frauenbewegung, in: Marburger Abhandlungen zur Politischen Wissenschaft, Band 17/II, Meisenheim am Glan 1972, S. 1.

1. Informieren Sie sich im Deutschunterricht: Was charakterisiert Leben und Werk der Annette von Droste-Hülshoff? Was drücken diese Zeilen Ihrer Meinung nach aus? (25b)
2. Vergleichen Sie die drei Quellentexte (25a, b und c) hinsichtlich der geschlechtsspezifischen Rollenzuweisungen.

26 **»Das merkwürdige Jahr 1848. Eine neue Bilderzeitung«** kolorierte Kreidelithografie, um 1848. Gustav Kühn verlegte derartige »Aktualitätenbogen» während der Revolutionszeit und nutzte somit dieses Bildmedium zur Verbreitung der Ereignisse auch unter illiteraten Schichten.

Formulieren Sie, wie sich die gesellschaftlichen Zustände des Biedermeiers nach Auffassung des Zeichners verändert haben.

27 1848: Spielen Frauenrechte eine Rolle?

a) Louise Otto gab die »Deutsche Frauen-Zeitung« heraus. In der ersten Nummer der Zeitung heißt es am 21. April 1849:

Wohl auf denn, meine Schwestern, vereinigt euch mit mir, damit wir nicht zurückbleiben, wo alle und alles um uns und neben uns vorwärts drängt und kämpft. Wir wollen auch unser Teil fordern und verdienen an der großen Welt-Erlösung, welche der ganzen Menschheit, deren eine Hälfte wir sind, endlich werden muss. Wir wollen unser Teil fordern: das Recht, das Rein-Menschliche in uns in freier Entwicklung aller unserer Kräfte auszubilden, und das Recht der Mündigkeit und Selbständigkeit im Staat. Wir wollen unser Teil verdienen: wir wollen unsere Kräfte aufbieten, das Werk der Welt-Erlösung zu fördern, zunächst dadurch, dass wir den großen Gedanken der

Zukunft: Freiheit und Humanität [was im Grunde zwei gleichbedeutende Worte sind] auszubreiten suchen in allen Kreisen, welche uns zugänglich sind, in den weiteren des größeren Lebens durch die Presse, in den engeren der Familie durch Beispiel, Belehrung und Erziehung. Wir wollen unser Teil aber auch dadurch verdienen, dass wir nicht vereinzelt streben nur jede für sich, sondern vielmehr jede für alle, und dass wir vor allem derer zumeist uns annehmen, welche in Armut, Elend und Unwissenheit vergessen und vernachlässigt schmachten. Wohl auf, meine Schwestern, helft mir zu diesem Werke! Helft mir für die hier angedeuteten Ideen zunächst durch diese Zeitung zu wirken!

Zit. nach: R. Schmitter (Hrsg.), Die Frauenbewegung im 19. Jahrhundert in den USA und Europa, Stuttgart 1981, S. 78.

b) Louise Otto schrieb 1848:

In den Zeiten des so genannten deutschen Befreiungskrieges haben die Frauen denselben Anteil an der allgemeinen Bewegung genommen, wie wir es in der Gegenwart sehen, wo das erwachte Zeitbewusstsein mit unblutigen Waffen einen noch heiligeren Befreiungskrieg mit allen seinen Unterdrückern kämpft.

Die Zustände in Bezug auf Beziehung, Bildung und Stellung der Frauen sind noch ganz dieselben geblieben wie sonst, und wir haben noch keine Gewähr dafür, dass der Anteil, welchen die Frauen jetzt an den Zeitereignissen zu nehmen beginnen, nicht wieder wie der, den sie 1815 nahmen, in sein früheres Nichts zurücksinke, sobald die Zeitereignisse minder gewaltig und weltbewegend sind als jetzt.

Zit. nach: Margrit Twellmann, Die Deutsche Frauenbewegung, in: Marburger Abhandlungen zur Politischen Wissenschaft, Band 17/II. Meisenheim am Glan 1972, S. 10.

Stellen Sie Ihren Mitschülern die politische Entwicklung im Vormärz und die Ursachen, den Verlauf und das Ergebnis der Revolution von 1848 kurz vor. Berücksichtigen Sie auch die Verfassungsvorschläge der Frankfurter Nationalversammlung in Hinsicht auf die Rechte von Frauen.

c) Im September 1848 schrieb die Journalistin und Frauenrechtlerin Mathilde Franziska Anneke, die sogar als Freischärlerin an der Seite ihres Mannes an den kriegerischen Auseinandersetzungen des Jahres 1848 teilnahm, in der von ihr begründeten Frauen-Zeitung:

Frauen-Zeitung, Herausgegeben von Mathilde Franziska Anneke
Mittwoch, den 27. September 1848

So machen sie's mit einem: Da wird nun das kleine unschuldige Blättchen, die Neue Kölnische Zeitung, das so sehr einfach und redlich die Wahrheit sagte, mit der heutigen Erklärung des Belagerungszustandes von Köln, null und nichtig erklärt. Die Herausgeber der Zeitung, Fr. Anneke, mein Mann und Fr. Beust, mein Freund, haben nun den Verpflichtungen, die sie gegen euch, geehrte Abonnenten haben, nicht nachkommen können; mein Mann befindet sich, wie ihr sicher wisst, im Kerker und es ist ihm die Macht genommen, euch zu entschädigen; [...]

In die Verpflichtungen der beiden Männer gegen euch, geehrte Abonnenten, trete ich, ein Weib. Ich bringe euch anstatt der Neuen Kölnischen Zeitung, die von heute an, wie man mir erzählt, nicht mehr erscheinen soll, die Frauen-Zeitung. Begnügt euch mit ihr, so lange es geht; ich prophezeie ihr auch kein langes Leben – aber das schadet nicht. Trete ich wieder mit ihr ab von dem öffentlichen Schauplatz, auf den mich die Not herausgefordert hat, in meinen stillen häuslichen Kreis – dann ersteht sicher wieder mit weit frischerer Kraft:

Die Neue Kölnische Zeitung

Zit. nach: Maria Wagner, Mathilde Franziska Anneke, in: Die Frau in der Gesellschaft. Frankfurt a. M. 1980, S. 230.

d) Im November 1851 schrieb Louise Otto in der von ihr 1849 begründeten »Frauen-Zeitung«:

Ich wenigstens bin froh, aus dem allgemeinen Schiffbruche noch diese harmlose Zeitung – eine stille Barke – gerettet zu sehen und mit anderen in ihr noch auf den Wogen des Zeitstroms, der so vieles verschlang, schiffen zu dürfen, wenn auch nur ganz leise und bedächtig am Ufer hin, um nicht auch in den Grund gebohrt zu werden, –

Zit. nach: Margrit Twellmann, Die Deutsche Frauenbewegung, in: Marburger Abhandlungen zur Politischen Wissenschaft, Band 17/II. Meisenheim am Glan 1972, S. 41.

aber ich würde nicht wagen, jetzt die Gründung einer »Frauengesellschaft« anders zu versuchen, als sie sich von selbst hier zusammenfindet, oder eine »Verbindung« deutscher Frauen ins Leben zu rufen oder ihr auch nur beizutreten, [...].

Ich kenne die »Gesetze« und »Verordnungen«, das Vereinswesen betreffend usw., viel zu genau, als dass ich derartiges versuchen oder anregen möchte, – denn dass wir Frauen in Bezug auf Anerkennung weiblicher Selbstständigkeit und Mündigkeit jetzt eine gewisse Gleichheit mit den Männern wenn nicht vor dem Gesetz, doch vor der Polizei erreicht haben, beweisen unzählige Beispiele neuerer Zeit, die wir zum Teil »staunend selbst erlebt«, wie: Haussuchungen, Verhöre, Ausweisungen, Verhaftungen, geheimpolizeiliche Aufsicht etc. [...]

Das auch von uns »zum Standbild erhobene Frauenrecht« kann nicht eher »von den Gedächtnisstufen herab in die Gegenwart steigen«, bis in ihr Raum ist für jedes Menschenrecht.

Aber wo wäre dieses jetzt zu finden?

28 Louise Otto-Peters
Die Journalistin gründete unter dem Motto »Dem Reich der Freiheit werb' ich Bürgerinnen« 1849 in ihrer Heimatstadt Meißen die erste politisch orientierte »Frauen-Zeitung«. Drei Jahre später beendete das neue Pressegesetz ihr Wirken: Allein Männer durften Herausgeber sein.

e) Aus einem anonymen Leserbrief an die »Frauen-Zeitung« vom Juni 1851:
Sie müssen glauben, dass die Altenburger Demokratie, wenigstens die demokratische Frauenwelt, ganz gut gesinnt und ruhig geworden ist, weil sie seit so langer Zeit auch gar nichts von sich hören lässt.

Dem ist aber nicht so.

Der deutsche Frauen-Verein besteht auch nach Fräulein Erbes Abreise unter der Leitung des Fräulein Anna Kuschmann fort und sucht, so viel er kann, zu wirken.

Kurz vor Frl. Erbes Abreise wurde sie noch nebst Frl. Kuschmann als eingestandenermaßen gleiche Teilnehmerinnen wegen einer zugunsten des Vereins veranstalteten Verlosung zu einer Strafe von je 10 Tlr., gleich 4 Wochen Gefängnis verurteilt. Der Auswanderungsschein wurde Frl. Erbe so lange verweigert, als bis der Prozess beendet war, und der Vater derselben für Bezahlung der Strafe gehaftet hatte.

Im Übrigen ist jetzt bei uns ein, ich möchte fast sagen, geistiges Stilleben eingetreten. Die Geister schaffen und walten jetzt unter der Eisdecke der Ruhe, bis ein mildes Frühlingswehen oder auch ein stürmender West die Eisdecke zerbricht und sie nun wieder aufs Neue die Schwingen geistiger Tätigkeit wie früher entfalten können.

Zit. nach: Margrit Twellmann, Die Deutsche Frauenbewegung, in: Marburger Abhandlungen zur Politischen Wissenschaft, Band 17/II. Meisenheim am Glan 1972, S. 69.

1. Louise Otto reagierte in ihren Texten (27a, b und d) auf das politische Geschehen der Zeit. Erarbeiten Sie aus den Schriften ihr politisches Programm.
Zeigen Sie auch einen möglichen Wandel auf und ordnen Sie die einzelnen Texte historisch ein.
2. Nennen sie die politische Zielrichtung der Autorin (27d).
3. Vergleichen Sie Text 27d und e. Überlegen Sie, welche Folgen für die Frauenbewegung die gescheiterte Revolution hatte.
4. Nennen Sie stilistische Auffälligkeiten in den Quellen (27d und e). Klären Sie deren Funktion und erläutern Sie in eigenen Worten die politische Bedeutung.
5. Klausurentraining (S. 57): Erörtern und disktuieren Sie die frauenpolitischen Ansichten von Louise Otto-Peters (27a, b und d, 28).

3.4 Bildung – ein Bürger- und Frauenrecht?

Die Industrialisierung veränderte die Lebensbedingungen der Menschen aus allen gesellschaftlichen Gruppen. Während die Frauen der unteren sozialen Schichten als Lohnarbeiterinnen oder Dienstmädchen für geringen Lohn eine oft gesundheitsschädigende Arbeit verrichten mussten, um zum Existenzminimum der Familie beizutragen oder um als unverheiratete Frauen sich ihren Lebensunterhalt zu verdienen, versuchte das Bürgertum noch lange am überholten Bild der harmonisch geordneten patriarchalischen Hausgemeinschaft festzuhalten. Nur die Söhne wurden für eine spätere Berufstätigkeit qualifiziert, die Töchter warteten, nur durch Klavierspielen oder Handarbeit »gebildet«, auf eine gute Partie. Doch selbst diese Perspektive einer folgsamen Hausfrau und Mutter war für viele »höhere Töchter« nicht realistisch. Wegen schlechter Heiratschancen mussten viele unverheiratete Frauen ein kümmerliches Dasein als Gesellschafterin oder Gouvernante fristen. Dabei war ihr gesellschaftliches Ansehen ähnlich gering wie ihre Entlohnung.

Die bürgerliche Frauenbewegung stellte deshalb zunächst einmal das Recht auf eine qualifizierende Bildung in den Mittelpunkt ihrer Bemühungen. Ein auch in der heutigen Pädagogik immer noch bekannter Name ist der von Helene Lange, die 1890 den Allgemeinen Deutschen Lehrerinnenverein mitbegründete. Auch der von Louise Otto-Peters 1865 gegründete Allgemeine Deutsche Frauenverein setzte sich für eine Verbesserung der Allgemein- und Berufsbildung und den gleichberechtigten Zugang von Mädchen und Frauen zu Gymnasium und Universität ein. Die höheren Mädchenschule des 19. Jahrhunderts, auch höhere Töchterschule genannt, war nicht identisch mit dem Gymnasium, das bis in die Neunzigerjahre den Jungen vorbehalten war. 1896 bestanden die ersten sechs Schülerinnen als Externe am Königlichen Luisengymnasium in Berlin das Abitur. Aber erst zu Beginn des neuen Jahrhunderts wurde den Frauen in den deutschen Ländern nach und nach das Studium gestattet.

29 Titelblatt eines Kochbuchs, 1875

Informieren Sie sich auf den Seiten 148ff. über den bürgerlichen Haushalt. Interpretieren Sie dann das Titelbild.

30 Erziehungs- und Bildungsziele für Frauen

a) Die Pädagogin und Schulgründerin Helene Lange (1848–1930) zur schulischen Bildung für Mädchen:

In ihren Lebenserinnerungen schreibt sie: Auch in der Frau sind schöpferische geistige Kräfte vorhanden, eine seelische Produktivität, die nicht dem Gehirn, sondern ihrer Mütterlichkeit entspringt, einer Mütterlichkeit, die, wenn auch aus der Geschlechtsbestimmheit geboren und sie zugleich adelnd, unabhängig von physischer Liebe und Mutterschaft jede echte Frau durchdringt. Wo sie fehlt, da kann die Frau auch im Kreise von Mann und Kindern dem Hause keine Seele geben. In der echten

Frau aber, ob sie innerhalb oder außerhalb des Familienkreises wirkt, ist etwas lebendig von dem Göttlichen: Kommet her zu mir, ihr Mühseligen und Beladenen.

Diese seelische Produktivität der Frau aber ist der Welt genauso nötig wie die rein geistige des Mannes.

Und darum ist die Lösung dieser seelischen Produktivität das eigentliche Erziehungsziel für die Frau. Das heißt: Sie soll um ihrer selbst willen gebildet werden, das erfordert für die Erziehung von Mädchen eine ihres eigenen Geschlechts. [...]

Es ist eine Sünde wider die Entwicklungsgesetze, ein Geschlecht mit solchen Kräften, das der Welt etwas Eigenes zu geben hat und es erziehend immer weiter wecken soll, lediglich zu geistiger Abhängigkeit vom Manne zu bilden. [...]

Zit. nach: Margrit Twellmann, Die Deutsche Frauenbewegung, in: Marburger Abhandlungen zur Politischen Wissenschaft, Band 17/II. Meisenheim am Glan 1972, S. 266.

b) Aus dem Leserbrief Louise Ottos über »die Teilnahme der Frauen an den Interessen des Staates«, 1847:

Aber es liegt selten im Plane ihrer Erziehung, sie zu Hausfrauen, sondern vielmehr sie zu Puppen zu erziehen, es wird ihnen nichts um der Sache selbst willen gelehrt, sondern nur, um damit zu glänzen in der Gesellschaft – zu Puppen der Männer werden sie gemacht und sollten doch ihre Gefährtinnen sein. [...]

Das Haus ist vorzugsweise der weibliche Wirkungskreis – aber sich geistig immer mehr zu vervollkommnen, ist Aufgabe eines jeden Menschen, die heilige Forderung der Natur, ja unserer christlichen Religion an uns alle. [...]

Man gebe diese Anstalten in die Hände vaterländisch gesinnter Frauen. Man stelle meinetwegen eine Engländerin und Französin dabei an, aber man mache sie nicht zu stehenden Begleiterinnen der jungen Mädchen. Dazu suche man echt deutsche Frauen, die ihren schönsten Beruf darin finden, echt deutsche Jungfrauen zu erziehen.

Man wähle gediegene, mit den Richtungen der Zeit vertraute Männer zu Lehrern, namentlich für Weltgeschichte und Naturwissenschaften.

Man lehre unter den oben angeführten Nebensachen auch vor allem das Turnen und mache überhaupt die ganze Anstalt zu einer wahrhaft nationalen, zeitgemäßen, in der vorzugsweise deutscher Sinn und schwesterliche Gleichheit in edler einfacher Sitte walte.

Zit. nach: Margrit Twellmann, Die Deutsche Frauenbewegung, in: Marburger Abhandlungen zur Politischen Wissenschaft, Band 17/II. Meisenheim am Glan 1972, S. 11.

c) Louise Otto über die Bildung und Erwerbstätigkeit der Mädchen der »unteren« Stände, 1847:

Es wird dann eine Zeit notwendig kommen, wo der Proletarier gegen den Bourgeois auftritt wie dieser jetzt gegen den Baron.

Damit eben diese Zeit nicht komme, gilt es, den Pöbel aufzuheben, d.h. durch Volkserziehung unmöglich zu machen, dass wir die eine Klasse unseres Volkes mit einem entehrenden Namen belegen können. Wir müssen also auch gerade vorzugsweise, wenn wir einmal von Erziehung sprechen, auch die Erziehung der unteren Klassen berücksichtigen, da diese ihrer am allerbedürftigsten sind. [...]

Auch könnte da, wo die Mädchen, wie es an vielen Orten geschieht, zum Spinnen, Klöppeln usw. zusammenkommen, zuweilen auch der Geistliche und Schullehrer – wenn dieser nicht schon zu sehr belastet ist – auch die Frauen von beiden, vorausgesetzt, dass sie die nötige Bildung haben – sich einfinden und durch ein Leiten der Unterhaltung auf passende Gegenstände, ohne die Arbeit der Mädchen zu unterbrechen, unendlich viel Gutes wirken. Oft trifft man es, dass diese Mädchen zu ihren Arbeiten singen oder sich Märchen erzählen. Nun so lehre man ihnen vorher vaterländische und sittlich reine Lieder, damit sie an ihren Gesängen reine Freude und wahre Erhebung zugleich finden.

Zit. nach: Margrit Twellmann, Die Deutsche Frauenbewegung, in: Marburger Abhandlungen zur Politischen Wissenschaft, Band 17/II. Meisenheim am Glan 1972, S. 20.

d) Von 1850–1852 existierte – begründet durch Frauen der protestantischen Freien Gemeinde Hamburg – die erste deutsche »Frauenhochschule«. In ihrer Autobiografie »Memoiren einer Idealistin« erinnert sich die Schriftstellerin Malvida Freiin von Meysenbug (1816–1903) an ihre Zeit in der Hochschule:

In der Hochschule wollte man also den Mädchen, welche die Schule verlassen hatten, oder solchen, die, schon im reiferen Alter, noch das Bedürfnis fühlten, die Lücken in ihrer Bildung auszufüllen, die Gelegenheit geben, höhere Studien aller Art zu verfolgen, entweder zu dem Zweck, eine Spezialität zu ergreifen, oder nur aus sich selbst ein vollendeteres Wesen zu machen. Die Anstalt wurde von einer Anzahl Aktienbesitzer erhalten, deren größere Zahl verheiratete Frauen und Familienmütter waren, welche in ihrer eigenen Erfahrung die Überzeugung geschöpft hatten, dass das Leben noch eine andere Grundlage haben muss als die bloße Hingebung an ein anderes Wesen. [...]

Für die Vorlesungen waren die ersten Gelehrten der Stadt gewonnen worden. Im Anfang hatten diese Herren wenig Vertrauen in die Sache gehabt, weil sie an der Ausdauer und Energie der Frauen bei ernsten Studien zweifelten. Sie hatten den Versuch nur aus Achtung und Freundschaft für die edeln Unternehmerinnen [...] gewagt. Aber schon als ich ankam, fand ich ihr Interesse sehr lebendig, und es steigerte sich immer mehr, je mehr sie den Eifer ihres Auditoriums und die Fähigkeiten, die sich überraschend kundtaten, sahen. [...]

Bei dem Institut befand sich ein Kindergarten und eine Elementarklasse, wo die jungen Mädchen, die Kindergärtnerinnen und Lehrerinnen werden wollten, praktische Übung fanden. Auch das System des Kindergartens, von dem genialen Friedrich Fröbel erfunden, hatte sich in Deutschland zugleich mit der politischen und religiösen Bewegung rasch entwickelt.

Zit. nach: Margrit Twellmann, Die Deutsche Frauenbewegung, in: Marburger Abhandlungen zur Politischen Wissenschaft, Band 17/II. Meisenheim am Glan 1972, S. 51.

e) Einige Seiten später berichtet Malvida Freiin von Meysenbug:

Es fingen schwere Sorgen an auf uns zu liegen, wegen des materiellen Bestands der Hochschule. Es war klar, dass man uns, durch allerlei Machinationen, die Subsidien von außen abschnitt. Ein Teil der Geber in der Stadt wurde nach und nach kälter gegen das Institut; das waren die schwachen Charaktere, welche vor Drohungen erschraken oder Einflüsterungen Gehör gaben.

Zit. nach: Margrit Twellmann, Die Deutsche Frauenbewegung, in: Marburger Abhandlungen zur Politischen Wissenschaft, Band 17/II. Meisenheim am Glan 1972, S. 52.

f) Aus der Denkschrift einer Tagung der deutschen Mädchenschulpädagogen, 1872:

Die höhere Mädchenschule hat die Bestimmung der heranwachsenden weiblichen Jugend die ihr zukommende Teilnahme an der allgemeinen Geistesbildung zu ermöglichen, welche auch die allgemeine Bildungsaufgabe der höheren Schulen für Knaben und Jünglinge, also der Gymnasien und Realschulen ist; nicht aber in einer Nachahmung dieser Anstalten, sondern in einer Organisation, welche auf die Natur und Lebensbestimmung des Weibes Rücksicht nimmt, ist die Zukunft der Mädchenschule zu suchen. [...] Es gilt, dem Weibe eine der Geistesbildung des Mannes in der Allgemeinheit der Art und der Interessen ebenbürtige Bildung zu ermöglichen, damit der deutsche Mann nicht durch die geistige Kurzsichtigkeit und Engherzigkeit seiner Frau an dem häuslichen Herde gelangweilt und in seiner Hingabe an höhere Interessen gelähmt werde, dass ihm vielmehr das Weib mit Verständnis dieser Interessen und der Wärme des Gefühles für dieselben zur Seite stehe.

Zit. nach: Margrit Twellmann, Die Deutsche Frauenbewegung, in: Marburger Abhandlungen zur Politischen Wissenschaft, Band 17/II. Meisenheim am Glan 1972, S. 297.

g) Helene Lange zu höheren Mädchenschulen, 1888:

Von allem, was die Männer gründlich lernen, [...] erfahren unsere Mädchen ein klein wenig; das Wenige aber selten so, dass das Interesse für spätere Vertiefung rege gemacht oder das Selbstdenken ernsthaft in Anspruch genommen würde, sondern als positive Tatsache oder fertige Urteile, die ohne Beziehung zum inneren Leben, dem Gedächtnis bald wieder entschwinden und nur das dünkelhafte Gefühl des »Gehabthabens« und der Kritikfähigkeit zurücklassen.

Zit. nach: Anne Schlüter (Hrsg.), Pionierinnen Feministinnen Karrierefrauen? Pfaffenweiler 1992, S. 63.

1. Vergleichen Sie die Erziehungs- und Bildungsziele von Louise Otto mit denen von Helene Lange (30a und b).
2. Vergleichen Sie die Aussagen Louise Ottos zur Erziehung (30b und c). Woraus erklären sich die Unterschiede?
3. Geben Sie Formulierungen an, an denen die Haltung der Autorin zur Konzeption der Frauenhochschule besonders deutlich wird (30d und e).
4. Vergleichen Sie die Intentionen der Denkschrift der deutschen Mädchenschulpädagogen mit der Position von Helene Lange (30f und g).
5. Beschaffen Sie sich aus Ihrer Lehrerbibliothek die aktuellen Richtlinien und Lehrpläne, die für Sie gelten. Klären Sie die darin gesetzlich festgelegten Erziehungs- und Bildungsziele unter geschlechtsspezifischen Gesichtspunkten. Diskutieren Sie den Inhalt und vergleichen Sie mit den hier abgedruckten Quellen.

3.5 Auf dem Weg zum Frauenwahlrecht

In seinem Buch »Die Frau und der Sozialismus« formulierte der Sozialdemokrat August Bebel (1840–1913) eine sozialistisch begründete Emanzipationstheorie, die von der Sozialistin und späteren Kommunistin Clara Zetkin weiterentwickelt wurde. Die Lösung der Frauenfrage, so Bebel, sei nur durch die Aufhebung der Klassengegensätze zu erreichen, und es könne keine »Befreiung der Menschheit« geben »ohne die soziale Unabhängigkeit der Geschlechter«. Bebels Buch wurde zum Bestseller und sogar in der Zeit der so genannten Sozialistengesetze (s. S. 111ff.) illegal weiterverkauft.

31 Agitationsbild aus einer Maifestzeitung der SPD, 1907

Klären Sie die geschlechtsspezifische Rollenverteilung, die auf dieser Illustration zum Ausdruck kommt.

Vergleichen Sie Ihr Ergebnis mit den Forderungen der sozialdemokratischen Frauenzeitschrift »Die Gleichheit« von 1891 (S. 157f., 49a).

32 Plakat zum Frauentag, 1914
Der Frauentag wurde 1911 zum ersten Mal von Frauen in Deutschland gefeiert.

Auch andere sozialistische Theoretiker wie Marx und Engels erklärten die Emanzipation der Frau zu einem wesentlichen Bestandteil des sozialistischen Programms. Dieser Hintergrund erklärt, warum 1891 die Sozialdemokratische Partei Deutschlands als erste politische Partei in ihrem Parteiprogramm das aktive Wahlrecht für Frauen forderte. Vom passiven Wahlrecht war allerdings noch keine Rede. Frauen als Parlamentsmitglieder konnte sich zu dieser Zeit noch kaum jemand vorstellen. Erst 1908 war den Frauen die Mitgliedschaft in Parteien und Gewerkschaften gestattet worden.

Die gemäßigten bürgerlichen Frauenverbände setzten noch lange ihren Schwerpunkt auf bessere Bildungschancen für die Frauen, bis sie am Beginn des 20. Jahrhunderts auch die politische Mitbestimmung allmählich auf ihre Fahnen schrieben.

Der Ausbruch des Ersten Weltkriegs stellte die Frauenbewegung vor neue Herausforderungen. Wie in vielen anderen am Krieg beteiligten Staaten kam es auch in Deutschland zur Konfrontation zwischen konservativ-nationalen und pazifistischen Gruppierungen. Ohne Zögern organisierte der Dachverband der deutschen Frauenverbände, der Bund Deutscher Frauenvereine (BDF), unter der Führung von Gertrud Bäumer in Kooperation mit dem Roten Kreuz und den Wohlfahrtsverbänden den so genannten »Nationalen Frauendienst«. Während der BDF dieses patriotische Engagement aber auch darauf ausrichtete, die Erweiterung der Frauenrechte in Politik und Gesellschaft voranzubringen, blieben konservative und konfessionelle Frauenverbände wie der Katholische Frauenbund Deutschlands oder die vaterländischen Frauenvereine bei einem patriarchalisch geprägten Patriotismus stehen. Die gesellschaftliche und politische Ordnung der Kaiserzeit wurde von ihnen nicht infrage gestellt.

»Dienst am Vaterland« oder Pazifismus?

Nur der radikale und sozialistische Flügel der Frauenbewegung bekannte sich zum Pazifismus. Die Frauenfriedensbewegung wurde besonders durch Bertha von Suttner (1843–1914) bekannt, die für ihr Engagement 1905 den Friedensnobelpreis erhielt.
Der größte Teil der organisierten Frauen einschließlich der sozialdemokratischen unterstützte den Krieg. Viele Frauen leisteten in den »Vaterländischen Frauenvereinen« oder dem »Nationalen Frauendienst« ehrenamtliche Hilfe an der »Heimatfront«. Dazu gehörten Sammlungen, die Pflege Verletzter oder die Herstel-

lung kriegsnotwendiger Produkte. Besonders die Vertreterinnen des Nationalen Frauendienstes leiteten dann aber auch bei Kriegsende ihre Forderung nach Frauenstimmrecht aus diesem Engagement und den besonderen Erfordernissen der Nachkriegssituation ab.
Während des Krieges hatten sich große soziale Veränderungen für die Frauen ergeben: Aufgrund der geringen Zahl männlicher Arbeitskräfte führten Frauen Tätigkeiten aus, die ihnen vorher verschlossen waren.

Frauenwahlrecht – das Ziel erreicht?

Das aktive und passive Wahlrecht erhielten Frauen erst nach der Niederlage des deutschen Kaiserreichs im Ersten Weltkrieg und infolge der politischen Neuordnung, die durch die Revolution von 1918/19 eingeleitet wurde. 1919 konnten Frauen zum ersten Mal in Deutschland zur Wahl gehen und als Parlamentarierinnen gewählt werden. Der Nationalversammlung gehörten 41 Frauen an. Sie stellten somit 9,6 Prozent aller Abgeordneten. Diese Zahl wurde erst 1983 im Deutschen Bundestag wieder erreicht.

Soziale Menschenrechte *bezeichnen Forderungen, die durch die soziale Frage im 19. Jahrhundert entstanden waren. Sie beschränken sich nicht auf die liberalen Menschenrechte, die die rechtliche und politische Gleichheit einklagen und vor allem den Interessen des Bürgertums entsprachen. Vielmehr verlangen die sozialen Menschenrechte die Anerkennung gesellschaftlicher Schutzrechte für besitzlose Arbeiter und Arbeiterinnen – zielen also auf soziale Gleichheit bzw. Chancengleichheit. Sozialistische Theoretiker forderten daher konsequente Demokratisierung und soziale Reformen, um somit die naturrechtliche Gleichheit der Menschen in der Gesellschaft für alle Schichten zu verwirklichen. Große Teile des liberalen Bürgertums sahen in den gesellschaftlichen Unterschieden und der sozialen Frage kein Problem der Menschenrechte. Zwischen dem sozialen und liberalen Verständnis der Menschenrechte besteht seither ein Spannungsverhältnis, da Gleichheit vor dem Gesetz nicht die Gleichheit in materieller Hinsicht umfasst.*

33 Der Kampf um das Frauenstimmrecht

a) Hedwig Dohm berichtet von einem Gespräch, 1873:

Als ich kürzlich im Gespräch mit einem liberalen Staatsmann flüchtig die Frage der Anstellungsfähigkeit und des Stimmrechts der Frauen berührte, wies er ein solches Ansinnen entschieden zurück. Er antwortete mir ungefähr Folgendes: Der Staat sei nicht da, um zu experimentieren. Nicht für die Keime, für das Werdende habe er Sorge zu tragen. Es sei Sache der menschlichen Gesellschaft, diese Keime in ihrem Schoße zu erzeugen und zu entwickeln. Erst das Entwickelte, das Reife habe der Staat in sich aufzunehmen. Ein seltsames Prinzip, nach welchem der Staat wie eine alte Großmutter erscheint, die still auf ihrem Stuhle sitzt, den Kämpfenden zusieht und der siegenden Partei ein Lorbeerblatt nach dem anderen aus der Hand nimmt, um schließlich mit dem vollen Kranz ihr Haupt zu schmücken. […]

Würde dieses Prinzip der abwartenden Politik durchgeführt, mit welchem Recht wollte der Staat diese oder jene Bewegung unterdrücken, mit welchem Recht verhält er sich gegenwärtig feindlich der sozial-republikanischen Bewegung gegenüber?

Zit. nach: Margrit Twellmann, Die Deutsche Frauenbewegung, in: Marburger Abhandlungen zur Politischen Wissenschaft, Band 17/II. Meisenheim am Glan 1972, S. 227.

b) Hedwig Dohm zur Strategie der Frauenbewegung, 1874:

In Deutschland für die politischen Rechte der Frauen zu kämpfen, mag vorläufig eine Torheit, eine radikale Antizipation der Zukunft sein. Neue Gedankensaaten, in einen Boden gestreut, der nicht vorbereitet ist, sie zu empfangen, tragen keine Frucht, und wer die Früchte seines Strebens und Kämpfens ernten will, der befolge den Grundsatz praktischer Leute: nur das Erreichbare zu wünschen. Für die Anhänger des Frauenstimmrechts mag die Erkenntnis ein Trost sein, dass diejenigen Reformen, diejenigen sozialen Umgestaltungen, welche die eine Generation mit Widerwillen von sich stößt, oft schon die nächste mit Begeisterung willkommen heißt. Weil wir nun gern zu den praktischen Leuten zählen möchten, wollen wir heute nicht an die Pforten der Parlamente klopfen, sondern an ein anderes Tor: an das Tor des Tempels der Wissenschaft, der Universität.

Zit. nach: Margrit Twellmann, Die Deutsche Frauenbewegung, in: Marburger Abhandlungen zur Politischen Wissenschaft, Band 17/II. Meisenheim am Glan 1972, S. 396.

c) Ein Mitglied im Allgemeinen Deutschen Frauenverein Calm, 1878:

Ich beabsichtige nicht, für Stimmrecht und andere politische Rechte zu plädieren; so wohl ich begreife, dass die Frauenbewegung diese Richtung in England genommen hat, wo keine Frau für gebildet gilt, und wenn sie auch die sämtlichen Griechen und Römer auswendig wüsste! – Die nicht die Tagesfragen genau kennt und die politischen Zeitungen, bekanntlich ohne die süße Zugabe der Novellen, sorgfältig liest; oder in Amerika, wo die Schulmädchen während der Wahlen die Porträts ihrer Lieblingskandidaten auf ihre Hefte kleben – [...] So wenig berechtigt würde ich dies bei uns finden, wo wir, im Großen und Ganzen, uns noch gar nicht als Staatsbürgerinnen, als Töchter unseres Volkes fühlen. Nein, ich verlange in dieser Beziehung gar nichts, als was wohl auch der eifrigste Verehrer zarter Weiblichkeit wünschenswert finden muss: nämlich eine Liebe zum Vaterland und ein reges Interesse für seine Entwicklung, die natürlich auch das Interesse für andere Länder in sich schließt.

Referieren Sie über die englische Frauenbewegung: die Suffragetten und das Frauenwahlrecht.

Zit. nach: Margrit Twellmann, Die Deutsche Frauenbewegung, in: Marburger Abhandlungen zur Politischen Wissenschaft, Band 17/II. Meisenheim am Glan 1972, S. 562.

d) Ein Frauen-Anwalt, 1875/76:

Wir wollen sogleich erklären, dass wir durchaus nicht zu den prinzipiellen Gegnern des Frauenstimmrechts gehören, sondern die Forderung desselben für berechtigt, die Gründe, welche die Verfasserin [gemeint ist Hedwig Dohm] dafür anführt, für stichhaltig halten. [...] Wir hingegen gehen von dem Grundsatz aus, durch eine bessere, gründlichere Erziehung des weiblichen Geschlechts, durch eine Ausbreitung der weiblichen Berufstätigkeit und eine Vertiefung der weiblichen Bildung schrittweise den Boden zu bereiten und das Gebäude aufzuführen, für das alsdann das Frauenstimmrecht gleichsam die Krönung bilden würde.

Zit. nach: Margrit Twellmann, Die Deutsche Frauenbewegung, in: Marburger Abhandlungen zur Politischen Wissenschaft, Band 17/II. Meisenheim am Glan 1972, S. 535.

e) 1918 schrieb Gertrud Bäumer, die damalige Vorsitzende des Bundes Deutscher Frauenvereine und Initiatorin des »Nationalen Frauendienstes«:

Zur Sorge der liberalen Mittelparteien und Rechtsparteien, durch das Frauenwahlrecht zu verlieren, ist zweierlei zu sagen: Erstens, dass das Frauenwahlrecht im Ausland bisher solche Verschiebungen nicht zur Folge gehabt hat, und zweitens: dass die Mittel- und Rechtsparteien, wenn sie nur wollen, es im Grunde leichter haben, ihre Frauen an die Urne zu bringen als die Arbeiterschicht. Es ist ein Armutszeugnis, das sich keine bürgerliche Partei ausstellen sollte, wenn sie fürchtet, gebildete Frauen schwerer zu einem Gang ins Wahlbüro gewinnen zu können, als die ungeschultere, überlastete Arbeiterfrau von ihrer Partei gewonnen wird.

Zit. nach: Sabine Hering, Die Kriegsgewinnlerinnen. Pfaffenweiler 1990, S. 131.

1. Vergleichen Sie die Argumente der Autorinnen (33a–d). Welche Positionen ähneln sich, welche sind gegensätzlich?
2. Der Kampf um politische Gleichberechtigung: ein Kampf der Geschlechter im Kaiserreich? Analysieren Sie die Reaktionen von Männern (S. 159 50a, b, c und d) und diskutieren Sie die These.

34 Parlamentarierinnen in der Nationalversammlung

a) Marie Juchacz hielt am 19. Februar 1919 ihre erste Parlamentsrede:

Es ist das erste Mal, dass in Deutschland die Frau als Freie und Gleiche im Parlament zum Volke sprechen darf, und ich möchte hier feststellen, und zwar ganz objektiv, dass es die Revolution gewesen ist, die auch in Deutschland die alten Vorurteile überwunden hat. [...]

Ich möchte hier schließen und glaube damit im Einverständnis vieler zu sprechen, dass wir deutschen Frauen dieser Regierung nicht etwa in dem althergebrachten Sinne Dank schuldig sind. Was diese Regierung getan hat, das war eine Selbstverständlichkeit; sie hat den Frauen gegeben, was ihnen bis dahin zu Unrecht vorenthalten worden ist. [...] Wollte die Regierung eine demokratische Verfassung vorbereiten, dann gehörte zu dieser Vorbereitung das Volk, das ganze Volk in seiner Vertretung. Die Männer, die dem weiblichen Teile der Bevölkerung das bisher zu Unrecht vorenthaltene Staatsbürgerrecht gegeben haben, haben damit eine für jeden Demokraten selbstverständliche Pflicht erfüllt. Unsere Pflicht aber ist es, hier auszusprechen, was für immer in den Annalen der Geschichte festgehalten werden wird, dass es die erste sozialdemokratische Regierung gewesen ist, die ein Ende gemacht hat mit der politischen Unmündigkeit der deutschen Frau . [...]

Durch die politische Gleichstellung ist nun meinem Geschlecht die Möglichkeit gegeben zur vollen Entfaltung seiner Kräfte. Mit Recht wird man erst jetzt von einem neuen Deutschland sprechen können und von der Souveränität des ganzen Volkes. Durch diese volle Demokratie ist aber auch zum Ausdruck gebracht worden, dass die Politik in Zukunft kein Handwerk sein soll. Scharfes, kluges Denken, ruhiges Abwägen und warmes menschliches Fühlen gehören zusammen in einer vom ganzen Volke gewählten Körperschaft, in der über das zukünftige Wohl und Wehe des ganzen Volkes entschieden werden soll.

Aber damit berauben wir uns nun keineswegs des Rechts, anders geartete Menschen, weibliche Menschen zu sein. Es wird uns nicht einfallen, unser Frauentum zu verleugnen, weil wir in die politische Arena getreten sind und für die Rechte des Volkes mitkämpfen.

Zit. nach: »Die erste Parlamentsrede einer Frau in Deutschland«, in: »Die Gleichheit«, Zeitschrift für Arbeiterfrauen und Arbeiterinnen, Nr. 12 vom 14. März 1919, S. 1.

6. Seite Nr. 3 — Das Illustrierte Blatt — 14. Januar 1919

1. Aufstellung der Wahllisten zur National-Versammlung im Kaisersaal zu Frankfurt am. M.

Der Wahlvorgang

1. Ankunft der Wahlkarte.

2. Die Enkelin überzeugt die Großmutter von der Wahlpflicht.

3. Gang zum Wahllokal.

4. Der Amtsdiener übergibt den Wahlumschlag.

5. Einstecken des Wahlzettels in den Umschlag.

6. Der gültige Wahlzettel wird in den Briefumschlag gesteckt.

7. Ein durch Änderung ungültig gewordener Wahlzettel.

8. Vorzeigen der Wahlkarte und Namensfeststellung.

35 Die Beilage für Frauen
»Das illustrierte Blatt«, 1919.
Die Berliner Zeitschrift »Die Woche« veröffentlichte »10 Gebote zum Frauenwahlrecht«, in denen es u.a. heißt: »II. Du sollst nicht aus falscher Vornehmheit [...] glauben, dass dich die ganze Sache nichts anginge [...]«.

b) Die Abgeordnete Bäumer sagte in der Nationalversammlung:

Wenn wir Frauen heute in die Mitarbeit an diesem Gesamtleben eintreten, dann ist es, um den Willen zu stärken, um den Idealismus zu festigen, der die Gesamtheit, der das Ganze höher wertet, als die eigenen Interessen. So ist es, um den Willen einer sozialen Solidarität unseres Volkes zu stärken, wie sie noch niemals zuvor bestanden hat. Denn wir wissen, dass wir diese Solidarität als erstes und wichtigstes Erfordernis unseres Wiederaufstiegs in der Geschichte brauchen. [...]

Es ist hier verschiedentlich gesagt worden, die Revolution sei nicht notwendig gewesen. Man kann darüber streiten, ob sie notwendig gewesen wäre, um die politischen Errungenschaften durchzuführen, die wir jetzt haben. Aber man kann einen elementaren Ausbruch eines seelisch misshandelten Volkes nicht damit abtun, dass man sagt, er sei nicht notwendig gewesen. Wir empfinden in dieser gewaltigen Explosion elementarer Volkskräfte, in die sich dann naturgemäß die roheren und unedleren Instinkte mit hinein ergossen, das ganz natürliche Ergebnis jener Misshandlung des Menschen, die nicht nur durch den Krieg, sondern durch die vorangegangenen Jahrzehnte kapitalistischer Entwicklung gekommen ist, deren Wesen darin bestand, dass sie die Güter über den Menschen stellte und dass sie den äußeren Gewinn über die Pflege der Seele, über die Pflege des Menschentums erhöhte. [...] Wir wollen daran helfen, dass Deutschland die Aufgabe löst, die ihm heute gestellt ist, die Aufgabe, in einem neuen Sinn ein Kulturstaat zu werden.

Zit. nach: Cordula Koepcke, Frauenbewegung. Heroldsberg 1979, S. 120.

1. Vergleichen Sie die Haltung der beiden Parlamentarierinnen zur Revolution und zum Frauenwahlrecht und ordnen Sie die Autorinnen einem politischen Lager zu (34a und b).
2. Erläutern Sie mit Beispielen das Spannungsverhältnis von liberalen und sozialen Menschenrechten.

Diskutieren Sie vor dem Hintergrund der Entwicklung im 19. Jahrhundert, ob Sie M. Juchaczs Auffassung teilen, dass mit der Weimarer Verfassug nun dem »weiblichen Geschlecht die Möglichkeit gegeben (sei) zur vollen Entfaltung seiner Kräfte«.

36 Einführung des allgemeinen Wahlrechts in Europa

Ordnen Sie die Einführung des allgemeinen Wahlrechts in Deutschland in den europäischen Kontext ein.

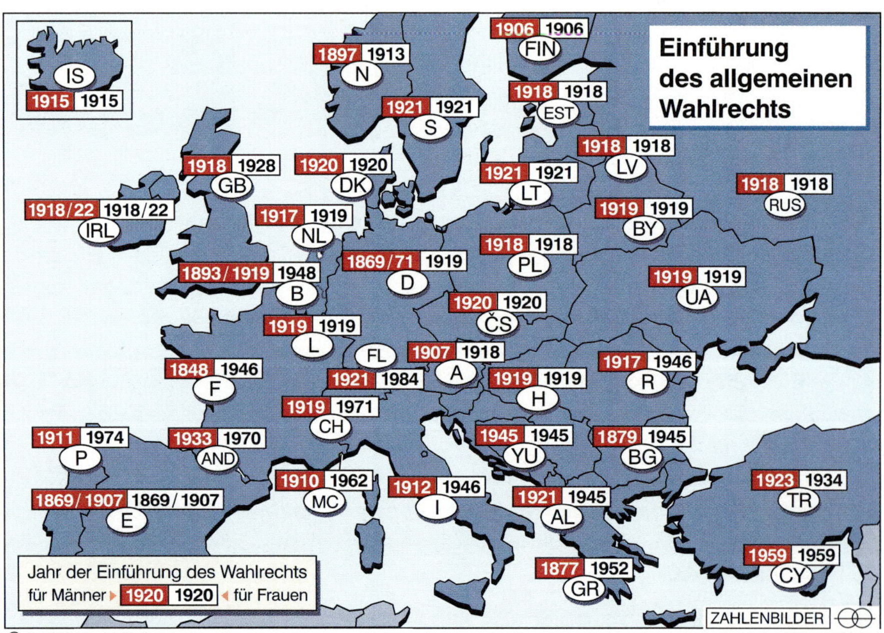

© Erich Schmidt Verlag 710 051

4. VON DEN TRÜMMERFRAUEN ZUR NEUEN FRAUENBEWEGUNG

Die Geschichte der Frauenpolitik und die Veränderung der gesellschaftlichen und politischen Rechte der Frauen ist in unserem Jahrhundert nicht nur von den organisierten Frauen und den frauenpolitischen Programmen der Parteien, sondern auch von zwei Weltkriegen entscheidend beeinflusst worden. Das Ende der Kriege brachte jeweils eine Notlage mit sich, in der die Frauen wegen der katastrophalen Versorgungslage und auch auf Grund des Männermangels außerordentlich gefordert waren. Nach 1945 setzte ein Überdenken traditioneller Politik und ein politischer Neubeginn ein, der die Rechte der Frauen deutlich erweiterte. Der Glaube an die natürliche Wesensverschiedenheit von Männer und Frauen, der zur Legitimation einer frauenfeindlichen Arbeits-, Kompetenz- und Rollenverteilung diente, wurde von immer weniger Menschen akzeptiert. Umstritten blieb die Rolle von Frauen in Politik, Wirtschaft und Gesellschaft dennoch; und zwar nicht nur zwischen den Gesellschaftsmodellen der DDR und der Bundesrepublik, sondern auch zwischen den Generationen und Geschlechtern.

1945	Die alliierten Siegermächte verbieten alle von den Nationalsozialisten geschaffenen Frauenorganisationen.
1945	In nahezu allen Städten gründen sich überparteiliche und überkonfessionelle Frauenausschüsse.
1947	Zusammenschluss der überparteilichen Frauenausschüsse zum »Frauenring der britischen Zone«
1949	Das Grundgesetz tritt in Kraft. Von den 65 Abgeordneten des Parlamentarischen Rats als verfassunggebendem Parlament waren nur 4 weiblich: die so genannten »vier Mütter des Grundgesetzes«.
1950	Christine Teusch wird erste deutsche Ministerin (NRW).
1951	Am Internationalen Frauentag, dem 8. März, demonstrieren Tausende von Frauen gegen die geplante Wiederbewaffnung der Bundesrepublik Deutschland.
1953	Vor allem auf Drängen von katholischen Kreisen erfolgt die Gründung des Bundesministeriums für Familienfragen. Der »Kinsey-Report« über weibliches Sexualverhalten erscheint und erregt großes Aufsehen.
1955	Bundesfrauenkonferenz des Deutschen Gewerkschaftsbundes in Dortmund unter dem Motto: »Frauen helfen – Frauen bauen auf«.
1956	Das Bundesgesetz über »gleichen Lohn für gleiche Arbeit« für Frauen und Männer tritt in Kraft.
1958	Das Bundesgesetz über die Gleichberechtigung von Mann und Frau (»Gleichberechtigungsgesetz«) tritt in Kraft.
1959	Das Bundesverfassungsgericht untersagt den »Stichentscheid« aus dem Bürgerlichen Gesetzbuch (BGB), der den Männern als »Haushaltsvorständen« die Entscheidungsgewalt zugesichert hatte, wenn sich Ehepartner in Haushalts- und Erziehungsfragen nicht einigen konnten.
1960	Die Anti-Baby-Pille kommt in Deutschland auf den Markt.
1968	Beginn der neuen Frauenbewegung

1969	Erste sozialliberale Koalition (SPD und FDP)
1971	Erstes bundesweites Treffen der § 218-Gruppen, die für die Abschaffung der Strafbarkeit von Schwangerschaftsabbrüchen sind.
1974	Reform des Strafrechtsparagraphen § 218: Fristenregelung (Erlaubnis zum Schwangerschaftsabbruch innerhalb der ersten drei Monate ohne spezifische Bedingungen/Indikationen)
1975	Die »Fristenregelung« wird vom Bundesverfassungsgericht für verfassungswidrig erklärt, Staffreiheit wird nur bei »sozialer Indikation« gewährt. NRW führt als erstes Bundesland das Amt der Frauenbeauftragten ein. Der Bestseller der Feministin Alice Schwarzer »Der kleine Unterschied und seine großen Folgen« erscheint.
1976/77	Reform des Familienrechts im BGB: Abschaffung der Hausfrauenehe, die Frauen zur Haushaltsführung verpflichtete. Das Gesetz sichert Frauen das Recht auf außerhäusliche Berufstätigkeit zu.
1977	Erstmaliges Erscheinen der feministischen Monatszeitschrift »Emma« (Herausgeberin: Alice Schwarzer)

4.1 Lebenswelten von Frauen in der Nachkriegszeit

Überleben in Trümmern

1945 waren die meisten deutschen Großstädte überwiegend zerstört. Ein großer Teil der Menschen war ohne feste Wohnung, vor allem Frauen und Kinder aus den sowjetisch besetzten deutschen Ostgebieten suchten ein neues Zuhause; die aus den zerbombten Großstädten Evakuierten standen meist vor ihren zerstörten Häusern. Es fehlte aber nicht nur an Wohnraum, sondern einfach an allem Lebensnotwendigen. Besonders bei den Flüchtlingen und Ausgebombten ging es um das nackte Überleben und den Beginn einer neuen Normalität. Die Hauptlast, mit dieser Situation fertig zu werden, lag auf den Frauen. Fast vier Millionen Männer waren im Krieg gefallen, Hunderttausende wegen Kriegsverletzungen arbeitsunfähig, etwa 12 Millionen befanden sich in Kriegsgefangenschaft. Die Sorge für die Familie, die Beseitigung der schlimmsten Zerstörungen, die Arbeit in der Industrie und Bauwirtschaft waren zum größten Teil Sache der Frauen.

37 Frauen beseitigen Trümmer in Berlin
Allein in Berlin leisteten 60 000 so genannte »Trümmerfrauen« bei der Beseitigung von Kriegszerstörungen Schwerstarbeit.
Foto, 1945.

Der starke Frauenüberschuss und die enorm gestiegene Verantwortung der Frauen für Familie, Gesellschaft und Wirtschaft bewirkten zunächst bei vielen Frauen ein neues politisches Selbstbewusstsein und Engagement. Jedoch führte dies nur kurzfristig zu einem neuen gesellschaftlichen Rollenverständnis: Als sich die Wirtschaft nach der Währungsreform von 1948 und der Rückkehr der Kriegsgefangenen zu normalisieren begann, wurden auch die meisten Frauen in ihre traditionelle Rolle – als Hausfrau und Mutter – zurückgedrängt.
Die meisten Frauen hatten allerdings auch gar nicht die Kraft sich politisch zu engagieren. Sie waren mit der Sorge ums Überleben ihrer Familien oft bis zur völli-

gen Erschöpfung ausgelastet. Lange Zugfahrten und anschließende Fußmärsche waren für viele Frauen aus den Städten notwendig, um mehrmals in der Woche Brennholz aus den umliegenden Wäldern heranzuschleppen und Lebensmittel zu beschaffen. Hinzu kam das stundenlange Warten der Frauen auf den Ämtern, um dort Ausweise, Bezugsscheine, Atteste, Erlaubnisscheine zu erlangen, und Zeit raubende Tauschgeschäfte, um auf diesem Wege das Nötigste zu besorgen. Hinzu kam der besonders harte Winter 1946/47, der in den kaum oder gar nicht geheizten Wohnungen eine Tortur bedeutete. In Verbindung mit der mangelhaften Ernährung und den schlechten Wohnverhältnissen war dieses Leben für die meist allein verantwortlichen Frauen extrem zermürbend und kräftezehrend.

»Männerarbeit – Frauenlohn«

Die Frauen übernahmen auch in den Fabriken und auf dem Bau in großer Zahl »Männerarbeit«. Die Frauenlöhne lagen dennoch um 40 Prozent niedriger als die Löhne der Männer. Allerdings erhielten die Frauen auf männlichen Arbeitsplätzen die Lebensmittelkarten für »Schwerarbeiter«, mit denen man auf dem rationierten Lebensmittelmarkt immerhin doppelt so viel Brot und fünfmal so viel Fleisch und Fett kaufen konnte wie mit den »Hausfrauenkarten«, die zur untersten Kategorie der Lebensmittelkarten gehörten.

38 Männer und Frauen im Beruf und im Privatleben

a) Die Bevölkerung Nordrhein-Westfalens am 29.10.1946 nach Altersgruppen

unter 6	M	525606	6 – 14	M	825812	14 –18	M	354550	18 – 20	M	168667
	F	502897		F	797098		F	349443		F	188460
	S	1028503		S	1622910		S	703993		S	357127
20 – 25	M	297732	25 – 30	M	242378	30 – 35	M	297450	35 – 40	M	385167
	F	512008		F	417088		F	492323		F	564654
	S	809740		S	659466		S	789773		S	949821
40 – 45	M	461002	45 – 50	M	420471	50 – 55	M	318844	55 – 60	M	282359
	F	540306		F	478808		F	412827		F	345935
	S	1001308		S	899279		S	731671		S	628294
60 – 65	M	249377	65	M	465670	insgesamt:	Männer	5295085			
	F	283961	u. mehr	F	524396		Frauen	6410204			
	S	533338		S	990066		Summe	11705289			

M = Männer
F = Frauen
S = Summe
Zit. nach: A. Kuhn (Hrsg.): Frauen in der Nachkriegszeit, Bd. 1, Düsseldorf 1984, S. 238.

b) Ehescheidungen 1939–1957

Jahr	im Bundesgebiet[1] absolut	im Bundesgebiet[1] auf 100000	in Berlin[2] absolut	in Berlin[2] auf 100000
1939	29303	7,5	12664	29,1
1940	–	–	9848	22,6
1946	48422	9,9	11760	37,5
1947	76091	17,0	12768	39,5
1948	87013	18,9	15363	46,5
1949	79409	17,0	11921	–
1950	74638	15,9	9472	44,2
1951	55862	11,8	7724	35,7
1952	50833	10,6	6839	31,5
1953	47383	9,8	6215	28,1
1954	44438	9,1	5920	27,0
1955	42538	8,6	5055	22,7
1957	41187	8,2	4884	21,9
1958	42726	8,4	4942	22,2

1 Bundesgebiet ohne Saarland und Berlin
2 1925 bis 1948: Groß-Berlin; 1949: Zahlen enthalten infolge der in diesem Jahre erfolgten Spaltung der Rechtsprechung in Ehesachen nur einen Teil der Urteile für die Bewohner des sowjetischen Sektors von Berlin; 1950 bis 1960: Berlin (West)
Angaben aus: Politeia. Szenarien aus der deutschen Geschichte nach 1945 aus Frauensicht. Hrsg. v. Annette Kuhn u.a., Bonn 1998, S. 91.

39 Frauen in der NS-Diktatur
oben links: Plakat des NS-Hilfswerks Mutter und Kind, vor 1939.
oben rechts: »Hilf auch du mit!«, Plakat von 1944.

In der Mitteilung des Berufsverbandes wird die »vor dem Kriege bestehende« Situation angesprochen (38d). Informieren Sie sich über die politische, soziale, rechtliche und ökonomische Stellung von Frauen während des Nationalsozialismus und interpretieren Sie anschließend die Plakate.

c) Zeitungsreportage aus dem Westdeutschen Volks-Echo vom 7. Juni 1948:
25 junge, unternehmungslustige Mädel zwischen 16 und 23 Jahren, die vom Arbeitsamt als Hilfskräfte für das Baugewerbe verpflichtet waren, umringten uns auf dem Bochumer Schlachthof. Eine Gemeinschaft tapferer deutscher Mädel, die den festen Willen zur Mitarbeit beim Aufbau haben. »Jawohl, wir sind aus allen Berufsgruppen zusammengewürfelt. In unseren erlernten Berufen besteht zur Zeit keine Aussicht auf Anstellung, da hat man uns ohne Umschulung hierher verpflichtet.« Büroangestellte, Stenotypistinnen, Kontoristinnen, Sportlehrerin, alle Berufsarten sind hier vertreten. Die Älteste ist 23 Jahre alt, die Jüngste unter ihnen 17. Alle Mädel erhalten Schwerarbeiterzulagen und arbeiten 8 Stunden am Tag.

»Wie steht es eigentlich mit der Entlöhnung?« »Fauler Zauber«, meint ein kleines, aber lebhaftes, schwarzhaariges Fräulein, »der Bauhilfsarbeiter erhält 0,70 RM pro Stunde und wir Mädel bei gleicher Leistung nur 0,60 RM. Außerdem geht es bei uns nach dem Alter. Unser 'Nesthäkchen' erhält nur 0,42 RM in der Stunde.« Eine andere lacht fröhlich: »Wir müssen eben durchsetzen, dass wir auch hier mit unseren männlichen Kollegen gleichgestellt werden – gleiche Arbeit fordert gleiche Entlöhnung – nur werden wir bald in Badetrikots arbeiten müssen.« Ich bin platt. »Ja, bekommen Sie denn kein Arbeitszeug gestellt?« »Man verhandelt darüber eifrig – und das schon recht lange – aber bis jetzt.« [...] Sie zeigt auf eine unzählige Male gestopfte und geflickte ehemalige Wehrmachtshose. [...]

Die Mädels sind nicht gewerkschaftlich organisiert. Sie sind noch hilflos, sie wissen nichts von Betriebsausschüssen und Vertrauenskörpern. [...]

»Was habt ihr sonst noch auf dem Herzen?«, frage ich die muntere Schar. »Sehen Sie«, meint die kleine Schwarze von vorhin, »wir arbeiten hier tagsüber schwer im

Baufach, und wieviel tausend Männer faulenzen auf dem schwarzen Markt herum? Warum wird da nicht eingegriffen? Wir sind immer die Dummen – «, sie seufzt, »erst waren wir im Landjahr, dann im Rüstungsbetrieb, zum Schluss steckte man uns in die Wehrmacht --und jetzt sind wir wieder die, die aufräumen sollen. [...] Laufen nicht noch Tausende von ehemaligen aktiven Nazis herum, die Schuld an diesem Elend sind und die ihre Hände auch heute wieder in die Hosentaschen vergraben?«

Zit. nach: A. Kuhn (Hrsg.): Frauen in der Nachkriegszeit, Bd. 1, Düsseldorf 1984, S. 260.

d) Schreiben des Zentralausschusses der deutschen Binnenschifffahrt (3.11.48):

Der kriegsbedingte Mangel an Binnenschiffern hatte Veranlassung gegeben, die Verwendung von Frauen in der Binnenschifffahrt an Stelle eines Schiffsjungen und eines Matrosen weitgehend zuzulassen. Diese Ermächtigung war nur für die Dauer des Krieges beabsichtigt. Trotzdem ist nach dem Zusammenbruch die Verwendung von Frauen an Bord der Binnenschiffe weiter geduldet worden, da der Mangel an Binnenschiffern anhielt und die wirtschaftlichen Schwierigkeiten Rücksichten erforderten.

Inzwischen haben sich die Verhältnisse geändert. Fachkundige männliche Arbeitskräfte stehen durch die Rückkehr der Kriegsgefangenen und als Folge der Währungsumstellung und der Aufbesserung der Löhne in der Binnenschifffahrt wieder zur Verfügung. Dazu kommt, dass die Heranziehung eines brauchbaren Nachwuchses in der Binnenschifffahrt es erforderlich macht, Arbeitsplätze für den Einsatz von Schiffsjungen frei zu machen. So wertvoll die Hilfeleistung der Frauen in den Zeiten der Not gewesen ist, so ergibt sich nunmehr doch die Notwendigkeit, die Verwendung von Frauen an Bord von Binnenschiffen auf das vor dem Kriege bestehende Maß zurückzuführen.

Stellen Sie Ihren Mitschülern die wirtschaftliche und wirtschaftspolitische Entwicklung in den Besatzungszonen vor.

Zit. nach: A. Kuhn (Hrsg.), Frauen in der Nachkriegszeit, Bd. 1, Düsseldorf 1984, S. 100.

e) Kontaktanzeigen aus der Frauenzeitung »Constanze«

Büro-Angestellter [36 Jahre] sucht Ehekameradin am liebsten mit Gartengrundstück	**Solider Kaufmann** 56 Jahre, ohne Anhang sucht liebevolle Gattin. Am liebsten Einheirat in Lebensmittelgeschäft.

Constanze, Heft 7/1949, S. 3.

f) Leserinnenzuschrift aus »Die Welt der Frau« (7/1948):

Nach all den Mühen und Opfern erhielt ich dann aber mein Gesuch um Zulassung zum Studium mit ablehnendem Bescheid zurück. Auf persönliche Vorstellung hin wurde von den maßgebenden Herren mitgeteilt, dass ich nicht zugelassen werden könne, weil ich verheiratet sei! (Wörtlich: »Eine verheiratete Frau! Wo denken Sie hin! Die Presse würde mich steinigen!«) Ein anderer nannte mich sogar »pathologisch asozial«! Sie werden sich vorstellen können, dass diese Begründung mich schlechthin erschüttert hat. Gibt mir nicht mein ernstes Interesse am Studium das Recht dazu, und habe ich nicht durch die Begabung, die ich zu haben glaube, die Pflicht zur Bildung? Steht unsere Verfassung nur auf dem Papier?

Zit. nach: A. Kuhn (Hrsg.), Frauen in der Nachkriegszeit, Bd. 1, Düsseldorf 1984, S. 335.

g) Auszug aus Artikel in »Die Welt der Frau« (8/1949):

Die Hausfrauen sollten die Fähigkeiten zu entwickeln suchen, die erfahrungsgemäß bei der reinen Hausfrauentätigkeit abzusterben drohen: die Lust, etwas anderes zu sehen und zu hören, Teilnahme am öffentlichen Leben, der Drang, Zusammenhänge zu erkennen, sich mit wirtschaftlichen Fragen vertraut zu machen, mit einem Wort, sie müssten reifen an den Zuständen und Menschen außerhalb ihres Kreises. Weil die

Hausfrauen das in den letzten Jahrzehnten versäumt haben, kann man manche erschütternde Tragödie gerade älterer Hausfrauen erleben, die nun auf sich selbst gestellt, ohne Berufsausbildung, ohne Berufstraining hilflos auch vor leichter Tätigkeit in abhängigen Stellungen stehen. Es ist ein anderes, wenn man nicht wohl ist zu arbeiten, regelmäßig zu tun, was ein anderer zu tun aufgibt, unbarmherziger Kritik der Vorgesetzten ausgesetzt zu sein, als im eigenen Haushalt immerhin gewisse Rücksichten auf sich selbst nehmen zu können. Ich habe viele dieser Frauen gesprochen und möchte meinen, dass die Hausfrau, die zum Beruf abschwenkt, häufiger versagt, als die berufstätige Frau eine schlechte Hausfrau abgibt, wenn sie heiratet. Ich habe mit Absicht nichts von den unmessbaren, unermesslichen seelischen Werten gesprochen, die die Hausfrau im Familienleben sowohl schaffen wie genießen kann. Mit diesen verglichen gehören die Werte, die die berufstätige Frau erfährt, einer anderen Rangstufe an. Wer könnte wagen zu sagen, die Hausfrau sei mehr oder weniger wert als die berufstätige Frau? In der Ordnung der Welt haben beide ihren Platz. Zum Wesen des Lebens gehört aber die Veränderung. Und eine unerbittliche Entwicklung hat die Frau in das Erwerbsleben getrieben – zu ihrem Schaden, zu ihrem Nutzen? Aber von Zeit zu Zeit ergibt sich die Notwendigkeit überalterte Vorstellungen zu prüfen und eine Atmosphäre der Unklarheit zu bereinigen, auch auf die Gefahr hin sich den Zorn der »Betroffenen« zuzuziehen.

Zit. nach: A. Kuhn (Hrsg.): Frauen in der Nachkriegszeit, Bd. 1, Düsseldorf 1984, S. 229.

1. Erarbeiten Sie aus der Statistik die demografische Struktur Nordrhein-Westfalens und schließen Sie von Ihren Ergebnissen auf die gesellschaftlichen Konsequenzen (38a).
2. Schildern Sie die soziale und ökonomische Situation nach 1945 unter besonderer Berücksichtigung des Geschlechterverhältnisses (38d–e).
3. Nennen Sie Ihnen bekannte oder von Ihnen vermutete ideologische, gesellschaftliche und ökonomische Hintergründe, warum die Autorin als »pathologisch asozial« bezeichnet wurde (38f).
4. Entwerfen Sie einen Leserbrief, indem Sie die Argumentation in dem Zeitschriftenartikel kritisch diskutieren und persönlich Stellung nehmen (38g).

4.2 Die Frauenausschüsse wirken für kurze Zeit

Die Gründung der Ausschüsse

Bald nach dem Ende des Krieges schlossen sich Frauen aus gesellschaftlichen Interessengruppen, Parteien, Gewerkschaften und karitativen Organisationen in Frauenausschüssen zusammen. 1945/46 wurden in den vier Besatzungszonen mehr als 5000 Ausschüsse gegründet. Sie richteten Kindergärten ein und organisierten mithilfe von Spenden kostenlose Schulspeisungen, in »Nähstuben« wurde warme Bekleidung für Bedürftige angefertigt, die gesundheitliche Vorsorge von Schulkindern wurde organisiert, die Entwicklung der Einzelhandelspreise überwacht und die Auswüchse des Schwarzmarktes bekämpft.

Was will der Frauenausschuss?

Ein wesentliches politisches Ziel war die gleichberechtigte Mitwirkung der Frauen an einem demokratischen Neuanfang. Ein großer Teil der Frauenausschüsse verstand sich als antifaschistisch, sie wollten der antifeministischen und aggressiven Politik der Nationalsozialisten, von der die meisten Deutschen durch Erziehung und politische Manipulation beeinflusst waren, ein neues Politikverständnis entgegensetzen. Die Frauenausschüsse hatten aus diesem Grund emanzipatorische und pazifistische Ziele. Dabei spielte die parteipolitische Einstellung oder konfessionelle Orientierung eine untergeordnete Rolle. Die Frauenausschüsse setzten sich aus religiös orientierten Frauen, Sozialdemokratinnen und Kommunistinnen zusammen. Auch die von den Siegermächten eingesetzten Verwaltungsbehörden förderten zunächst die Arbeit dieser Ausschüsse, um mit ihrer Hilfe die katastrophale Versorgungssituation besser bewältigen zu können.

In der sowjetisch besetzten Zone (SBZ) entstand 1947 aus den antifaschistischen Frauenausschüssen der Demokratische Frauenbund Deutschlands, eine Massenorganisation der späteren DDR, in der beim Fall der Mauer noch 1,5 Millionen Frauen organisiert waren. Mit der Neustrukturierung der westdeutschen Parteienlandschaft lösten sich die Frauenausschüsse zugunsten der etablierten Frauenverbände bzw. der neu gegründeten Parteien auf. Das System der repräsentativen Demokratie löste diese basisdemokratischen Organisationsform ab. Die Parteien duldeten keine Doppelmitgliedschaft in Frauenausschuss und Partei und der sich im Kalten Krieg verschärfende Ost-West-Gegensatz verdrängte die Ansätze einer parteiübergreifenden Politik. Die überkonfessionellen und überparteilichen Frauenverbände in Westdeutschland schlossen sich 1949 zum Deutschen Frauenring zusammen. Seit 1969 trägt er den Namen »Deutscher Frauenrat«. Bundesweit sind in ihm heute 80 Organisationen mit 11 Millionen Mitgliedern vertreten. Außerhalb des Deutschen Frauenrats existiert besonders seit dem Beginn der neuen Frauenbewegung der Siebzigerjahre noch eine Vielzahl weiterer Frauenorganisationen.

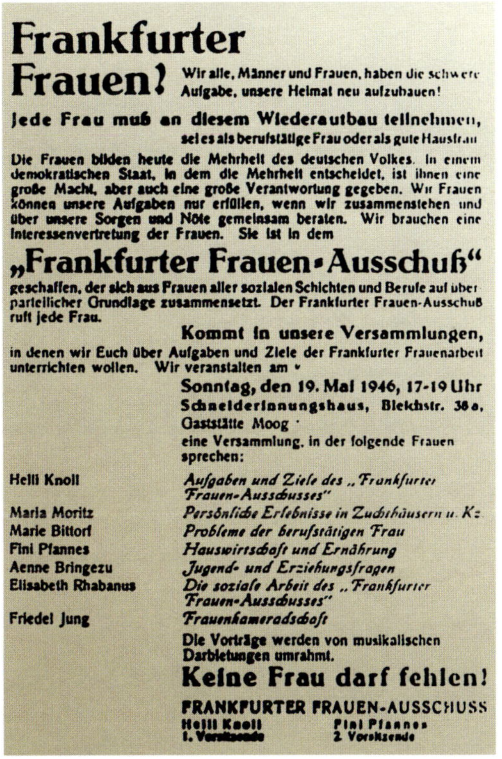

40 **Einladung zum Frankfurter Frauenausschuss**
Plakat, 1946.

Formulieren Sie das Selbstverständnis des Frankfurter Frauenausschusses.

41 Die Frauenausschüsse nehmen die Arbeit auf

a) Ein Zeitungsartikel vom 13.12.1946:
Herne. Über 12000 Frauen protestierten in Herne auf einer Großkundgebung gegen den Hunger. In einer Resolution wurden die Absetzung von Schlange-Schöningen (Vorsitzender des Zentralamtes für Ernährung und Landwirtschaft der britischen Zone, D.S.) und schärfste Strafen gegen Schwarzhändler und Schieber gefordert. Ferner wurde die Bildung einer Kommission aus Vertretern der Gewerkschaften und Parteien verlangt, die unverzüglich dafür Sorge tragen soll die noch rückständigen Kartoffelmengen für die Wintereinkellerung sicherzustellen. Anschließend zogen 300 Frauen als Delegation zum Rathaus, um die Durchführung dieser Maßnahmen demonstrativ zu fordern.

Zit. nach: A. Kuhn (Hrsg.): Frauen in der Nachkriegszeit, Bd. 2, Düsseldorf 1984, S. 53.

b) Flugblatt des Frauenausschusses Hamburg-Harburg, o.J.:
[…] Die Ausgabe von Nummern hat den Zustand an den Wirtschaftsämtern nur verschlimmert. Die Schlangen sind geblieben. Das letzte Mittel der Wirtschaftsämter, um

Zit. nach: A. Kuhn (Hrsg.), Frauen in der Nachkriegszeit, Bd. 2, Düsseldorf 1984, S. 114.

die Schlangen zu beseitigen, sind Überfallkommandos und Verhaftungen! [...]

Die Vorschläge des Frauenausschusses sind getragen von dem Wunsche, eine gerechte Verteilung der Bezugsmarken zu erreichen, und vor allen Dingen, die Schlangen zu beseitigen. Wir werden nicht eher ruhen, bis diese unhaltbaren Zustände an den Wirtschaftsämtern beseitigt sind.

Frauenausschuss Harburg:
Gertrud Nehring, Harburg, Adolf-v.-Elm-Hof 7 (KPD)
Maria Mertens, Harburg, Hoppenstedtstr. 62 (CDU)
Gretl Strehse, Harburg, Hangstr. 21 (SPD)
Mimi Jochimsen, Harburg, Mozartstr.8 (FDP)
Gertrud Heins, Harburg, Marienstr. 42 (parteilos)

c) Plakat des Lichtenberger Frauenausschusses
Foto o. J.

d) Beitrag von Elisabeth Selbert in der »SPD-Wochenschrift« (21.9.1946):
Es bedarf gar keiner Frage, dass die Mitarbeit der Frau beim Aufbau unseres Landes unentbehrlich ist. In einem Staatswesen, in dem alle Macht vom Volke ausgeht und in dem die weiblichen Wähler zahlenmäßig sogar das Übergewicht haben, kann der Aufbau ohne die Frauen nicht erfolgen. Sind sich die Frauen der gewaltigen Macht, die sie als Dominante im neuen Staat darstellen, tatsächlich bewusst?

Bei der Verteidigung der Frauenausschüsse wird m. E. nach wie vor übersehen, dass in einem demokratischen Staat die politische Willensbildung des Volkes in den und durch die politischen Parteien erfolgt. In ihnen allein liegt das Schwergewicht des politischen Lebens, in dem sie in Parlament und Körperschaften den Willen der Wählerschaft zum Ausdruck bringen und je nach den Mehrheitsverhältnissen auch verwirklichen [...] Wenn wir nicht erkennen wollen, dass unser Platz in den politischen Parteien ist, um dort für unsere Frauenforderungen zu werben, dann haben wir auch kein Recht, den Parteien mangelndes Verständnis für unsere Ansprüche vorzuwerfen. Was nützen mehr oder weniger akademische Erörterungen derartiger Forderungen in Frauenzirkeln, also hinter quasi verschlossenen Türen, an denen der männliche Wähler nicht teilnimmt. [...] Die von Natur vorhandene Gefühlsbetontheit der Frau und ihre Eigenart machen auch eine andere und entsprechende Behandlung bei der politischen Aufklärung notwendig, wobei die Fehlentwicklung der letzten 12 Jahre selbstverständlich zu berücksichtigen ist. [...]

Zit. nach: A. Kuhn (Hrsg.): Frauen in der Nachkriegszeit, Bd. 1, Düsseldorf 1984, S. 227.

e) Aus dem Brief eines Mitglieds des Hamburger Frauenausschusses (März 1947):
Die Frauenausschüsse haben durch ihre Erfolge die Berechtigung und die Notwendigkeit ihres Daseins mehrfach bewiesen und es kann nur alle Einsichtigen befremden, wenn kürzlich behauptet wurde, die neu erwählte Bürgermeisterin von Berlin – Frau Loúise Schroeder – die übrigens seit Bestehen des Zentralen Frauenausschusses in Berlin als Vorstandsmitglied am Ausbau dieser Organisation eifrig mitgearbeitet hat – hätte sich geäußert, nachdem durch die Wahlen die Frauen die Möglichkeit zur politischen Mitarbeit innerhalb der Parteien erhalten hätten, seien die Frauenausschüsse überflüssig geworden. In diesem einen Jahr der Tätigkeit der Frauenausschüsse ist klar erwiesen, dass diese Organisation, die ständig im Wachsen begriffen und die inzwischen tief im öffentlichen Leben verankert ist, niemals durch die von den Parteien gewählten Frauen ersetzt werden kann. Nur eine einige und machtvolle Frauenbewegung kann dem bestehenden erheblichen Frauenüberschuss (in Hamburg kommen

z. B. auf 100 Männer 163 Frauen) wirklich gerecht werden. Die Frauenausschüsse wollen die Gleichberechtigung der Frau auf allen Gebieten des Lebens erwirken und wollen besonders der jungen Frauengeneration mit Rat und Tat zur Seite stehen. [...]

Zit. nach: A. Kuhn (Hrsg.): Frauen in der Nachkriegszeit, Bd. 1, Düsseldorf 1984, S. 220.

1. Charakterisieren Sie die Zusammensetzung und Zielrichtung der Frauenausschüsse (41a, b und d, 40).
2. Vergleichen Sie die Argumentation und die Haltung der beiden Autorinnen zur politischen Bedeutung von Frauenausschüssen (41d und e).
3. Welche Gründe dürften die meisten Politiker nach der Gründung der Bundesrepublik Deutschland zu einer Ablehnung der Frauenausschüsse bewogen haben (Gruppenarbeit)?

4.3 Eine historische Fallanalyse – Der Grundgesetzartikel 3/2: Männer und Frauen sind gleichberechtigt

Am 23. Mai 1949 trat nach mehrmonatigen Beratungen im Parlamentarischen Rat, der von den 11 deutschen Landtagen gewählten verfassunggebenden Versammlung, die neue Verfassung der Bundesrepublik Deutschland, das Grundgesetz, in Kraft. Die Durchsetzung des Artikels 3 Absatz 2 des Grundgesetzes, des so genannten Gleichberechtigungsartikels, war unter den Mitgliedern des Rates und in der Öffentlichkeit lange umstritten. Dies war umso erstaunlicher, als die Verabschiedung des Grundgesetzes ansonsten auf nur geringes öffentliches Interesse stieß. Der Artikel schrieb die rechtliche Gleichstellung von Männern und Frauen in allen Lebensbereichen fest. Vorschläge, nur die moralische Gleichwertigkeit der Geschlechter oder die staatsbürgerliche Gleichberechtigung zu betonen, scheiterten. 1949 nahm die verfassunggebende Versammlung das umfassende Gleichberechtigungsgebot des Grundgesetzes (GG, Art. 3, Abs. 2), wie es Elisabeth Selbert beabsichtigt hatte, auf. Vorher war Frau Selbert maßgeblich an der Mobilisierung von Gewerkschaftsgremien, Landtagsabgeordneten und Frauenausschüssen beteiligt gewesen. Von den 65 Delegierten des Parlamentarischen Rates waren nur 4 weiblich: Elisabeth Selbert (SPD), Friederike Nadig (SPD), Helene Wessel (Zentrum) und Helene Weber (CDU). Aber selbst die drei weiblichen Kolleginnen von Frau Selbert waren nicht von Anfang an mit ihr einer Meinung, dass das Grundgesetz die umfassende Gleichberechtigung fordern solle.

42 Die Mitglieder des parlamentarischen Rates
»Die Neue Zeitung«, 25. September 1948.

Seite 8 DIE NEUE ZEITUNG 25. September 1948

Väter der Verfassung

Kommentare der 65 Mitglieder des Parlamentarischen Rates / „Die Einheit Deutschlands ist und bleibt unser Ziel"

Historische Untersuchungsformen

Auf den folgenden Seiten erfahren Sie nicht nur etwas über historische Fakten und Zusammenhänge, sondern Sie lernen zugleich mithilfe einer besonderen historischen Methode – der *historischen Fallanalyse* – die Quellen und Darstellungen zu bearbeiten. Historische Untersuchungen unterscheiden sich:
Mal werden Zusammenhänge epochenübergreifend und über weite Zeitabschnitte *(diachron)* hinweg verfolgt. Dabei stehen Gesamtentwicklungen im Mittelpunkt (Längsschnitt).
Ein anderer Zugriff kann sich auf eine bestimmte historische Epoche und die Komplexität der Zusammenhänge richten *(synchron)*. Man spricht dann von einem historischen Querschnitt. Diese Form der Untersuchung stellt Fragen nach den politischen, wirtschaftlichen, sozialen, kulturellen und ökologischen Bezügen innerhalb einer Epoche.
Ein weiterer methodischer Ansatz geht von gegenwärtigen Problemen aus und thematisiert deren Entstehungsbedingungen. Diese *gegenwartsgenetische Untersuchung* fragt nach den häufig komplexen historischen Gründen und Wirkungszusammenhängen heutiger Phänome in der modernen Welt.

Was ist eine historische Fallanalyse?

Im Unterschied dazu konzentriert sich die Fallanalyse
- auf einen zeitlich oder räumlich eng umgrenzten Bereich
- meist auf ein bestimmtes historisches Ereignis mit exemplarischer Bedeutung für seinen historischen Kontext
- einen historischen Wendepunkt mit weit reichenden Folge– das Handeln und die Entscheidungen des Einzelnen im historischen Kontext
- biografische bzw. sozialbiografische Faktoren als wesentliche Hintergründe und Motive für politisches Handeln.

43 Die Auseinandersetzung um den Grundgesetzartikel 3, Abs. 2

a) Stellungnahme von Albert Finck (CDU), häufiger Vertreter Adenauers im Parlamentarischen Rat, anlässlich der ersten Lesung im Hauptausschuss am 3.12.1948:

Im Übrigen wären außer der vom Organisationsausschuss beantragten Fassung [»Männer und Frauen haben die gleichen Rechte und Pflichten»] noch andere Formulierungen zu erwähnen, die in dem Grundgesetz bereits enthalten sind. Da heißt es u.a. »Alle Menschen sind vor dem Gesetz gleich. Das Gesetz muss Gleiches gleich und kann Verschiedenes nach seiner Eigenart behandeln.« Hier ist der Gleichberechtigung und der Eigenart der Frau in vollem Maße Rechnung getragen. Später heisst es: »Niemand darf seines Geschlechtes wegen benachteiligt oder bevorzugt werden.« Auch das ist eine grundlegende Betonung der Gleichberechtigung der Frau. Dazu kommt noch, dass in einigen Artikeln Schwangerschaft und Mutterschaft in besonderen Schutz genommen werden. Schließlich scheint uns noch ein Vorschlag der CDU-Abgeordneten Frau Dr. Helene Weber sehr beachtlich zu sein, der folgenden Wortlaut hat: »Männer und Frauen stehen bei Wahl und Ausübung des Berufes gleich. Verrichten sie gleiche Arbeit, so haben sie Anspruch auf gleiche Entlohnung.«

Zit. nach: B. Böttger, Das Recht auf Gleichheit und Differenz. Münster 1990, S.184.

b) Schreiben des Gesamtbetriebsrats der Firma Henschel u. Sohn GmbH, Kassel vom 11. Januar 1949:

[Der Gesamtbetriebsrat] erhebt hiermit schärfstens Protest gegen die Entscheidung des Parlamentarischen Rates in Bonn, die Gleichberechtigung von Mann und Frau außer Kraft zu setzen. Wir berufen uns mit diesem Protest auf Artikel I der hessischen Verfassung. Wir protestieren weiterhin gegen die Diskriminierung der Mitbestimmungsrechte der Frau an den Geschehnissen in unserem Restdeutschland.

Begründung:

Die Entscheidung des Parlamentarischen Rates schneidet eine Frage von eminenter Bedeutung und Tragweite für unser gesamtes privates, berufliches und staatspolitisches Leben an, das in den Reihen der schaffenden Menschen, ganz gleich ob Mann und Frau, den größten Widerspruch ausgelöst hat.

Zur Ehre der Frau muss gesagt werden, dass sie in 5 Kriegs- und schwierigsten Nachkriegsjahren unter Beweis gestellt hat, dass sie unbedingt gleichwertig neben dem Manne zu ehren und zu werten ist. Wir können nicht verstehen, dass ein Gremium wie der Parlamentarische Rat in Bonn wirklich noch ernsthaft glaubt, man könne der neuen, bitter genug errungenen seelischen und materiellen Selbstständigkeit der Frau mit den verstaubten Paragraphen eines überholten Gesetzbuches entgegentreten. Haben wir nicht im Parlamentarischen Rat Frauen, die an geistigem und überragendem Können manchen Parlamentarier in den Schatten stellen? Hat man in Bonn die völlig veränderte Situation der heutigen Frauen übersehen oder will man vor konkret bestehenden Tatsachen die Augen verschließen und das Weltgeschehen um 20 Jahre zurückdrehen? Glaubt der Parlamentarische Rat vertreten zu können, dass eine verheiratete Frau und solche, die mit ihrer Hände Arbeit ein neues Leben aus dem Chaos aufbauen, weniger Rechte besitzen soll als ein Jüngling von 21 Jahren? Soll diesen Frauen das Recht genommen werden, ihren berechtigten Protest zu erheben, wenn das von ihr zusammen gebrachte Gut von dem Manne in seiner Selbstherrlichkeit verschleudert wird, ohne dass sie es verhindern kann? Soll der Witwe eines verschollenen oder geschiedenen Mannes weiterhin die gesetzliche Vertretung ihrer Kinder entzogen bleiben? Sieht man in der Frau nach all diesen Jahren der bitteren Erfahrung und der durchgestanden Not ein unselbstständiges urteilsloses Wesen? Will man nicht anerkennen, dass es heute in Deutschland hochintelligente, selbstbewusste Frauen gibt, die manchem Manne ein leuchtendes Vorbild an Selbstständigkeit, Mut und Ausdauer sind? […] Hat man in Bonn vergessen, dass es heute in Deutschland 5 Millionen Frauen gibt, die nicht durch eine Heirat versorgt werden können, die selbstständiger Ernährer ihrer Familie sind, die in diesem Leben genauso ihren Mann stehen müssen wie jeder andere Mann in Deutschland? […]

Wir machen weiterhin darauf aufmerksam, dass es in den Händen des schaffenden Volkes liegt, ob die dort geschaffene Verfassung vom Volke angenommen und anerkannt wird. Wir werden uns […] gegen eine Vergewaltigung unserer grundlegenden Rechte entschieden zur Wehr setzen und eine Aufklärung über die Bonner Entscheidung in die Hände der uns zur Verfügung stehenden Organisationen und Institutionen legen.

Zit. nach: B. Böttger, Das Recht auf Gleichheit und Differenz. Münster 1990, S. 210.

c) Werbung aus der Frankfurter Illustrierten, 1955.

d) Der Brief des Frauensekretariats des Gewerkschaftsbundes Württemberg-Baden vom 23. Dezember 1948 ist einer von vielen tausend, die beim Gewerkschaftsrat in Frankfurt eingingen:

Werte Kollegen!

Die im Gewerkschaftsbund Württemberg-Baden organisierten über 90 000 erwerbstätigen Frauen haben mit großem Befremden davon Kenntnis genommen, dass ein Teil der Mitglieder im Hauptausschuss des Parlamentarischen Rates gegen den Passus »Männer und Frauen sind gleichberechtigt« gestimmt haben und somit seine Ablehnung erfolgte. Nachdem die Frauen zu einem bedeutenden Faktor im Erwerbsleben geworden sind und sie auch am jetzigen Produktionsaufschwung einen großen Anteil haben, verlangen sie mit vollem Recht die volle Gleichberechtigung auf allen Rechtsgebieten, so in der Wirtschaft, im sozialen Leben und vor allem im bürgerlichen Recht. [...] Die erwerbstätigen Frauen sind nicht gewillt, tatenlos zuzusehen, wie man der Frau gegenüber die in Deutschland traditionelle Untertanenrolle weiterhin festigen will, sie werden zu dem großen Werk der neuen Verfassung als Wählerinnen nur dann »Ja« sagen, wenn sie in dieser Verfassung gleichberechtigt anerkannt werden. Die erwerbstätigen Frauen protestieren ganz entschieden gegen die eingenommene Haltung und richten an den Gewerkschaftsrat die Bitte, diesen Protest – eventuell im Namen aller erwerbstätigen Frauen der vereinten Zonen – an den Vorsitzenden des Parlamentarischen Rates weiterzuleiten, um zu erreichen, dass der Beschluss revidiert wird. [...]

Zit. nach: B. Böttger, Das Recht auf Gleichheit und Differenz, Münster 1990, S. 209.

e) Elisabeth Selbert in einer Debatte im Hauptausschuss des Parlamentarischen Rates am 18.01.1949:

Es ist ein grundlegender Irrtum bei der Gleichberechtigung von der Gleichheit auszugehen. Die Gleichberechtigung baut auf der Gleichwertigkeit auf, die die Andersartigkeit anerkennt. Mann und Frau sind nicht gleich. Ihre Besorgnis, dass die Gleichstellung der Frau Gleichmacherei sei, ist daher ebenfalls unbegründet. Unsere Forderung auf diese Art Gleichberechtigung entspringt auch nicht frauenrechtlerischen Tendenzen. Ich bin in den 30 Jahren, in denen ich in der politischen Bewegung stehe, nie Frauenrechtlerin gewesen und werde es nie sein. Ich bin vielmehr der Meinung, dass auch die Mitarbeit der Frau im Politischen nur unter Einsatz ihrer besonderen Eigenart erfolgen soll. Nur in einer Synthese männlicher und weiblicher Eigenart sehe ich einen Fortschritt im Politischen, im Staatspolitischen, im Menschlichen überhaupt.

Zit. nach: B. Böttger, Das Recht auf Gleichheit und Differenz. Münster 1990, S. 218.

f) Rundfunkrede von Elisabeth Selbert nach der Verabschiedung des Gleichberechtigungsartikels am 19.01.1949:

Ich sehe im Geiste eine lange Reihe von Frauen, die im Laufe der Jahre in meiner Sprechstunde mir gegenübergesessen haben – Geschäftsfrauen, Landfrauen und andere –, die in ihrer Ehe aus irgendwelchen Gründen Schiffbruch erlitten hatten, weil der Mann der alten Frau eine jüngere vorzog oder weil man sich in dem Wandel der Zeit entfremdet oder in Kriegsjahren auseinandergelebt hatte. Wie groß war immer das Erschrecken dieser Frauen, die vielleicht ein ganzes Leben lang hinter dem Ladentisch gestanden hatten, als so genannte Seele des Geschäftes oder des landwirtschaftlichen Anwesens oder der Familie den Wohlstand miterarbeitet, in Kriegsjahren allein erarbeitet hatten, wenn sie dann hörten, dass sie bei der Scheidung mit leeren Händen aus dem Hause gingen, weil sie nach dem Bürgerlichen Gesetzbuch verpflichtet waren, im Geschäft oder im Betrieb des Mannes mitzuarbeiten, ohne allerdings an dem Gewinn oder dem Vermögen, das sie miterarbeitet hatten, beteiligt zu sein.

[...] Die Frauen, die in einer harmonischen Ehe mit einem verständigen Gatten zusammenleben, erfahren es vielleicht nie. Aber wieviele andere erleben es, und welchen Krisen ist heute die Ehe ausgesetzt bei dem ungeheuren Frauenüberschuss oder bei den Auswirkungen, die der Krieg mit sich brachte, der ja Familien zerstörend, Ehe zerstörend gewirkt hat.«

Zit. nach: B. Böttger, Das Recht auf Gleichheit und Differenz. Münster 1990, S. 225.

g) Aus einem Interview mit Elisabeth Selbert (1896–1986) über ihre Biografie; – Studium der Rechts- und Staatswissenschaften – 1934 Rechtsanwältin in Kassel – 1945 Zulassung als Notarin – seit 1918 Mitglied der SPD, bis 1933 politisch aktiv – 1946–1958 Mitglied des Parteivorstands der SPD – 1946–1958 Mitglied des Hessischen Landtags – 1948/49 Mitglied des Parlamentarischen Rates:

Ich hatte ja von der Frauenbewegung schon gehört in der Zeit. Ich kannte die Bestrebungen von Louise Otto-Peters und Helene Lange, denn ich hatte schon einmal erlebt, dass ich nicht als vollwertige Schülerin mit Abgangszeugnis betrachtet wurde, obwohl ich eine Mittelschule absolviert hatte: Die Knabenschulen, die Realschulen, gaben schon die mittlere Reife, aber die Mädchenschulen, die so genannten Mittelschulen, die hatten zwar denselben Ausbildungsgang wie die Knabenschulen, nur mit dem Unterschied, dass wir z.B. Stenografie und Schreibmaschine in der Schule lernten. Außerdem hatten wir Nähmaschinenunterricht, um uns selbst Kleider nähen zu können. Es war also das Allermodernste, aber ich empfand es damals schon als ein bitteres Unrecht, dass wir Mädchen die Schule ohne Reifezeugnis und mittlere Reife absolvierten. Ich musste beides durch eine Externenprüfung am Lyzeum nachholen. [...]

Und ich habe es ja sogar fertig gebracht – vielleicht klingt das ein bisschen wie persönliche Überbewertung – im siebten Semester zu promovieren. Bis zum Referendarexamen im Oktober 1929 hatte ich mir schon einen Doktorvater in Göttingen besorgt. [...] Meine Doktorarbeit war nicht gut bewertet worden, das hatte mir der Dekanatsdiener in aller Heimlichkeit mitgeteilt. Ihr Thema war »Ehezerrüttung als Scheidungsgrund«, etwas, von dem man sagen kann: seiner Zeit weit voraus. Ich hatte gelegentlich in einer politischen Frauenveranstaltung davon gehört, dass eine Reform des Ehescheidungsrechts angebracht sei. [...] Das Familienrecht mit dem Verschuldungsprinzip empfand ich als längst überholt. Ich hatte sehr eifrig auch Familienrecht studiert, kam also dadurch auf das Zerrüttungsprinzip.

Ich habe dann mit einer Unterbrechung von einem halben Jahr, in dem ich gesundheitlich streiken musste – ich hatte einen Nervenzusammenbruch – im Oktober 1934 vorm preußischen Landesprüfungsamt das Assessorexamen in Berlin gemacht und bin wie durch ein Wunder noch in den Beruf des Anwalts hineingekommen.

Vier Wochen später trat das neue Gesetz in Kraft, wonach Frauen zur Anwaltschaft nicht mehr zugelassen waren – das Hitler-Gesetz. [...]

Mein Mann war noch bis 1933, bis zur Machtergreifung, im Dienst. [...] Er wurde seines Dienstes durch Beamte enthoben, die ihm unterstellt waren, einer seiner Polizeibeamten musste zugegen sein, als sein Schreibtisch von der Gestapo untersucht wurde. Dann wurde er hinausgeführt und bekam das Verbot, das Haus je wieder zu

h) »Die Mütter des Grundgesetzes«
Die weiblichen Mitglieder des Parlamentarischen Rates waren: (v.l.) Friederike Nadig (SPD), Elisabeth Selbert (SPD), Helene Weber (CDU) und Helene Wessel (Zentrum)

betreten. Man muss sich das vorstellen: mein Mann als Begründer der Verwaltung 1918, Arbeiter- und Soldatenrat, Verwalter des Hauses. [...]

Aber ich musste natürlich eine gewisse Vorsicht walten lassen, weil ich der Ernährer der Familie war und keinesfalls die Existenz aufs Spiel setzen konnte. Aber ich habe keinerlei Kotau gemacht, ich bin gelegentlich auch wegen des Hitlergrußes, den ich ablehnte, vor den Präsidenten zitiert worden. Ich habe ihm damals noch mit ziemlichem Freimut sagen können:

»Ich verstehe nicht, Herr Präsident, dass Sie hier die Interessen der NSDAP wahrnehmen können, nachdem Sie Ihren eigenen Sohn an der Front verloren haben.«

Zit. nach: B. Böttger, Das Recht auf Gleichheit und Differenz. Münster 1990, S. 225.

i) Die Gleichberechtigung in deutschen Verfassungen:

– Verfassung der Weimarer Republik, Art. 109 Abs. 2: »Männer und Frauen haben die gleichen staatsbürgerlichen Rechte und Pflichten.«
– Grundgesetzänderung 1994: Formulierung der Gemeinsamen Verfassungskommission von Bundesrat und Bundestag, der empfahl den Verfassungsparagraphen mit dem Zusatz zu ergänzen: »Männer und Frauen sind gleichberechtigt. Der Staat fördert die tatsächliche Durchsetzung der Gleichberechtigung von Frauen und Männern und wirkt auf die Beseitigung bestehender Nachteile hin.«
– Formulierung aus der Verfassung der DDR von 1949 (Art. 7, § 1): »Mann und Frau sind gleichberechtigt und haben die gleiche Rechtsstellung in allen Bereichen des gesellschaftlichen, staatlichen und persönlichen Lebens. Die Förderung der Frau, besonders in der beruflichen Qualifizierung, ist eine gesellschaftliche und staatliche Aufgabe.«

j) Schreiben des Deutschen Frauenrings von 1950:

Der Deutsche Frauenring hat telegrafisch beim Bundestag gegen die Paragraphen 28 und 63 des Entwurfs des Beamtengesetzes protestiert. Er sieht darin, dass laut § 28 eine Frau erst im 35. Lebensjahr in das Beamtenverhältnis übernommen werden kann, während beim Mann das 27. Lebensjahr bestimmend ist, ebenso einen Bruch des Artikels 3 des Grundgesetzes wie im § 63 , der eine Entlassung von Beamtinnen nach ihrer Eheschließung vorsieht.

Zit. nach: A. Kuhn (Hrsg.), Frauen in der Nachkriegszeit, Bd. 2, Düsseldorf 1984, S. 229.

1. Bilden Sie Arbeitsgruppen und bearbeiten Sie gemeinsam die Quellen (43a–j). Nutzen Sie hierzu die Informationen zum Umgang mit Textquellen (s. S. 215–217).
2. Überprüfen Sie in Ihrer Arbeitsgruppe anhand des folgenden Fragenkatalogs, ob Ihnen das methodische Prinzip der »historischen Fallanalyse« durch die Arbeit mit dem o. a. Material klar geworden ist:

   a) Entscheiden Sie, ob die o. a. Bedingungen für die Untersuchung eines historischen Falls im Kapitel 4.3 erfüllt sind (s. S. 268).

   b) Welche Bedeutung hatte das politische Wirken von Elisabeth Selbert bei der Durchsetzung des Grundgesetzartikels 3/2?
   – Die Durchsetzung des Gleichberechtigungsartikels ist nur auf ihr Engagement zurückzuführen.
   – Die Sozialdemokratische Partei Deutschlands und ihre noch aus dem 19. Jahrhundert stammenden programmatischen Verpflichtungen sind entscheidend für die Durchsetzung des Gleichberechtigungsartikels gewesen.
   – Die allgemeine politische Stimmung der Nachkriegsjahre erlaubte gar keine andere Entscheidung.
   – Das Engagement von Elisabeth Selbert und die Mobilisierung einer breiten Öffentlichkeit waren entscheidend für die Durchsetzung des Gleichberechtigungsartikels.
   – Die Entscheidung des Parlamentarischen Rats ist nur dem Engagement der »vier Mütter des Grundgesetzes« zu verdanken.

c. Welcher historische Kontext ist für die letztlich getroffene Entscheidung von wesentlicher Bedeutung gewesen?
   - Die letzten Jahre des Nationalsozialismus
   - Die wirtschaftliche Notlage in Deutschland nach dem Ende des Zweiten Weltkriegs
   - Die administrative Neuorganisation Deutschlands nach 1945
   - Der Männermangel in Deutschland nach 1945
     Das politische Interesse von Frauen in den Frauenausschüssen und Gewerkschaften
   - Die Bedeutung der Frauen für den wirtschaftlichen Wiederaufbau des zerstörten Landes
   - Der politische Neuanfang durch die Arbeit an einer neuen demokratischen Verfassung
   - Die juristischen Kenntnisse von Elisabeth Selbert
   - Die Auflagen der Siegermächte
   - Die politischen Traditionen der Parteien

3. Klären Sie, welcher historischen Untersuchungsform das Kursthema »Menschen- und Bürgerrechte – Universale Norm für Männer und Frauen?« zuzuordnen ist: synchrone Untersuchung, diachrone Untersuchung, historischer Fall.

4. Befragen Sie die Quellen (43b und d) nach der politischen und gesellschaftlichen Akzeptanz und juristischen Umsetzung von Grundgesetzartikel 3 Abs.2.

5. Vergleichen Sie den Wortlaut der Verfassungsartikel (43i). Analysieren Sie deren Inhalt und begründen Sie, welche Formulierung für Sie die überzeugendste ist.

4.4 Frauenpolitik als Familien- und Gesellschaftspolitik Die 50er- und 60er-Jahre in Ost und West

Die frauenpolitische Entwicklung in den beiden deutschen Staaten lief in den 50er- und 60er-Jahren deutlich auseinander, wobei beide Gesellschaften die häusliche Arbeitsteilung zwischen Mann und Frau beibehielten.

44 »Werbefamilie Putz« von der Firma Wittol – ein Reinigungsmittelhersteller. DDR, 50er-Jahre.

»Eine wirkliche Gleichberechtigung der Frau ist erst dann vorhanden, wenn sie einen Beruf erlernt hat und imstande ist, eine gesellschaftlich wirklich nützliche Arbeit zu leisten.« Mit diesen Worten legte Walter Ulbricht, stellvertretender Vorsitzender der SED, 1949 den Grundsatz der Frauenpolitik der SED fest. In der DDR wurden Frauen daher zielstrebig in den Produktionsprozess integriert und durch den Ausbau öffentlicher und betrieblicher Einrichtungen von einem Teil der Erziehungsarbeit entlastet: Kinderkrippen, -gärten und -horte übernahmen zum Teil die Kinderbetreuung. 1965 – 11 Jahre früher als in der Bundesrepublik – forderte das Familiengesetzbuch der DDR die Ehegatten dazu auf, ihre Beziehung so zu gestalten, dass Mutterschaft, berufliche und gesellschaftliche Tätigkeit der Frau miteinander vereinbart werden können, und verankerte die allseitige Gleichstellung von Männern und Frauen. Der Versuch Frauen für die »Produktion« zu gewinnen, führte z. B. dazu, dass die Witwenrente für arbeitsfähige Frauen gestrichen wurde. Es waren neben den politisch-ideologischen Gründen vor allem

45 Titelblatt »Frischer Wind«. Ost-Berlin, 1951.

Der unten links abgedruckte Dialog lautet: » Erich, guck mal, seitdem ich diesen blauen Anzug trage, kann ich mir auch das rosa Kleid leisten.«

Klären Sie mithilfe des Verfassertextes, welche Beziehung zwischen dem Titelblatt und der Frauenpolitik der DDR besteht.

auch wirtschaftliche Zwänge, die den Frauen im Wirtschaftsleben eine große Rolle zuwiesen. Mängel und Bewirtschaftung prägten die DDR-Wirtschaft ebenso wie ein ständiger Arbeitskräftemangel, sodass die Mitarbeit von Frauen eine ökonomische Forderung ersten Ranges war.

Dass sich die politischen Vorgaben zur Rollenverteilung von Mann und Frau nicht einfach im Alltagsleben niederschlugen, zeigte der Beschluss einer Mädchenkonferenz der FDJ von 1958. Er erklärte sich gegen »veraltete Lebensauffassungen«: »Unter euch gibt es junge Ehemänner, die sich zu Hause wie Paschas benehmen und ihre eigene Bequemlichkeit auf Kosten ihrer jungen Ehefrauen gründen. [...] Diese Ehemänner sehen nicht, dass die Kindererziehung und Hauswirtschaft eine gemeinsame Sache der jungen Ehepartner ist.«

Während die DDR das Schwergewicht auf die Freistellung der Frauen für gesellschaftliche Aufgaben legte, orientierten sich große Teile der westdeutschen Bevölkerung zunächst an der Festschreibung traditioneller Rollen und der arbeitsteiligen Zuständigkeit der Ehegatten für die Erziehung der Kinder und materiellen Versorgung der Familie. Im Unterschied zur Situation in den ersten Nachkriegsjahren kann man eine Rückkehr der traditionellen Frauen- und Familienleitbilder feststellen. Dabei spielte die Familienpolitik der Bundesregierung auch eine ideologische Rolle im Kalten Krieg. Die Familie sollte als Bollwerk gegen den Kommunismus dienen. Franz-Josef Wuermeling, der erste Bundesfamilienminister, propagierte die kinderreiche Familie und bekundete seinen Widerstand gegen die Erwerbstätigkeit von Müttern mit der Feststellung: »Für Mutterwirken gibt es nun einmal keinen vollwertigen Ersatz«. Eine Zunahme der Frauenarbeit bereite dem Kommunismus den Weg und Mutterschaft sei mehr wert als Wohlstand.

Staatliche Familienbeihilfen sollten die Erwerbstätigkeit von Müttern entbehrlich machen. Dazu zählten das Kindergeld ab dem dritten Kind, Mietzuschüsse, Steuerfreibeträge, Preisermäßigungen bei der Bundesbahn, Stipendien für Studentinnen und Studenten aus einkommensschwachen Familien.
Weibliche Gewerkschaftsmitglieder unterstützten häufig Frauen, die ihren Arbeitsplatz nicht zugunsten von Heimkehrern oder Vertriebenen räumen wollten. Verheiratete Arbeitnehmerinnen traf dennoch der Vorwurf Doppelverdiener zu sein. Auch in der Bevölkerung waren noch bis weit in die Sechzigerjahre hinein diese Rollenbilder weit verbreitet. Dabei entwickelten sich aber immer stärker auch Widersprüche. Einerseits sahen weibliche Lehrlinge und Abiturientinnen eine qualifizierte Berufsausbildung als notwendig an, andererseits lehnten sie aber die Berufstätigkeit von Ehefrauen mehrheitlich ab und hielten Mutterschaft und Erwerbsarbeit für unvereinbar. Selbst berufstätige Frauen hielten laut Umfragen ihre Berufstätigkeit mehrheitlich nicht für normal.

46 Frauenpolitik in der Bundesrepublik

a) Werbung einer Kölner Wählerinitiative der CDU zur Bundestagswahl 1953

Wirklich, sind es erst fünf Jahre her, dass wir anfingen, ein menschenwürdiges Dasein zu führen? Dass wir von traurigen, ständig übermüdeten, unterernährten, ewig hinter etwas herjagenden Schlangensteherinnen zu normalen Hausfrauen wurden, die wieder planen, rechnen und ganz nach Belieben einkaufen können? Das heißt, normal waren wir damals auch. Das wurde uns sogar, behördlich abgestempelt, bescheinigt. Außerordentlich armselige, planmäßig gelenkte »Normal«-Verbraucher. Ein herrlicher Zustand war das!

Erinnern sie sich noch? Das war die Zeit, in der die Kalorien auf 800 angekommen waren und unser Lebensmut auf dem Nullpunkt. Wir jonglierten mit 7 g Fett, 10 g Zucker und 20 g Fleisch wie ein Seiltänzer über dem Abgrund des Hungers und der Kälte. Zwei Pfund Brot in der Woche! Damit sollten wir heranwachsende Kinder, einen Mann, der zur Arbeit ging, ernähren.

O, es war alles großartig organisiert und »bewirtschaftet«. Das waren die Jahre, in denen unser Leben nur noch aus »Anstehen« bestand. Und dann gab es noch die nächtlichen Fahrten quer durch Deutschland in überfüllten Waggons ohne Fenster, auf dem Trittbrett oder der Plattform der Züge, um einen Rucksack voll Kartoffeln, ein paar Pfund Obst heimzubringen – wenn man Glück hatte und am Bahnhof nicht erwischt wurde.

Dann kam die Währungsreform, und es kam die SOZIALE MARKTWIRTSCHAFT. Beinahe nicht zu fassen für uns körperlich und seelisch zermürbte Hausfrauen! Über Nacht sozusagen wurden wir plötzlich von demütigen »Bezugsberechtigten« zu geschätzten Kundinnen. Sehr geschätzten, umworbenen und zuvorkommend bedienten Kundinnen. Es war wie ein Wunder! Die Regale füllten sich mit Dingen, die unsere Kinder kaum dem Namen nach kannten. Unser Geld hatte wieder Wert. Wir konnten wieder kaufen, wo wir wollten und was wir wollten. Und wenn wir auch manchmal knapp bei Kasse waren, na ja, wir hatten doch selbst für den geringsten Betrag wieder die Möglichkeit zu wählen, selbst zu entscheiden und abzulehnen, was uns nicht gefiel. Es war, als ob ein Tor in die Freiheit sich aufgetan hätte. Die Welt wurde heller, das Leben wieder lebenswert. Kann ein Mann uns überhaupt nachfühlen, was dieser Wandel gerade für uns Frauen bedeutete, die wir am bittersten unter einem Zustand gelitten hatten, der nicht nur die letzten Reste unseres Selbstbewusstseins zerbrochen, sondern der uns auch angesichts der bettelnden Augen unserer Kinder an den Rand der Verzweiflung gebracht hatte?

Das noch einmal erleben? Der Himmel bewahre uns davor. Wer einmal mitgemacht hat, was »Planwirtschaft« bedeutet, ist für immer kuriert. Wir wollen uns nicht mehr die Errungenschaften der SOZIALEN MARKTWIRTSCHAFT wegnehmen lassen. Wir wissen heute, welch unwahrscheinlichen Aufschwung wir ihr in den wenigen Jahren verdanken. Wir wissen, dass nur im freien Spiel der Kräfte, im Wechsel zwischen Angebot und Nachfrage, die Hausfrau ein Faktor ist, mit dem man rechnen muss.

Und man soll mit uns rechnen. Man kann es auch. Wir Frauen sind uns klar darüber, dass diese oft kritisierte, von gewisser Seite oft angefeindete SOZIALE MARKTWIRTSCHAFT der einzige Weg ist, der uns Schritt für Schritt einer besseren Zukunft entgegenführt. Man verschone uns daher mit Phrasen. Wir haben beides am eigenen Leibe erlebt – Planwirtschaft und SOZIALE MARKTWIRTSCHAFT.

Wir Frauen haben uns entschieden für
ERHARDS SOZIALE MARKTWIRTSCHAFT.

Die Waage. Gemeinschaft zur Förderung des Sozialen Ausgleichs e.V.; zit. nach: A. Kuhn et al. (Hrsg): Politeia. FrauenMuseum. Bonn 1998, S. 129

47 Die »Weiße Dame« von der Firma Henkel – in zeittypischer Aufmachung bei der Wiedereinführung des Waschmittels 1950.

Vergleichen Sie die beiden Materialien aus Ost und West (45 und 47). Welche gesellschaftlichen Leitbilder kommen durch den dargestellten Frauentyp zum Ausdruck?

c) Plakat der CDU zur Kommunalwahl in Nordrhein-Westfalen am 15.9.1946.

b) 1953 wurde zum ersten Mal in der deutschen Geschichte ein eigenes Ministerium für die Familie, das Bundesministerium für Familienfragen, unter dem Christdemokraten und engagierten Katholiken Franz-Josef Wuermeling gegründet. Er schreibt:

Wenn man unsere Kinder als das höchste Gut unseres Volkes bezeichnet, sollte man nie vergessen, dass wir in unseren Müttern die wichtigsten und wertvollsten Hüter und Betreuer unserer Kinder haben, die in ihrem Mutterwirken durch niemanden ersetzt werden können.

Millionen innerlich gesunder Familien mit einer gesunden Schar rechtschaffen erzogener Kinder sind als Sicherung gegen die drohende kommunistische Gefahr der kinderfreudigen Völker des Ostens mindestens so wichtig wie alle militärischen Sicherungen.

Der Lebensinhalt, den uns die Familie gibt, und die Gesinnung, die sie prägt, sind letztlich auch das Fundament der Widerstandskraft in der weltweiten Auseinandersetzung mit dem Kommunismus.

Die Familie ist Grundlage der sozialen Lebensordnung. Ihr Lebensraum ist heilig. Von Natur aus hat sie ihre eigenen Rechte, die unter dem besonderen Schutz des Staates stehen.

Totalitäre Regime treiben »Bevölkerungspolitik«, weil das Kollektiv, dessen Interessen hier allein maßgebend sind, Arbeitskräfte und gegebenenfalls auch Soldaten braucht; kurz weil das Kollektiv Interesse an mehr Kindern als den Trägern der kollektiven Funktionen der kommenden Generation hat. Der totalitäre Staat betrachtet die Familie irgendwie als Funktionär des Kollektivs, der den Auftrag hat, für Staat und Gesellschaft Kinder großzuziehen.

Wir haben dieser totalitären Schau die klare These entgegenzusetzen: Unsere Kinder sind nicht Kinder des Staates, sondern Kinder der Familie! Die Eltern und nicht der Staat tragen deshalb die entscheidende Verantwortung für ihre Erziehung und Ausbildung.

Wenn sich staatliche Familienpolitik heute um Familie und Kinder kümmert, hat das seinen Grund also letztlich nicht darin, dass der Staat mehr Kinder braucht. Dieser hat gar kein Recht, von den Familien mehr – oder auch weniger – Kinder zu fordern. Mit solchen Forderungen würde er seine Grenzen eindeutig überschreiten und in den Intimbereich von Ehe und Familie eindringen, der allein der Gewissensverantwortung der Eltern vorbehalten ist.

[...] Familienpolitik ist nicht »Sozialpolitik« im landläufigen Sinne, sondern Staatspolitik im Bereich aller sozialen Schichten mit dem Ziel einer Berichtigung einer familien- und kinderfeindlich gewordenen Struktur unserer Gesellschaftsordnung.

Ich bleibe auch dabei, dass wir kein Ehescheidungsrecht beibehalten dürfen, nach dem man seine in Ehren ergraute Frau einseitig rücksichtslos verstoßen kann, weil einem eine jüngere Frau über den Weg läuft, die einem besser gefällt.

Zit. nach: A. Joosten: Die Frau, das »segenspendende Herz der Familie«. Pfaffenweiler 1990, S. 39–41.

d) Aus dem Grundsatzprogramm der SPD, beschlossen vom Außerordentlichen Parteitag, Bad Godesberg, 13.–15. November 1959:

[...] Die Gleichberechtigung der Frau muss rechtlich, sozial und wirtschaftlich verwirklicht werden. Der Frau müssen die gleichen Möglichkeiten für Erziehung und

Ausbildung, für Berufswahl, Berufsausübung und Entlohnung geboten werden wie dem Mann. Gleichberechtigung soll die Beachtung der psychologischen und biologischen Eigenarten der Frau nicht aufheben. Hausfrauenarbeit muss als Berufsarbeit anerkannt werden. Hausfrauen und Mütter bedürfen besonderer Hilfe. Mütter von vorschulpflichtigen und schulpflichtigen Kindern dürfen nicht genötigt sein, aus wirtschaftlichen Gründen einem Erwerb nachzugehen.

Staat und Gesellschaft haben die Familie zu schützen, zu fördern und zu stärken. In der materiellen Sicherung der Familie liegt die Anerkennung ihrer ideellen Werte. Ein Familien-Lastenausgleich im Steuersystem, Mutterschaftshilfe und Kindergeld sollen die Familie wirksam schützen. [...]

Zit. nach: S. Miller, H. Potthoff, Kleine Geschichte der SPD, Bonn 1988, S. 394.

f) SPD-Plakat zur Mitgliederwerbung in Berlin, 1946.

e) Aus einem Buchpräsent für die katholischen Soldaten der Bundeswehr zu Weihnachten 1962:

Wenn einer einen Beruf hat, der ihn ausfüllt,
eine Frau, die ihn versteht,
und Kinder, die ihm Sorge und Freude bereiten,
was will er dann noch mehr!

e) Katholisches Militärbischofsamt Bonn (Hrsg.), Die Parole – Weihnachtsgabe für die katholischen Soldaten der Deutschen Bundeswehr 1962. Bonn 1962, S. 24.

1. Entnehmen Sie dem Wahlaufruf (46a) und den Äußerungen des Bundesministers (46b) Informationen über die Sicht der Verfasser auf
   - die Rolle der Frau nach dem Krieg und zu Beginn des »Wirtschaftswunders«
   - den Wandel der ökonomischen Situation
   - die politischen Rahmenbedingungen der familien- und ehepolitischen Haltung.
2. Antworten Sie dem Minister mit einem Brief, in dem Sie sich in die Rolle einer ehemaligen Trümmerfrau versetzen. Unterstützen oder kritisieren Sie seine Position und berücksichtigen Sie zeitgenössische Aspekte.
3. Vergleichen Sie die frauenpolitischen Programme der beiden Volksparteien (46b und d). Beziehen Sie auch die programmatischen Aussagen der Plakate von 1946 ein (46c und f).
4. Beziehen Sie die Formulierung durch den Textauszug von der Bundeswehr (46e) auf Ihre Lebensplanung. Welche Formulierung trifft Ihre Vorstellungen?
   Erkundigen Sie sich nach ehemaligen und jetzigen Einsatzmöglichkeiten von Frauen bei der Bundeswehr.

4.5 Frauen in Ost- und Westdeutschland in den 70er- und 80er-Jahren

Neue politische Entwicklungen am Ende der 60er-Jahre

Die erste Wirtschaftskrise der Bundesrepublik Deutschland führte 1966 zur Bildung der großen Koalition von CDU und SPD, der 1969 die erste sozialliberale Koalition in der Geschichte der Bundesrepublik folgte. In diesen Jahren entstand auch eine vorwiegend studentische Protestbewegung und damit in Zusammenhang die so genannte neue Frauenbewegung, die sich beide an ähnlichen Entwicklungen in den USA orientierten.

§ 218 – Selbstbestimmungsrecht der Frau oder Lebensrecht des Kindes?

Für die Frauenbewegung in Westdeutschland waren dabei die Frauenrechtlerinnen Betty Friedan (USA) und Simone de Beauvoir (Frankreich) mit ihren Aktionen und Schriften zur Frauenfrage besondere Vorbilder.

Ein wesentlicher Schwerpunkt der politischen Arbeit der ansonsten politisch durchaus heterogenen Frauenbewegung war der Kampf gegen die Bestimmungen des Paragraphen 218, der schon im 19. Jahrhundert den Widerstand von einem Teil der Frauenbewegung hervorgerufen hatte. Mit Slogans wie »Mein Bauch gehört mir« oder »Ob Kinder oder keine, entscheiden wir alleine« provozierten sie große Teile der Bevölkerung. Dabei forcierte die neue Frauenbewegung mehrheitlich die so genannte »Fristenregelung«, die einen Schwangerschaftsabbruch innerhalb der ersten drei Monate straffrei und bedingungslos zulassen sollte. Ein entsprechendes Gesetz der sozialliberalen Bundesregierung von 1974 wurde 1975 vom Bundesverfassungsgericht für verfassungswidrig erklärt. Die Neufassung des Gesetzes sah dann keine Fristenregelung mehr vor, sondern ein sogenanntes Indikationsmodell. Danach war ein Schwangerschaftsabbruch nur unter bestimmten Bedingungen (Indikationen) straffrei möglich. Im Zuge der Wiedervereinigung wurde dieses Modell 1992 durch eine Fristenlösung mit Pflichtberatung ersetzt. Heute gilt der Schwangerschaftsabbruch grundsätzlich zwar nicht mehr als eine strafbare, aber immer noch als eine rechtswidrige Handlung. Die Gegnerinnen und Gegner einer Reform des Paragraphen 218 erkannten die Auffassung der neuen Frauenbewegung nicht an, dass das Persönlichkeitsrecht der Frau im Vordergrund stehe. Sie betonten das uneingeschränkte Lebensrecht des Ungeborenen.

48 **Titelbild als Tabubruch**
Stern, Heft 24/1971.

Tabu Homosexualität

Ein Teil der Frauenbewegung brach zum ersten Mal in aller Öffentlichkeit mit dem Tabu der weiblichen Homosexualität (»Lesbenbewegung«) und bekannte sich zu radikal feministischen Positionen. Diese weibliche »sexuelle Revolution« stand auch im Zusammenhang mit einer allgemeinen Enttabuisierung der Sexualität und den strafrechtlichen Reformen Ende der Sechzigerjahre, mit denen die Strafbarkeit homosexueller Handlungen besonders bei Männern aufgehoben wurde.

Feminismus *bezeichnet eine Richtung der Frauenbewegung, die von einem Dualismus der Geschlechter ausgeht und die die in der bisherigen Geschichte vorherrschende Dominanz der Männer (Patriarchat) beseitigen will. Feministinnen betonen die besondere weibliche Wesensart, die der männlichen völlig gleichwertig – manche behaupten: als die überlegene – gegenüberstehe. Sie versprechen sich von der Durchsetzung weiblicher Werte und Lebenswelten eine Bereicherung für die gesamte menschliche Gattung. Radikale Feministinnen reden von einer Ablösung der Männer – durch eine Frauenherrschaft (Matriarchat), gemäßigte denken an eine wechselseitige Ergänzung der Geschlechter. Ihre besondere Aufmerksamkeit gilt dem Abbau der Vernachlässigung und Benachteiligung weiblicher Eigenschaften, Denkweisen, Leistungen in allen Lebensbereichen. Es gibt eine feministische Literaturwissenschaft und auch eine feministische Theologie, die es sich zur Aufgabe machen, die verfälschte, verdrängte oder unterschätzte Rolle von Frauen sichtbar zu machen und die jahrhundertealten Defizite zu überwinden.*

Reformen in den Siebzigerjahren

Die neue Regierung unter dem ersten sozialdemokratischen Bundeskanzler Willy Brandt trat 1969 mit der Absicht an, tief greifende Reformen in Politik und Gesellschaft zu »wagen«. Dieses Reformversprechen bezog sich auch auf die ehe- und familienpolitischen Pläne der neuen Regierung. Man wollte den veränderten gesellschaftlichen Bedingungen – und dazu gehörte auch die deutlich zugenommene Berufstätigkeit von Frauen – Rechnung tragen und sich damit von der christlich-konservativen Ehe- und Familienpolitik der 50er- und 60er-Jahre abgrenzen. Das Reformklima dieser Jahre führte familienpolitisch u.a. zu einer Neuformulierung des Ehegesetzes von 1957, mit der die so genannte Hausfrauenehe, d. h. die arbeitsteilige Festlegung der familiären Rollen von Mann und Frau sowie die Führungs- und Entscheidungsposition des Mannes, aufgehoben und die gleichberechtigte Verantwortung für Haushaltsführung und Unterhalt formuliert wurden.

Familien- und Frauenförderung in der DDR

In der DDR zeigte es sich einige Jahre nach Inkrafttreten des neuen Familiengesetzbuches von 1966, dass das Ziel weiblicher Vollbeschäftigung in Verbindung mit dennoch stabilen Geburtenraten in immer weitere Ferne rückte. Trotz des stetigen Ausbaus von Kinderbetreuungseinrichtungen hielt der Trend zur Teilzeitarbeit bei den Frauen an und die Geburtenraten sanken weiter. Aus diesem Grunde wurde zwischen 1972 und 1986 die Frauen- und Familienförderung systematisch ausgebaut. Die Familienförderung erreichte damit in der DDR ein beachtliches Niveau. Der Wegfall von familienfördernden, die weibliche Berufstätigkeit unterstützenden Maßnahmen im Zuge der Wiedervereinigung führte dann zu einem drastischen Geburtenrückgang in den neuen Bundesländern.

Veränderungen werden spürbar

Seit den Siebzigerjahren veränderte sich das Verhältnis der Geschlechter sehr. Eheähnliche Lebensgemeinschaften spielten eine immer größere Rolle. Die Quote der weiblichen Erwerbstätigen erhöhte sich beständig, einige Parteien führten Mindestquoten für Frauen bei der Besetzung von Ämtern ein und im öffentlichen Dienst wurden Frauenbeauftragte eingesetzt, um Benachteiligungen von Frauen zu verhindern. Frauen sind aber nach wie vor in politischen und wirtschaftlichen Führungspositionen unterrepräsentiert. Heute wird eine Diskussion darüber geführt, ob Frauen aus Ostdeutschland zu den »Verlierer der Einheit« gehören. Während die eine Seite auf die neuen Freiheiten in der Demokratie verweist, erwähnt die andere den hohen Anteil von Frauen, der arbeitslos geworden ist.

49 Selbstbestimmung – Fremdbestimmung: Konflikte seit 1968

a) Die Westberliner Studentin Helke Sander auf einer Delegiertenkonferenz des Sozialistischen Deutschen Studentenbundes (SDS) im September 1968:

Die Trennung zwischen Privatleben und gesellschaftlichem Leben wirft die Frau immer zurück in den individuell auszutragenden Konflikt ihrer Isolation. Sie wird immer noch für das Privatleben, für die Familie erzogen, die ihrerseits von Produktionsbedingungen abhängig ist, die wir bekämpfen. Die Rollenerziehung, das anerzogene Minderwertigkeitsgefühl, der Widerspruch zwischen ihren eigenen Erwartungen und den Ansprüchen der Gesellschaft erzeugen das ständige schlechte Gewissen, den an sie gestellten Forderungen nicht gerecht zu werden bzw. zwischen Alternativen wählen zu müssen, die in jedem Fall einen Verzicht auf vitale Bedürfnisse bedeuten.

Frauen suchen ihre Identität. Durch Beteiligung an Kampagnen, die ihre Konflikte nicht unmittelbar berühren, können sie sie nicht erlangen. Das wäre Scheinemanzipation. Sie können sie nur erlangen, wenn die ins Privatleben verdrängten gesellschaftlichen Konflikte artikuliert werden, damit sich dadurch die Frauen solidarisieren und politisieren. [...] Die Frauen, die heute studieren können, haben es nicht so sehr der bürgerlichen Emanzipationsbewegung zu verdanken, sondern vielmehr ökonomischen Notwendigkeiten. [...] Es sind eben jene privilegierten Frauen, die die Erfahrung gemacht haben, dass der bürgerliche Weg zur Emanzipation der falsche war, dass sie sich mit den Mitteln des Konkurrenzkampfes nicht emanzipieren können. [...] Diese Frauen merken spätestens, wenn sie Kinder bekommen, dass ihnen alle ihre Privilegien nichts nützen. Sie sind am ehesten in der Lage, den Abfallhaufen des gesellschaftlichen Lebens ans Licht zu ziehen, was gleichbedeutend damit ist, den Klassenkampf auch in die Ehe zu tragen und in die Verhältnisse. Dabei übernimmt der Mann die objektive Rolle des Ausbeuters oder Klassenfeindes, die er subjektiv natürlich nicht will, da sie ihm ja auch wiederum nur aufgezwungen wird von einer Leistungsgesellschaft, die ihm ein bestimmtes Rollenverhalten auferlegt.

Die Konsequenz, die sich daraus für den Aktionsrat zur Befreiung der Frau ergab, ist folgende: Wir können die gesellschaftliche Unterdrückung der Frauen nicht individuell lösen. Wir können damit nicht auf Zeiten nach der Revolution warten, da eine nur politisch-ökonomische Revolution die Verdrängung des Privatlebens nicht aufhebt, was in allen sozialistischen Ländern bewiesen ist. Wir streben Lebensbedingungen an, die das Konkurrenzverhältnis zwischen Mann und Frau aufheben.

Zit. nach: Che, Schah, Shit, Reinbek 1986, S. 275 ff.

b) Die Aktion »Ich habe abgetrieben« wurde 1971 von der Feministin und späteren Herausgeberin der Frauen-Zeitschrift »Emma« nach französischem Vorbild ins Leben gerufen (48). Zum Verhältnis der Geschlechter schrieb Alice Schwarzer in ihrem Bestseller »Der kleine Unterschied und seine großen Folgen« 1973:

Nicht dieser biologische Unterschied, aber seine ideologischen Folgen müssten restlos abgeschafft werden! Denn Biologie ist nicht Schicksal, sondern wird erst dazu gemacht. Männlichkeit und Weiblichkeit sind nicht Natur, sondern Kultur. Sie sind die in jeder Generation neu erzwungene Identifikation mit Herrschaft und Unterwerfung. Nicht Penis und Uterus machen uns zu Männern und Frauen, sondern Macht und Ohnmacht. [...] Nichts, weder Rasse noch Klasse, bestimmt so sehr ein Menschenleben wie das Geschlecht. Und dabei sind Frauen und Männer Opfer ihrer Rollen – aber Frauen sind noch die Opfer der Opfer. [...] Nicht Einzelne versuchen, einer Mehrheit von »zufriedenen« Frauen den Männerhass einzureden, sondern diese Einzelnen gestehen ihn nur ein. [...]

Langfristig haben beide Geschlechter zu gewinnen, kurzfristig aber haben Frauen vor allem ihre Ketten und Männer ihre Privilegien zu verlieren.

Zit. nach: A. Joosten: Die Frau, das »segenspendende Herz der Familie«. Centaurus Verlagsgesellschaft. Pfaffenweiler 1990, S. 48.

1. Formulieren Sie in eigenen Worten, worin nach Helke Sander der »bürgerliche Weg zur Emanzipation« besteht und wie er sich vom kämpferisch-revolutionären unterscheidet (49a).
   Diskutieren Sie, inwiefern Menschenrechte verletzt würden, wenn die Leistungs- und Konkurrenzgesellschaft schuldig an der »gesellschaftlichen Unterdrückung der Frauen « wäre.
2. Erläutern Sie, wodurch nach A. Schwarzer bisher das Verhältnis der Geschlechter zueinander bestimmt wurde und was die Männer zu Opfern und die Frauen zu Opfern der Opfer machte. Stellen Sie Vermutungen an, wie aus der Sicht der Autorin ein Geschlechterverhältnis aussehen könnte, von dem Männer und Frauen profitieren. (49b)

50 Statistiken: Männer und Frauen in Ost und West

a) Löhne und Gehälter in der Bundesrepublik (in DM):

	Industriearbeiter/innen Bruttostundenlohn		Frauenlohn in v.H. des Monatslohnes des Mannes	Angestellte Ind./Handel		Frauengehalt in v.H. des Männer-Gehalts
	Männer	Frauen		Männer	Frauen	
1950	1,42	0,86	60	–	–	–
1960	2,90	1,87	64	723	404	56
1972	7,92	5,51	69	1857	1137	61
1980	14,16	10,25	72	3421	2202	64
1984	16,59	12,00	72	3996	2544	64
1989	20,09	14,76	73	4824	3108	64

a) Angaben aus: G. Helwig/ H. M. Nickel (Hrsg.), Frauen in Deutschland 1945–1992, Bonn 1993, S. 272.

b) Frauenerwerbstätigkeit in der Bundesrepublik (in v. H.)

	Anteil an allen Erwerbstätigen	Anteil an allen Frauen im Erwerbsalter (15–65)	Arbeitslosenquote Frauen	Arbeitslosenquote Männer
1950	35,6	–	11,5	10,8
1960	37,1	47,2	1,3	1,3
1972	36,5	47,6	1,4	1,0
1980	37,3	50,2	5,2	3,0
1984	38,1	51,7	10,2	8,5
1989	38,9	55,5	9,4	6,9

e) Abgeordnete im Bundestag

Phase	Jahr	Abgeordnete insgesamt	Frauenanteil in Prozent
I	1949	410	7,1
	1953	509	8,8
	1957	519	9,2
II	1961	521	8,3
	1965	518	6,9
	1969	518	6,9
	1972	518	5,8
III	1976	518	7,3
	1980	519	8,5
	1983	520	9,8
IV	1987	519	15,4
	1990	662	20,5

b) Angaben aus: G. Helwig/ H. M. Nickel (Hrsg.), Frauen in Deutschland 1945–1992, Bonn 1993, S. 259.

e) Angaben aus: Politeia. Szenarien aus der deutschen Geschichte nach 1945 aus Frauensicht, Hrsg. v. Annette Kuhn u.a., Bonn 1998, S. 181.

c) DDR-Frauen im Vergleich zu BRD-Frauen (Achtzigerjahre)

Frauenanteil in Bildung, Beruf, Politik (Angaben in %)	BRD	DDR
Studierende an Hochschulen (1989)	41	59
Promotionen	26	38
Habilitationen (1988)	9	15
Richter (1989)	18	50
Schuldirektoren (1988 bzw. 1982)	20	32
Gewerkschaftsmitglieder (1989/1988)	25	53
Betriebsrat/BGKL-Vorsitz (1989/1987)	21	50

c) Angaben aus: Politeia. Szenarien aus der deutschen Geschichte nach 1945 aus Frauensicht, Hrsg. v. Annette Kuhn u.a., Bonn 1998, S. 193.

f) Anteil von Mädchen/Frauen in höheren Bildungsanstalten

	1960	1965	1970	1975	1980	1985	1989
Gymnasium (Oberstufe)	36,5	37,8	41,4	46,4	49,4	49,9	50,5
Universitäten	27,9	30,9	30,8	35,8	38,3	40,3	40,9
Universitätsexamina (o. Lehramt)	15,3	14,5	15,3	18,4	28,3	32,9	36,9

f) Bundesminister für Wissenschaft und Bildung (Hg.), Grund- und Strukturdaten, Bonn 1971, 1981, 1991.

d) Beschäftigungsgrad der Frauen und Männer in Ost und West

Jahr	1950	1980	1989	1990	1991	1993	1994
Frauen Ost	49,0	–	91,0	–	77,2	73,3	73,8
Männer Ost	–	–	–	–	86,0	78,6	79,2
Frauen West	43,7	50,2	55,5	58,5	58,4	59,6	60,0
Männer West	92,1	84,4	82,2	82,7	82,2	81,9	81,8

d) E. Hölder, Im Trabi durch die Zeit – 40 Jahre Leben in der DDR, Wiesbaden 1992, S. 78.
Aktuelle Ergänzung des Autors.

Arbeiten Sie die sich in den Statistiken abzeichnenden Entwicklungen heraus und versuchen Sie Bezüge zu den politischen, gesellschaftlichen und wirtschaftlichen Veränderungen in der Bundesrepublik und der DDR herzustellen. (siehe: Methodentraining Statistiken S. 105 ff.)

51 Die Frauen- und Familienpolitik der sozialliberalen Koalition

a) Aus dem zweiten Familienbericht der Bundesregierung von 1975:

Es kann nicht Aufgabe der Familienpolitik sein, in das Selbstverständnis der Familie, das durch sehr unterschiedliche Interessen, Sorgen, Verpflichtungen und Abhängigkeiten ihrer Mitglieder und durch deren Verhältnis zueinander geprägt ist, einzugreifen oder Formen zwischenfamilialer Kooperation zu erzwingen. Die Bundesregierung respektiert die freie Entscheidung der Familien, ihr Leben im Rahmen der rechtlichen Ordnung so zu gestalten, wie es ihnen erstrebenswert erscheint. Hilfen für die Familie versteht sie in erster Linie als Maßnahmen zur Selbsthilfe. Sie entnimmt die Leitbilder von Familie aus der jeweiligen familialen und gesellschaftlichen Wirklichkeit. Auf dieser Grundlage orientiert sich die Familienpolitik der Bundesregierung an

- dem überlieferten und weithin von der Gesellschaft bejahten Leitbild der im Grundsatz lebenslangen ehelichen Gemeinschaft
- einem neuen, zunehmend anerkannten auf Gleichberechtigung und Partnerschaft beruhenden Rollenverständnis von Mann und Frau
- einem Verständnis in der Eltern-Kind-Beziehung, das altersmäßig hierarchische Gestaltung durch Partnerschaft, durch Einräumung von Mitsprache und Mitbestimmung und durch Aufgeschlossenheit für die vorhandenen Spannungen, Konflikte, Interessenunterschiede und für Hilfen zu deren Lösung bzw. Kompromisse zwischen Eltern und Kindern ersetzt und
- der gesellschaftlichen Anerkennung lediger Elternteile mit Kindern als Familie. [...]

Die Bundesregierung sieht es als ein grundlegendes Menschenrecht an, dass die Ehepartner über die Zahl ihrer Kinder und den Zeitpunkt der Geburt frei und verantwortlich entscheiden. Die Familienpolitik hat nach Auffassung der Bundesregierung die Aufgabe, die Voraussetzungen dafür zu schaffen, dass die Partner ihren Wunsch nach Kindern auch tatsächlich verwirklichen können. Die Bundesregierung berücksichtigt, dass im Rahmen dieses weit gespannten Aufgabenfeldes neben einem vielfältigen Angebot von Hilfen zur Erziehung und zur Stärkung der ökonomischen Grundlage der Familie auch Maßnahmen notwendig sind, die auf die kindgerechte Gestaltung des Umfeldes der Familie und insgesamt auf eine kinderfreundliche Einstellung der Gesellschaft hinzielen.

Zit. nach: Bundeszentrale für politische Bildung (Hrsg.), Informationen zur politischen Bildung, Heft 206. Die Familie in der Bundesrepublik Deutschland, Bonn 1985, S. 14.

b) BGB in der von 1958 bis 1977 gültigen Fassung:

§ 1355. Der Ehe- und Familienname ist der Name des Mannes. Die Frau ist berechtigt, durch Erklärung gegenüber dem Standesbeamten dem Namen des Mannes ihren Mädchennamen hinzuzufügen; die Erklärung muss öffentlich beglaubigt werden.

§ 1356. (1) Die Frau führt den Haushalt in eigener Verantwortung. Sie ist berechtigt, erwerbstätig zu sein, soweit dies mit ihren Pflichten in Ehe und Familie vereinbar ist. Jeder Ehegatte ist verpflichtet, im Beruf oder Geschäft des anderen Ehegatten mitzuarbeiten, soweit dies nach den Verhältnissen, in denen die Ehegatten leben, üblich ist.

§ 1357. Die Frau ist berechtigt, Geschäfte, die innerhalb ihres häuslichen Wirkungskreises liegen, mit Wirkung für den Mann zu besorgen. Aus Rechtsgeschäften, die sie innerhalb dieses Wirkungskreises vornimmt, wird der Mann berechtigt und verpflichtet. (...) Der Mann kann die Berechtigung der Frau, Geschäfte mit Wirkung für ihn zu besorgen, beschränken oder ausschließen; besteht für die Beschränkung oder Ausschließung kein ausreichender Grund, so hat das Vormundschaftsgericht sie auf Antrag der Frau aufzuheben.

§ 1360. Die Ehegatten sind einander verpflichtet, durch ihre Arbeit und mit ihrem Vermögen die Familie angemessen zu unterhalten. Die Frau erfüllt ihre Verpflichtung, durch Arbeit zum Unterhalt der Familie beizutragen, in der Regel durch die Führung des Haushalts; zu einer Erwerbstätigkeit ist sie nur verpflichtet, soweit die Arbeitskraft des Mannes und die Einkünfte der Ehegatten zum Unterhalt der Familie nicht ausreichen.

BGB, München 1973, 18. Auflage.

c) BGB in der seit 1977 gültigen Fassung:

§ 1355. Die Ehegatten führen einen gemeinsamen Familiennamen (Ehenamen). Zum Ehenamen können die Ehegatten bei der Eheschließung durch Erklärung gegenüber dem Standesbeamten den Geburtsnamen des Mannes oder den Geburtsnamen der Frau bestimmen. Treffen sie keine Bestimmung, so ist Ehename der Geburtsname des Mannes. [...] Ein Ehegatte, dessen Geburtsname nicht Ehename wird, kann durch Erklärung gegenüber dem Standesbeamten dem Ehenamen seinen Geburtsnamen oder den zur Zeit der Eheschließung geführten Namen voranstellen. [...]

§ 1356. Die Ehegatten regeln die Haushaltsführung in gegenseitigem Einvernehmen. Ist die Haushaltsführung einem der Ehegatten überlassen, so leitet dieser den Haushalt in eigener Verantwortung. Beide Ehegatten sind berechtigt, erwerbstätig zu sein. Bei der Wahl und Ausübung einer Erwerbstätigkeit haben sie auf die Belange des anderen Ehegatten und der Familie die gebotene Rücksicht zu nehmen.

§ 1357. Jeder Ehegatte ist berechtigt, Geschäfte zur angemessenen Deckung des Lebensbedarfs der Familie mit Wirkung auch für den anderen Ehegatten zu besorgen. Durch solche Geschäfte werden beide Ehegatten berechtigt und verpflichtet. [...] Ein Ehegatte kann die Berechtigung des anderen Ehegatten, Geschäfte mit Wirkung für ihn zu besorgen, beschränken oder ausschließen; besteht für die Beschränkung oder Aussschließung kein ausreichender Grund, so hat das Vormundschaftsgericht sie auf Antrag aufzuheben.

§ 1360. Die Ehegatten sind einander verpflichtet, durch ihre Arbeit und mit ihrem Vermögen die Familie angemessen zu unterhalten. Ist einem Ehegatten die Haushaltsführung überlassen, so erfüllt er seine Verpflichtung [...] in der Regel durch die Führung des Haushaltes.

BGB, München 1980, 21. Auflage.

1. Stellen Sie die wesentlichen Aussagen des Familienberichts (51a) zusammen und nehmen Sie dazu Stellung, ob man von einer »Reformpolitik« sprechen kann.
2. Fertigen Sie eine Tabelle an, in die Sie Kernaussagen der Artikel des BGB von 1958 und 1977 eintragen (52b und c). Benennen Sie die Unterschiede.
   Ziehen Sie für die Beurteilung der Entwicklung auch die Fassung von 1900 heran (S. 157 Nr. 48). Erkundigen Sie sich nach neuesten Veränderungen der Artikel im Internet.

52 Frauen in der DDR

a) Inge Lange, ZK-Sekretärin für Frauenfragen, 1974:

Was kann im Interesse der Frauen selbst und was muss im Interesse der effektiven Nutzung des gesellschaftlichen Arbeitsvermögens getan werden, um insgesamt noch mehr Frauen die Möglichkeit zu geben, sich in den gesellschaftlichen Produktionsprozess einzugliedern? In absoluten Zahlen ausgedrückt, sind etwa gegenwärtig noch 801 000 Frauen unserer Republik bis zu 60 Jahren nicht berufstätig, das sind immerhin noch 19,4 % aller Frauen im arbeitsfähigen Alter. Dazu kommt, dass von den berufstätigen Frauen 33,2 % verkürzt arbeiten. [...] Es bleibt der Fakt, dass hier noch beträchtliche Arbeitskräftereserven zu erschließen sind. Gründliche Untersuchungen haben ergeben, dass für mindestens 20% dieser Frauen keine zwingenden Gründe für eine verkürzte Berufstätigkeit vorliegen. [...] Auf keinen Fall dürfen wir zulassen, dass sich die Teilzeitarbeit als eine Möglichkeit, nichtberufstätigen Frauen den Eintritt ins Berufsleben zu erleichtern, in ihr Gegenteil verkehrt [...] und dazu führt, dass Tausende von Frauen, die bislang voll arbeiteten, ohne besondere Gründe zu einer verkürzten Arbeit übergehen. [...] Meistens ist der Übergang von vollberufstätigen Frauen zur Teilzeitarbeit Ausdruck eines gewissen Kompromisses zwischen den Eheleuten »um des lieben Friedens willen«, wobei sehr oft die Ehemänner die treibende Kraft sind. Das Leben selbst jedoch hat bestätigt, dass die Teilzeitarbeit die Herausbildung der sozialistischen Frauenpersönlichkeit und auch die Entwicklung einer neuen, sozialistischen Lebensweise im Rahmen der Familie hemmt.

Inge Lange, Aktuelle Probleme der Arbeit mit den Frauen, Berlin (Ost) 1974, S. 13.

53 **»Schrittmacherin des Kombinats«** Triptychon von Walter Dötsch, 1972. Der Maler stellte einen Tag im Leben der Kombinatsangestellten Martha Gellert dar.

Interpretieren Sie das Gemälde mithilfe des Methodentrainings Umgamg mit Bildern (s. S. 142 f.). Beurteilen Sie, inwiefern im Gemälde das Frauenbild der DDR zum Ausdruck kommt.

b) Die Politologen Kurt Sontheimer und Wilhelm Bleek, 1979:

Gleichberechtigung heißt daher in der DDR nicht bloß formaljuristische Gleichbehandlung, sondern auch Chancengleichheit in einer Leistungsgesellschaft. Die Gleichstellung der Frau soll in der sozialistischen Gesellschaft der DDR nicht nur in passiver, sondern vor allem in aktiver Hinsicht erfolgen. Von diesem Gesichtspunkt der Chancengleichheit der Frau aus hat die DDR ... eine stolze Bilanz aufzuweisen. [...] In zahlreichen Führungspositionen des gesellschaftlichen und politischen Lebens finden sich Frauen. Gleichberechtigung der Geschlechter ist in der DDR von Anfang an nicht nur als verfassungsrechtlicher Programmsatz, sondern als gesellschaftspolitisches Postulat verstanden worden. [...]

Die Berufstätigkeit von Frauen ist in der DDR eine fundamentale gesellschaftspolitische Forderung, die aus dem Prinzip der Gleichberechtigung abgeleitet wird. Nach Ansicht der marxistischen Klassiker ... wird die Frau erst dann gleichberechtigt sein, wenn sie auch ökonomisch dem Mann gleichgestellt ist. Die Gleichstellung von Mann und Frau heißt im sozialistischen System ihre Gleichstellung als Werktätige. Eine berufstätige Frau wird nicht mehr aus bloßen Versorgungsgründen an die Ehe mit einem nicht mehr geliebten und gewollten Partner gebunden sein. [...] Die Konsequenz einer solchen Konzeption ist u. a. der Verzicht des Scheidungsrechts der DDR auf einen Unterhaltsanspruch vonseiten der geschiedenen Frau.

K. Sontheimer/W. Bleek, Die DDR, 5., neub. Aufl., Hamburg 1979, S. 156 f.

c) Der Historiker Stefan Wolle zur Frau in der Gesellschaft der DDR, 1998:

Soziologische Untersuchungen der Nachwende-Zeit weisen aus, dass die allgemeinen Anschauungen über Rolle und Funktion der Frau in der Gesellschaft in der DDR noch konservativer und paternalistischer waren als in der damaligen Bundesrepublik. Zwar akzeptierte die Umwelt grundsätzlich die Berufstätigkeit der Frau, doch folgte daraus keine wirkliche Gleichstellung. Obwohl die Propaganda ihre hohe Erwerbsquote als Erfolg feierte, sah der Alltag ganz anders aus. Die wirtschaftliche Ineffizienz des Systems ging vor allem auf Kosten der Frauen, speziell derjenigen mit Haushalt und Kindern. Der typische Arbeitstag einer berufstätigen Mutter sah etwa so aus: Um fünf Uhr morgens weckte sie die Kinder, machte sie für den Kindergarten oder die Schule fertig und brachte sie dorthin. Die Einrichtungen der Volksbildung hatten einen speziellen Frühhort eingerichtet, wo man die Kinder schon ab sechs Uhr abgeben konnte. Dann ging es mit einer ungeheizten und überfüllten Straßen- oder S-Bahn zur Arbeit. Nach Feierabend, also gegen 17 Uhr, holten die Mütter die übermüdeten und nervösen Kinder aus den »Einrichtungen« ab, erledigten auf dem Nachhauseweg die oft mit »Rennereien« und langem Anstehen verbundenen Einkäufe und hatten dann gerade noch Zeit für das Abendbrot. Nach dem »Sandmännchen« steckten sie die Kinder ins Bett und erledigten die wichtigsten Arbeiten im Haushalt. Entgegen allen anders lautenden Bekundungen beteiligten sich die Ehemänner an dieser Alltagsmühle nur am Rande. Eine Untersuchung aus dem Jahr 1972 machte deutlich, dass in 54 Prozent der Ehen die Haushaltsführung allein und in weiteren 34,5 Prozent überwiegend der Frau oblag. Bei den Männern betrug das entsprechende Verhältnis 0,4 und ein Prozent. Danach blieben noch 10,1 Prozent übrig, welche die Arbeit offenbar gerecht aufteilten. In Hinblick auf die Kindererziehung sahen die Zahlen ganz ähnlich aus. In 43,3 Prozent der Fälle lag sie allein und in in weiteren 41,8 Prozent überwiegend bei der Mutter. Lediglich 12,7 Prozent der Familien gaben an, die Kinder gemeinsam zu erziehen. Erst gegen Ende der achtziger Jahre schien sich diese traditionelle Arbeitsteilung zu verschieben. Jedenfalls deuten darauf Umfragen hin, die der »Sozialreport« 1990 veröffentlicht hat.

Stefan Wolle, Die heile Welt der Diktatur, Bonn 1998, S. 175f.

1. Formulieren Sie die frauenpolitischen Vorstellungen von Inge Lange (52a).
2. Geben Sie an, wo und ob die Verfasser Erfolge und Grenzen der Gleichberechtigungspolitik in der DDR sehen. Vergleichen Sie die Verhältnisse mit denen in der «alten« Bundesrepublik (52b und c).

Angebote für ein Fächer verbindendes Projekt: Menschen- und Bürgerrechte – universale Norm für Männer und Frauen?

Erdkunde: Weibliche Armutsimmigranten aus der Dritten Welt: Ist Armut ein Menschenrechtsproblem? – Frauen und Kinderarbeit in der Dritten Welt – Kastenwesen und Wirtschaft in Indien

Ethik/Religion: Die Menschen-, Bürger- und Frauenrechte und die Weltreligionen – Die Kirchen und die Kontroverse um den Schwangerschaftsabbruch

Sozialwissenschaften: Frauen – Gewinner oder Verlierer der deutschen Einheit? – Die Entwicklung ehelicher und außerehelicher Lebensgemeinschaften in der Bundesrepublik – Heutige Formen der Frauenbewegung und Gleichstellungsinstitutionen: Frauenhäuser, Gleichstellungsbeauftragte etc.

Deutsch: Literarische Zeugnisse von Frauen in der DDR und der Bundesrepublik im Vergleich

Geschichte: Judenverfolgung und Judenemanzipation als Menschenrechtsthematik in der deutschen Geschichte – Sind Indianer Menschen? Die europäische Eroberung Amerikas und das Wirken Bartalome de las Casas – Die so genannte sexuelle Revolution seit den 60er-Jahren – Homosexualität: eine Geschichte der Verfolgung in Deutschland

Verständigen Sie sich im Plenum über die Vorschläge und bilden Sie Gruppen zur arbeitsteiligen Realisierung der Projekte. Bereiten Sie am Ende Ihre Ergebnisse für die Präsentation in der Gruppe vor.

LITERATUR ZUR VERTIEFUNG

DER CHRISTLICH EUROPÄISCHE WESTEN UND DIE ISLAMISCHE WELT – EIN KAMPF DER KULTUREN?

Bobzin, Hartmut: Der Koran. Eine Einführung, München 1999.
Bobzin, Hartmut: Mohammed, München 2000.
Brüggemeier, Franz-Josef/Schenkluhn, Wolfgang (Hrsg.): Die Welt im Jahr 1000, Freiburg 2000.
Brüggemeier, Franz-Josef/Hoffmann, Gerhard (Hrsg.): Menschen im Jahr 1000, Freiburg 1999.
Cardini, Franco: Europa und der Islam. Geschichte eines Mißverständnisses, München 2000.
Denzler Georg: Das Papsttum. Geschichte und Gegenwart, München 1997.
Ehlers, Eckart u. a.: Der islamische Orient. Grundlagen zur Länderkunde eines Kulturraumes, Köln 1990.
Endreß, Gerhard: Der Islam. Eine Einführung in seine Geschichte, München 1997.
Faroqhi, Suraiya: Geschichte des Osmanischen Reiches, München 2000.
Gabrieli, Francesco: Geschichte der Araber, Stuttgart 1963.
Gabrieli, Francesco (Hrsg.): Mohammed in Europa, Augsburg 1997.
Gellner, Ernest: Der Islam als Gesellschaftsordnung, München 1992.
Grube, E.: (Hrsg.): Welt des Islam, Gütersloh 1968.
Haarmann, Maria (Hrsg.): Der Islam. Ein Lesebuch, München 1994.
Haarmann, Ulrich (Hrsg.): Die Geschichte der arabischen Welt, München 1987.
Halm, Hans: Der Islam. Geschichte und Gegenwart, München 2000.
Hoffmann, Gerhard (Hrsg.): Die Blütezeit der islamischen Welt. Ein Lesebuch, München 1994.
Houari, Albert: Die Geschichte der arabischen Völker, Frankfurt a. M. 2000.
Kettermann, Günter: Atlas zur Geschichte des Islam, Darmstadt 2001.
Klaus Kienzler, Der religiöse Fundamentalismus. Christentum, Judentum, Islam, München 1999.
Die Kreuzzüge in Augenzeugenberichten, hrsg. von Régine Pernoud, München 1971.
Die Kreuzzüge aus arabischer Sicht. Dokumente, hrsg. von Francesco Gabrieli, München 1975.
Lewis, Bernard: Der Islam von den Anfängen bis zur Eroberung von Konstantinopel, 2 Bde., Zürich/München 1981.
Lilie, Ralph-Johannes: Byzanz. Geschichte des oströmischen Reiches 326–1453, München 1999.
Lombard, Maurice: Blütezeit des Islam. Eine Wirtschafts- und Kulturgeschichte 8.–11. Jahrhundert, Frankfurt a. M. 1992.
Mayer, Hans Eberhard: Geschichte der Kreuzzüge, 7. Aufl. 1989.
Meyer, Thomas: Fundamentalismus. Aufstand gegen die Moderne, Reinbek 1989.
Milger, Peter: Die Kreuzzüge. Krieg im Namen Gottes, München 1988.
Nowak, Kurt: Das Christentum. Geschichte–Glaube–Ethik, München 1997.
Riley-Smith, Jonathan: Illustrierte Geschichte der Kreuzzüge, Frankfurt/New York 1999.
Robinson, Francis: Islamische Welt. Eine illustrierte Geschichte, Frankfurt/New York 1997.
Rutven, Malise: Der Islam. Eine kurze Einführung, Reclam, Stuttgart 2000.
Thoraval, Yves (Hrsg.): Lexikon der Islamischen Welt, Darmstadt 1999.
Tibi, Bassam: Kreuzzug und Dschihad, München 1999.
Zirker, Hans: Der Koran. Zugänge und Lesarten, Darmstadt 1999.

1880 BIS 1930 – DURCHBRUCH DER MODERNE?

Ambrosius, Gerold: Staat und Wirtschaft im 20. Jh. Enzyklopädie Deutscher Geschichte, Bd. 7, München 1990.
Becher, Ursula A. J.: Geschichte des modernen Lebensstils.
Essen – Wohnen – Freizeit – Reisen, München 1990.
Berghahn, Volker R.: Sarajewo, 28. Juni 1914. Der Untergang des alten Europa. 20 Tage im 20. Jahrhundert, München 1997.
Brüggemeier, Franz Josef/Toyka-Seid, Michael (Hrsg.):
Industrie-Natur. Lesebuch zur Geschichte der Umwelt im 19. Jahrhundert, Frankfurt/New York 1995.
Buchheim, Christoph: Industrielle Revolutionen. Langfristige Gesellschaftsentwicklung in Großbritannien, Europa und in Übersee, München 1994.
Feldkirchen, Wilfried: Die deutsche Wirtschaft im 20. Jahrhundert. Enzyklopädie Deutscher Geschichte, Bd. 47, München 1998.
Funkkolleg Jahrhundertwende 1880–1930. Die Entstehung der modernen Gesellschaft. Studienbegleitbriefe, Weinheim/Basel 1988 ff.
Fröhlich, Michael: Imperialismus. Deutsche Kolonialpolitik und Weltpolitik 1880-1914. (Deutsche Geschichte der neuesten Zeit), dtv, München 1994.
Gerhard, Ute: Unerhört. Die Geschichte der deutschen Frauenbewegung, Hamburg 1990.
Gestrich, Andreas: Geschichte der Familie im 19. und 20. Jahrhundert. Enzyklopädie Deutscher Geschichte, Bd. 50, München 1999.
Grebing, Helga: Arbeiterbewegung. Sozialer Protest und kollektive Interessenvertretung bis 1914, München 3. Aufl. 1993.
Gründer, Horst: Geschichte der deutschen Kolonien, Paderborn 2000.
Gründer, Horst: »... da und dort ein junges Deutschland gründen«. Rassismus, Kolonien und kolonialer Gedanke vom 16. bis zum 20. Jahrhundert, München 1999.
Hahn, Hans-Werner: Die industrielle Revolution in Deutschland. Enzyklopädie Deutscher Geschichte, Bd. 49, München 1998.
Hardtwig, Wolfgang/Brandt, Harm-Hinrich (Hrsg.): Deutschlands Weg in die Moderne, München 1993.
König, Wolfgang: Geschichte der Konsumgesellschaft, Stuttgart 2000.
Krüger, Peter: Versailles. Deutsche Außenpolitik zwischen Revisionismus und Friedenssicherung. (Deutsche Geschichte der neuesten Zeit), München 1994.
Mai, Gunther: Das Ende des Kaiserreichs. Politik und Kriegsführung im Ersten Weltkrieg. (Deutsche Geschichte der neuesten Zeit), München 1997.
Matzerath, Horst (Hrsg.): Stadt und Verkehr im Industriezeitalter, Köln 1996.
Nipperdey, Thomas: Deutsche Geschichte 1866–1918, Bd. 1: Arbeitswelt und Bürgergeist, München 1990.

Nitschke, August/Ritter, Gerhard A./ Peukert, Detlev J. K./vom Bruch, Rüdiger (Hrsg.): Jahrhundertwende. Der Aufbruch in die Moderne 1880–1930, 2 Bde., Reinbek 1990.
Nolte, Paul: 1900: Das Ende des 19. und der Beginn des 20. Jahrhunderts in sozialgeschichtlicher Perspektive, in: Geschichte in Wissenschaft und Unterricht 48, 1997, H. 5/6, S.281–300.
Pierenkemper, Toni: Gewerbe und Industrie im 19. und 20. Jahrhundert. Enzyklopädie Deutscher Geschichte, Bd. 29, München 1994.
Pierenkemper, Toni: Umstrittene Revolutionen. Die Industrialisierung im 19. Jahrhundert, Frankfurt a. M. 1996.
Reulecke, Jürgen: Geschichte der Urbanisierung in Deutschland, Frankfurt a. M. 1985.
Ruppert, Wolfgang (Hrsg.): Die Arbeiter. Lebensformen, Alltag und Kultur von der Frühindustrialisierung bis zum Wirtschaftswunder, München 1986.
Schildt, Gerhard: Die Arbeiterschaft im 19. und 20. Jahrhundert. Enzyklopädie Deutscher Geschichte, Bd.36, München 1996.
Schöllgen, Gregor: Das Zeitalter des Imperialismus, München 2000.
Schulz, Günther: Die Angestellten seit dem 19. Jahrhundert, Enzyklopädie Deutscher Geschichte, Bd. 54, München 2000.
Tilly, Richard H.: Vom Zollverein zum Industriestaat, München 1990.
Ullrich, Volker: Die nervöse Großmacht. Aufstieg und Untergang des deutschen Kaiserreichs 1871–1918, Frankfurt a. M. 1999.
Wehler, Hans-Ulrich: Deutsche Gesellschaftsgeschichte, Bd. 3: Von der »deutschen Doppelrevolution« bis zum Beginn des Ersten Weltkrieges, 1849 bis 1914, München 1995.
Zimmermann, Clemens: Die Zeit der Metropolen. Urbanisierung und Großstadtentwicklung, Frankfurt a. M. 1996.

MENSCHEN- UND BÜRGERRECHTE – UNIVERSALE NORM FÜR MÄNNER UND FRAUEN?

Als ganzer Mensch leben: Geschichte aus erster Hand Nr. 2/99, Schwalbach/Ts. 1999.
Anderson, Bonnie S.: Eine eigene Geschichte, Zürich 1988.
Becher, Gerd/Treptow Elmar (Hrsg.): Die Gerechte Ordnung der Gesellschaft. Texte vom Altertum bis zur Gegenwart, Frankfurt/New York 2000.
Blei, Franz: Glanz und Elend berühmter Frauen, Hamburg 1998.
Bleicken, Jochen: Die Athenische Demokratie, Paderborn 1994.
Bock, Gisela: Frauen in der europäischen Geschichte: Vom Mittelalter bis zur Gegenwart, München 2000.
Borries, Bodo von: Wendepunkte der Frauengeschichte: Ein Lese- und Arbeitsbuch zum An- und Aufregen, Pfaffenweiler 1990.
Brandt, Heike: »Die Menschenrechte haben kein Geschlecht«. Die Lebensgeschichte der Hedwig Dohm, Weinheim 1989.
Bundeszentrale für politische Bildung (Hg.): Die Familie in der Bundesrepublik Deutschland. Informationen zur politischen Bildung, Heft 206, Bonn 1985.
Bundeszentrale für politische Bildung (Hg.): Frauen in Deutschland. Informationen zur politischen Bildung, Heft 254, Bonn 1997
Bundeszentrale für politische Bildung (Hg.): Menschenrechte. Dokumente und Deklarartionen, Bonn 1999.
Demokratia. Der Weg zur Demokratie bei den Griechen, hg. v. Konrad H. Kinzl, Darmstadt 1995.
Die Frauenfrage in Deutschland 1865 bis 1915. Texte und Dokumente, hg. v. Elke Frederiksen, Stuttgart 1994.
Finley, Moses I.: Antike und moderne Demokratie, Stuttgart 1987.
Frevert, Ute: Frauen-Geschichte, Frankfurt 1986.
Gauchet, Marcel: Die Erklärung der Menschenrechte. Die Debatte um die bürgerlichen Freiheiten 1789, Reinbek 1991.
Gosepath, Stefan (Hrsg.): Philosophie der Menschenrechte, Frankfurt a. M. 1998.
Hausen, Karin/Wunder, Heide: Frauengeschichte, Geschlechtergeschichte, Frankfurt/New York 1992.
Hoecker, Beate: Lern- und Arbeitsbuch Frauen, Männer und die Politik, Bonn 1999.
Hölkeskamp, Karl-Joachim: Schiedsrichter, Gesetzgeber und Gesetzgebung im archaischen Griechenland, Stuttgart 1999.
Hutter, Franz-Josef (Hrsg.): Die Menschenrechte in Deutschland. Geschichte und Gegenwart, München 1997.
Joeres, Ruth-Ellen B. (Hrsg.): Frauenbilder und Frauenwirklichkeiten. Interdisziplinäre Studien zur Frauengeschichte in Deutschland im 18. Und 19. Jahrhundert, Düsseldorf 1985.
Köhne, Gunnar (Hrsg.): Die Zukunft der Menschenrechte, Reinbek 1998.
Kuhn, Annette et al. (Hrsg.): Politeia. FrauenMuseum. Bonn 1998.
Lerner, Gerda: Frauen finden ihre Vergangenheit. Frankfurt/ New York 1995.
Meier, Christian: Die politische Kunst der griechischen Tragödie, München 1988.
Meier, Christian: Athen. Ein Neubeginn der Weltgeschichte, München 1993.
Middell, Katharina: Ehe, Alltag, Politik. Studien zu Frauengeschichte und Geschlechterverhältnissen von der frühen Neuzeit bis zur Gegenwart, Leipzig 1993.
Owings, Alison: Eine andere Erinnerung. Frauen erzählen von ihrem Leben im »Dritten Reich«, Berlin 1999.
Quellen zur Geschichte der Frauen Bd. 1, Antike, hg. v. Barbara Patzek, Stuttgart 2000.
Quellen zur Geschichte der Frauen Bd. 3, Neuzeit, hg. v. Anne Conrad/ Kerstin Michalek, Stuttgart 1999.
Ruf, Katherine: Bildung hat (k)ein Geschlecht. Über erzogene und erziehende Frauen. Begleitbuch zur gleichnamigen Ausstellung der Universität Stuttgart, Frankfurt a. M. 1998.
Schmidt, Jochen (Hrsg.): Aufklärung und Gegenaufklärung in der europäischen Literatur, Philosophie und Politik von der Antike bis zur Gegenwart, Darmstadt 1989.
Schuller, Wolfgang: Griechische Geschichte, München 1995.
Schwarzer, Alice: Der »kleine Unterschied« und seine großen Folgen, Frankfurt a. M. 1975.
Stahl, Michael: Auf der Suche nach dem Fundament: Der athenische Bürgerstaat und die Demokratie der Gegenwart, in: Geschichte in Wissenschaft und Unterricht 47, 1996, S. 420–426.
van der Gieth, Hans-Jürgen: Historischer Längsschnitt: Menschenrechte, Kempen 2000.
Walter, Uwe: An der Polis teilhaben. Bürgerstaat und Zugehörigkeit im archaischen Griechenland, Stuttgart 1993.
Welwei, Karl-Wilhelm: Die griechische Polis. Neuausg. Stuttgart 1998.

PERSONENREGISTER

SACHREGISTER

BILDNACHWEIS

© Patrimonio Nacional, Madrid (74.60, 90.75; Biblioteca Monasterio, Escorial, Madrid 6.1)
© VG Bild-Kunst, Bonn 2000 (240.20)
Achten, Udo, Düsseldorf (113.11, 253.31)
AKG – Archiv für Kunst und Geschichte, Berlin (117.14a+b, 148.40, 162.52, 210.9, 223.15d, 224.15f, 229.16d+f, 235.17f, 236.17i, 237.17j, 243.22, 254.32, 275.47, 278.48)
AKG Berlin/Erich Lessing. © VG Bild-Kunst, Bonn 2000 (140.34)
Archiv der deutschen Jugendbewegung, Witzenhausen (162.52)
Archiv der sozialen Demokratie der Friedrich-Ebert-Stiftung, Bonn (118)
Archiv Schulisches Wandbild, Gerhard Mercator Universität Duisburg (167.56c)
Archivo Iconográfico, S. A., Barcelona (79.64)
Art Archive/British Library, London (Cover, 228.16b)
Artothek Peissenberg. VG Bild-Kunst, Bonn 2000 (193.73c)
Bayer AG/Unternehmensgeschichte/Archiv, Leverkusen (102.3, 269.43c)
aus: Eva Kaufmann, Herr im Hause, Berlin: Verlag der Nation, 1989, S. 25 (159.50c)
Berlinische Galerie / © Viola Roehr-von Alvensleben, München / © VG Bild-Kunst, Bonn 2000 (101.2)
Bertelsmann Lexikon Verlag, Gütersloh (198.1, 257.35)
Bewag AG, Berlin (139.33a)
Bibl. Medicea Laurenziana, Florenz, Pineider (53.41)
Bibliothèque Nationale de France, Paris (25.15, 34.24, 44.32, 63.50, 64.51/li.+re., 70.57/re.)
Bodleian Library, University of Oxford (50.38, 93.78)
BPK – Bildarchiv Preußischer Kulturbesitz, Berlin (134.28, 137.31, 150.42, 154.44e, 159.50b, 161.51, 164.55b, 177.59h, 179.60, 185.66b, 209.8, 213.12b, 220.14, 249.28, 260.37)
BPK – Museum für Islamische Kunst Berlin (70.57li.)
Bridgeman Art Library, London / Nelson-Atkins Museum of Art, Kansas City, USA (142.36)
British Library, London (7.2, 33.23, 37.26, 82.67)
Bundesarchiv Koblenz (Plak 2/4/17: 156.46, Plak 3/15/19: 262.39li., Plak 3/28/83: 262.39re., 266.41c)
Connolly, Peter, F. S. A., Spalding/Lincs (UK) (204.6)
Deutsche Verlagsanstalt Stuttgart (123.18)
Deutsches Historisches Museum Berlin (100.1, 128.22, 187.68, 190.71c/Sammlung Sigrid Metken, Paris, 192.72d)
Deutsches Technikmuseum/AEG 54-3-10, Berlin (110.9c)
DGB-Bundesvorstand-Bibliothek, Düsseldorf (127.21)
Die Neue Zeitung, 25.9.1948 (267.42)
Dötsch, Walter; Besitz: Land Sachsen-Anhalt, als ständige Leihgabe im Kulturpalast Bitterfeld (284.53).
Elke Schüller: Wer stimmt bestimmt? Elisabeth Selbert und die Frauenpolitik der Nachkriegszeit. Wiesbaden1996, S. 34 (265.40)
Erich Schmidt Verlag Berlin (233.17a, 258.36)
Frankfurter Illustrierte 1955 (269.43c)
Fratelli Alinari I.D.E.A.S.p.A., Florenz (59.47/li+re.)
Friedrich-Ebert-Stiftung/Archiv der sozialen Demokratie, Bonn (277.46f)
Glückauf Nr. 24/1888, Verlag Glückauf GmbH, Essen (108.8b)
Haus der Geschichte der Bundesrepublik Deutschland, Bonn (Besitz: 267.42, 273.44, 274.45)
Historisches Museum Frankfurt am Main/Ursula Seitz-Gray (194.74c, 247.26)
Illustrierte Reichsbanner Zeitung 1930 (156.47)
Jüdisches Museum der Stadt Frankfurt am Main (143.37)
Khosrojerdi, Hussein/Makhmalbaf Film House, Teheran (95.81)
Konrad-Adenauer-Stiftung e. V., Archiv für Christlich-Demokratische Politik (ACDP), Plakatsammlung (276.46c)
Lauros-Giraudon, Paris (85.70/li.)
nach: Beat Scheffold, Zürich, mit Genehmigung des NZZ Buchverlags, Zürich (61.48)
Mary Evans Picture Library, London (171.57)
Museum für Gestaltung, Plakatsammlung, Zürich (139.33b)
Museum für Hamburgische Geschichte (131.25)
Museum für Kunst und Kulturgeschichte der Stadt Dortmund (250.29)
Picture Press/Corbis, Hamburg (115.12c)
Punch, 10.12.1892, London (173.59c)
Reproced by kind permission of the Trustees of the Chester Beatty Library, Dublin (50.39)
Robert Harding Picture Library, London (94.79)
Sammlung Karl Stehle, München (176.59h)
Serre, Claude/Serre, Olivier, Ivry sur Seine (199.2)
Schreiber, A.: Das Buch vom Kinde. II. Bd., 1. Teil. Leipzig und Berlin 1907, S. 169 (167.56d)
Stadtmuseum Delmenhorst (149.41/oben)
Stöckle, Wilhelm, Filderstadt (244.24)
Süddeutscher Verlag Bilderdienst, München (149.41/unten, 271.43h)
TAP Service, Athen (215.13)
The Pierpoint Morgan Library/ Art Resource, New York (73.59)
The Young American Republic, Longman (234.17d)
Ullstein Bilderdienst Berlin (134.29, 140.34, 152.43d)
Universitätsbibliothek Heidelberg (55.42, 56.43)
Westfälisches Landesmuseum für Kunst und Kulturgeschichte, Münster / © Ludwig-Meidner-Archiv, Jüdisches Museum der Stadt Frankfurt am Main (143.37)
Zeitschrift »Life«, 1970, Fotomontage (238.18)

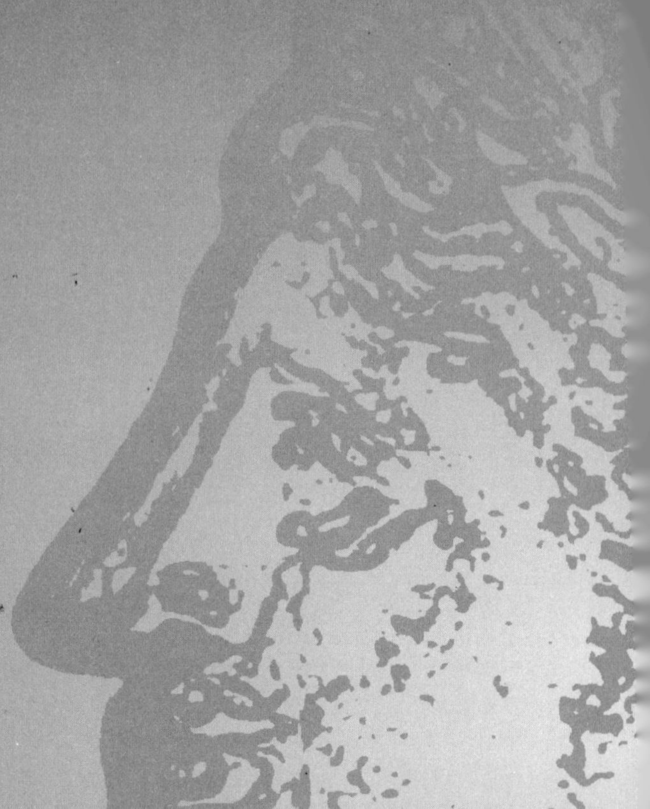